책을 불태우다

BURNING THE BOOKS
Copyright © Richard Ovenden, 2020
All rights reserved.

Korean translation copyright © 2022 by CUM LIBRO
Korean translation rights arranged with Felicity Bryan Associates Ltd
through EYA(Eric Yang Agency).

이 책의 한국어판 저작권은 EYA(Eric Yang Agency)를 통해
Felicity Bryan Associates Ltd와 독점 계약한 (주)도서출판 책과함께가 소유합니다.
저작권법에 의하여 한국 내에서 보호를 받는 저작물이므로 무단 전재와 무단 복제를 금합니다.

**BURNING
THE BOOKS**

리처드 오벤든 지음 | 이재황 옮김

책과함께

일러두기

- 이 책은 Richard Ovenden의 BURNING THE BOOKS(John Murray, 2020)를 완역한 것이다.
- 옮긴이가 덧붙인 해설은 〔 〕로 표시했다.

"어디서든 책을 불태우는 자들은 결국 인간도 불태울 것이다."
—하인리히 하이네, 1823

"과거를 기억하지 못하는 자들은 그 과거를 반복하게 마련이다."
—조지 산타야나, 1905

차례

서론　　　　　　　　　　　　　　　　9

1장　둔덕 아래의 갈라진 점토　　　29
2장　파피루스 더미　　　　　　　　49
3장　책이 헐값이던 시절　　　　　　77
4장　학문을 구한 방주　　　　　　　105
5장　정복자의 전리품　　　　　　　127
6장　카프카 거스르기　　　　　　　147
7장　두 번 불탄 도서관　　　　　　171
8장　종이부대　　　　　　　　　　189
9장　태워서 못 읽게 해줘　　　　　223
10장　내 사랑 사라예보　　　　　　243
11장　제국의 불꽃　　　　　　　　265

12장	기록물에 대한 집착	285
13장	디지털 홍수	307
14장	낙원을 살리려면	337

| 결론 | 우리에게 늘 도서관과 기록관이 필요한 이유 | 351 |

감사의 말	365
옮긴이의 말	371
주	375
참고문헌	395
도판 출처	421
찾아보기	423

1933년 5월 10일, 나치스의 베를린 분서焚書

서론

1933년 5월 10일, 독일 베를린의 가장 중요한 거리인 운터덴린덴Unter den Linden에서 불이 타올랐다. 그곳은 대단한 상징적 울림이 있는 곳이었다. 대학의 맞은편이자, 장크트헤드비히Sankt-Hedwig 대성당, 베를린 국립가극장, 황태자궁, 카를 프리드리히 싱켈Karl Friedrich Schinkel의 아름다운 전쟁 추모관 노이에바헤Neue Wache 부근이다.

4만에 가까운 환호하는 군중이 지켜보는 가운데 한 무리의 학생이 획기적인 성性과학연구소 설립자인 유대인 지식인 마그누스 히르슈펠트Magnus Hirschfeld의 흉상을 가지고 절도 있게 불이 피워진 곳으로 행진했다. 그들은 '포이어슈프뤼헤Feuersprüche'(불의 주문)를 외며 연구소 도서관에서 나온 수천 권의 책 꼭대기에 흉상을 던졌다. 불 속에는 서점과 도서관에서 압수한 유대인 및 다른 '반反독일' 작가들(특히 동성애자와 공산주의자들)의 책들도 던져졌다. 불 주위에는 나치스 제복을 입은 청년들이 '하일 히틀러' 경례를 한 채 줄지어 서 있었다. 학생들은 새 정부의 비위를 맞추는 데 열을 올렸고, 이 책 불태우기는 세심하게 기획된 떠들썩한 선전 활동이었다.[1]

베를린에서 히틀러의 새 국민선전계몽부RMVP 장관 요제프 괴벨스는 전 세계로 널리 보도된 격정적인 연설을 했다.

퇴폐와 도덕적 타락을 거부합니다! 가족과 국가 안에서의 품위와 도덕을 지지합니다! … 미래의 독일 남자는 책을 읽은 남자에서 더 나아가 인격을 갖춘 남자가 될 것입니다. 우리가 여러분을 교육시키고자 하는 것은 이런 목표를 위해서입니다. … 여러분은 과거의 악령을 잘 태워버렸습니다. 이것은 강력하고 대단하며 상징적인 행위입니다.

그날 밤 이 나라 곳곳에 있는 90개의 다른 장소에서도 비슷한 장면이 벌어졌다. 독일 안의 많은 도서관과 기록관들이 무사하기는 했지만, 이 불들은 나치스 정권의 지식에 대한 공격이 임박했다는 분명한 경고 신호였다.

―――

지식은 아직도 공격을 받고 있다. 체계화된 지식의 집적체는 과거 역사 속에서 공격을 받아왔던 것처럼 지금도 공격을 받고 있다. 시간이 지나면서 사회는 지식 보존을 도서관과 기록관에 맡겼다. 그러나 오늘날 이 기관들은 여러 가지 위협에 직면해 있다. 이들은 진실을 부정하고 과거를 말살하고자 하는 개인과 집단, 심지어 국가들의 목표가 되고 있다.

동시에 도서관과 기록관은 자금 지원 감소도 겪고 있다. 계속되는 이런 자원 감소는 과학기술 회사들의 성장과 연결돼 있다. 이들은 지식의 저장과 전달을 디지털 형태로 사실상 민영화해, 공적인 자금으로 운영되는 도서관과 기록관의 기능 일부를 상업적 영역으로 가져갔다. 이런 회사들은 전통적으로 사회에 지식을 제공하던 기관들과는 전혀 다른 동기에 의해 움직인다. 구글 같은 회사가 수십억 쪽의 책을 디지털화해 온라인에서 이용할 수 있게 만들고, 플리커Flickr〔온라인 사진 공유 커뮤니티 사이트〕 같은 기업이 온라인 무료 저장을 제공하는 판에 도서관이 무슨 의미가 있는가?

공공 자금이 극심한 압박을 받고 있는 바로 그 시기에 우리는 민주적 기관, 법에 의한 통치, 개방 사회 역시 위협을 받고 있음을 발견한다. 진실 자체가 공격을 받고 있다. 이는 물론 새로운 것이 아니다. 조지 오웰은《1984》에서 이를 지적했고, 그의 말들은 오늘날 우리가 개방 사회를 지키기 위해 도서관과 기록관이 해야 하는 역할에 대해 생각할 때 당혹스럽게도 진실로 들린다.

진실이 있었고, 거짓이 있었다. 그리고 당신이 온 세상과 맞서면서까지 진실을 고수한다면 당신은 미친 것이 아니다.[2]

도서관과 기록관은 민주주의, 법에 의한 통치, 개방 사회를 뒷받침하는 핵심 요소가 됐다. 그들이 '진실을 고수'하기 위해 존재하는 기관이기 때문이다.

'또 하나의 사실alternative fact'이 있을 수 있다는 생각은 미국 대통령의 고문이었던 켈리앤 콘웨이Kellyanne Conway가 2017년 1월 주장한 유명한 이야기다. 콘웨이는 트럼프 대통령이 자신의 취임식에 참석한 군중이 4년 전 버락 오바마 대통령 취임식 때보다 많았다고 주장(사진과 자료는 그 반대가 사실임을 보여주었다)한 것이 비판당하자 이를 방어한 것이었다.³

이것은 정보의 보존이 개방 사회를 지키는 데 여전히 핵심적인 도구임을 적시에 일깨워 준 일이었다. '또 하나의 사실'의 대두에 맞서 진실을 지키는 것은 그러한 진실들과 그 진실들을 부정하는 진술들을 포착하는 것을 의미한다. 그래야 사회가 믿고 의지할 수 있는 판단 기준이 생긴다.

도서관은 사회가 건강하게 기능을 발휘하기 위해 필수적이다. 나는 35년 이상 도서관에서 일했지만, 더 오랜 기간 그 이용자였고 그것이 가져다주는 가치를 보았다. 이 책은 최근 전 세계적으로 사회가 지식을 보존하기 위해 도서관과 기록관에 의지할 수 없게 된 사실(의도적인 부분도 있고 우연적인 부분도 있다)에 대한 개인적인 분개로부터 출발했다. 오랜 기간 그들이 반복적으로 공격당한 일은 인류 역사의 우려스러운 경향으로서 검토가 필요하며, 사람들이 자기네가 가진 지식을 보호하기 위해 기울인 놀라운 노력들은 상찬 받아야 한다.

'윈드러시Windrush 세대'(2차 세계대전 이후 영국의 노동력 보충을 위해 윈드러시호를 타고 영국에 온 카리브해 출신의 이민자들)의 영국 도착을 입증하는 상륙 증서가 2010년 영국 내무부에 의해 의도적으로 파기됐다는 폭로는 기록물의 중요성을 보여준다. 정부는 또한 이민에 대한 '적대적 환경hostile environment' 정책을 추구하기 시작했다. 윈드러시 이민자들 자신이 이곳에 지속적으로 거주했음을 입증하지 못하면 추방한다는 정책이다.⁴ 그러나 그들은 1948년 영국 국적법에 의해 시민권을 보장받았고, 2차 세계대전 이후 심각한 노동력 부족에 직면한 영국에 선의를 갖고 왔다. 2018년 봄까지 내무부는 이들 시민 중 적어도 83명을 부당하게 추방했음을 인정했다. 그들 가운데 11명은 이후 사망해 공분을 촉발했다.

나는 정부 부처(이런 상황이 폭로될 때는 총리가 된 테리사 메이가 수장으로 있던 부서다)가 추진하고 적극적으로 공표한 이 어처구니없는 정책에 충격을 받았다. 그것은 많은 사람들이 자신의 시민권을 입증할 수 있는 핵심 증거를 파괴한 것이었다.[5] 기록을 파기한다는 결정이 정책 시행 이전에 내려졌고 악의적인 것은 아니었다 하더라도, 내무부는 적대적 처우를 고집하려는 생각이 있었을 것이다. 나는 《파이낸셜 타임스》에 기명 칼럼[6]을 써서, 이런 종류의 지식 보존이 개방적이고 건전한 사회에 필수적임을 지적했다. 우리 문명이 시작된 이래 정말로 그래왔듯이 말이다.

인류가 사회를 조직해 함께 모여 살고 서로 의사소통을 할 필요가 있는 한 지식은 만들어져 왔고 정보는 기록돼 왔다. 가장 이른 사회에서는, 우리가 아는 한 이것은 구전口傳 정보 형태를 띠고 있었다. 남아 있는 영구 기록은 오로지 형상화된 것뿐이었다. 벽이나 동굴에 그려진 그림, 돌 위에 긁어놓은 상징 같은 것들이다. 우리는 이런 표시들 뒤에 어떤 동기가 있었는지 전혀 알지 못한다. 인류학자나 고고학자들만이 경험에서 우러난 추측을 할 수 있을 것이다.

청동기시대에는 사회가 더욱 조직화하고 더욱 복잡해졌다. 유목민 집단이 정착하고 고정된 공동체를 만들어 농업과 초기 공업을 일으키기 시작했다. 그들은 또한 조직의 위계를 개발해 지배 가문과 부족장, 그리고 공동체의 나머지 사람들을 이끄는 다른 존재들을 만들어 내기 시작했다.

서기전 3000년 무렵부터 생겨난 이런 사회들은 문서 기록을 보관하기 시작했다. 이 초기 기록관과 거기서 발견된 기록들을 통해 우리는 이들 사회가 어떻게 작동했는지에 관한 놀라운 분량의 세부 사항들을 알 수 있다.[7] 다른 기록들에서 사람들은 자기네의 생각, 견해, 관찰, 이야기를 기록하기 시작했다. 이런 것들은 초기 도서관에 보관됐다. 이렇게 지식을 조직화하는 과정에서 곧 특별한 기술을 발전시키는 일이 필요해졌다. 지식을 기록하는 것과 필사하는 방법 같은 것들이다.

시간이 지나면서 이런 일들은 전문적인 역할 창조로 이어졌다. 대체로 사서司書나 기록 관리자의 역할과 유사한 것이다. '사서librarian'에 해당하는 서양 말은 라틴어 '리브라리우스librarius'에서 왔다. 그것은 다시 '책'을 뜻하는 '리베르liber'에서 왔다. '기록 관리자archivist'는 라틴어 '아르키붐archivum'에서 왔고, 이는 기록된 문서와 그것을 보관하고 있는 장소 모두를 가리킨다. 이 말의 기원은 그리스어 '아르케이아archeia'인데, '공공 기록'이라는 뜻이다. 도서관과 기록관은 현대 세계의 것들과 같은 동기에서 만들고 운영한 것이 아니었으며, 고대의 것들과 오늘날의 것들을 비슷하다고 생각하는 것은 위험한 일이다. 그렇다 하더라도 이들 문명은 지식의 집적체를 만들어내고 그것들을 조직화하는 기술을 개발했다. 오늘날 우리도 그 상당 부분을 알아볼 수 있다. 카탈로그나 메타데이터metadata[8] 같은 것들이다.

사서와 기록 관리자의 역할은 때로 성직자나 관리 같은 다른 이들의 역할과 결합됐다. 이는 고대 그리스와 로마에서 보다 분명하고 가시적이 됐는데, 여기서 도서관은 이전보다 대중에게 개방되었고 지식에 대한 접근이 건전한 사회에 필수 요소라는 생각이 뿌리 내리기 시작했다.[9]

서기전 3~2세기 알렉산드리아Alexandria 대도서관 관장 직함을 지녔던 사람들의 명부가 남아 있다. 이 인물들 가운데 상당수는 또한 당대 일류 학자로도 인정되는 사람들이었다. 이아손과 금빛 양털에 관한 서사시로 베르길리우스Publius Vergilius Maro의 《아이네이스Aeneis》에 영감을 준 로도스의 아폴로니오스Apollónios Rhódios, 초기 형태의 구두점 가운데 하나를 발명한 비잔티온의 아리스토파네스Aristofánis o Vyzántios 같은 사람들이다.[10]

지식 저장소는 사회가 만들어진 초기부터 그 발전의 핵심에 있었다. 지식을 만들어내는 기술과 보존 기법은 급격하게 바뀌었지만, 그 핵심 기능은 놀라울 정도로 변화가 적었다.

첫째로 도서관과 기록관은 지식을 수집하고 조직화하고 보존한다. 그들은 기증받고 양도받고 구매해 서판書板, 두루마리, 책, 일지, 필사본, 사진과 기타 여러 방식으로 문명을 기록한 것들을 축적했다. 오늘날 이런 형식들은 디지털 미디어로 확대됐다. 문서 파일에서부터 이메일, 웹페이지, 소셜미디어에 이르기까지 다양한 형태다.

고대와 중세에 도서관을 조직화하는 작업은 성스러운 함의를 지니고 있었다. 메소포타미아 고대 왕국들의 기록관은 종종 신전 안에 자리해 있었고, 프랑스의 '존엄왕' 필리프Philippe 2세(재위 1180~1223)는 '문서 보고文書寶庫, Trésor des Chartes'를 만들었다. 이는 처음에는 '고정된 장소가 없는' 수집소였으나 1254년이 되면 성스러운 장소인 파리의 생트샤펠Sainte-Chapelle 성당에 특별히 만들어진 몇 개의 방에 보관하게 된다.[11]

도서관과 기록관은 자기네의 소장 목록을 만들어 공개하고 독서실을 제공하고 학술을 후원하며, 책을 출판하고 전시회를 열고 보다 최근에는 디지털화 작업을 함으로써 사상 전파라는 더 넓은 범위의 역사에서 일익을 담당해 왔다. 18세기 이후의 국가도서관 설립과 19세기 이후 이어진 공공도서관 설립은 이들 기관이 사회 변혁에서 담당한 역할을 크게 확장시켰다.

그 한가운데에 있는 것이 보존이라는 개념이다. 지식은 견고하지 못하고 허술하며 불안정할 수 있다. 파피루스·종이·양피지는 불에 타기가 매우 쉽다. 이들은 물에도 쉽게 손상될 수 있으며 습도가 높으면 곰팡이가 필 수 있다. 책과 문서는 도둑맞거나 훼손되거나 변개될 수 있다. 디지털파일의 존재는 더욱 덧없는 것일 수 있다. 기술적으로 구식이 되거나 자기磁氣 저장 매체가 시한성이 있으며, 온갖 허접한 지식이 온라인상에 올라오는 것 등이 요인이다. 웹 링크가 단절돼 접속하지 못한 경험을 가진 사람이라면 누구나 알겠지만, 보존이 되지 않으면 그것을 이용할 수가 없다.

기록관은 도서관과 다르다. 도서관은 지식의 축적이다. 책을 한 권 한 권 쌓아올린다. 때로는 대단한 전략적 목적을 가지기도 한다. 반면에 기록관은 기관과 관청, 심지어 정부의 행위와 의사결정 과정을 직접 기록한다. 도서관은 때로 이런 것들도 일부 보유한다. 예컨대 영국 《하원 의사록 Journal of the House of Commons》 인쇄본 같은 것들이다.

그러나 기록관은 태생적으로 그런 자료들 천지다. 때로는 성격상 따분한 것도 있고, 일반 대중이 읽도록 의도하지 않은 것들도 있다. 도서관은 착상·야망·발견·공상을 다루는 반면에 기록관은 일상생활의 뻔하지만 필수적인 요소들을 상세히 다룬다. 토지 소유권, 수입과 수출, 위원회 회의록, 세금 같은 것들이다. 명부는 때로 중요한 부분이다. 그것이 인구조사에 기록된 시민 명부든 배를 타고 도착한 이민자 명부든, 기록관은 역사의 한가운데 있으면서 책에 실리게 될 견해와 생각의 실행을 기록한다.

물론 그 뒷면은 책과 기록물의 중요성을, 지식을 보존하려는 사람들은 물론 그것을 파괴하고자 하는 사람들도 인식하고 있다는 것이다. 역사의 모든 시기에 도서관과 기록관은 공격의 대상이었다. 때로 사서와 기록 관리자들은 지식 보존을 위해 자신의 목숨을 걸고, 잃기도 했다.

나는 역사 속의 중요한 에피소드 몇 가지를 탐구해 지식 보관소 파괴의 서로 다른 동기들과 그에 저항하기 위해 종사자들이 개발한 대응을 제시해 보려 한다. 내가 초점을 맞춘 개개 사례들은(나는 다른 사례들도 수십 가지 선택할 수 있었다) 그 사건이 일어난 시기에 관해 어떤 이야기를 들려주며 그 자체로 매혹적이다.

계속해서 역사를 지우고자 하는 국가들의 동기는 기록관의 맥락 속에서 검토될 것이다. 지식은 갈수록 디지털 형태로 생산되기 때문에 이런 현실이 지식 보존과 개방 사회의 건강성에 대해 제기하는 과제도 검토할 것이다. 이 책은 도서관과 기록관이 현재의 정치적·재정적 조건하에서 더 잘 지원될 수 있도록 하는 몇 가지 제안으로 마무리되며, 결론으로서 이들 기관의 가치를 강조하기 위해 그들이 사회에 대해, 권력이 있는 자리를 차지하고 있는 사람들의 이익을 위해 가지는 다섯 가지 기능을 제시할 것이다.

도서관과 기록관은 스스로가 매일 지식을 파괴한다. 책이 딱 한 부만 필요하다면 복본複本은 일상적으로 폐기된다. 작은 도서관은 흔히 더 큰 단위 밑으로 들어간다. 통상 지식이 더 큰 도서관에 의해 유지되는 결과를 낳는 과정이지만, 때로(우연일 수도 있고 계획적일 수도 있지만) 독특한 자료를 잃게 된다. 기록관은 평가라는 과정을 중심으로 설계돼 있다. 처분과 유지의 체계다. 모든 것을 보존할 수 있고 보존해야 하는 것은 아니다. 이것이 때로 역사가들에게 터무니없고 이해할 수 없다고 생각될 수 있지만, 모든 문서를 보존해야 한다는 생각은 경제적으로 지속 가능한 것이 아니다. 그런 과정에서 파괴되는 정보의 상당 부분은 이미 다른 곳에서 보관하고 있는 정보다.

선택·취득·목록화 과정과 처분·보유 과정은 결코 중립적인 행위가 아니다. 그것들은 인간이 하는 일이다. 그들의 사회적·시간적 맥락 속에서 하는 것이다. 오늘날 도서관 서가에 꽂힌(또는 우리의 디지털 도서관에서 이용할 수 있는) 책과 의사록, 또는 우리 기록관에 보관된 문서와 장부는 인간의 작용으로 그곳에 있게 된 것이다. 따라서 소장 자료를 선택하는 데 관련된 과거의 인간 행동은 편향·선입견·개성의 영향을 받은 것이다.

대부분의 도서관과 기록관은 소장 자료에 빠진 부분이 매우 많다. 역사 기록이 예컨대 유색인과 여성을 어떻게 다루는가에 대해 종종 심각하게 제한을 가한 '침묵'의 부분이다. 오늘날 이들 소장 자료를 이용하는 사람은 모두 이런 맥락을 알고 있어야 한다. 이 책의 독자들 역시 이런 맥락을 염두에 두고, 과거에는 사람들이 일을 다르게 했음을 기억해야 할 것이다.

도서관의 역사와 그 수장품이 시간이 지나면서 어떻게 진화해 왔는지를 검토하면서 우리는 여러 가지 방법으로 지식 자체의 생존 이야기를 할 것이다. 지금 이들 기관에 존재하는 개개의 책과, 함께 더 큰 지식 집적체를 만들어낸 모든 소장품들은 생존자들이다.

디지털 정보가 출현하기까지, 도서관과 기록관은 자기네 소장품들을 보존하는 잘 개발된 전략을 갖고 있었다. 바로 좋이다. 이 기관들은 독자들과 책무를 공유했다. 예를 들어 영국 옥스퍼드의 보들리Bodley 도서관에서는 지금도 모든 신규 이용자들에게 "어떤 불 또는 불꽃을 가지고 도서관에 들어오거나 그 안에서 불을 피우지 않"겠다고 정식으로 맹세하도록 요구한다. 400년 넘게 그렇게 해오고 있다. 안정적인 온도 및 상대습도 수준, 홍수와 화재 방지, 잘 조직된 서가가 보존 전략의 핵심에 있다.

디지털 정보는 본질적으로 덜 안정적이며, 단순히 기술 자체(파일 형식, 운영체제, 소프트웨어 같은)에 그치지 않는 훨씬 적극적인 접근이 필요하다. 이런 도전들은 주요 기술 업체들(특히 소셜미디어의 세계에 있는 회사들)이 제공하는 온라인 서비스를 광범위하게 채택하면서 증폭돼 왔다. 이런 업체들에게 지식의 보존은 순전히 상업적인 고려 사항이다.

세계의 기억이 점점 더 온라인상에 올려지면서 우리는 사실상 기억을, 지금 인터넷을 통제하고 있는 주요 기술 업체들에게 외주外注하고 있다. '찾아보다 look it up'라는 말은 인쇄된 책의 색인을 찾거나 백과사전 또는 사전에서 해당 자모의 글자를 찾는다는 의미로 사용됐다. 지금 이것은 그저 검색창에 어떤 단어나 용어, 질문을 쳐 넣는 것을 의미한다. 나머지는 컴퓨터가 다 해준다. 사회는 개인적 기억의 훈련에 가치를 두고 심지어 암기 행위를 개선하기 위한 복잡한 훈련까지 고안해 냈다. 그러나 그런 시대는 지났다.

인터넷의 편리함에는 위험성이 있다. 주요 기술 업체들이 우리의 디지털 기억에 행사하는 통제력은 엄청나다. 도서관과 기록관을 비롯한 일부 조직들은 지금 독립적으로 보존하는 웹사이트, 블로그포스트, 소셜미디어, 심지어 이메일과 기타 개인적인 디지털 모음들을 통해 통제권을 되찾기 위해 무진 애를 쓰고 있다.

우리는 정보의 바다에 빠져 있다. 그러나 또한 지식에 굶주리고 있다.

존 네이스비트 John Naisbitt는 이미 1982년에 그의 책 《메가트렌드 Megatrends》에서 이렇게 지적했다.[12] 이후 '디지털 풍요'라는 말이 만들어져 디지털 세계의 한 가지 중요한 측면을 이해하는 데 도움을 주었다. 사서로 일하는 나도 일상생활 속에서 자주 생각해 보게끔 하는 말이다.[13] 한 사용자가 컴퓨터와 인터넷 연결을 통해 접근할 수 있는 디지털 정보의 양은 엄청나게 많다. 너무 많아서 파악할 수조차 없다. 사서와 기록 관리자들은 지금 접근할 수 있는 엄청난 양의 지식 속에서 어떻게 효과적인 검색을 할 수 있을지 깊이 우려하고 있다.[14]

디지털 세계는 이분법으로 가득 차 있다. 한편으로 지식 창출은 그 어느 때보다도 더 쉬워졌고, 텍스트와 이미지와 다른 형태의 정보를 복사하는 것 역시 그 어느 때보다도 더 쉬워졌다. 디지털 정보를 방대한 규모로 저장하는 것은 이제 가능할 뿐만 아니라 놀랄 만큼 값싸다. 그러나 저장은 보존과 같은 것이 아니다. 온라인 플랫폼에 의해 저장된 지식은 잃어버릴 위험성이 있다. 디지털 정보는 부주의와 고의적인 파괴 양쪽 측면에서 놀라울 만큼 취약하다. 또한 우리가 일상 접촉을 통해 만들어내는 지식은, 우리 대부분이 볼 수 없지만 상업적·정치적 이득을 위해 조작되고 반사회적으로 쓰일 수 있다는 문제도 있다. 그것을 없애버리면 사생활 침해를 걱정하는 많은 사람들에게 단기적으로 바람직한 결과를 가져다주겠지만, 그것은 결국 사회에 손해를 끼치는 일이 될 것이다.

나는 너무나 운 좋게도 세계 최고의 도서관 가운데 하나인 옥스퍼드 보들리 도서관에서 일하고 있다. 이 도서관은 1598년에 공식 설립되고 1602년에 독자들에게 처음 개방됐으며, 그 이후 줄곧 존재해오고 있다. 나는 이런 기관에서 일하면서 과거 사서들이 이루어놓은 성과들을 항상 인식하고 있다.

보들리 도서관은 오늘날 1300만 권이 넘는 인쇄본을 장서로 보유하고 있으며, 수많은 필사본과 기록물들이 있다. 이곳에는 수백만 점의 지도, 악보, 사진, 이페메라ephemera〔편지, 카드, 엽서, 포스터, 티켓, 팸플릿, 전단 등 일시적인 용도의 필기물 및 인쇄물〕와 수많은 기타 물건들을 포함하는 방대한 수장품을 축적했다. 여기에는 페타바이트petabyte〔테라바이트의 천 배, 즉 10^{15}바이트〕 규모의 디지털 정보도 있다. 의사록, 데이터세트, 이미지, 텍스트, 이메일 등이다. 이 수장품들은 15세기에서 21세기에 이르는 시기에 지어진 40개의 건물에 보관돼 있는데, 이들 건물들도 각기 흥미로운 역사를 가지고 있다.

보들리의 수장품 가운데는 '첫 폴리오First Folio'[책 제목은 따로 있지만 이절판二折判 판형을 나타내는 '폴리오'라는 말을 사용해 별칭으로 쓰고 있다]로 불리는 셰익스피어의 첫 작품집(1623)과 구텐베르크 성서(1450년 무렵), 그리고 전 세계에서 수집한 필사본과 문서들이 있다. 예컨대 명明 말기의 '셀든Selden 중국 지도'와 14세기의 채색 걸작 《알렉산드로스 로망스Li romans d'Alixandre》 같은 것들이다.

이런 품목들은 각기 어떤 시간을 보내고 지금 보들리에 수장되기에 이르렀는지에 관한 이야기를 들려주는 환상적인 역사들을 갖고 있다. 보들리에 있는 것들은 사실 정말로 수장품 중의 수장품들이며, 이들 수장품들이 보들리에 있게 된 내력이 지난 400년 동안에 그 명성을 쌓는 데 도움을 주었다.[15]

열여덟 살 때까지의 나의 공부는 내 고향 딜Deal의 공공도서관을 이용할 수 있게 되면서 변화를 겪었다. 그 건물에서 나는 독서의 즐거움을 발견했다. 처음에 그것은 공상과학 소설, 특히 아이작 아시모프Isaac Asimov, 브라이언 올디스Brian Aldiss, 어슐라 K. 르귄Ursula Kroeber Le Guin의 세계로 도피하는 것이었고, 그 뒤에는 토머스 하디와 D. H. 로런스를 읽었다. 그러나 영국 밖의 작가들 책도 읽었다. 헤르만 헤세, 고골리, 콜레트Sidonie-Gabrielle Colette와 기타 여러 사람들이었다.

나는 레코드판을 빌릴 수 있음을 알게 됐고, 차이콥스키의 〈1812년 서곡〉 외에도 더 많은 고전음악이 있음을 발견했다. 베토벤, 본 윌리엄스Vaughan Williams, 모차르트 등의 작품들이었다. 나는 '딱딱한' 신문들과 '타임스 문학 증보판Times Literary Supplement'을 읽을 수 있었다. 모두 무료였다. 우리 가족은 부자가 아니었고 책을 살 돈이 별로 없었기 때문에 이것은 결정적으로 중요한 부분이었다.

도서관은 지방 정부가 운영했으며(지금도 마찬가지다), 이용자에게 제공되는 것은 대부분 무료였다. 법 조항에 따른 지방세에서 비용을 댔다. 1850년의 공공도서관법에 의해 처음 마련된 것이었다. 당시 이런 생각에 대해 정치적으로 반대가 있었다. 법안이 의회를 통과하자 보수당 의원이었던 십소프Charles Sibthorp '대령'이 노동 계급에게 책을 읽히는 것이 왜 중요하냐며 회의론을 폈다. 자신이 "옥스퍼드대학에 다닐 때 독서를 전혀 좋아하지 않고 싫어했다"[16]는 것이 그 근거였다.

이 법으로 도입된 공공도서관 체계는 기부금 도서관, 교구 도서관, 찻집 장서, 어부 독서실, 그리고 유료 회원 도서관과 독서회 등 여러 가지를 대체했다. 독서회는 '개선 세대age of improvement'와 '유용한 지식useful knowledge' 개념의 산물이었다. 이 용어는 18세기 사상의 발효로부터 자라난 것이었다. 미국철학회APS는 1767년 벤저민 프랭클린 등 한 무리의 저명한 개인들이 "유용한 지식 장려"를 위해 시작한 것이었다. 1799년, 영국 왕립과학원 RI은 "지식을 보급하고 유용한 기계 발명과 개량에 관한 일반적인 소개를 촉진"하기 위해 설립됐다. 두 기구는 모두 자기네 활동을 지원하기 위해 도서관을 설치했다.

도서관은 개인의 복리를 위해(그러나 사회 전체를 위한 것이기도 하다) 교육을 확대하는 더 큰 운동에서 핵심적인 부분이었다. 백여 년 뒤에 감화력 있는 여권女權운동가 실비아 팽크허스트Sylvia Pankhurst는 브리튼Britain 박물관 관장에게 편지를 써서 도서관 독서실에 들어갈 수 있도록 해달라고 요구했다.

나는 여러 가지 정부 간행물과 기타 저작들을 찾아보고 싶은데, 달리 거기에 접근할 방법이 없습니다.

팽크허스트는 청원서 끝에 자신의 연구 대상을 "여성의 고용에 관한 정보를 얻는 것"[17]이라고 적시했다.

공공도서관법은 지방 당국이 공공도서관을 설립하고 '요금rates'(당시 지방세는 그렇게 불렸다)을 가지고 그 비용을 댈 수 있도록 했다. 그러나 이 제도는 전적으로 임의적이었다. 1964년 공공도서관·박물관법이 만들어지고 나서야 지방 당국이 공공도서관을 만드는 것이 **의무**화됐다. 그리고 이런 체제는 오늘날 대중의 의식 속에 소중한 서비스로서 확고한 위치를 유지하고 있다. 공교육을 위한 국가 기반시설의 일부가 된 것이다.[18]

그럼에도 불구하고 영국의 공공도서관은 역대 정부가 지방 정부의 가용 예산에 가하는 압박의 영향을 받았다.[19] 지방 당국은 운영 방법에 관한 매우 힘든 결정을 해야 했으며, 그 가운데 상당수는 도서관과 지방 기록사무소를 겨냥하고 있었다. 2018/19회계연도에 영국의 공공도서관은 3583개였는데, 2009/10회계연도에는 4356개였다. 773개가 문을 닫은 것이다. 많은 지역사회 도서관들은 또한 유지를 위해 점점 더 자원봉사자들에게 의존하게 됐다. 이 부문에 고용된 사람의 수가 1만 6천 명 이하로 떨어졌기 때문이다.[20]

지식의 보존은 전 세계적으로 중대한 도전이다. 남아프리카공화국에서는 '아파르트헤이트apartheid'(인종 분리) 정권 붕괴 이후 이전 세기에 폭력과 억압으로 찢긴 사회의 치유를 돕기 위해 취한 접근법이 "과거의 고통을 충실하게 기록해 통일 국가가 그 과거를 재건이라는 큰 과제에서 자극제로 삼을 수 있게 하는 것"[21]이었다.

"곤란한 과거 문제를 처리"[22]하기 위한 방법의 하나로 진실화해위원회가 설립됐다. 이 위원회는 평화적인 방법에 따른 사회의 이행을 지원하기 위해 만들어졌다. 동시에 최근의 역사 및 그것이 사회와 개별 시민에 미치는 영향을 받아들이는 법을 배우기 위한(그리고 대처하기 위한) 것이기도 했다. 이 위원회에는 정치적·법적 측면이 있었지만, 역사적·도덕적·심리적 목표도 있었다. 국가통합화해촉진법의 목표 가운데 하나는 "인권에 대한 중대한 침해의 본질·원인·정도를 가능한 한 완전한 모습으로" 규명하는 것이었다.

이는 남아공 국가기록관과 제휴해 수행됐다. 기록관 요원들은 과거가 적절하게 다루어질 수 있도록 보장하는 일에 긴밀하게 연결돼 있었으며, 기록은 사람들이 볼 수 있도록 할 예정이었다. 그러나 남아공에서 주안점을 두었던 것은 1989년 공산주의 붕괴 이후 동독에서 그랬던 것처럼 잘못된 일의 "본질·원인·정도"를 알 수 있도록 하기 위해 국가기록관을 개방하는 것이 아니었다. 오히려 증언을 통해 심층적인 구술사가 만들어지는 청문회 자체가 중요했고, 그것이 새로운 기록물이 됐다.

남아공 아파르트헤이트 정권 관리들은 문서를 대량으로 파기했다. 진실화해위원회는 이로 인해 줄곧 제약을 받았다. 그들은 최종 보고서의 한 절節 전체를 기록 파기 문제에 할애했다. 그들은 이에 대해 이렇게 직설적으로 말했다.

아파르트헤이트 이야기는 무엇보다도 국가의 기억이 됐어야 할 수많은 목소리들을 조직적으로 제거한 이야기다.

보고서는 정부에 책임을 물었다.

이전 정부가 의도적이고 조직적으로 방대한 양의 국가 기록과 문서를 파기한 것은 비극이다. 유죄를 입증하는 증거를 없애고, 이를 통해 억압적 지배의 역사를 순화하려 한 것이다.

이런 파기는 이들 기록들이 지녔던 중요한 역할을 도드라지게 했다.

기록의 대량 파기는 … 남아프리카공화국의 사회적 기억에 심각한 영향을 미쳤다. 공적 기록으로 된 기억의 상당 부분, 특히 아파르트헤이트 국가의 안보 기구의 내부 운용에 관한 것이 말살됐다.[23]

12장에서 살펴보겠지만 이라크에서는 다수의 핵심 기록이 파기되지 않고 미국으로 옮겨졌고, 일부는 아직도 그곳에 있다. 그것을 반환하는 일은 내전으로 크게 파괴된 그 나라에서 민족적 '진실과 화해'를 위한 또 다른 과정의 일부가 될 수 있다.

도서관과 기록관은 사회를 위해 지식을 보존할 책임을 공유하고 있다. 이 책은 과거에 이 기관들이 파괴됐음을 드러내기 위해서만이 아니라 사서와 기록 관리자들이 저항한 사실에 대해서도 인정하고 상찬하기 위해 쓰였다. 지식이 한 세대에서 다음 세대로 전수되고, 사람들과 사회가 그 지식으로부터 영감을 개발하고 추구할 수 있도록 보존된 것은 그들의 노력을 통해서였다.

토머스 제퍼슨은 1813년에 쓴 유명한 편지에서 지식의 확산을 한 양초가 다른 양초로부터 불을 얻어 밝히는 일에 비유했다. 제퍼슨은 이렇게 썼다.

나에게서 어떤 생각을 얻는 사람은 내 생각을 덜어내서 가르침을 받는 것이 아닙니다. 자신의 양초를 내 양초에 대어 불을 붙이는 사람은 내 것을 어둡게 하고 불을 받는 것이 아닙니다.[24]

도서관과 기록관은 제퍼슨이 양초 비유로 보증한 내용을 성취하게 해주는 기관들이다. 생각과 사실과 진실을 위한 필수적인 기준점이다. 그들이 지식의 불꽃을 보존하고 다른 사람들을 계몽할 수 있도록 하는 과제에 어떻게 대처했는지에 관한 역사는 복잡하다.

이 책에 나오는 개개의 이야기들은 지식이 역사의 곳곳에서 공격 받았음을 잘 보여준다. 제퍼슨의 양초는 지식을 보존한 사람들의 엄청난 노력 덕분에 아직도 여전히 빛나고 있다. 수집가, 학자, 작가, 그리고 특히 이 이야기의 다른 반쪽인 사서와 기록 관리자들이 바로 그들이다.

1장
둔덕 아래의 갈라진 점토

님루드에서 스케치하는 오스틴 헨리 레어드

고대 그리스의 장군이자 역사가인 크세노폰Xenophon은 그의 가장 유명한 저작 《페르시아 원정Anabasis》을 쓰면서, 자신이 궁지에 몰렸던 1만 명의 그리스 용병 부대를 이끌고 메소포타미아에서 그리스로 돌아온 극적인 이야기를 상세히 전했다.

크세노폰은 부대가 지금의 이라크 중심부를 지나 티그리스강 기슭의 한 지점에 잠시 머물렀다고 썼다. 그는 이곳을 라리사Larisa라고 불렀다.[1] 주변을 정찰한 크세노폰은 높은 성벽이 있는 버려진 거대 도시가 있다고 적었다. 그들은 여기서 더 진군해 메스필라Mespila라는 또 다른 도시로 갔다. 크세노폰은 이곳에 "한때 메디아Mēdía인들이 살았다"라고 말했다. 크세노폰에 따르면 메데아Medea 왕비는 페르시아인들이 자기네 제국을 포위하고 있는 동안 이곳으로 피신해 있었다. 페르시아 왕은 제우스가 "주민들에게 벼락을 내리"[2]기 전까지 이 도시를 점령하지 못했다고 크세노폰은 전했다.

이 고대의 풍광에서 크세노폰이 본 것은 님루드Nimrud(라리사)와 니네베Nineveh(메스필라)라는 도시의 유적이었다. 이 도시들은 거대한 앗시리아Assyria 제국의 중심에 있었고, 유명하고 무시무시한 왕 앗슈

1장 둔덕 아래의 갈라진 점토   31

르바니팔Assurbanipal(재위 서기전 669?~631?)의 지배하에 번성을 누렸다. 앗슈르바니팔이 죽은 뒤 니네베는 서기전 612년 바빌로니아·메디아·스키타이인들에 의해 파괴됐다. 크세노폰은 앗시리아인(도시에 살던 사람들)과 메디아인(그곳을 점령한 사람들)을 메디아인과 페르시아인으로 혼동했다. 페르시아는 그가 글을 쓰던 당시 동방의 주요 강국이었다.[3]

크세노폰이 이 거대한 둔덕들을 2천 년 이상 전에 봤으며 그 유적들은 그가 볼 때 이미 수백 년이나 묵은 것이었고 도시를 파괴한 사건들은 그 위대한 역사가에게도 이미 흐릿한 일이었다고 생각하니, 놀랍게 느껴졌다. 그리스인들은 자기네가 도서관의 선구자라고 생각했으며, 크세노폰이 글을 쓰던 시기에 그리스 세계는 활기찬 책 문화를 갖고 있었고 도서관은 거기서 중요한 역할을 하고 있었다. 크세노폰은 아래의 땅속 깊숙이 웅장한 도서관이 보존돼 있음을 알았다면 틀림없이 흥분했을 것이다. 그것은 훗날, 고대의 그 설립자 앗슈르바니팔의 이야기를 드러낼 것이었다.

앗슈르바니팔의 거대한 도서관이 발견되고 이 제국(그리고 그 조상들 및 이웃들)의 온전한 역사가 드러나기까지는 다시 2200년이 지나야 했다. 이후 발굴되는 여러 앗시리아 유적지에 대한 고고학적 연구와 특히 그런 발굴들에서 나온 기록들을 통해서 말이다.

글쓰기는 인류의 오랜 역사에서 상당히 최근의 기술인 듯이 보이기 때문에, 우리의 고대 문명 대부분은 지식을 전수하는 데 주로 구전에 의존했을 것으로 생각하기 쉽다. 오늘날 우리가 터키·시리아·이라크·이란으로 알고 있는 지역을 중심으로 한 이들 문명은 대규모의 인상적인 물리적 유적(지상의 건물과 물건, 그리고 고고학 발굴에서 출토된 것들)을 남겼다. 그러나 그들은 또한 이집트·미케네·페르시아와 마침내 그리스·로마 문명이 나타나기 이전 시기에 구전과 함께 문서 기록이 있었다는 분명한 증거를 제공하는 기록들도 남겼다. 이 문서 기록은 이들 문화에 대해 매우 많은 것을 보여준다. 앗시리아와 그 이웃 문명들의 사람들은 매우 발달한 기록문화를 가졌으며, 우리에게 풍부한 지적 유산을 물려주었다.

 19세기 중반에, 크세노폰이 서기전 400년 무렵에 묘사했던 땅은 경쟁하는 유럽 제국주의 열강에게 초미의 관심 대상이 됐다. 이 관심은 이들 문명이 개발한 지식문화를 발견하는 데 도움을 주어, 지구상에서 가장 이른 축에 속하는 도서관과 기록관 일부를 드러냈을 뿐만 아니라 고대의 지식에 대한 공격의 증거 또한 보여주었다.

 영국이 이 지역에 진출한 것은 본래 제국주의 팽창의 도구인 동인도상사 EIC의 활동 때문이었다. 그들은 무역을 군사 및 외교적인 힘에 의한 강요와 뒤섞었다. 그 회사의 이 지역 중견 사원 중 하나가 클로디어스 제임스 리치Claudius James Rich였다. 그는 동양 언어와 유물에 관한 뛰어난 전문가였고, 그 시대 사람들은 그를, 바그다드에서 현지의 오스만 지배자인 파샤Pasha를 제외하면 가장 힘 있는 사람으로 생각했다.

 그리고 어떤 사람들은 심지어 파샤 자신이 그의 측근들이 원하는 것 대신 리치 씨의 제안과 조언에 따라 언제라도 방침을 바꾸는 것이 아닌지 의구심을 품었다.[4]

리치는 "새로운 나라를 보고자 하는 만족을 모르는 갈증"[5]을 해소하고자 심지어 변장을 하고 다마스쿠스의 우마이야Umayya 이슬람 사원에 들어가기까지 했다. 당시 서방 방문객들로서는 해내기 어려운 일이었다.[6] 리치는 이 지역을 널리 돌아다녔으며, 그 역사와 유물에 대해 상세히 연구하고 필사본들을 수집했다. 그 수집품들은 그가 죽은 뒤 브리튼 박물관에서 구매했다. 1820~1821년에 리치는 처음으로 니네베 유적지와 이 앗시리아 도시의 한가운데에 있던 거대한 쿠윤직Kouyunjik(오스만의 튀르크인들이 그렇게 불렀다) 둔덕을 찾았다. 리치는 이곳에 있는 동안 앗슈르바니팔의 궁궐에 보존돼 있던 쐐기문자 서판 하나를 발굴했다. 이 서판은 이후 이 유적지에서 발견되는 수만 점의 서판 가운데 첫 번째 것이었다.

리치는 비전문적으로 발굴한 유물 모음을 브리튼 박물관에 팔았다. 그리고 첫 번째 쐐기문자 서판이 런던에 도착하자 이 지역에 대한 엄청난 관심의 광풍이 몰아쳤으며, 그곳 땅속에 어떤 보물이 묻혀 있을지 억측이 쏟아졌다. 이 수집품은 런던에서 프랑스아시아협회 사무국장 율리우스 몰Julius Mohl의 눈에 띄었고, 그는 출판된 리치의 글도 읽었다. 몰은 곧바로 프랑스 정부를 움직여 독자적인 메소포타미아 원정대를 보내도록 했다. 영국과 경쟁해 프랑스 학술의 뛰어남을 보이자는 것이었다.

폴에밀 보타Paul-Émile Botta라는 프랑스 학자가 모술Mosul에 영사로 파견됐다. 독자적인 발굴을 할 수 있는 충분한 자금을 가지고서였고, 발굴은 1842년에 시작됐다. 이것이 이 지역에서 진지하게 이루어진 첫 발굴이었고, 화가 외젠 플랑댕Eugène Flandin의 그림까지 갖춘 화려한 화보집 《니네베의 유적 Monument de Ninive》(1849)이 파리에서 출간되자 그들은 유럽 상류층 사이에서 유명인사가 됐다. 그러나 그 페이지들은 어느 순간엔가 바뀌어 경이로운 감정이 점차 늘어갔다. 오스틴 헨리 레어드 Austen Henry Layard(1817~1894)라는 젊은 영국 모험가에 의해서였다.

레어드는 유럽에서 성장했다. 부유한 집안이었다. 소년 시절을 이탈리아에서 지내며 그곳에서 게걸스레 책을 읽었다. 가장 큰 영향을 받은 것이 《천일야화 千一夜話》였다.[7] 그는 고대와 미술, 여행에 대한 사랑을 키웠고, 웬만한 나이가 되자마자 광범위한 여행을 시작했다. 지중해 연안에서부터 오스만 제국을 거쳐 마침내 우리가 오늘날 이라크라고 부르는 나라에까지 갔다. 처음에는 에드워드 밋퍼드 Edward Mitford라는 손위의 영국인과 함께였으나 나중에는 혼자 다녔다.

레어드는 모술 시에 도착해 보타를 만났고, 보타는 그에게 쿠윤직 둔덕에서 자기가 발견한 것들에 관해 이야기해 주었다. 그가 《니네베의 유적》이라는 책을 본 것은 아마도 거기에서였을 것이다.[8] 그래서 레어드는 발굴을 시작해 보자는 생각이 들었다. 일꾼들은 현지 사람들로 구성했고, 그 수는 많을 때는 130명을 넘기도 했다. 당시 과학적인 고고학이 막 시작된 때였지만 그의 활동은 놀랄 만큼 전문적이고 생산적이었다.

레어드의 발굴은 처음에는 콘스탄티노폴리스 Kōnstantinoupolis 주재 영국 대사 스탠퍼드 캐닝 Stratford Canning의 사적인 자금 지원에 의한 것이었다. 발굴이 프랑스와 영국 사이의 경쟁 양상을 띠었기 때문이다. 불과 6년 사이에 현지 부족 출신의 한 일꾼 무리가 모술 출신의 칼데아인 기독교도이자 모술 주재 영국 부영사의 동생인 호르무즈드 랏삼Hormuzd Rassam의 감독과 지원을 받았다. 두 사람은 가까운 친구이자 동료가 됐다.

1846년부터 랏삼은 레어드 발굴대의 총무 겸 급여 담당자 역할을 했지만, 지적으로도 이 사업에 관여했다. 이 떠들썩한 발굴에서 랏삼이 한 역할에 대해서는 마땅히 받아야 할 관심을 받지 못했다. 한편으로는 그가 스스로 발견한 것을 신속하게 발표해 자화자찬하는 교활함이 부족했고, 다른 한편으로는 그가 거둔 성과 일부가 인종주의적 비방으로 훼손됐기 때문이다. 그의 말년은 법적 분쟁과 환멸로 얼룩졌다. 랏삼은 조직 능력을 발휘해 레어드의 발굴이 큰 성공을 거둘 수 있도록 했을 뿐 아니라 쐐기문자 해독에도 기여했다. 레어드가 정치를 하기 위해 영국으로 돌아간 뒤에도 랏삼은 브리튼 박물관의 지원을 받아 계속해서 이라크의 주요 고고학 발굴을 감독했다.[9]

발굴이 진행되면서 그들은 점토 서판이 들어 있는 거대한 방들을 발견했다. 레어드와 그의 팀은 앗시리아 제국이 남긴 지식의 편린을 발견했을 뿐만 아니라 그 한가운데에 있는 기관도 발견했다. 바로 앗슈르바니팔의 대도서관이다. 2만 8천 점 정도의 서판을 영국으로 가져오게 되고, 수천 점이 지금 다른 기관들에 있다.[10]

점토 서판들은 30센티미터 높이로 방들을 채웠다. 일부는 부서져 파편이 됐지만, 일부는 기적적으로 수천 년 동안 온전하게 보존됐다. "어신魚神들의 보호를 받는" 한 방에는 "앗시리아 왕들의 칙령과 함께 제국의 문서들이 들어 있었다"[11]라고 레어드는 썼다. 상당수는 전쟁에 관한 역사 기록일 것이라고 그는 추측했다.

일부는 칙령인 듯했고, 한 왕의 이름이 도장으로 찍혀 있었다. 엣사르핫돈Essarhaddon(재위 서기전 681~669)의 아들이다. 다른 것들은 다시 평행한 가로 칸으로 나뉘어 신들의 명단과 아마도 각 신전에 바쳐진 공물 명부인 듯한 것들이 실려 있었다.[12]

특히 놀라운 것은 두 개의 점토 봉인 파편이었다. 이집트 왕 샤바카Shabaka(재위 서기전 705?~690?)와 앗시리아의 한 군주—아마도 센나케립Sennacherib(재위 서기전 705~681)인 듯하다—의 도장이 찍혀 있었다. 레어드는 이것이 평화 조약을 장식한 것이었으리라고 추측했다. 이와 같은 발견들을 시작으로 전설적인 사건들을 문서 증거로 입증하는 과정이 전개된다. 이 고대 문명들의 언어, 문학, 신앙, 기구들에 대한 탐구는 오늘날까지도 계속되고 있다.

나는 운 좋게도 메소포타미아 점토 서판 일부를 만져보고 고대 사회에서 지식을 기록한 선구적인 방법들을 직접 볼 수 있었다. 나는 옥스퍼드 애슈몰Ashmole 박물관에 소장된 여러 가지 점토 서판을 살펴봤는데, 이들 문화에서 개발된 지식 수준을 느낄 수 있었다. 도서관 수장고에서 처음 꺼낸 것은 이라크 남부 젬뎃나스르Jemdet-Nasr의 한 유적지에서 나온 작은 타원형 서판들이었다. 이 서판들은 매우 실용적이어서 그 모양이 손바닥 안에 딱 맞도록 설계됐다. 정보는 점토에 아직 습기가 있을 때 새겨졌다.

이 서판들은 대체로 거래된 물건의 양에 관한 행정 정보를 담고 있는데(예컨대 한 서판은 숫자 7 뒤에 당나귀 그림이 있는데, 이는 '당나귀 일곱 마리'를 나타낸다), 사용 후 버려진 것으로 보인다. 방 구석에 쌓인 파편 가운데서 발견됐기 때문이다. 어떤 서판들은 폐기물로서 벽이나 수리가 필요한 건물의 다른 부분에 덧대는 용도로 사용된 상태로 발견됐다. 역사 속에서 이런 종류의 기록들은 흔히 우연에 의해서만 보존됐다. 고대 메소포타미아도 예외는 아니었다.

훨씬 흥미로운 것은, 버려지지 않았지만 보존돼 다시 사용된 서판들이었다. 나는 좀 더 큰 서판들을 보고 감탄했다. 글이 좀 더 빽빽하게 들어찬 것들이었다. 이 정방형 서판들은 '도서관' 문서로 알려졌는데, 그것이 종교에서 점성술에 이르는 여러 가지 주제들에 관한 문학적 또는 문화적 내용을 담고 있으며 오랜 시간에 걸쳐 읽도록 보관하게 설계돼 있었기 때문이다.

문학 서판 가운데 하나는 심지어 필사자가 문서 자체에 대한 상세한 정보를 기록한 간기刊記까지 있었다. 대본은 어떤 것인지, 필사자는 누구인지, 그리고 그가(필사를 하는 것은 거의 언제나 남자였다) 언제 어디서 작업했는지 같은 것들이다. 이러한 세부 정보는 현대 도서의 속표지와 비슷한 것으로, 이 서판이 다른 사람들과 공유하도록 의도된 것임을 보여준다. 특정한 간기는 한 서판의 내용을 다른 서판의 것과 구분하는 데 도움을 준다. 이것은 메타데이터의 가장 이른 형태다.

남아 있는 서판들은 다른 종류의 보존 문서도 있음을 보여준다. 행정 및 관리 활동에 관한 기록이다. 얇은 베개 모양으로 생긴 한 무리의 아주 작은 서판들은 '전달자' 문서였다. 이들은 어떤 종류의 물건을 수집하거나 배달하러 온 전달자의 신원을 입증해 주었다. 그 크기가 작은 것은 가지고 다녀야 하는 것이었기 때문이다. 전달자가 주머

니나 가방에 넣고 가서 목적지에 도착하면 건네주는 것이었다. 이것들을 왜 건물 수리에 쓰지 않고 보존했는지는 분명치 않지만, 아마도 나중에 참고하기 위해서였을 것이다.

200년 가까운 고고학 연구 덕분에 우리는 이제 이 고대의 사람들이 고도의 문화를 가지고 있었으며 도서관·기록관·필사자를 두고 있었음을 알게 됐다. 초기 문명들이 형성되고 유목 생활에서 정착 생활로 옮아가면서 영구적인 의사 전달 및 지식 축적 기록이 필요하다는 의식 또한 생겨났다. 앗슈르바니팔의 도서관이 운영되고 있을 때, 당시 사용되던 서판(무겁고 컸다)은 보관을 위해 레어드가 발견했던 것과 같은 방들을 필요로 했다. 사본을 만들고 정보를 검색하기 위한 것이었다. 시간이 지나면서 학자들은 서판에서 목록화하고 배열한 흔적을 찾아냈다.

1846년에 레어드는 자료를 영국으로 실어 보내기 시작했으며, 그가 발견한 것들은 런던에 모습을 드러내자 곧바로 화제를 불러일으켰다. 뉴스 보도로 불이 붙은 대중의 압박은 브리튼 박물관 운영진의 생각을 바꾸는 데 도움을 주었고, 그들은 추가적인 원정에 자금을 대는 데 동의했다. 원정의 성공을 경쟁자 프랑스에 대한 승리로 보는 정치가들이 등을 떠민 것도 한몫했다. 레어드는 국가 영웅이 됐고('니네베의 사자'라는 별명이 붙었다), 새로 찾아낸 명성 덕분에 작가 겸 정치가로서 이력을 쌓을 수 있었다.

앗슈르바니팔 도서관의 발견은 아마도 그가 발견한 것 가운데 가장 중요한 것이었을 듯하다. 조각품, 오지그릇, 장신구, 소상塑像 등은(지금 런던·베를린·뉴욕·파리의 큰 미술관들에서 전시되고 있다) 미적으로 놀라운 것이었지만, 이 수집품들에 들어 있는 지식을 해독하는 것은 고대 세계에 대한 우리의 이해를 정말로 바꾸어놓을 수 있는 것이었다.

이 발굴된 서판들을 연구함으로써 우리는 이제 앗슈르바니팔 왕립 도서관이 아마도 당시에 모을 수 있었던 수집 가치가 있는 지식의 전체 뭉치를 한 지붕 아래 모은 첫 번째 시도였음을 알게 됐다. 앗슈르바니팔의 도서관은 크게 세 부류로 이루어졌다. 첫째는 문학적이고 학술적인 문서, 둘째는 신탁神託을 묻는 것과 점을 친 기록, 셋째는 편지, 보고서, 통계 조사서, 계약서와 기타 형태의 행정 문서들이다.

이곳에 있는 많은 자료들은(메소포타미아에서 발견된 다른 고대 도서관 대부분이 그렇듯이) 미래에 대한 예언과 관련된 것이다. 앗슈르바니팔은 자신의 도서관에 있는 지식이 전쟁을 하고, 결혼을 하고, 아이를 갖고, 농작물을 심고, 그 밖의 우리 삶에서 모든 필수적인 일들을 하는 데 가장 적합한 때가 언제인지 자신이 결정하는 데 도움이 되기를 바랐다. 도서관은 미래를 위해 필요했다. 그들이 과거로부터 수집한 지식을 의사결정자의 손에 쥐여주는 것이기 때문이었고, 니네베에서 가장 중요한 의사결정자는 앗슈르바니팔 자신이었다.[13]

이 문헌들은 종교·의료·마법에서부터 역사·신화에 이르기까지 광범위한 주제를 포괄하고 있다. 또한 주제별로 매우 짜임새 있게 배열돼 있고, 꼬리표도 붙어 있다. 오늘날 개념으로 목록철이나 심지어 메타데이터라고 생각할 수 있을 것이다. 이들은 영구 참고 자료로 보관됐다. 반면에 다른 기록물들은 땅과 재산에 대한 법적 분쟁을 해결하기 위한 수단으로서 보다 임시적인 관점에서 보관했다.[14]

레어드와 랏삼이 니네베에서 발견한 것 가운데 가장 중요한 축에 속하는 것이 《길가메시Gilgamesh 서사시》(남아 있는 세계 최초의 문학 작품들 가운데 하나다)가 들어 있는 일련의 서판들이다. 이 동일한 핵심 문헌이 자기네 것이라고 주장하는 서로 다른 여러 서판 뭉치들이 니네베에서 발견됐다. 여러 세대의 것들이 함께 보관돼 한 세대의 왕으로부터 다음 세대의 왕으로 전해 내려왔으며, 심지어 앗슈르바니팔 자신이 직접 썼다고 주장하는 간기가 있는 것도 있다.

우리는 메소포타미아의 기록관·도서관에 들어 있다가 고고학 조사에서 발견된 것들, 그리고 발굴된 서판들에 쓰인 내용의 연구를 통해 지식을 조직화한 분명한 전통과 심지어 이들 수집품과 관련된 전문가들의 신원까지 확인할 수 있다. 기록 관리자와 사서의 전문적 역할이 상당히 분명한 오늘날과 달리 고대 사회에서는 그 경계를 알아보기가 더 어렵다. 앗슈르바니팔의 것과 같은 도서관들은 정보를 관리하려는 욕망을 드러내며, 또한 지배자에게 지식이 얼마나 가치 있는 것이었고 그것을 — 어떤 수단을 쓰더라도 — 얻는 데 그들이 얼마나 단호했는지에 대한 감을 잡을 수 있게 한다.

앗슈르바니팔 왕립도서관에 관한 최근 40년 동안의 연구에 따르면, 여기에 모아놓은 자료들은 필사자들이 베낀 것뿐만이 아니라 이웃 나라에서 가져온 지식도 포함돼 있었다. 우리가 이를 알게 된 것은 최근 수십 년 동안 발굴된 다양한 자료를 통한 것이었으며, 레어드나 초기의 쐐기문자 해독 선구자들에게는 분명한 것이 아니었다. 이런 강제적인 수집 행위를 드러내는 서판들은 아마도 우리가 지금 흩어진 혹은 옮겨간 기록물이라고 부르는 것(이에 대해서는 11장에서 이야기할 것이다)의 가장 이른 전신일 것이며, 그것은 수천 년 동안 일어난 일이다. 앗슈르바니팔 도서관에서 나온 현재 남아 있는 다량의 서판들은 이런 과정을 거쳐 온 것들이다.[15]

이런 일들에 대한 우리의 이해는 지금 이라크 남부의 보르십파Borsippa 같은 이 지역의 다른 여러 유적지들에서 발굴된 서판들을 통해 확대됐다. 서기전 제1천년기에 보르십파는 바빌로니아 제국의 일부로 앗시리아에 복속돼 있었다. 그곳에서 발굴된 서판들에는 본래 니네베에서 대리인인 샤두누Shadunu에게 보낸 편지의 후대 사본이 들어 있었다. 샤두누는 일군의 학자들을 그 집으로 찾아가서 "에지다Ezida 신전에 보관된 모든 서판을 수집"(에지다 신전은 보르십파에 있는 나부Nabu 신의 신전으로, 특히 학문에 헌정된 곳이었다)하는 임무가 주어져 있었다.[16]

이 요구 목록은 아주 구체적으로 지목돼 있어, 앗슈르바니팔이 개별 학자들의 수집품 가운데 어떤 것을 구할 수 있는지 알았음을 시사한다.[17] 앗슈르바니팔의 지시는 분명하고 단호하다.

> 궁궐에 필요한 모든 것, 그곳에 있는 모든 것, 그리고 네가 알고 있고 앗시리아에 존재하지 않는 희귀 서판은 찾아내서 내게 가지고 오라! … 그리고 내가 무어라고 쓰지는 않았지만 궁궐에 유익한 서판이나 의례 지침은 무엇이든 발견하게 되면 그것 또한 입수해 내게 보내라.[18]

이 편지는 브리튼 박물관에 있는 다른 서판에서 나온 증거와 부합한다. 앗슈르바니팔은 학자들이 가진 서판을 내놓게 하려고 그들을 잡아가고 돈도 주었으며, 또는 그들의 서판이나 고도의 필사 전통으로 잘 알려진 보르십파의 유명한 수장품 속에 있는 다른 서판들을 베끼게 했다는 것이다.

약간의 수납 기록이 남아 있어, 이러한 강탈이 니네베에 있는 앗슈르바니팔의 대도서관을 만드는 데 기여했음을 더 폭넓게 인식하는 데(그리고 또한 이 도서관이 매우 꼼꼼하게 조직되고 운영됐다는 인식을 확인하는 데) 도움을 주고 있다.

그 규모는 금세 입이 딱 벌어질 만하다. 앗슈르바니팔 도서관에서 출토돼 남아 있는 것이 알려진 3만 점의 서판 가운데 수납 기록의 부분은 한 번에 약 2천 개의 서판과 300개의 상아 또는 나무 칠판을 들여왔음을 시사한다. 이는 한 번의 수납으로는 엄청난 것이며, 내용은 점성학적 징조로부터 의료 처방에 이르기까지 30여 개의 분야에 걸쳐 있다.

자료의 출처는 일일이 기록되지 않았으나, 서판들이 바빌로니아의 사설 도서관들에서 온 것임은 분명하다. 그 가운데 일부는 그것을 가지고 있던 학자들로부터 '선물' 받았던 듯하다. 아마도 니네베의 왕실 당국의 비위를 맞추기 위해서였을 것이며, 또한 일부 자료를 내주는 대신 자기네 도서관의 나머지 것들을 지키기 위해서였을 것이다.

시기를 알 수 있는 유일한 것은 서기전 647년의 것이다. 앗슈르바니팔과 그의 형 샤마시슈무우킨Shamash-shumu-ukin 사이에 내전이 벌어지고 바빌로니아가 멸망한 지 불과 몇 달 뒤다. 결론은 분명하다. 그는 군사적 승리를 기회로 삼아 자신의 도서관을 확장한 것이다. 지식의 강제적인 몰수를 통해서였다.[19]

그러나 앗슈르바니팔의 도서관은 곧 비슷한 운명을 맞았다. 그가 바빌로니아에 승리를 거둔 것이 불타는 복수욕을 불러일으킨 듯하고, 이는 앗슈르바니팔의 아들 신샤르이슈쿤Sin-shar-ishkun에게 퍼부어졌다. 그는 서기전 631년 아버지의 자리를 이어받았다. 바빌로니아인들은 이웃 메디아와 손을 잡았으며, 메디아 군대는 서기전 612년 니네베를 포위하고 마침내 이 도시를 점령한 뒤 파괴적인 힘의 분류奔流를 쏟아냈다. 거기에 앗슈르바니팔이 만들어놓은 도서관과 함께 지식 수집품들도 포함됐다.

레어드의 작업이 놀라운 보존과 취득의 위업을 드러내주었지만, 그가 발굴한 곳곳에서는 또한 화재와 폭력의 증거가 나왔다. 발굴에서는 재의 층이 나왔고, 방 안에 물건들을 고의로 박살낸 것이 발견됐다. 일부 인체 유해의 발견은 특히 공포스러웠다. 나중에 고고학자들은 인근 님루드에서 시신들을 발견했는데, 팔다리에 여전히 고랑이 채워진 채 우물 속에 던져져 있었다.[20]

니네베가 멸망할 때 앗슈르바니팔 도서관을 파괴한 것은 비극적인 행위였지만, 어떤 일이 일어났는지 상세한 내용은 분명치 않다. 주 도서관과 기록 수집품들은 그저 궁궐 단지의 총체적인 파괴에 휩쓸려 들어간 듯하다. 화재와 약탈은 이 유적지 일대에 광범위했고, 이 도서관이 목표물로 특정됐는지는 확언할 수 없다. 특정 서판(외교 조약 같은)을 파괴한 흔적이 남아 있기는 하지만 말이다.[21] 예컨대 님루드의 나부 신전에서는 앗슈르바니팔의 아버지 에사르핫돈Esarhaddon의 속국 조약을 담은 봉인된 서판들이 바닥에 팽개쳐져 조각난 상태로 발견됐다. 이 큰 도시에서 일어난 전투 때 남겨진 것인데, 2500년

뒤에야 발견됐다.²²

니네베의 왕립도서관 소장품은 메소포타미아 문명에서 같은 종류의 것으로는 가장 유명한 수집품이다. 그러나 그것이 최초는 아니다. 이라크 남부 우루크Uruk에서는 5천여 점의 서판이 발견됐다. 서기전 제4천년기의 것이며, 주로 경제와 관련된 것이지만 물건의 이름과 관련된 것들도 있다.

천 년 뒤 시리아의 고대 유적지 에블라Ebla(오늘날의 알레포Aleppo 시 남쪽)에서는 필사실筆寫室과 도서실/문서고가 있었다는 증거가 나왔다. 서판을 검토하는 데 도움을 주기 위해 벽돌로 만든 긴 의자도 있었다. 도서관들이 별도의 건물로 지어졌다는 구체적인 증거는 없지만, 이 시기 이후 서로 다른 보관 방법 등 정보 관리를 위한 기법이 나타났다는 증거가 많아지고 있다. 여기에는 호르사바드Khorsabad(니네베로 옮기기 전까지의 앗시리아 수도였다) 나부 신전 문서고에서 발견된 나무 선반과 돌 정리함, 바빌로니아 도시 십파르Sippar에 있던 샤마시Shamash 신전의 선반 같은 설비들이 포함된다. 십파르의 선반은 수집된 서판 분류를 돕는 데 사용됐으며, 서판의 수가 매우 많아 분류를 돕고 수집품을 관리하는 데 특별한 기법이 필요했음을 시사하고 있다.²³

정보를 검색하고 필사자가 문서를 등사(문서 보관과 함께)하는 데 도움을 주기 위해 메타데이터(서판 내용을 표시하기 위해 꼬리표나 그 밖의 여러 형태를 띤)를 사용한 것 또한 메소포타미아 일대 문명들이 이룬 혁신의 한 특징이었다. 지식을 안전하게 보존하고 등사를 통해 그것을 공유할 수 있도록 할 필요성은 매우 오랜 뿌리가 있으며, 문명 자체와 연원을 같이한다.

고대 세계의 도서관과 기록관에 대한 직접 증거는 희소하고 이런 수집소들을 만들어낸 사회의 본질은 우리의 그것과 매우 다르기 때문에, 긴밀한 비교를 너무 많이 끌어내는 것은 위험한 일이다. 이런 한계에도 불구하고 약간의 광범위한 유형을 제시할 수는 있다고 생각한다.

메소포타미아의 도서관과 기록관들, 특히 앗슈르바니팔의 도서관은 고대 세계가 지식을 축적하고 보존하는 일의 중요성을 인식했음을 보여준다. 이 문명들은 정교한 방법들을 개발했다. 점토 서판들을 조직화하고, 수장품의 양이 늘면서 보관과 검색을 돕기 위해 메타데이터를 추가했다. 문서 등사도 지원했다. 그런 정보를 볼 수 있도록 허용된 왕실 내의 소규모 상층 집단 사이에서 돌려 보기 위해서였다.

이런 수집품들은 흔히 지식을 손에 넣는 것이 자신의 힘을 늘리는 것이라고 생각한 지배자들에 의해 만들어졌다. 이웃 나라와 적국으로부터 점토 서판을 강제로 수집함으로써 그 적들의 지식을 빼앗고 그들을 더 약하게 만들었다. 문서의 상당 부분이 미래 예측과 관련된 것이었기 때문에 서판을 탈취하는 것은 스스로가 더 나은 예측을 할 수 있을 뿐만 아니라 적이 미래를 이해하는 일에 더욱 어려움을 겪는다는 의미이기도 했다.

앗슈르바니팔의 도서관을 통해 우리는 그것이 후계 세대들의 편익을 위해 보존되는 것임을 알 수 있다. 서판들은 아버지에게서 아들에게로 전수됐다. 《길가메시 서사시》 서판도 마찬가지였다. 그 당시에도 지식의 보존이 단순히 현재를 위한 것만이 아니라 미래를 위한 가치가 있다는 인식이 있었다. 수집품들이 남아 있는 것 자체는 우연의 산물이다. 문명들은 멸망하고 영속되지 않았다. 도서관과 기록관들은 비록 영속을 위해 만든 것일지라도 최근 수백 년 사이에야 발견됐다. 고고학이 시작되던 시기의 학자들에 의해서 말이다.

2장 파피루스 더미

시인 베르길리우스가 두루마리를 들고 글을 쓰기 위한 서대書臺와 두루마리를 보관하는 '캅사 capsa'(문갑) 사이에 앉아 있다. 5세기 초 그림

대중의 의식 속에 있는 고대 도서관의 유산에 관해 생각할 때, 그 어느 도서관보다 오랜 명성을 갖고 있는 전설적인 도서관이 하나 있다. 바로 알렉산드리아 도서관이다. 알렉산드리아 도서관은 메소포타미아의 도서관들보다 훨씬 후대에 존재했고 그 도서관 자체에 대한 물적 증거가 전혀 없다는 사실에도 불구하고, 서방 세계 사람들의 상상 속에서 전형적인 도서관이며 고대 세계의 위대한 문명들이 만들어낸 것 가운데 가장 훌륭한 도서관으로 아직도 종종 언급되고 있다.

　알렉산드리아 도서관에 대한 우리의 지식이 단편적이긴 하지만, 줄잡아 이야기하더라도(1차 자료는 적고 대부분 지금은 사라졌거나 입증하기에는 너무 먼 다른 자료들을 되뇌는 것들이다) 한 곳에 세계의 모든 지식을 보관한 진정으로 종합적인 도서관이라는 생각은 역사를 통틀어 작가들과 사서들에게 영감을 불어넣었다.

　고대 알렉산드리아에는 사실 두 개의 도서관이 있었음을 우리는 알고 있다. 무세이온Mouseion과 세라페이온Serapeion, 즉 내內도서관과 외外도서관이다. 무세이온은 인간의 창조성과 지식(역사에서부터 서사시와 천문학에 이르기까지 모든 것)을 관장하는 그리스 신화의 아홉

2장 파피루스 더미　51

자매 여신 무사Musa들을 위한 신전이었다. '박물관'을 의미하는 영어 단어(museum)도 여기서 나왔다. 그러나 무세이온은 박물관과는 전혀 달랐다. 그것은 활기찬 도서관이었다. 책(두루마리 형태였다)과 학자들로 가득 찬 곳이었다.

무세이온은 거대한 지식의 저장고였다. 학자들이 이곳에 와서 연구했다. 그 건물은 왕궁 구역인 브루케이온Broucheion에 위치해 있었다. 왕궁에 가까이 위치한 것은 그 중요성을 단적으로 보여준다.[1] 그리스 역사가이자 지리학자인 스트라본Strábôn은 서력기원 몇 년 후에 글을 쓰면서 이 도서관에 대한 왕실 후원의 중요성을 강조했으며, 그곳에는 공동 식당이 있는데 왕이 가끔 와서 학자들과 함께 식사한다고 전했다.[2]

이곳의 학자들은 기하학의 아버지 에우클레이데스Eukleídēs와 공학의 아버지 아르키메데스Archimedes로부터 지구 둘레를 놀랄 만큼 정확하게 계산한 첫 번째 사람인 에라토스테네스Eratosthénēs까지, 고대 세계의 위대한 사상가들의 총집합이었다. 현대 문명이 바탕으로 삼은 많은 지적 약진은 이들의 작업으로 거슬러 올라갈 수 있다.

도서관의 한 가지는 세라페이온으로 뻗었다. '만들어진' 신 세라피스Serapis의 신전이다. 고대의 작가들은 세라피스 신앙을 이집트에 도입한 것이 프톨레마이오스Ptolemaîos 1세였는지 2세였는지를 놓고 논쟁을 벌였지만, 고고학적 증거는 이 신전이 프톨레마이오스 3세 에우에르게테스Euergetes(재위 서기전 246?~221?)에 의해 건설됐음을 보여준다.[3] 이 도서관의 토대는 이를 더욱 입증한다.

무세이온과 마찬가지로 이것은 깊은 인상을 주기 위해 건설됐다.

로마 역사가 암미아누스 마르켈리누스Ammianus Marcellinus는 이렇게 묘사했다.

> 기둥이 있는 넓은 홀과 거의 숨쉴 듯한 조각상과 매우 많은 수의 기타 미술 작품들로 장식된 채 카피톨리움Capitolium(로마의 중앙 신전) 옆에 자리 잡아, 존경받는 로마는 이를 통해 스스로 영원으로 올라가고 전 세계는 이보다 더 웅장한 것을 보지 못했다.[4]

서기전 100년 무렵에 쓰인 〈아리스테아스Aristeas의 편지〉로 알려진 묘한 문서에 따르면, 알렉산드리아 도서관은 설립 이후 꾸준히 성장했다. 이 문서는 도서관이 설립 후 짧은 기간 안에 두루마리를 50만 점까지 늘렸으며, 세라페이온이 부가됨으로써 용량은 더욱 늘었다고 말한다. 로마 역사가 아울루스 겔리우스Aulus Gellius는 《아티카의 밤Noctes Atticae》이라는 책에서 두 도서관에 나뉘어 있는 책이 70만 권이라는 수치를 제시했다. 요안네스 쳇체스Iōánnēs Tzétzēs(1110?~1180)는 좀 더 정확한 수치(사서들은 장서의 수를 정확하게 헤아리는 데서 더 큰 즐거움을 느끼는 경향이 있다)를 제시했다. 무세이온에 49만 권, 세라페이온에 4만 2800권이라고 했다.

우리는 장서의 규모에 대한 고대의 추산을 매우 조심스럽게 다뤄야 한다. 고대 세계가 남긴 문헌의 규모를 감안하면 이 도서관의 장서로 인용된 수치들은 사실이라고 볼 수 없다. 이런 추산들은 의심의 눈으로 볼 필요가 있지만, 그들은 이 도서관이 거대했고 당시에 알려진 어느 곳의 장서보다 훨씬 많았음을 분명히 보여주었다.[5]

알렉산드리아 도서관이 고대 왕국에서 어떤 역할을 했다고 할 수 있을까? 그것은 단순한 지식의 저장소 이상의 것이었을까? 우리는 이 도서관이 어떻게 운영됐는지에 관해 사실상 아무것도 알지 못하지만, 지식을 입수하고 보존하려는 분명한 열망 외에 학습을 장려하고자 하는 바람도 있었던 듯하다. 서기 4세기에 글을 쓴 아프토니오스Afthónios Antiochèfs는 "배우고자 하는 사람들에게 열려 있고 전체 도시로 하여금 지혜를 얻도록 고무한 … 저장소"[6]에 관해 이야기한다.

알렉산드리아 도서관에 관한 '전설'은 장서 규모만큼이나 거기에 보존된 지식에 대한 접근 편의와도 관련이 있는 듯하다. 우리는 로마 역사가 수에토니우스Suetonius를 통해 도미티아누스Domitianus 황제가 서기 1세기 말에 여러 차례의 로마 도서관 화재로 잃어버린 문서들을 등사하기 위해 필사자들을 알렉산드리아 도서관에 보냈음을 알고 있다.[7] 두 개의 대형 도서관, 무세이온의 상주 학자 공동체, 자유 이용 방침 등이 결합해 도서관 주변의 독특한 분위기를 형성하고 이것이 이 도서관을 학문과 교육의 중심지 자리에 올려놓았다.

알렉산드리아 도서관에 대해 논의할 때 떠올리는 것은 그 파괴에 대한 교훈적인 이야기인 경우가 많다. 광활한 지식의 대양을 품고 있다던 우뚝 솟은 도서관이 맹렬한 불길 속에서 재로 돌아갔다는 것이다. 어떤 면에서 이 도서관의 파괴는 적어도 그 존재만큼이나 그 유산에 중요해졌다. 이는 파멸적인 화재에 휩싸였다는 알렉산드리아 도서관에 대한 표준적인 이야기가 신화라는 것을 인식하면 분명해진다. 실제로 이는 대중의 상상이 계속해서 매달리고 있는 신화와 전설(때로는 상충하는)의 집합이다.

아마도 가장 잘 알려진 것일 듯한 한 가지 설명은 암미아누스 마르켈리누스가 한 이야기다. 그는 서기 380~390년 무렵에 쓴 《역사Res Gestae》에서 이렇게 말했다.

고대 기록의 일치하는 증언은 알렉산드리아 전쟁에서 독재관 카이사르가 지휘하는 군대가 이 도시를 공격했을 때, 프톨레마이오스 역대 왕들이 꾸준한 노력으로 모아놓은 70만 권의 책이 불탔다고 밝히고 있다.[8]

또 다른 고대 작가 플루타르코스Ploútarchos는 화재에 대해 보다 상세한 내용을 전한다. 알렉산드리아 군중들이 로마에 반기를 드는 쪽으로 선회한 뒤 카이사르는 선창船廠 부근의 궁궐 구역으로 들어가 방어벽을 칠 수밖에 없었다. 군중들은 "그를 그의 해군과 끊어"놓으려고 했다.

그는 불을 놓아 이 위험을 피하려 하지 않을 수 없었다. 그리고 선창에서 퍼져나간 이 불로 인해 큰 도서관이 파괴됐다.

카시우스 디오Lucius Cassius Dio는 조금 다른 이야기를 한다. 그는 230년 무렵에 쓴 《로마의 역사Historia Romana》에서 "여러 곳이 불에 탔"지만 파괴된 곳은 무세이온(도서관)이 아니라 선창에 있는 창고였다고 말한다(두 곳 모두 "가장 좋은 곡물과 책이 엄청나게 많이" 있었다).[9]

카이사르에게 어떤 식으로든 파괴에 책임이 있다는 이 신화는 역사를 거치면서 다른 이야기들과 경쟁해야만 했다. 서기 391년에 알렉산드리아는 기독교 도시가 됐고, 그 종교 지도자인 테오필루스Theophilus 총대주교는 이교도들이 세라페이온을 차지하고 있는 것에 격분해 신전을 파괴했다. 서기 642년 이슬람 세력의 이집트 점령으로 알렉산드리아도 처음 점령됐고, 이 도서관 파괴에 관한 한 기록은 도서관의 종말이 이 도시를 점령한 아라비아 군사 지도자 아므르Amr가 칼리파 우마르Umar ibn al-Khattāb의 지시를 받고 의도적으로 파괴한 결과라고 말한다. 이 기록은 칼리파가 삐딱한 논리를 펼쳤다고 증언한다.

이 그리스의 저작들이 하느님의 책과 일치한다면 그것들은 쓸데가 없고, 보존될 필요가 없다. 만약 일치하지 않는다면 그것들은 나쁜 것이고, 파괴돼야 마땅하다.

이 전설은 칼리파의 명령이 "맹목적으로 실행"돼, 두루마리들이 알렉산드리아의 4천 개 목욕탕에 배급됐다고 전한다. 물을 데우는 데 필요한 연료로 쓰인 것이었는데, 배급된 것을 다 쓰기까지 6개월이 걸렸다고 한다.[10]

고대 역사가들 모두가 동의하는 것은 이 도서관이 파괴됐다는 것이다. 그들의 견해가 지닌 무게는 신화를 퍼뜨리는 데 일조했다. 그 속도는 18세기 말에 에드워드 기번Edward Gibbon의 대작 《로마 제국 쇠망사The History of the Decline and Fall of the Roman Empire》 제3권이 출간되면서 매우 빨라졌다. 여기에는 이 도서관 파괴에 관해 아직까지 영어로 쓰인 것 가운데 가장 생생한 구절이 들어 있다. 이 구절로 말미암아 알렉산드리아 도서관 상실은 오늘날까지 남아 있는 야만성의 강력한 상징이 됐다.

소중한 알렉산드리아 도서관은 약탈당하거나 파괴됐다. 그리고 20년 가까이 지난 뒤에 그 빈 선반의 모습은 종교적 편견에 완전히 가리지 않은 모든 보는 사람들에게 애석함과 분노의 감정을 불러일으켰다.

그는 이렇게 쓰면서, "고대의 천재성의 집적물"을 잃어버렸음을 강조하고 그렇게 많은 작품들이 "돌이킬 수 없도록 사라진" 것을 슬퍼했다.[11]

이런 신화들 모두에 공통되는 것은 그들이 이 도서관을 지식에 대한 야만성의 승리의 희생물로서 애도한다는 것이다. 이 이야기들은 알렉산드리아 도서관의 상징화를 부추겼다. 이 신화들을 반복적으로 이야기함에 따라 그 이름은 언제나 비유로서 언급됐다. 보편적인 지식의 축적에 대한 욕구를 포착하거나, 엄청난 양의 지식 상실을 전달하는 것이다. 그러나 알렉산드리아 도서관에서는 정말로 무슨 일이 일어났을까? 그리고 신화 뒤에, 그 파괴와 그 존재로부터 우리가 배울 어떤 것이 더 있을까?

이 도서관이 고전기classical period[지중해 유럽을 중심으로 하는 고대 그리스와 로마 시대를 가리키는 명칭이며, 대체로 서로마 제국이 멸망한 476년을 하한선으로 본다] 이후까지 존재를 이어가지는 못했음은 의문의 여지가 없다.

그 정확한 이유는 좀 분명치 않다. 카이사르 자신은 알렉산드리아 도서관 소실이 서기전 48~47년 자신의 난적인 폼페이우스와 전쟁을 하다가 그 우연적인 결과로 일어난 것이라고 말했다. 적의 병사들을 싣고 온 배들이 항구에 정박해 있었는데 그 부근에 창고가 여러 채 있었다. 카이사르의 부하들이 그 창고들에 불을 지른 것이다. 그에 따라 큰불이 일어나 인근의 창고 여러 채가 불에 탔다. 이 도시에서는 입항하는 모든 배들을 수색해 도서관용으로 등사가 필요한 책들을 찾아내라는 명령이 내려져 있었는데, 이렇게 압수된 책들은 부둣가 창고에 일시 보관했음직하다. 도서관의 수집품에 대한 물리적인 손상이 가해졌지만, 그것이 끝은 아니었다.

이는 지리학자 스트라본의 기록과 일치한다. 그는 서기전 48~47년의 사건 수십 년 뒤에 이 도서관 자료를 이용해 자신의 연구 상당 부분을 진행한 사람이었다.[12]

두 도서관은 모두 매우 취약했다. 세라페이온은 서기 181년 무렵의 어느 시기에 화재를 겪은 듯하고, 217년에 다시 화재를 당했으나 재건됐다. 물론 이 화재가 도서관에까지 미쳤는지 그저 신전 단지에만 그쳤는지에 대해서는 분명한 언급이 없다.[13] 서기 273년에 아우렐리아누스Aurelianus 황제는 팔미라Palmyra의 반란자들이 점령했던 알렉산드리아를 수복하고 궁궐 단지를 파괴했으며, 거의 틀림없이 도서관에 해를 입혔던 듯하다(물론 이를 분명하게 확인해 주는 고대의 기록은 없다). 그러나 이것이 진실한 기록이라면(그리고 100여 년 뒤에도 이 지역은 여전히 재건되지 않았다) 세라페이온 도서관이 무세이온보다 더 오래 유지됐을 가능성이 있다.[14]

이 도서관 상실에 관한 기번의 심각한 진술은 이 주제와 관련해 많은 것을 꼼꼼히 읽은 결과물이었으며, 가장 가능성이 높은 파괴 원인에 대한 그의 판단은 우리에게 일깨움이 될 만하다. 그는 도서관 파괴가, 이집트를 정복한 이슬람교도들이 우마르 칼리파의 지시에 따라 저지른 것일 수 있다는 생각을 일축했다. 사태에 대한 이런 방식의 이해는 바르 헤브라이우스Bar Hebraeus(1226~1286) 같은 초기 기독교도 작가들이 이야기한 것이었다.

특히 두루마리를 이 도시 수천 개 목욕탕의 연료로 썼다는 잘 연상되는 이야기 같은 것이 그렇다. 기번은 이 서술이 그것을 보는 학자들 사이에서 강한 반응을 불러일으키고 "고대의 학습과 예술과 천재성이 되돌릴 수 없게 파괴된 것을 개탄"[15]할 것을 알았다. 이 계몽주의적 회의론자는 이 기록을 분석하는 데 가차 없었다. 칼리파가 유대교와 기독교의 종교 서적을 불태운다는 것은 그다지 논리적이지 않다는 것이다. 그 책들은 이슬람교에서도 성서로 생각됐기 때문이다. 더구나 그 이야기는 현실적인 측면에서도 믿기 어려웠다. "불은 태울 거리가 없어 금세 꺼졌을 것"[16]이기 때문이다.

기번에게 알렉산드리아 도서관은 고전 세계의 위대한 성취 가운데 하나였으며, 그 파괴(그는 이것이 방치와 무지의 증가라는 길고도 점진적인 과정으로 인한 것이라고 결론지었다)는 로마 제국을 덮친 야만성의 상징이었다. 자신의 시대에 다시 마주쳐 평가를 받은 것으로부터 문명이 빠져나가도록 하는 것이었다. 화재(실화든 방화든)는 많은 책들을 잃게 하는 주요 사건이었지만, 도서관이라는 기관은 보다 점진적으로 소멸했다. 조직상의 소홀함을 통해, 그리고 파피루스 두루마리 자체가 삭아감을 통해서였다.

비교적 최근에 그리스의 한 수도원 도서관에서 발견된 의학자 갈레노스Klávdios Galinós(129~200?)의 원고에는 이전에 알지 못했던 로마 황실 도서관에서 일어난 서기 192년의 화재에 대한 기록이 들어 있다. 도무스 티베리아나Domus Tiberiana로 알려진 이 도서관은 도시 중심부 팔라티노Palatino 언덕에 있었다. 이 불로 고전 세계의(그리고 아마도 전 시대를 통틀어서도) 가장 영향력 있는 작가 가운데 한 사람인 호메로스 작품의 유명한 그리스 학자 판본을 담고 있던 원본 두루마리가 불에 탔다.[17]

중요한 것은 이 두루마리들이 알렉산드리아 도서관에서 로마로 가져온 약탈품이었다는 것이다. 이는 유명한 로마 장군 스키피오의 아버지인 루키우스 아이밀리우스 파울루스Lucius Aemilius Paullus가 서기전 168년 패배한 마케도니아 왕 페르세우스Perseus로부터 탈취해 온 것으로, 로마에 처음으로 가져온 중요한 파피루스 두루마리 모음이었고 이 도시의 문학 활동에 심대한 영향을 미쳤다.[18]

파피루스는 이집트에서 처음으로 글을 쓰는 데 사용됐다. 그것은 파피루스 풀로 만든다. 줄기에서 뽑아낸 고갱이로 만드는 것이다. 고갱이 층을 겹쳐 놓고 물을 이용해 융합시킨 다음 햇볕에 말리고 매끄럽게 펴서 표면에 잉크 같은 것으로 쓸 수 있게 한다. 파피루스 종이는 보통 나무 막대에 붙여 말아서 두루마리 형태를 이룬다. 그것을 대략 라틴어로 '책'을 뜻하는 리베르liber(여기서 '도서관'을 뜻하는 영어의 'library'가 나왔다)라고 부를 수 있을 것이다. 파피루스 자체는 지중해 서부에서 개발돼 유럽 전역으로 퍼진 보다 내구성이 있는 기술인 양피지로 대체되고 그 뒤에는 아라비아 기술공들과 상인들에 의해 아시아에서 서유럽으로 건너온 종이가 쓰였지만, 파피루스는 400년 동안 주력 필기 매체로 쓰였다.

파피루스의 문제점 가운데 하나는 불이 매우 잘 붙는다는 것이었다. 마른 유기물로 만들어지고 나무 막대에 바짝 말았기 때문에 태생적으로 불이 붙기 쉬웠고, 비슷한 물질을 모아 놓은 곳에서는 이 약점이 치명적이 되기 십상이었다. 지금 남아 있는 파피루스는 대부분 이집트의 쓰레기 더미(유명한 옥시린코스Oxýrrhynchos 유적지가 대표적이다)의 폐기물이나 미라로 만든 시신을 감싸는 데 사용된 관재棺材 형태다.

남아 있는 파피루스 두루마리 문서는 얼마 되지 않는다. 가장 유명한 것이 이탈리아 헤르쿨라네움Herculaneum에 있는 것인데, 서기 79년 인근 베수비오Vesuvio산 분출 때 밀려든 화산재 더미 아래 파묻혔던 '파피루스 저택'이 18세기 중반에 발견됐다. 결국 그곳에서 두루마리 1700여 권이 발굴됐지만, 대부분은 새까맣게 타거나 분출 때의 열기로 완전히 눌어붙어 있었다. 그러나 읽을 수 있는 것만으로도 이 두루마리들의 수장자는 그리스 철학, 특히 필로데모스Philodēmos(서기전 110?~40?) 철학에 매료된 사람이었음을 알 수 있었다.[19] 부서지기 쉬운 이 두루마리들은 지금도 펼쳐 판독하고 있는데, 최근에는 엑스선이 동원되고 있다. 2018년에는 그 가운데 하나에서 실전失傳된 세네카Lucius Annaeus Seneca(아버지, 서기전 54~서기 39)의 유명한 《역사》의 일부가 발견됐다는 발표가 있었다.

파피루스의 장기 보존에는 그것이 어떤 환경에서 저장돼 있었느냐가 중요하다. 바닷가인 알렉산드리아 항구의 기후는 눅눅하고, 그것이 오래된 두루마리에 영향을 주었을 것이다. 곰팡이가 피고 기타 유기물 부패를 초래한다.[20] 다른 대규모 파피루스 수장처(현재의 터키 페르가몬Pergamon에 있는 것이 대표적이다)에서는 파피루스 두루마리의 원고를, 가공한 동물 가죽으로 만든 필사 매체인 양피지로 필사하는 과정을 거쳤다. 이는 지식이 한 형태의 매체에서 다른 형태의 매체로 옮겨가는 기술적 이주의 일종이었다.

수백 년에 걸쳐 악화한 감독·지도·투자의 부족은 알렉산드리아 도서관 파괴의 궁극적 원인이었던 듯하다. 알렉산드리아 도서관은 야만적 무지가 문명화한 진실에 승리했다는 파멸적인 본질을 드러내는 것이라기보다는, 지식을 보존하고 공유하는 기관을 금전적으로 지원하지 않고 후순위로 돌리며 전반적으로 경시하는 데 따른 점진적인 몰락의 위험성에 관한 교훈적인 이야기다. 반면에 알렉산드리아 도서관의 좋은 맞수였던 페르가몬 도서관은 수장품들을 개발하고 유지했다.

현대 학자들은 페르가몬 도서관의 설립 시기를 서기전 3세기 말로 본다. 그러나 스트라본 같은 고대 작가들은 서기전 2세기 초에, 아탈로스Attalos 왕조의 에우메네스Eumenes 2세 왕에 의해 설립됐다고 했다.[21] 페르가몬은 고대 세계 최대의 도서관이라는 알렉산드리아의 명성을 가장 위협했던 도서관이었다. 그 성격이나 장서 규모는 물론, 도서관 자체의 일부로서 그곳에서 일했던 학자들이 한 역할로도 마찬가지였다.[22]

몇몇 고대 작가들에 따르면 이 경쟁은 국가의 문제가 돼서 양국 왕

프톨레마이오스 5세와 에우메네스 2세 사이의 경쟁을 촉발했다.[23] 두 도서관은 각기 인기 학자를 보유하고 있었다. 알렉산드리아에는 헤시오도스Hēsíodos 작품의 해설로 유명한 아리스타르코스Aristarchos o Samothrax(서기전 220?~143?)가 있었다. 페르가몬의 그의 맞수는 명석한 호메로스 해설가인 말로스의 크라테스Krátēs ho Mallótēs(서기전 2세기 무렵)였다.

알렉산드리아와 마찬가지로 이 도서관도 물리적인 위치를 밝혀낼 수 있는 특정한 유적이 없다. 그리고 그 쇠락은 스스로의 지위를 이 도서관의 위신과 연결시켰던 아탈로스 왕조의 쇠락과 밀접하게 연관된 듯하다. 서기전 133년 아탈로스 왕국이 로마에 병합된 뒤, 이 도서관은 국가와의 매우 긴밀한 관계가 끊어지고 쇠퇴하기 시작했다.

알렉산드리아 도서관은 우리가 도서관의 이상을 이해하는 데 도움을 준다. 이후 시대의 많은 도서관들이 본받고자 한 하나의 모범이 된 것이다(물론 그 도서관이 정확히 어떤 모습이었는지가 분명치 않긴 하다). 알렉산드리아 도서관을 통해 우리는 대규모 장서를 학자 사회(지식을 공유하고 그들의 연구를 통해 새로운 지식을 만들어낸다)의 노력과 연결시키면 어떤 힘이 생기는지를 알 수 있다. 스트라본은 알렉산드리아 도서관에서 지리학을 연구했는데, 사서와 학자들을 학식 있는 남자(여성은 없었던 듯하다) 30~50명의 '시노도스synodos'(공동체)라고 지칭했다. 이 공동체는 다국적이었다. 알렉산드리아의 지배자인 그리스에서 온 사람들이 많았지만, 로마 학자들도 그곳에서 그리스 시와 연극을 필사하고 해석했다.

도서관 수뇌부는 그것이 성공을 거두는 데 매우 중요했다. 초기 사서 여섯 명 가운데 다섯 명은 고전 세계의 가장 중요한 작가들이었다. 제노도토스Zenodotos(서기전 3세기 초반), 로도스의 아폴로니우스(서기전 3세기 중반), 에라토스테네스(서기전 3세기 후반), 비잔티온의 아리스토파네스(서기전 2세기 초반), 사모트라케의 아리스타르코스(서기전 2세기 후반) 등이다.[24]

서기전 270년 무렵에 도서관장 자리는 대서사시 《아르고나우티카Argonautica》를 쓴 로도스의 아폴로니우스에게 넘어갔다. 그는 시라쿠사Siracusa의 아르키메데스라는 젊은 학자에게 무세이온에 와서 연구하도록 격려한 것으로 유명하다. 아르키메데스는 그곳에 있는 동안 나일강 수위의 오르내림을 관찰하고, 아직도 그의 이름이 붙어 있는 공학 장치인 나선형 양수기揚水機를 발명했다.[25] 수학자 에우클레이데스도 알렉산드리아 도서관 공동체에 합류하도록 초청받았으며, 현대 수학의 토대라 할 수 있는 유명한 그의 저작 《기하학 원론Stoikheîon》을 그곳에서 쓴 것으로 보인다. 또한 제자 페르게의 아폴로니오스Apollonius Pergaeus를 가르쳤던 듯하다.

알렉산드리아 도서관의 사서와 학자들은 지식을 보존하기만 한 것은 아니었다. 그들은 텍스트를 표준화하고 자기네의 독자적인 생각을 덧붙여 새로운 지식을 만들어냈다. 알렉산드리아 도서관에서 만들어진 것은 불에 타거나 오랜 방치 속에서도 파괴되지 않는 것이었다. 바로 오늘날 우리가 학문이라고 부르는 학습법이었다.

고대의 도서관과 이후 세대의 도서관들이 직접 연결된다는 것을 입증하기는 쉽지 않다. 그러나 지식을 조직화하고 보존한 인간의 공통 관행은 추적할 수 있다. 사서들의 전문적인 업무가 알렉산드리아나 니네베 도서관으로부터 직접 이어진 것은 아니다. 어떠한 교범도 만들어지지 않았고, 어떠한 작업 지침도 전수되지 않았다. 남아 있는 것은 그 정신에 가까운 것이다. 지식이 대단한 힘을 갖고 있으며, 그것을 수집하고 보존하려는 노력은 가치 있는 일이고, 그것의 상실은 문명 쇠퇴의 조기 경보일 수 있다는 정신이다.

―――

오늘날 보들리 도서관 주변을 거닐다 보면 끊임없이 도서관 업무의 역사를 일깨워주는 것들이 있다. 보들리를 구성하는 28개 도서관은 모두 지식을 보존하고 공유하는 실질적인 방법에서 진전이 있었음을 알 수 있다. 우리는 이 건물들을 계속해서 사용해 왔다. 대부분은 오래전에 도서관 용도로 설계된 것이다(600년이 넘은 것도 있다). 그 안에서 일하는 우리 모두에게 끊임없이 자극을 주는 사실이다. 오늘날 이 건물들은 전기 조명, 중앙난방, 컴퓨터, 와이파이와 기타 학습을 위한 도움을 받고 있다. 그러나 이러한 혁신 과정은 거의 2천 년 전 알렉산드리아 도서관 설립에 그 기원이 있다.

고대 도서관의 물리적 유산을 검토해 보면 정말로 대단한 것이 남아 있음을 알 수 있다. 예컨대 1940년대 말 무함메드 엣디브Muhammed edh-Dhib라는 한 젊은 염소치기는 예후다Yehūda(유대) 사막의 쿰란Qumran 동굴에서 오지그릇 더미를 발견했다. 이 그릇들 안에는 많은 두루마리들이 있었고, 그 두루마리들에는 히브리 성서(구약) 거의 모든 책의 현존하는 가장 오랜 사본이 쓰여 있었다. 고고학 발굴에서 이 동굴 부근 유적지에 사람이 살았던 것은 대략 서기전 100년에서 서기 70년 사이였다는 결과가 나왔지만, 필사본은 서기전 4세기에서 서기 70년(예루살렘 제2 신전이 파괴된 때다) 사이에 쓰였다. 사해사본死海寫本으로 알려진 이 두루마리들은 부서지기 쉽고 단편적으로 남아 있어 그 놀라운 잔존이 믿기지 않을 정도다.

이 문서들이 정확히 어떻게 해서 쿰란의 동굴들에 보관(또는 아마도 '은닉')됐는지에 대해서는 객관적으로 알지 못하지만, 많은 사람들은 한 유대교 종파(지금 엣세노이Essenoi파로 짐작하고 있다)가 의도적으로 숨긴 것으로 보고 있다. 서기 66~73년 사이의 제1차 유대-로마 전쟁 이후 로마가 진압 작전을 펼치던 시기다. 사막의 위치와 이 문서들이 보관된 방식은 그 보존에 최적이었다. 사해사본 대부분은 양피지에 쓰였고, 그 일부만이 파피루스에 쓰였다. 양피지에 쓰인 문서는 더 오래갈 수 있다.

알렉산드리아 도서관이 남긴 핵심적인 교훈은 그 소멸이 이후 사회들에 하나의 경고가 되리라는 것이다. '암흑시대'는 로마 제국의 붕괴에 따른 것이었다는 게 일반적인 인식이었다(에드워드 기번이 이를 부추겼다). 오늘날 역사가들은 알렉산드리아 도서관 파괴 이후 '암흑시대'가 오지는 않았음을 분명히 하고 있다. 아직도 남아 있는 어두움은 모두 지식 보존에 관한 증거 부족 때문이다. 지식은 계속해서 수집됐고, 학습은 유럽·아시아·아프리카 전역에서 성황을 이루었다. 알렉산드리아 도서관과 기타 시설들에서 수행된 연구의 연장이었다.

그리스 세계의 학문은 아라비아 문화를 통해(그리고 복제와 번역의 힘을 통해) 가장 확실하게 보존된다. 아라비아 학문 중심지(현대 이란의 타브리즈Tabriz 같은 곳들이다)의 공동체들이 그리스 문화와 과학을 전파할 수 있게 되고, 그 가운데 상당수는 라틴어로 재번역돼 서방으로 돌아오게 된다. 알안달루스al-Andalus(이슬람 치하의 이베리아반도를 그렇게 불렀다)의 톨레도Toledo 같은 국제도시에서의 문화 교류를 통하기도 했다.[26]

서기 1세기에 알렉산드리아 도서관이 사라진 뒤 고대 세계의 지식은 도서관들을 통해 계속 보존됐다. 이 초기 도서관들 가운데 하나의 증거는 라벤나Ravenna의 갈라 플라키디아Galla Placidia 황후 무덤에 있는 한 모자이크에서 찾아볼 수 있다. 서기 450년에 전적으로 황후의 무덤을 수용하기 위해 건설된 예배당에 있는 것이다. 거기에는 책을 보관하는 책장이 보이고, 두 개의 선반이 있다. 각 선반에는 가로로 놓인 책들이 있는데, 네 권의 책에는 각기 4복음서의 제목이 붙어 있다. 책장은 튼튼한 다리로 받쳐져 바닥 위에 세워져 있다(다리는 아마도 책이 홍수 때 침수되지 않도록 하기 위한 것인 듯하다).[27]

북부 이탈리아 베로나Verona의 카피툴라르Capitular 도서관은 대성당 필사실에 기원을 두고 있다. 이 도서관과 관련된 가장 오래된 책은 서기 517년까지 거슬러 올라가며, 대성당의 하급직에 있던 우르시키누스Ursicinus라는 사람이 쓴 것이다. 그러나 이 도서관에는 적어도 그보다 100년 전의 책도 있다. 알렉산드리아 도서관이 그 이전 영광의 자취를 아직 지니고 있었을 수 있는 시기다. 이 책들은 자체 장서를 갖추기 위한 목적으로 가져온 책들을 필사실에서 베낀 것일 가능성이 매우 높다.

6세기에 시나이Sinai 사막에서 한 종교 공동체가 카타리나Catharina (287?~305?) 성인에게 봉헌된 수도원을 건설했다. 여기에 매우 중요한 성서 사본들을 수장한 도서관을 만들었는데, 특히 《시나이 사본Codex Sinaiticus》이 유명하다. 이것은 그리스어 성서 가운데 가장 이르고 가장 완전한 필사본이며, 가장 이른 것은 4세기 전반까지 거슬러 올라간다. 이 도서관은 오늘날까지도 공동체 내부인 및 기타 학자들을 위해 필사본과 인쇄본들을 계속 보존하고 있다.

그러나 많은 중요한 작품들이 우리가 지금 '고대 말기'(대략 3세기에서 8세기에 이르는 시기다)라고 부르는 시기에 사라졌다. 우리는 그것을 후대의 책들에 남아 있는 우연하고 희미한 흔적들을 통해, 또는 지난 150년 동안의 고고학 발굴로 이전에 알지 못했던 문서들이 들어 있는 파피루스 파편을 우연히 발견한 것에 의해 알게 된다. 이런 파피루스 발견으로 중세에 알려졌던 고전기 작가들 작품의 더 나은 이본異本도 얻을 수 있었다.

6세기에 동로마의 요안네스 리도스Ioánnis Lydós는 우리에게 전해 내려온 것보다 더 완전한 세네카와 수에토니우스 작품의 텍스트를 가지고 있었다. 5세기 북아프리카의 주교 풀겐티우스Fulgentius 성인과 6세기 포르투갈 브라가Braga의 대주교 마르티뇨Martinho de Braga 성인은 오늘날 라틴 작가들의 집성본에 남아 있지 않은 페트로니우스Gaius Petronius(20?~66)와 세네카 작품의 텍스트를 인용(또는 실제로는 '표절')했다.[28]

문헌 손실의 가장 대표적인 사례는 그리스 시인 삽포Sapphō의 경우다. 서기전 7세기 레스보스Lesbos섬에서 태어난 삽포는 고대 세계에서 매우 중요한 문화 인물이어서 플라톤이 '열 번째 무사Musa'로 부르기도 했다. 여성들을 대상으로 한 사랑의 시로 유명하며, 삽포의 이름이나 그 고향인 레스보스섬의 이름에서 동성애와 관련된 영어 단어들('sapphic'과 'lesbian')이 만들어지기도 했다.

호라티우스Quintus Horatius Flaccus에서 오비디우스Pūblius Ovidius Nāsō까지 그 이름을 거명하지 않는 사람이 없을 정도로 유명했기 때문에 알렉산드리아의 학자들은 삽포의 시를 한 권이 아니라 아홉 권짜리 교감본校勘本 두 질로 엮었다. 그러나 삽포의 작품은 단편적으로만 남아 있다. 우리가 접할 수 있는 온전한 시 한 편이 그리스 서정시집에 보이고, 나머지는 질그릇 조각에 적혀 있거나 쓰레기 더미(특히 이집트 옥시린코스에 있는 것)에서 발견된 파피루스에 포함돼 있는 인용구를 조합한 것이다. '시 38'은 "너는 나를 태우고" 부분만 남아 있다.

알렉산드리아 도서관에 관해서는 그런 중요한 작가의 작품이 왜 남아 있지 않았느냐는 데 대해 의견이 분분하다. 가장 흔한 것으로는 기독교 교회가 도덕적인 이유에서 이것들을 고의로 파기했다는 이야기가 오랫동안 회자됐다. 문예부흥 시기 작가들은 심지어 1073년 그레고리우스Gregorius 7세 교황의 명령으로 로마와 콘스탄티노폴리스에서 삽포의 작품들을 불태웠다고 주장했다. 실제로는 양피지 사본 묶음들이 파피루스 두루마리를 대체해 사용될 때 삽포의 작품들(읽기 힘든 모호한 아이올리스Aiolís 방언으로 쓰였다)에 대한 수요가 필사할 가치가 있을 만큼 그리 크지 않아 사라졌을 듯하다. 1897년 이집트탐사협회EES가 발굴한 옥시린코스 쓰레기 더미에서는 현존하는 파피루스 문헌의 70퍼센트 이상이 나왔다.

기독교 세계가 형성되면서 책과 도서관들이 유럽과 지중해 세계로 퍼져나갔다. 로마 제국의 아주 변방인 브리타니아Britannia에도 도서관이 있었다는 단편적인 증거들을 인정할 수 있다(2세기 초에 죽은 시인 마르티알리스Marcus Valerius Martialis는 자신의 작품이 심지어 브리타니아에서도 읽히고 있다고 냉소적으로 언급했다). 콘스탄티노폴리스(서기 330년 재건설되기 전까지는 비잔티온으로 알려져 있었다) 같은 주요 중심지에서는 425년 무렵 테오도시우스Theodosius 2세 황제에 의해 제국 대학이 다시 건설되고 새로운 신학교가 설립되면서 알렉산드리아 도서관의 정신이 다시 살아났다.[29]

6세기에 학자이자 정치가였던 캇시오도루스Cassiodorus Senator는 동고트 왕 티우다레익스Piudareiks의 궁정에서 은퇴해 수도사가 됐다. 그는 칼라브리아Calabria의 비바리움Vivarium에 수도원을 설립하고 중요한 도서관을 건설했다. 그곳의 필사실은 중요한 지식의 원천이었으며, 잉글랜드 북부 몽크웨어마우스재로Monkwearmouth-Jarrow 수도원의 초기 기독교 공동체에 적어도 두 권의 책을 베껴 보냈다. 하나는 캇시오도루스 자신의 《시편 해설Expositio Psalmorum》(8세기 사본이 지금 더럼Durham 대성당 도서관에 있다)이었고, 다른 하나는 기독교 성서 사본이었다. 그것은 나중에 몽크웨어마우스재로 필사실에서 필사해 지금 《아미아타 사본Codex Amiatinus》으로 알려진 책이 됐는데, 그것이 다시 선물로 로마에 보내졌다. 그것은 로마로 가지 못하고 지금 이탈리아 피렌체의 로렌초Lorenzo 도서관에 소장돼 있다. 《아미아타 사본》에는 심지어 도서관 그림까지 들어 있는데, 책꽂이와 책들, 그리고 그 옆에서 부지런히 글을 쓰고 있는 에스라Ezra 선지자의 모습이 담겨 있다.[30]

이 시기에 지식은 이슬람 및 유대 공동체들이 복제해 기독교 세계 바깥에 보급했다. 유대 신앙에서 《타나흐Tanakh》(구약)와 기타 성스러운 문서들을 복제하는 것은 매우 중대한 일이어서, 쓰인 말을 어떻게 다루어야 하는지를 규정하는 종교법들이 많아졌다.[31] 이슬람 세계 전역에서는 《쿠르안Qur'ān》을 암기하는 구전 전통이 아직 지배적이었지만, 책이 성서와 다른 사상들을 전파하는 중요한 지적 메커니즘이 됐다.

이슬람 공동체들은 중국인들로부터 종이를 만드는 법을 배웠고, 13세기의 백과사전 편찬자 야쿠트 알하마위Yāqūt al-Hamawī에 따르면 바그다드의 첫 번째 종이 공장은 서기 794~795년에 만들어져 그곳에서 관리들이 쓰기에 충분한 종이를 만들어 양피지와 파피루스 기록을 대체했다.[32] 종이(파피루스에 비해 잘 부서지지 않고 양피지에 비해 훨씬 싸다)를 대량으로 이용할 수 있게 되자 이슬람 세계에서는 세련된 책 문화가 발전할 수 있었다. 이에 따라 도서관, 지물포, 책방이 바그다드에서 쉽게 눈에 띄었고, 그곳에서는 책과 종이를 사고파는 사람들이 학식이 있는 사람으로 유명해졌다. 이런 문화는 곧 이슬람 세계 곳곳의 다른 도시들로 퍼져나갔다.

이슬람 치하의 이베리아에서부터 이라크의 압바스Abbās 왕국까지 도서관들이 생겨났다. 시리아와 이집트에는 큰 도서관들이 있었다. 이슬람 치하 이베리아에는 도서관이 70개가 넘었고, 바그다드 한 도시에만 36개가 있었다. 이 대도시에서 장서를 모으기 시작한 것은 바그다드의 건설자인 알만수르 al-Manṣūr (재위 754~775) 또는 그 계승자인 하룬 알라시드 Hārūn al-Rashīd (재위 786~809) 때였다.

하룬의 아들인 칼리파 알마문 al-Mamūn은 '바이트 알히크마 Bayt al-Hikma'(지혜의 집)를 세웠다. 9세기에 도서관 겸 번역·연구·교육을 담당하는 학술 기관으로 만들어져 다양한 문화와 종교를 가진 세계 각지의 학자들을 끌어모았다. 여기에서는 알렉산드리아 도서관의 정신이 다시 한 번 지배력을 발휘했고, 교사와 학생들은 그리스·페르시아·시리아·인도의 문헌들을 번역하는 일에 함께 매달렸다. 칼리파의 후원 아래 바이트 알히크마의 학자들은 콘스탄티노폴리스에서 가져온 그리스어 필사본들을 연구할 수 있었을 뿐만 아니라 아리스토텔레스, 플라톤, 힙포크라테스, 에우클레이데스, 프톨레마이오스, 피타고라스, 브라흐마굽타 Brahmagupta와 기타 여러 사람들의 저작을 번역했다.

이후에 다른 도서관들도 세워졌다. 991년 페르시아인 사부르 이븐 아르다시르 Sabur ibn Ardashir가 세운 '다르 알일름 Dar al-Ilm'(지식의 집) 같은 것들이다. 여기에서는 만여 권의 과학 서적을 수장하고 있었으나 10세기 중반 셀추크 Selçuk의 침입 때 파괴됐다.[33]

주석가인 이집트의 백과사전 편찬자 알칼카샨디 al-Qalqashandī(1355?~1418)는 이렇게 전했다.

바그다드에 있는 압바스 칼리파의 도서관은 … 그 어느 것과도 비교할 수 없이 귀중한 책을 셀 수 없이 보유하고 있다.

이 도서관들은 13세기 몽골의 침입 동안에 의도적으로, 그리고 간접적으로 피해를 당했다.³⁴ 이슬람 학자들 또한 독자적으로 수준 높은 학문(특히 과학 분야)을 이루었는데, 천여 년 뒤 유럽 사서들의 이슬람 과학 서적 수집은 새로운 과학적 접근법 창출을 자극하는 데 이바지하게 된다.³⁵

17세기가 되면 북유럽에는 더 많은 수도원들이 생겨났고, 그들 상당수는 도서관을 가지고 있었다. 이들의 장서는 많지 않았다. 영국에서는 캔터베리Canterbury, 맘스베리Malmesbury, 몽크웨어마우스재로, 요크York의 초기 기독교 공동체들이 도서관 장서라 부르기에 손색없는 책을 갖추고 있었지만, 영국에서 바이킹 침략 이후까지 남아 있는 책은 많지 않았다.³⁶

9세기 초, 콜룸바Columba(521~597) 성인이 스코틀랜드 서부 해안의 아이오나Iona섬에 만든 수도사 공동체는 바이킹에 대학살을 당했고, 그들의 중요한 필사실 역시 파괴됐다. 한 설명에 따르면《켈스 사본Book of Kells》으로 알려진 유명한 채색 사본은 사실 아이오나섬에서 필사됐지만 바이킹의 습격을 받을 수 있다는 공포 때문에 아일랜드의 켈스 수도원으로 옮겨졌다고 한다.³⁷

바이킹 침략의 피해를 당하지 않은 세계적으로 유명한《린디스판 복음서Lindisfarne Gospels》(지금 브리튼 도서관에 있다)는 8세기 잉글랜드 동북단 린디스판섬의 기독교 공동체에서 만든 것이었는데, 대략 150년 뒤 이 공동체가 육지의 더 안전한 지역으로 이주하면서 섬을 떠났다. 그들은 이 책과 함께 그들의 영적 지도자 커스버트Cuthbert(634?~687) 성인의 시신을 모시고 갔다. 이 책은 오늘날 매우 아름답고 복잡한 그림이 들어 있는 초기 기독교 미술 작품으로 가장 유명하지만, 당시에는 북유럽의 기독교화에 대한 강력한 상징으로 중요했다.

귀금속과 보석으로 호화롭게 장정된 이 중요한 책은 린디스판섬을 떠난 지 백 년 뒤에 그 종교 공동체와 함께 잉글랜드 북부 더럼에 안식처를 얻었다. 여기서 10세기 중반에, 나중에 체스터리스트리트Chester-le-Street에 있는 더럼의 자매 공동체와 연결되는 수도사 올드레드Aldred가 복음서의 라틴어 텍스트에 고대 영어 주석을 붙였다. 사실상 《신약》의 가장 이른 영어 번역이었다. 그는 이 책에 관한 전승을 기록한 간기刊記를 덧붙였다. 그것은 린디스판 주교 이드프리스Eadfrith(?~721)가 썼고, 후임 주교인 에실월드Aethilwald(?~740)가 제본했으며, 빌프리스Billfrith가 금·은·보석으로 표지를 장식했다. 12세기에 더럼의 수도사 시미언Symeon은 "이 교회에 보존돼 있는" 이 책이 커스버트 성인의 시신 자체만큼이나 귀중한 것임을 인식했다.[38]

보들리 도서관은 이 시기에 동로마의 한 도서관에 있었던 책 두 권을 가지고 있다. 현존하는 에우클레이데스의 《기하학 원론》 및 플라톤의 '대화편'들의 가장 이른 완본完本들이다. 이 책들은 모두 9세기 말에 파트라Pátra의 아레타스Arethas 주교 도서관에 있었다.

1066년 노르만족의 침입 때 일리Ely의 도서관 같은 최대급의 도서관에도 장서는 겨우 수백 권 정도여서 이슬람 세계 도서관들에 비해 훨씬 적었다. 노르만 정복 이전 잉글랜드의 도서관들은 대부분 궤나 서가 몇 개가 들어갈 정도로 작았고, 소수의 수도원들에만 도서실이 따로 있었다. 예를 들어 7세기에 설립된 피터버러Peterborough 수도원에는 970년에 이 수도원을 재건한 윈체스터Winchester 주교 에셀월드Aethelwold가 기증한 도서 목록이 남아 있다. 이 목록에 있는 책은 불과 20권이다.³⁹

'가경자可敬者' 베다Beda는 대교황 그레고리우스 1세가 7세기 초에 캔터베리의 아우구스티누스Augustinus에게 책을 많이 보내주었다고 했지만 이는 아마도 전례서典禮書와 성서였을 것이고, 베다가 분명하게 언급한 도서관은 노섬벌랜드Northumberland 헥섬Hexham의 도서관이었다. 거기에서는 분명히 순교자들의 수난사와 기타 종교서들을 보유하고 있었다.⁴⁰

도서관들은 고대 문명의 종말 이후에도 계속 존재했지만, 그리스·이집트·페르시아·로마의 도서관에서 계보가 끊기지 않고 지속된 것은 없었다. 새 도서관들은 복제 행위를 통해 만들어져 새로 제작된 책들을 소장했다. 이들 새로 만들어진 기독교 도서관들 가운데 성聖 카타리나 수도원 도서관과 베로나의 카피툴라르 도서관 같은 일부 도서관들은 고대 세계 종말기에 처음 만들어진 이래 줄곧 유지됐다. 그 이후 수백 년 동안에 만들어진 여러 도서관들도 유지됐다. 이들은 지식의 융성이 도서관의 연결망을 낳아 이로써 중세에 서방과 서아시아 사회들을 떠받치는 패턴을 만들어냈다.

알렉산드리아 도서관의 전설은 도서관과 기록관이 새로운 지식을 창출해 낼 수 있는 장소라는 관념을 만들어냈다. 무세이온에서 책과 학자들을 결합시킨 데서 그 사례를 볼 수 있다. 알렉산드리아 도서관의 명성은 고대 세계 각지로 퍼져나갔고, 역사를 통해 전해져 내려갔다. 그럼으로써 세계의 지식을 수집하고 조직화하는 그 사명을 모방하도록 다른 사회를 자극했다. 1647년에 출판된《토머스 보들리 경의 생애The Life of Sir Thomas Bodley》서문은 그가 설립한 대도서관이 심지어 "이집트 (알렉산드리아) 도서관의 대단한 명성"[41]조차 능가했다고 자랑했다. 알렉산드리아 도서관의 유산은 또한 사서와 기록 관리자들이 지식을 보호하고 보존하도록 노력하게 하는 자극이 돼왔다.

3장

책이 헐값이던 시절

예수의 발아래 무릎을 꿇고 있는 던스턴 성인. 《던스턴 성인의 교과서》(10세기 말)에 나오는 그림이다.

중세 잉글랜드의 한 남자가 국왕 헨리Henry 8세(재위 1509~1547)가 명령한 임무를 띠고 전국 방방곡곡의 수도원들을 돌아다녔다. 존 릴랜드John Leland는 말을 타고 홀로 여행하면서 격동의 튜더 시대를 배경으로 놀랍도록 고독한 모습을 연출했다. 그의 여행은 수도원 도서관들이 종교개혁이라는 미명하에 파괴되기 전에 어떤 모습이었는지에 대해 마지막으로 일별할 수 있도록 해준 것이었다.

 릴랜드는 변화하는 세계에 태어났다. 교육과 지식은 천 년 이상 가톨릭('Catholic'은 '보편'이라는 의미도 지니고 있다) 교회가 통제해 오고 있었다. 수도원과 종교 교단 네트워크가 도서관과 학교를 운영했다. 잉글랜드는 피비린내 나는 오랜 내전의 후유증을 아직 떨치지 못한 상태였고, 튜더 왕가가 새로이 들어섰다. 유럽 전역에서는 교회의 부와 권력을 둘러싸고 불안이 가중되고 있었다.

 언어 학습과 고전 작가 연구를 장려하는 새로운 지적 운동인 인본주의는 세계를 바라보는 새로운 방식을 제공하는 지적 효모를 만들어냈다. 생각의 근원을 물음으로써 전제에 의문을 제기하는 것이 유럽 엘리트들 사이에서 확고한 추세가 됐다. 왕의 고문이자 《유토피아Utopia》의 저자인 토머스 모어와 세인트폴 대성당 주임사제 존 콜렛John Colet 등 잉글랜드의 중요한 인본주의자들은 이 메시지를 전파할 새로운 세대의 학자들을 가르치고 싶어 했다. 릴랜드는 어려서 고아가 됐지만, 양아버지 덕분에 존 콜렛이 재건한 학교의 첫 학생 가운데 하나로 들어가 라틴어와 그리스어를 배웠다. 이런 학교들은 이전에 있던 학교들과 매우 달랐다. 거기서는 학생들에게 성서 및 가톨릭 저자들의 글과 함께 고전을 읽도록 권장했다.

릴랜드는 케임브리지대학에서 공부한 뒤 제2대 노퍽Norfolk 공작 토머스 하워드Thomas Howard 아들의 가정교사가 됐고, 이어 옥스퍼드대학으로 갔다. 거기서 그는 아마도 올솔스칼리지All Souls College에 관계했던 듯하다. 릴랜드는 부유하지도 않고 귀족 혈통도 아니었지만, 자신의 후견인이었던 울지Thomas Wolsey 추기경만큼이나 똑똑하고 야심찼다. 그는 울지의 격려에 따라 바다 건너 파리로 가서 당대 최고의 지성들의 무리에 끼어들어 갔다. 왕립도서관 사서 기욤 뷔데Guillaume Budé, 수사학 교수인 명석한 프랑수아 뒤부아François Du Bois 같은 사람들이었다. 이런 사람들의 격려 속에 그는 공들여 시를 쓰고 인본주의적 방식의 학문에 매진하며 필사본 속의 자료를 찾아내고 연구했다.[1]

1529년 릴랜드가 프랑스에서 돌아오자 울지는 더 이상 호의적이 아니었고, 그는 새 후견인 토머스 크롬웰Thomas Cromwell과 마찬가지로 헨리 8세 궁정의 험난한 상황에서 살아남을 방법을 찾아야 했다. 그곳은 음모·배신·비방·처형이 난무하는 곳이었다.

이때 헨리 8세는 가톨릭 교회에 맞서 논쟁을 키워가고 있었다. 처음에 그것은 왕비인 카탈리나 데아라곤Catalina de Aragón과 이혼하고 젊고 아리따운 구애자 앤 불린Anne Boleyn과 결혼할 방법을 찾는 데 초점이 맞춰져 있었다. 왕의 최고 조언자들은 그 주장을 뒷받침하려고 신학 논쟁을 사용했다. 이렇게 이혼 청구로 시작된 것이 나중에는 잉글랜드에서의 교황의 권위를 둘러싼 보다 근본적인 싸움으로 비화했다.

논쟁은 점차 노골적인 편의주의 감정으로 얼룩졌다. 헨리는 이 싸움에서 이길 수 있다면 자기 왕국에서의 종교적 권력뿐만 아니라 가톨릭 교회가 이전 수백 년에 걸쳐 쌓아온 거대한 부도 손아귀에 넣을 수 있었다. 이것은 우리가 지금 종교개혁(마르틴 루터가 이끈 강력한 개혁 운동을 통해 1517년 독일에서 시작돼 16세기 동안에 유럽 전역으로 퍼진 것이다)이라고 부르는 현상의 영국판이었다. 릴랜드와 크롬웰은 모두 결연하게 여기에서 중심적인 역할을 하기로 했다.

헨리 8세는 튜더 왕가의 겨우 두 번째 지배자였고, 남자 후계자가 없이는 그의 왕권 장악력은 취약할 수밖에 없었다. 과거를 조작하는 것이 이런 싸움들에서 결정적인 무기가 됐다. 수도원 도서관에서 발견된 필사본 역사책과 연대기들은 잉글랜드가 교황의 권력으로부터 독립해 있었다는(특히 노르만 정복 이전에) 매우 귀중한 증거가 됐다. 심지어 아서 왕 같은 영국의 신화적인 인물들까지 논쟁에 소환됐다. 따라서 이들 도서관의 소장물들은 헨리의 미래를 여는 데 핵심적인 위치를 차지할 수 있었다.

릴랜드는 기회를 놓치지 않고 자신의 학문적 능력을 발휘해 궁정에서 자신의 입지를 다졌다. 그는 발군의 아서 왕 전문가가 돼서, 아서 왕이 역사적 실존 인물임을 논증하는 저작을 두 편 썼다. 그는 '안티콰리우스antiquarius'(호고가 好古家)로 알려지게 되는데, 그것이 공식 직위는 아니었지만 과거에 대해 깊은 관심을 가지고 있는 사람에게 적합한 명칭이었다.

왕의 계획은 점차 열매를 맺었다. 앤 불린은 1533년 3월 31일 의기양양하게 런던으로 들어왔고, 이튿날 웨스트민스터 대성당에서 왕비로 즉위했다. 이 화려한 행사(토머스 크롬웰이 훌륭하게 연출했다)를 위해 릴랜드는 심지어 라틴어로 공식 축시를 쓰기까지 했다. 이 시에는 왕이 앤의 다산 多産을 바란다는 말이 여덟 번이나 언급돼 있다.

그러나 헨리가 릴랜드의 도움을 받고자 했던 것은 시가 아니었다. 릴랜드가 나중에 회상한 바에 따르면, 즉위식이 끝난 뒤 그는 "가장 자애로운 명령"을 받았다. 전국의 "수도원과 대학에 있는 모든 도서관들을 정밀 검사하고 열심히 뒤져내"라는 것이었다.[2] 이 주문에 따라 릴랜드는 왕의 '대사 大事'에서 적극적인 역할을 했다. 카타리나와의 결혼을 무효화하고 새 왕비 앤 불린의 정통성을 뒷받침하는 논쟁에서 말이다. 이 논쟁을 통해 잉글랜드는 교황권으로부터 공식 분리되고, 교황의 말이 아닌 국왕의 말이 '잉글랜드교회 Church of England'(성공회 聖公會)의 최고 권위가 됐다.

릴랜드는 이 이례적인 여행을 통해 140여 개의 도서관 서가에서 찾아낸 책들을 자세히 조사했다. 열성적인 연구자였던 그는 자신이 검토한 책을 기록하고 여행 끝에 알게 된 내용에 관해 철저하게 메모했다. 그가 죽은 뒤 친구들은 이 메모를 정리하고자 했다. 쉬운 일이 아니었다. 1577년, 역사가 존 해리슨 John Harrison은 이 메모들이 "벌레 먹고 곰팡이 피고 썩었"으며 그의 책이 "완전히 훼손되고 습기(그리고 날씨)로 인해 손상되고 결국 여러 가지 결함이 있어 불완전"해졌다고 말했다. 그러한 잡동사니를 이해하려다 실패한 좌절감이 책 속에서 울려 나온다.

그의 주석(메모)이 매우 혼란스러워 아무도 (어떤 면에서) 거기서 어떤 의미를 찾아낼 수 없다.³

이 노트들은 18세기에 보들리 도서관에 오면서(내게는 매우 공교로운 일이었다) 깔끔하게 묶였지만, 본래는 릴랜드의 육필이 뒤덮인 종이 뭉치일 뿐이었다. 층층이 선을 긋고 수정했으며, 어떤 곳은 접은 흔적이 있고, 어떤 곳은 얼룩이 있고 물에 손상됐으며, 찢어지고 닳은 곳도 있었다.

릴랜드는 자신이 특별히 흥미롭다고 생각하는 책만 목록에 올렸지만, 그것은 파괴된 것들에 대한 많은 세부 사항들을 드러내고, 남아있는 책들이 본래 어디에 있었는지를 밝히는 데 도움을 준다. 때로는 릴랜드의 활동의 직접적인 결과로서다. 그의 노트는 또한 그가 방문한(때로는 긴 여행을 통한 것이었고, 그 여행들은 정리된 명부나 심지어 경로를 찾기 위한 개략적인 지도를 가지고 미리 계획을 세운 것이었다) 도서관들에 대해 훨씬 더 개인적인 통찰을 제공한다.

우리는 시골 지역을 돌아다닐 때 지도를 사용하는 것을 당연시하지만, 릴랜드의 여행은 크리스토퍼 색스턴Christopher Saxton이 인쇄된 잉글랜드 지도를 처음으로 만들기 30년 전에 한 것이었다. 노트는 그가 세밀하게 준비한 흔적을 보여준다. 찾아갈 도서관 명단과 심지어 현장에 대한 작은 스케치도 있다. 시간을 효율적으로 이용하는 데 도움을 주기 위한 것이었다. 잉글랜드 동부 험버Humber강 어귀의 지도를 보면 1534년 그가 방문한 링컨셔Lincolnshire와 요크셔Yorkshire에 있던 수도원들의 무리가 나타난다.[4]

릴랜드가 정리하고자 했던 것은 중세 영국의 600개에 가까운 도서관들에 산재한 방대한 양의 지식이었다. 그곳에는 8600여 권의 책이 남아 있었다. 중세의 장서들은 작은 교구 도서관이 보유한 소수의 전례서에서부터 종교 교단 도서관들의 규모가 크고 고도로 조직화된 장서에 이르기까지 다양했다.

중세 잉글랜드에서 가장 유명한 도서관 가운데 하나가 캔터베리에 있던 베네딕토회의 성聖 아우구스티누스 대수도원에 있었다. 중세에 마지막으로 장서 목록을 작성할 때(1375~1420년 사이였고, 1474~1497년 사이에 추가했다) 이곳에는 1900권 가까이의 책이 있었다. 이 가운데 현재까지 남아 있는 것으로 알려진 책은 295권뿐이다.[5] 성 아우구스티누스 대수도원의 도서관은 중세 기준으로는 큰 것이었고, 그 목록에 있는 책들 가운데는 최고 10세기 말까지 거슬러 올라가 이 대수도원에서 쓰였거나 이곳에 기증된 것도 들어 있었다.

대부분의 책은 종교에 관한 저작이었다. 성서 텍스트거나 후대 신학자들(예컨대 '가경자' 베다 같은 사람들이다)이 쓴 성서에 대한 주석, 또는 교부敎父들의 저작이었다. 이 도서관은 수도원 공동체 사람들이 역사(고대사와 현대사 모두)에서 과학(천문학·수학·기하학 같은)과 의료에 이르기까지 여러 분야에 걸친 인류의 지식을 읽도록 허용했으며, 고대 세계의 위대한 박학자 아리스토텔레스의 저작에 관한 대부류도 있었다. 목록의 소분류로는 시詩, 프랑스에 관한 책, 문법, 교회법, 논리학, 성인들의 생애, 편지 같은 것들이 있었다.

나라의 대형 수도원 가운데 하나였던 잉글랜드 서부 글래스턴베리Glastonbury 대수도원은 릴랜드가 큰 기대를 걸었던 목적지였다. 이 대수도원은 아서 왕의 무덤이 있는 곳이었을 뿐만 아니라(따라서 헨리 왕의 정치적 주장과 매우 큰 관련이 있는 곳이었다), 나라에서 가장 유명한 도서관 가운데 하나가 있었다. 릴랜드는 그의 첫 방문을 이렇게 생생하게 묘사했다.

> 나는 그 안에 들어서는 바로 그 순간에 그 옛날 책들을 한 번 본 것만으로도 위압당했으며(사실 얼이 빠졌다), 이 때문에 나는 잠시 동안 발걸음을 멈추고 서 있었다. 그런 뒤에 나는 그곳의 수호 정령에게 경의를 표하고, 며칠에 걸쳐 대단한 호기심으로 모든 책꽂이를 뒤졌다.[6]

릴랜드의 노트는 단지 44권의 책만을 언급하고 있다. 그것들이 그의 고서 탐색의 핵심적인 목표와 가장 일치하는 것들이었다. 그는 굵직한 영국 역사 기록자들의 책을 찾아보았다. 맘즈베리의 윌리엄William of Malmesbury, 웨일스의 제럴드Gerald of Wales, 먼머스의 제프리Geoffrey of Monmouth, 그리고 도미니코회 수도사 니컬러스 트리빗Nicholas Trevet 같은 사람들이다.

그러나 그는 또한 여러 옛 필사본들도 자세히 살폈다. 앨퀸Alcuin, '가경자' 베다, 엘프릭Aelfric의 저작 사본과 더불어 아우구스티누스Aurelius Augustinus 성인이나 나지안조스의 그레고리오스Grēgorios ho

3장 책이 헐값이던 시절 85

Nazianzēnos 같은 교부들의 저작들이었다. 이들은 수백 년 동안 글래스턴베리에 보존돼 있었다. 이 가운데 일부는 헨리 왕의 정치 운동에 중대한 관련이 있었지만, 나머지는 순전히 릴랜드 자신의 호고적 사업에 관한 관심과 관련이 있는 것이었다. 특히 영국의 모든 주요 작가들에 관한 기록을 모은 그의 대작 《명사名士들 De uiris illustribus》을 위한 것이었다. 그가 제프리의 책을 뒤진 것은 그가 석비 비문과 함께 헨리 2세(재위 1154~1189)의 확증 문서를 찾았음을 확인해 주는 것이지만, 그가 글래스턴베리 도서관에서 가장 '게걸스럽게' 읽은 것은 제프리의 《멀린의 생애 Vita Merlini》 같은 필사본들이었다.[7]

릴랜드의 말에 따르면 글래스턴베리는 "우리 섬 전체에서 가장 오래되고 동시에 가장 유명한 대수도원"이었다. 릴랜드는 나중에 이렇게 이야기했다.

> 오랜 조사 작업으로 피곤했던 나는 (대수도원장) 리처드 와이팅 Richard Whiting의 친절 덕분에 정신이 다시 맑아졌다. … 가장 강직한 사람이고, 내 특별한 친구였다.[8]

릴랜드는 그가 방문했던 도서관과 수도원에서 놀라우리만큼 자유롭게 자료에 접근할 수 있었다. 그를 맞은 일부 사람들이 박식한 방문자와 영국의 과거에 관해 대화하는 것을 즐겼다는 상상도 할 수 있을 것이다. 《명사들》에 실린 한 구절을 통해 글래스턴베리에서 그런 일이 있었음을 엿볼 수 있다. 그는 그곳에서 와이팅의 안내를 받으며 서가를 살필 때 콘월의 존 John of Cornwall의 저작 필사본을 발견했을 당시에 대해 기록을 남겼다.

이 책은 실제로 내 손에 있었고, 그것을 처음 보면서 대단한 즐거움을 느꼈다.

그때 대수도원장이 "다른 곳에서 나의 관심을 끌었"고, 릴랜드는 "그것을 다시 찾을 생각을 하지 못했다".[9]

릴랜드가 그곳에서 본 책들 일부는 보존됐고, 보들리 도서관에서 최고의 책 몇 권을 보유하고 있다. 글래스턴베리의 책들 가운데 가장 유명한 것이 《던스턴 성인의 교과서 St. Dunstan's Classbook》라는 합성품이다. 일부는 9세기, 10세기, 11세기까지 거슬러 올라간다. 그것은 웨일스와 브르타뉴 Bretagne의 켈트 문화로부터 잉글랜드로 유입된 것이다.[10] 이 필사본은 분명하게 나뉘는 네 요소로 이루어져 있다. 각 부분은 글자의 양식에서부터 글자가 쓰인 양피지에 이르기까지 외양과 느낌이 매우 다르다. 어떤 부분은 스웨이드처럼 부드럽고 두툼하며 촉감이 아주 매끄럽다. 반면에 어떤 부분은 상대적으로 얇고 바삭거린다. 중세 초의 양피지를 만드는 서로 다른 전통을 보여준다.

이 책은 영국사에서 지적 생활의 흔적이 비교적 흐릿했던 시기를 일별할 수 있는 드문 책이다. 이 책의 첫 부분이자 가장 오래된 부분은 에우티케스 Eutyches라는 고대 작가의 문법책이다(《말 De verbo》이라고 알려진 책이다). 9~10세기의 라틴어 및 브르타뉴어 주석이 붙어 있어 유럽 사상계와의 연결을 보여준다. 두 번째 부분은 11세기 후반의 고대 영어로 쓰인 설교다. 성십자가 聖+字架를 찾는 일에 관한 것이다. 세 번째와 네 번째 부분은 9세기 웨일스어로 쓰였는데, 유용한 지식에 관한 글 모음과 유혹의 기술에 관한 유명한 로마 시인 오비디우스의 《사랑의 기술Ars amatoria》, 그리고 웨일스어 주석(텍스트 설명에 도움이 되는 주석이다)이 들어 있다.

이 개개의 부분들이 언제 하나로 묶였는지는 분명치 않다. 첫 페이지에 우스터Worcester와 런던의 주교를 차례로 지내고 마침내 959년부터 958년까지 캔터베리 대주교였던 던스턴 성인의 모습을 보여주는 그림이 있다. 그림에서 그는 예수의 발아래 무릎을 꿇고 예수의 가호를 빌고 있다. 후대의 비문에 따르면 그것은 던스턴 성인이 직접 그린 것이었다.[11] 던스턴 성인은 초기 잉글랜드 교회에서 가장 영향력 있는 인물 가운데 한 사람으로, 잉글랜드에서 유럽의 수도원 사상(특히 베네딕토회 운동의 개혁)이 영향을 미친 것으로 유명한 시기의 지도자였다.

글래스턴베리의 중세 도서 목록이 남아 있어 우리는 이 책이 1248년에 이 대수도원 도서관에 있었음을 알 수 있다. 또한 이 책이 15세기에 랭글리Langley라는 수도사의 관리하에 있었음도 알고 있다. 그것은 또한 릴랜드가 1530년대에 그곳을 찾았을 때 홀딱 빠졌던 40권의 책들 가운데 하나였고, 그는 자신의 노트에 이를 "에우티케스의 문법책, 던스턴 성인이 가지고 있던 것"이라고 적었다.

그러나《교과서》및 그 책과 함께 도서관 서가에 있던 책들은 오래가지 못했다. 1534년 '지존법至尊法, Act of Supremacy'(수장령 首長令)에 따라 헨리 8세는 잉글랜드 교회의 수장이 됐고, 교황의 권위는 잉글랜드와 웨일스의 종교 생활에서 공식적으로 분리됐다. 이 시점 이후로 수도원들은 공식적으로 해체되기 시작했고, 확장평의회법(그것이 이전의 수도원 재산을 관리하기 위한 기구를 만들었다)과 소小수도원해산법이 통과된 1536년 이후가 가장 중요했다. 짧은 휴지기 이후 일부 큰 수도원들이 빠져나갈 구멍이 있겠다고 생각할 때 토머스 크롬웰의 계획은 가속 페달을 밟았고, 1539년에는 대大수도원해산법이 통과돼 마지막에 남은 큰 기관들이 감찰 대상이 될 수 있도록 했다. 자발적이기도 했고 강제적이기도 했다. 이 '대수도원들' 가운데 하나가 글래스턴베리였다. 이곳은 잉글랜드 종교개혁의 가장 마지막이자 가장 격렬한 행동들 가운데 하나가 일어난 곳이 됐다.

남아 있는 이 대수도원의 재정 기록을 보면, 1539년 여름을 지나 이 대수도원은 자연스러운 흐름대로 이 큰 공동체가 수백 년 동안 그래왔던 방식을 이어갔다. 음식은 식당에 반입됐고, 경작지가 유지되고 물길도 뚫렸으며, 일흔 살 된 대수도원장은 계속해서 시설을 주관했다.[12] 아마도 와이팅은 수도원에 해가 미치지 않으리라고 생각했을 것이다. 릴랜드와 친분이 있는 데다 자신이 의회에서(그는 상원 의원이었다) 종교개혁을 방해하지 않았기 때문이다. 그리고 다른 여러 대수도원장들과 마찬가지로 국왕 지상권을 받아들인다고 맹세하는 데도 동의했다.

그러나 글래스턴베리는 부유하기로 소문난 수도원이었고, 재산을 늘리려는 왕의 욕구는 엄청났다. 크롬웰은 1539년 9월 대수도원에 감독관들을 보내 와이팅의 죄목을 회람시켰다. 와이팅은 "하느님도, 자기네 군주도, 기독교도로서 자신의 종교의 어떤 부분도" 알지 못한다는 것이었다. 그는 9월 19일 샤펌파크Sharpham Park에 있는 그의 집에서 심문을 받았고, 감독관들은 그가 "부패하고 불충한 생각"을 가지고 있다는 증거가 발견됐다고 선언했다. 그러나 와이팅이 대수도원을 순순히 내놓으려 하지 않자 감독관들은 수도원을 뒤져 왕의 이혼을 비난하는 유죄 입증 문서와 숨겨둔 돈을 '찾아냈'다. 감독관들에게는 그것으로 충분했다.

와이팅은 1539년 11월 14일 이웃 마을 웰스Wells에서 재판을 받았다. 그에게 씌워진 주된 혐의는 "글래스턴베리 교회를 강탈"했다는 것이었다. 이튿날 그는 거리에서 조리돌림을 당한 뒤 글래스턴베리 토어Glastonbury Tor로 끌려갔고, 거기서 "그는 자신의 대죄에 대한 신의 자비와 왕의 사면을 간구"하고 처형됐다. 그의 시신은 토막 나서 일부는 웰스에서 모든 사람들에게 전시됐고, 일부는 바스Bath에, 나머지는 일체스터Ilchester와 브리지워터Bridgwater로 보내졌다. 그의 머리는 다름 아닌 글래스턴베리의 수도원 문 위에 걸렸다.

이 참혹한 과정은 수도원의 파괴를 불러왔다. 수도원은 며칠 동안 약탈당했고, 구석구석 안 뒤져진 곳이 없었다.[13] 수도원의 모든 재산은 경매에 부쳐졌다. 촛대나 성찬배 같은 은제품, 제의祭衣, 오르간 같은 교회 설비 등이었다. 그러나 평범한 물건들도 있었다. 조리 기구, 그릇, 날붙이, 심지어 안경, 침대, 탁자, 포장용 평판까지 있었다. 지붕에서 뜯어낸 함석이나 쇠붙이인 종은 특히 값이 나갔다.

책들은 금세 사라졌다. 릴랜드의 노트는 종교개혁 전야의 이 도서관에 관해 남아 있는 유일한 기록이다. 그러나 이전의 도서 목록과 다른 수도원에서 광범위한 손실이 나타났음을 감안하면 아마도 천 권 정도의 필사본이 파괴됐다고 추측할 수 있다. 글래스턴베리 도서관에 있던 것으로 볼 수 있는 것은 60권 정도가 전 세계의 30개 현대 도서관에 보존돼 있는데, 더 있을 가능성이 매우 높다. 많은 필사본들이 중세에 어떤 도서관 소장품이라고 특정할 수 있는 표지가 없기 때문이다.

글래스턴베리토어에서 벌어진 일은 종교개혁으로 인해 브리튼제도와 유럽에서 일어나게 되는 폭력과 파괴의 극히 일부분이었다. 영국에서만도 수만 권의 책이 불타거나 찢어져 파지로 팔렸다. 17세기의 작가이자 역사가인 앤서니 우드Anthony Wood는 이렇게 썼다.

책은 갯값이었고, 모든 도서관은 거의 공짜나 다름없이 책을 얻을 수 있었다.[14]

유럽 본토에서도 종교개혁은 수도원이나 기타 종교 공동체의 도서관들에 해를 입혔다. 독일 니더작센Niedersachsen에서는 수도원 건물들이 파괴되고 책을 비롯해 가져갈 수 있는 모든 재산은 가톨릭 수도사와 사제들이 가지고 달아났다. 1524년의 독일 농민전쟁 때는 많은 도서관과 기록관들이 농민 무리의 공격 목표가 됐다. 농민들을 속박하고 있는 봉건 증서들과 세금 장부들이 거기에 있었기 때문이다.

종교개혁은 더 광범위한 사회 운동을 촉발하는 방아쇠가 됐고, 과거에 대한 기록은 공격 목표의 일부가 됐다. 16세기 독일 역사가 요하네스 레츠너Johannes Letzner는 니더작센의 발켄리트Walkenried 수도원에서 연구했는데, 1520년대의 화재로 그곳 도서관이 불탄 것을 한탄했다. 이 수도원 도서관에 있던 귀중한 책들이 진창길의 징검다리로 사용됐다. 키리아쿠스 슈팡엔베르크Cyriakus Spangenberg는 1525년에 필사본들이 한 수도원을 꽉 채우고 있었다고 묘사했다. 칼렌베르크Calenberg에서는 시민들이 옛날 종교와 관련이 있다 해서 책을 불태웠다고 레츠너는 기록했다.[15]

릴랜드의 자리를 이어받은 존 베일John Bale(1495~1563)은 릴랜드의 《힘든 여정The laboryouse journey》에 관한 자신의 출판된 기록에서 더욱 자세한 설명을 했다.

아무 생각 없이 모든 것을 파괴하는 것은 잉글랜드에 영원히 가장 지독한 오명이고 미래에도 그러할 것이다. 그 미신의 집에서 얻은 많은 책들(도서관에 있던 것들이다) 일부는 구두를 닦는 데 쓰였다. 일부는 그들이 잡화상이나 비누 장수에게 팔았고, 일부는 그들이 외국의 제본업자에게 보내(적은 숫자가 아니고 때로는 한 배 가득 실어서) 외국 사람들을 놀라게 했다. … 우리가 학문을 경멸하는 자들이라는 사실이 외국에 알려지는 것보다 더 이 왕국에 수치와 비난을 초래하는 것이 있을까?[16]

고의적인 파괴를 통한 손실의 증거는 이 시기에 제본하고 남은 책들의 잔편에서 찾아볼 수 있다. 19세기 중반 책 생산을 기계화하기 전에는 책을 손으로 제본했고, 이렇게 손으로 제본하는 책들은 '면지'라는 표지 안쪽 부분을 폐지나 양피지로 보강하기도 했다. 여기에 때로 폐기된 책이 재활용되기도 했다.

오래된 책을 특이한 방식으로 재활용하는 일은 중세 시대에 계속됐다. 시기에 맞지 않게 되거나 일상적으로 쓰기에 너무 닳게 되면 일부(보통 성직자가 종교 예배를 집전하는 데 필요한 전례서 같은 것들이다)는 뜯어서 팔기도 하고 재활용하기도 했다. 양피지는 책보다는 다른 것의 보강재로 더 많이 재활용됐다. 지금 코펜하겐대학에 있는 아이슬란드의 한 '필사본'은 주교 모자의 심으로 사용된 것이 발견됐다.

종교개혁은 대개 책 생산의 주요 중심지에 몰려 있던 제본업자들에게 많은 양의 새로운 자재를 만들어주었다. 잉글랜드에서 그 중심지는 런던·옥스퍼드·케임브리지였고, 제본에 필사본 파지를 이용하는 관행은 옥스퍼드에서 매우 상세히 연구됐다.[17] 1530년에서 1600년 사이에 제본업자들은 인쇄물 가운데 시기에 맞지 않게 되거나 혹사된 폐기물들을 사용했다. 특히 대학생들이 사용한 것들이었다.

종교개혁이 막을 수 없는 대세가 되면서 이것이 후대의 책 제본에 미친 영향이 장서에 흔적을 남겼고, 그 상당수는 오늘날 옥스퍼드 도서관들의 서가에 남아 있다. 옥스퍼드에서 전례서는 1540년 이전에는 면지로 별로 쓰이지 않았지만, 1550년대 이후 자주 사용됐다. 이 시기에 제본된 책들 가운데 지금 남아 있는 것들을 연구한 결과 전례서, 성서 주석서, 성인 전기, 교회법 연구서, 스콜라 신학서, 교부와 중세 철학서 등 모든 것이 제본업자가 사용하는 파지가 됐다.

옥스퍼드에서 대학의 장부를 꼼꼼하게 기입한 덕분에 상세한 사례들을 일부 볼 수 있다. 이 대학 소속의 올솔스칼리지에서는 1569~1573년 안트베르펀Antwerpen에서 만들어진 유명한 성서 인쇄본이 1581년 칼리지 도서관에 넘겨졌다. 플랑탱Plantin 성서는 큰 판형의 여덟 권짜리 책인데, 대학으로부터 돈을 받고 이를 수선해 준 옥스퍼드의 제본업자 도미닉 피나트Dominic Pinart는 가죽 장정의 표지 구조를 지지하기 위해 많은 양의 양피지를 써야 했다. 15세기에 이 대학에 주어진 큰 판형의 13세기 《레위기》 주석서에서 36~40쪽을 떼어냈다. 여기서 떼어낸 것들은 피나트가 윈체스터칼리지Winchester College의 주문으로 수선해 준 한 책의 제본에서도 발견됐다. 특이하게도 뜯겨 나간 필사본은 더 이상 다른 곳에 사용되지 않고 지금까지 대학도서관에 남아 있다.[18]

뜯겨지고 흩어진 것은 이전 수도원의 장서들만이 아니었고, 다른 종류의 책들도 가져다 뜯어냈다. 그것들은 이제 인정되지 않는 가톨릭 교회의 전례서들이었다. 사제와 그 밖의 사람들이 종교개혁 이전의 중세 교회에서 신을 숭배하는 복잡한 예배를 제대로 준수하기 위해 오랫동안 사용해 왔던 기도서, 성가집, 성무일과서聖務日課書, 안내서와 기타 책자들이었다. 이런 책들은 종교개혁 초기 단계에 수도원과 교회에서 파괴되기 시작했지만, 1549년 '잡다한 서적 및 성상聖像 폐기를 위한 법'이 통과된 이후 이런 파괴에 대한 국가의 후원이 더욱 거세졌다.

이런 파괴와 검열에 전혀 저항이 없었던 것은 아니다. 세인트헬렌St. Helen 교회의 랜워스Ranworth 교구교회를 위해 만들어진 성가집(성가대가 사용한 악보가 포함된 큰 판형의 전례서다)이 오늘날까지 남아 있다. 그것은 세인트헬렌 교회 성직자와 교구위원, 기타 교회 관계자들의 삶을 지배하게 될 새로운 종교 검열 규정을 준수하도록 꼼꼼하게 수정됐다. 1534년의 법에 따르면 잉글랜드 왕의 명령에 불복종한 결과로 순교했던 잉글랜드의 성인 토머스 베켓Thomas Becket(1119?~1170)에 대한 언급은 달력에서 삭제돼야 했다. 각 성인과 중요한 종교 축제를 기념하는 연례적인 날짜들(때로는 지역 성인들을 위한 날짜를 집어넣어 변형시키기도 한다)을 상세하게 나열한 모든 전례서의 한 부분에서 그의 이름을 빼야 하는 것이다. 랜워스의 성가집은 토머스 성인 부분을 아주 흐릿한 사선으로 '지워' 여전히 그 내용을 쉽게 읽을 수 있었다. 메리Mary 1세(재위 1553~1558)가 즉위해 가톨릭으로 돌아가자 토머스 성인을 언급한 부분은 다시 성가집에 들어갔다.[19]

종교개혁 시기에 엄청난 손실을 입은 것은 사실이지만, 살아남은 사례들(브리튼제도의 중세 수도원 도서관에 있던 책들 가운데 오늘날 남아 있는 것으로 알려진 것은 5천여 권뿐이다)은 개인들이 지식 파괴에 어떻게 저항할 수 있었는지에 대한 생생한 증거다. 몇몇 경우에 이들은 자기네 수도원에서 쫓겨난 수도사와 수녀, 탁발수도사, 성당 참사회원들이었는데, 그들은 때로 가장 귀중한 책들을 가지고 갔다.

요크York에서 베네딕토회 대수도원의 수도사였던 리처드 바위크Richard Barwicke는 수도원 도서관에서 책들을 가지고 나와 일반인인 친구에게 넘겨주었다. 요크셔 몽크브레턴Monk Bretton의 마지막 탁발수도사 윌리엄 브라운William Browne은 수도원이 해체될 때 148권의 책을 가지고 나왔다. 1557년 그가 죽을 때 우스터셔Worcestershire 이비섬Evesham의 베네딕토회 수도원 마지막 원장인 필립 호퍼드Philip Hawford가 75권을 가지고 있었다. 대체로 그가 수도사일 때 얻은 것이었다.[20] 심지어 그들 가운데 가장 유명한 중세 필사본으로 지금 트리니티칼리지(더블린)의 최고 보물인 《켈스 사본》은 아마도 마지막 대수도원인 켈스의 세인트메리 St. Mary 대수도원에서 마지막 수도원장 리처드 플렁켓 Richard Plunket이 들고 나왔을 것이다. 그것들은 위험한 기념품이었다. 특히 종교개혁 기간 중 가장 개신교의 위세가 강하던 시기에는 말이다. 이 시기에 북유럽 전역의 교회에서 장식품과 깃발, 조각상과 성상이 제거됐다.

《던스턴 성인의 교과서》는 문예부흥기의 수집가 토머스 앨런 Thomas Allen(1542~1632)의 손에 들어옴으로써 살아남았다. 앨런은 전국의 해체된 수도원 도서관이 보유했던 책들을 수집했다. 옥스퍼드의 한 서적상이 다량의 옛 필사본을 손에 넣었던 듯하다.

> 에드워드 Edward 6세(재위 1547~1553) 왕의 치세에 옥스퍼드의 머튼 칼리지 Merton College 도서관에서 필사본 한 수레가 실려 나왔다. 종교개혁 이후였다. … 앨런 씨는 그에게, 서적상 노老 가브랜드 Garbrand가 … 그것을 대학으로부터 샀다고 말했다. … 앨런 씨는 그에게서 그 가운데 일부를 샀다.

1530년대에서 적어도 1570년대까지는 활동했던 것으로 알려진 가브랜드 하크스 Garbrand Harkes는 아마도 그의 정규 고객들을 위해 좀 더 먼 곳에서 필사본들을 구할 수 있었던 듯하다.[21]

글래스턴베리의 다른 필사본들은 16세기 말에 수집가들이 사들일 수 있었다. 국내의 가장 먼 곳에 있는 것도 가능했다. 1639년 무렵에 아일랜드 아마Armagh의 박식한 대주교 제임스 어셔James Ussher는 거대한 글래스턴베리 대수도원 《마그나 타불라Magna Tabula》를 보았다. 그것은 거대한 접이식 나무 판으로, 판 위에 글을 쓴 양피지가 붙여져 있었다. 본 곳은 컴브리아Cumbria의 외딴 지역에 있는 나워스Naworth 성으로, 하드리아누스Hadrianus 방벽[하드리아누스(재위 117~138) 황제 때 건설된 로마의 국경 성벽]과 아주 가까운 곳이었다.

《마그나 타불라》에는 예수의 삼촌으로 생각되는 아리마타이아Arimathaea의 요셉Yosef이 글래스턴베리 대수도원을 세웠다는 전설과 그곳에 묻힌 성인들에 관한 기록이 들어 있으며, 수도원 예배당에 세워 수도사들과 기타 숭배자들이 보고 읽을 수 있도록 하기 위해 만들었던 것으로 보인다. 접은 상태에서도 폭 60센티미터, 길이 90센티미터로 보들리 도서관에서 가장 무거운 필사본 가운데 하나다(도서관에서 책을 가져다주는 사람들은 학자들이 그것을 보겠다고 하면 투덜거렸다). 그것을 글래스턴베리에서 나워스로 옮기는 일이 수월하지는 않았을 테니, 근대 초기 잉글랜드에서 고서 거래가 확고할 뿐만 아니라 매우 효율적이었다는 강력한 증거가 된다.[22]

이 책들 일부가 파괴되지 않고 보존되도록 한 중요한 인물 하나는 왕의 요구를 옹호해 왔던 바로 그 사람 존 릴랜드였다. 그는 자신의 책 《힘든 여정》에서 자신이 수도원의 책들을 '보존'했음을 서술했으며, 그의 시 〈안티필라르키아Antiphilarchia〉에서는 해체된 수도원들에서 옮겨온 장서들(그 가운데 일부는 그가 발견한 것이었다)을 수용하기 위해 그리니치, 햄프턴코트Hampton Court, 웨스트민스터의 왕립도서관에 새로운 서가를 설치했다고 말했다.

지금 문화적 보물로 간주되는 많은 책들은 릴랜드가 발견해 왕립 도서관에 넘긴 것이다. 예를 들어 앵글로색슨 왕 애설스탄Athelstan(재위 924~939)과 밀접한 관련이 있는 9세기의 한 복음서(지금 브리튼 도서관에 있다)는 그가 왕을 위해 캔터베리의 성 아우구스티누스 대수도원에서 습득한 책들 가운데 하나였다.[23] 이 책이 앵글로색슨 왕가와 연관이 있는 것은 확실하다. 그러나 토리노Torino의 클라우디우스Claudius(?~827)가 쓴 《마태오 복음》에 관한 모호한 해설서(릴랜드는 그것을 1533~1534년 웨일스 동남부 란토니Llanthony 소小수도원에서 보았다)의 12세기 사본이 역시 발견돼 웨스트민스터의 왕립도서관으로 들어간 이유를 알기는 더 어렵다.[24]

릴랜드가 도서관들을 방문했을 때 책들을 골라서 거의 즉각 이를 옮기도록 했겠지만, 다른 책들은 감독관들이 대수도원에 올 때까지 그 자리에 그대로 있었을 가능성이 높다. 왕실 소장품(그것은 지금 대부분 런던의 브리튼 도서관에 있다)으로 남아 있는 대부분의 책들은 릴랜드의 손을 통해 넘겨졌다는 특별한 표시가 없지만, 그는 틀림없이 이 책들을 보존하는 데 중요한 역할을 했다.[25]

그것이 어떻게 이루어졌는지는 서퍽Suffolk의 베리세인트에드먼즈Bury St. Edmunds에 있는 베네딕토회 대수도원의 대도서관에 관한 한 편지에서 감지할 수 있다. 11월 4일 이 대수도원이 공식 해체된 지 불과 5일 뒤에 릴랜드는 배리를 다시 찾았다. "그곳 도서관에 어떤 책이 남아 있는지, 또는 거기서 해체된 수도원의 다른 어떤 구석으로 옮겨졌는지 확인"[26]하기 위해서였다. 우리는 또한 적어도 176권이 릴랜드의 개인 서재에 있는 것을 그의 친구이자 후계자인 존 베일이

봤고, 베일은 아마도 장서의 일부만 나열했으리라는 것을 알고 있다.

책들이 흩어지는 데 어느 정도 책임이 있는 릴랜드는 파괴에 기겁을 했다. 그는 자신의 후원자 토머스 크롬웰에게 이런 편지를 썼다.

> 지금 독일인들이 우리의 … 부주의를 감지하고 젊은 학자들을 매일같이 이리로 보내 (책들을) 약탈하고 그것들을 도서관에서 빼내 자기 나라로 돌아가서는 그것이 자기네 나라의 기념물인 양 해외로 보내고 있습니다.[27]

그러나 도서관 해체의 온전한 충격과 그가 자신의 인도주의적 초심에서 얼마나 벗어났는지에 대한 자각은 10여 년 뒤에나 인식된다. 그의 여행이 잦아지고 40대 중반 궁정의 신임을 잃은 이후다. "그의 갑작스런 몰락을 고통스럽게 한탄"[28]하는 편지가 하나 남아 있다.

1547년 존 릴랜드는 정신 이상이 생겼다. 그는 광적인 상태에 빠졌고, 차터하우스Charterhouse로 알려진 런던의 이전 카르투시오Carthusio 회 소수도원 터에 있던 그의 작은 집은 엉망진창으로 변해 그의 서류들이 흩뿌려져 있었다. 친구들이 도와주러 왔지만 너무 늦었다. 릴랜드는 "마음이 갑자기 무너져 내려, 뇌의 결함으로 인해, 그리고 고통과 우울과 그 밖의 다른 사소한 정신적 성벽으로 인해 광기 혹은 실성 상태에" 깊숙이 빠졌다.

헨리 8세가 죽은 지 불과 몇 주 뒤인 1547년 2월 21일, 그는 정신 이상이라는 공식 판정을 받았고, "그날 이후 줄곧 정신 이상 상태가 지속"됐다. 그는 1551년 "광기가 있고, 정신 이상이며, 어리석고, 분노에 차고, 광란에 빠져"²⁹ 있었다고 공식 문서에 기록됐다. 그는 정신 질환에 걸리기 쉬운 사람이었을 수 있다. 우리는 그의 정신 상태가 허물어져 가는 과정을 재구성할 수 없지만, 그토록 책을 좋아하는 사람에게 자신의 행동이 그렇게 많은 파괴의 일익을 담당했다는 인식은 견디기가 무척 힘들었을 것이다. 1552년 4월에 릴랜드는 죽었지만, 종교개혁은 계속됐다.³⁰

참화는 그저 옛 종교 문헌과 그것을 소장하고 있던 기관들을 파괴하는 데서 그치지 않았다. 중세의 수도원과 기타 종교 단체들의 기록물 또한 수난을 당했다. 그것들은 주로 임차인으로부터 임대료를 받는 데 예민한 새 재산 소유자들에게 그들이 제공했던 법적·행정적 편의 때문에 유지됐다. 소유권 증서를 보유하는 것은 임대료를 거두거나 나중에 재산을 팔 때 꼭 필요했다.

1520년대에 종교개혁의 선구가 됐던 것 가운데 하나는 옥스퍼드의 두 수도원에 대한 탄압이었다. 세인트프라이데스와이드St. Frideswide 수도원과 오즈니Osney의 아우구스투스 대수도원이었다. 두 곳은 모두 폐쇄되고 그 재산 일부가 옮겨져 옥스퍼드의 카디널칼리지Cardinal College가 만들어졌다. 이 대학은 1525년 옛 건물을 개조하고 새 건물을 짓기 시작했다. 새 칼리지는 헨리 8세가 울지 추기경에게 준 '선물'이었다.

1529년 울지가 총애를 잃은 뒤 카디널칼리지는 다시 변화의 시기를 겪었고, 1546년 개신교 기관인 크라이스트처치Christ Church가 됐다. 세인트프라이데스와이드의 옛 소수도원은 새로이 옥스퍼드의 대성당 교회가 됐다. 크라이스트처치의 새 운영자들은 이제 그들이 소유하게 된 방대한 토지 자산에 대한 관리권을 단호하게 유지했다. 두 대수도원 문서고에 있던 것들은 1520년대의 어느 시점에 중앙의 기록보관소로 옮겨져, 거기서 소유권 증서와 기타 기록들이 저장되기 시작했을 것이다. 이런 과정을 거쳐 문서들은 크라이스트처치의 수도원에서 떨어진 한 방에 모이게 됐고, 그것을 17세기 중반의 고서 연구가 앤서니 우드가 찾아보았던 것이다.

소유권 증서와 토지 소유권에 대한 기타 기록들을 분류하는 과정에서 일부 문서들이 의도적으로 무시됐다.

그리고 그곳 성원들은 거기에 나오는 '증거'들이 이야기하는 '토지'를 소유하지 않았기 때문에 그 '증거'들에 관심을 기울이지 않고 비바람이 치는 구석에 버려두었고, 이에 따라 상당수가 없어지고 읽을 수 없게 됐다.[31]

우드는 자신이 그곳에서 발견한 것들을 마음대로 처분할 수 있었고, 그가 보존한 문서 가운데는 〈대헌장Magna Carta〉의 13세기 당시 공식 사본의 원본 두 부(어쩌면 세 부)도 있었다. 그것은 중세 잉글랜드의 가장 중요한 정치 문서였다.

1215년 6월 존John 왕과 잉글랜드 귀족들의 마지막 회담 후 런던 서쪽 들판의 러니미드Runnymede에서 서명한 본래의 협정은 남아 있지 않다. 남아 있는 것은 잉글랜드 군주의 법정 행정 기구인 왕실 공문서청Royal Chancery의 국가 공식 서기들이 만든 몇 장의 사본이다. 거기에는 왕의 도장이 찍혀 원본 자체와 같은 법적 효력을 지녔다.

이 문서들은 13세기에 때때로 만들어져 각 지역으로 보내지고 왕의 대리인인 지방 책임자가 큰 소리로 읽어주었다. 그런 뒤에 지방 책임자는 안전한 장소를 찾아내 그것을 보관하고 보존했다. 옥스퍼드셔Oxfordshire에서는 가장 가까운 보관 장소가 오즈니 대수도원에 있었다. 1520년대에 카디널칼리지로 옮겨진 1217년 및 1225년 〈대헌장〉 정서본과 기타 수도원 문서들은 오즈니 대수도원에 있던 것들이었다.[32]

〈대헌장〉은 토지 소유권과 아무런 관련이 없었기 때문에 이 정서본은 잡동사니 문서 뭉치로 옮겨졌다. 앤서니 우드는 곧바로 이 문서들의 중요성을 알아차리고 그것들을 보존했다. 그것들은 결국 보들리 도서관으로 갔다. 우드 같은 개인들이(그리고 보들리 도서관 같은 기관들이) 〈대헌장〉 정서본을 보존한 덕분에 그 내용의 중요성은 17~18세기에 민주주의와 법치주의를 옹호하는 헌법적 주장에서 핵심적인 부분이 됐으며, 오늘날 우리의 선정善政에 관한 관념에도 여전히 강한 영향을 미치고 있다.

16세기 유럽 종교개혁은 여러모로 지식의 역사에서 최악의 시기 가운데 하나였다. 수십만 권의 책이 훼손됐고, 어떤 책들은 보관돼 있던 도서관에서 다른 곳으로 옮겨졌다(상당수는 수백 년 동안이나). 종교개혁의 최전선에 있었던 수도원의 문서들은 그만큼 연구되지는 않았으나, 〈대헌장〉에 관한 기록이 보여주듯이 상당한 양의 기록 문서들이 파괴됐다.

사서와 기록 관리자 역할을 했던 수도사와 수녀들은 종교개혁의 물결을 저지할 힘이 없었고, 이에 따라 보존 임무는 일군의 개인들

손에 떨어졌다. 17세기 작가 존 얼John Earle의 말을 빌리자면 그들은 "기묘하게도 과거를 애호"하며, 보통 "낡은 유물의 녹을 찬미하는 사람"이고, "주름에 푹 빠지고 곰팡이가 피고 좀먹은 모든 것을 사랑하는(네덜란드인이 치즈를 사랑하듯이)" 사람이다. 이 개인들은 호고가들이었으며, 얼에 따르면 전형적인 호고가는 필사본을 "특히 표지가 좀먹은 경우에는 끊임없이" 들여다보는 부류의 사람이었다.[33] 그들은 과거에 대단한 흥미를 가지고 있었으며, 장서의 자투리를 수집하는 데 열을 올렸다.

그들의 동기는 때로 그들이 지닌 가톨릭 신앙에 의해 추동된 경우도 있었지만, 때로는 개신교 신앙에 의한 것이기도 했다. 전자는 윌리엄 하워드William Howard(1225~1308)의 경우고, 후자는 릴랜드의 경우다(릴랜드는 결국 왕의 이혼과 로마로부터의 분리를 위한 헨리 8세의 주장을 뒷받침하기 위한 것이었다). 그들을 하나로 묶은 것은 과거에 대한 열정, 그리고 사상과 지식 복원에 대한 열정이었다.

그들은 연결망을 형성했고(그것은 각자 가진 책을 서로 복제할 수 있었다는 얘기다), 1607년에는 협회를 조직하기까지 했다. 그것은 처음에 얼마 지나지 않아 해체됐지만 백 년 뒤에 다시 설립돼 오늘날까지도 계속 유지되고 있다. 런던호고가협회SAL가 그것이다. 이 개인들은 중세 시기 지식의 상당 부분을 보존하는 데 기여했다. 그들의 작업은 다수의 가장 중요한 현대 도서관 설립을 촉발했으며, 사서와 기록 관리자의 업무를 발전시켰다.

4장 학문을 구한 방주

토머스 보들리. 1590년대 무렵 미상의 화가가 그린 초상화다.

수도원 도서관이 문을 닫거나 운영 자금 지원 체제가 사라지면서 지식 보존에 공백이 생겼다. 개인들이 그 공백을 메우는 데 중요한 역할을 했다. 이 공백을 메우기 위해 노력한 가장 중요한 사람들 가운데 하나가 토머스 보들리Thomas Bodley(1545~1613)다. 당대 잉글랜드의 가장 위대한 지식인 프랜시스 베이컨은 보들리의 공헌(아직도 그의 이름이 붙어 있는 도서관을 설립한 일을 말한다)을 "학문을 대홍수로부터 구한 방주方舟"[1]로 묘사했다. 베이컨이 이야기한 대홍수는 물론 종교개혁이다. 종교적 격변이 옥스퍼드를 휩쓸 무렵 그 대학도서관은 양적으로나 질적으로나 대형 기관 장서가로 성장해 있었고, 수도원 바깥에서는 최대급의 도서관이었다.

옥스퍼드에서 대학도서관의 첫 조짐은 400년 전 대출금고 개념으로 나타났다. 책(또는 귀중품)을 맡겨놓으면 그 대신 돈을 빌려주는 것이었다. 종교 교단들은 이 도시와 신생 대학에 도서관 문화를 발전시키는 데서 중요한 역할을 했다. 이 도시의 조직화된 도서관으로서 가장 먼저 생긴 것은 12세기에 아우구스티누스 수도회가 설립한 것이었다. 오즈니의 대수도원과 세인트프라이데스와이드의 소수도원을 세운 교단이다. 13세기에는 룰리Rewley 대수도원을 설립한 시토Citeaux회가 도서관을 만들었다. 이 교단들은 모두 도서관을 두었는데, 다만 대학의 일부는 아니었다.

탁발수도회(공부와 전도에 초점을 맞추어 여행을 하고 도시에 사는 독실한 남녀들이다)들은 더욱 대학과 통합돼 있었다. 특히 도미니코회와 프란치스코회가 그랬는데, 옥스퍼드에 있던 두 교단은 도서관을 가지고 있었다.² 도미니코회에는 또한 리브라리우스librarius가 있었다. 공동체의 일원으로서 자기네의 책들을 관리하고 이용하는 일을 담당했다. 좀 더 부유한 대학들은 곧 탁발수도회에서 하는 방식을 모방해 장서를 개발하기 시작했다. 탁발수도회는 13세기 말부터 책의 일부를 '순환' 수장할 수 있도록 소장 도서를 조직화하는 방식을 개발했다. 학생(풋내기 탁발수도사)이 자기에게 할당된 책을 가질 수 있고 그것을 자기 방에 갖다 놓고 개인적으로 이용할 수 있었다. 이와 함께 공용 도서관도 여전히 있었다. 그것은 참고 도서실이 됐는데, 특별히 인정된 방에 책을 비치해 사람들이 조용히 찾아볼 수 있었다. 그 책들은 때로 도서관 비품에 묶여 있기도 했다.

옥스퍼드에서 이런 방식이 처음 나타난 것은 13세기 프란치스코회 수녀원에서였다. 여기서는 학생들의 도서관인 리브라리아 스투덴치움libraria studencium이 수녀원 도서관인 리브라리아 콘벤투스libraria conventus와 별도로 설치됐다.³ 이 '두 도서관' 방식은 곧 대학의 여러 칼리지들이 흉내 냈다. 이는 1292년 유니버시티칼리지University College의 새 학칙에서 공식적으로 표현됐으나, 이는 오리얼Oriel, 머튼Merton, 엑시터Exeter, 퀸스Queen's, 베일리얼Balliol, 머들린Magdalen, 링컨Lincoln 등 옥스퍼드대학의 다른 여러 칼리지에서도 마찬가지였다. 물리적인 방을 '도서관'으로 보고 싶겠지만, 도서관을 이루는 것은 사실상 양쪽 장서의 총합이었다.⁴

대학university(이를 구성하는 개별 칼리지·홀hall·수녀원의 상대 개념으로서의)이 대출금고에 책을 수장하는 것이 아주 커지기 시작해 14세기 초에는 이 책들을 수용하기 위해 특별히 건설한 새로운 도서실이 필요해졌다. 대출금고가 있던 대학 교회 부근에 건물 하나를 짓자는 제안이 나왔지만, 1439년에서 1444년 사이에 도서관은 규모가 두 배로 커졌다. 헨리 5세의 동생인 글로스터Gloucester 공작 험프리Humfrey가 다섯 차례에 걸쳐 엄청난 책 선물을 했기 때문이다. 이 중세 도서관에 이미 있던 스콜라 문헌들에 더해 처음으로 인본주의적 학술 저작들이 들어왔다. 여기에는 플라톤, 아리스토텔레스, 키케로의 작품들뿐만 아니라 프랑스 인본주의자 니콜라 드클라망주Nicolas de Clamanges(1363~1437)의 저작들과 이탈리아 인본주의자 레오나르도 브루니Leonardo Bruni(1370?~1444)가 번역한 플루타르코스의 책도 있었다.⁵

대학 당국은 즉각 이미 진행 중이던 새 건설 사업(지금 신학교로 알려진 거대한 중세 건물이다)을 수정하기로 결정했다. 그 위에 한 층을 추가해 대학도서관을 수용키로 한 것이다. 새 도서관의 방은 장서를 수용하면서 동시에 대학의 학자들이 이를 이용할 수 있도록 설계됐다. 이 공간의 석제 구조물은 기적처럼 오늘날까지 변화를 겪지 않았으며, 여전히 도서실로 운용되고 있다. 15세기 중반 이후 이 도시와 이 대학은 엄청난 변화를 겪었는데도 말이다.⁶

오늘날 '험프리 공작 도서'로 알려진 이 방의 책들은 열람이 제한돼 있다. 그러한 가치 있는 책들은 다른 사람들이 이용하기 위해 계속 그곳에 있도록 보장하기 위해서다. 이 도서관은 학문의 중심지가 됐다. 오늘날 이 도서관을 이용하는 학생과 연구자들은 크리스토퍼 컬럼버스가 아메리카 대륙에 상륙하기 4년 전에 사용하도록 개관한 작업 환경에서 여전히 석조 창과 지붕 까치발(사람과 동물의 머리 모양이다)을 볼 수 있다.

중세 대학도서관의 학자들은 장서 이용을 난폭하게 차단당했다. 1549~1550년에 에드워드 6세 왕의 감독관들은 이 대학을 방문했고, 정확한 상황은 알 수 없지만 1556년에는 남아 있는 책이 없었다. 대학은 비품 판매를 담당할 고위 관계자 집단을 선임했다. 이 대학도서관에 본래 있던 장서는 96.4퍼센트가 사라진 것으로 추산됐다.[7] 오늘날 몇 권의 책과 15세기에 만들어진 돌 받침대 위의 옛 서가 그림자만이 그곳에 남아 있다.

책은 도대체 어떻게 된 것일까? 앤서니 우드는 이 사건들이 일어난 지 백여 년 뒤에 쓴 자신의 책 《옥스퍼드대학의 역사와 유물 History and Antiquities of the Universitie of Oxford》(1674)에서 이렇게 말했다.

그렇게 종교개혁파가 가져간 책의 일부는 불태워졌고, 일부는 헐값에 팔렸다. 서적상에게도 가고, 장갑 만드는 사람에게 가서 장갑을 찍어내는 데 이용되기도 하고, 재단사에게 가서 자로 변신하기도 하고, 제본업자에게 가서 책을 제본하는 데 쓰이기도 하고, 때로는 종교개혁파가 자기가 보려고 보관하는 경우도 있었다.[8]

남은 것은 단 열한 권이었다. 보들리 도서관 서가에는 지금 단 세 권밖에 없다. 존 캡그레이브John Capgrave(1393~1464)의《출애굽기 주석》한 부, 고대 작가 플리니우스의《서간집 Epistulae》(1440년 무렵 밀라노에서 베낀 것이다), 1444년에 대학에 기증된 니콜라 드클라망주의 작품집 한 부 등이다.[9]

그러나 이러한 파괴의 틈바구니에서 세계에서 가장 훌륭한 도서관들 가운데 하나가 자라났다. 보들리 도서관에서 가장 나중에 생긴 웨스턴Weston 도서관에는 책임자인 토머스 보들리를 그린 16세기 그림이 걸려 있다. 오늘날 보들리의 초상화를 바라보노라면 이 남자에게 특이한 매력이 있음을 알 수 있다. 그는 좋은 옷을 입고 있고, 수염은 잘 다듬어졌으며, 눈빛은 단호하다.

1547년 부유한 집안에서 태어난 그의 어린 시절은 여전히 종교개혁의 폭력과 불확실성으로 얼룩져 있었다. 그의 부모는 개신교를 아주 전폭적으로 받아들였으므로 1553년 메리 여왕이 즉위해 잉글랜드에 다시 가톨릭을 받아들이면서 보들리의 온 가족은 망명을 떠나야 했다. 여왕이 죽자 가족은 다시 돌아왔고, 토머스는 옥스퍼드의 머들린칼리지에 들어가 1566년 졸업했다.

이후 30년 동안 그는 엑시터에서 상인으로서 성공적인 사회생활을 영위했다(정어리 장사로 돈을 번 부유한 과부와 혼인하면서 상당한 도움을 받았다). 그는 엘리자베스 1세(재위 1558~1603) 아래서 외교관으로도 일하고 여왕 측근 그룹의 일원이 됐다. 그는 1590년대에 옥스퍼드로 돌아와 옛 친구 헨리 새빌 Henry Savile과 함께 대학도서관 개조에 착수했다.[10]

토머스 보들리는 자서전에서 자신의 개인적인 목표에 대해 이야기했다. 그는 이렇게 썼다.

나는 마침내 옥스퍼드의 도서관 문을 지키기로 결론을 내렸다. 내가 바쁘게 매달릴 수 있는 목표로 그곳(당시 그곳은 곳곳이 망가지고 버려져 있었다)을 학생들이 누구나 이용할 수 있는 곳으로 만드는 일보다 나은 것은 없음을 … 완전히 받아들인 것이었다.[11]

그는 이런 생각을 1598년에 이미 옥스퍼드대학 부총장에게 상세히 이야기한 바 있었다. 그는 이렇게 지적했다.

옥스퍼드에는 이전에 공용 도서실이 있었습니다. 그건 방 자체가 남아 있는 것만 봐도 분명합니다. 그리고 학칙 기록에 따라 나는 요금과 비용을 받고 이곳을 다시 이전의 용도로 돌리겠습니다. 거기에 알맞게 만들고, 좌석과 서가와 책상을 멋지게 넣고, … 책을 비치하도록 돕겠습니다.

보들리는 이 사업을 위해 대규모 재정 기부를 할 생각이었다.[12]

새 도서관에 1598년 이후 책이 신속하고도 대량으로 들어온 것은 이 시설이 얼마나 절실하게 필요했었는지에 대한 징표다. 보들리는 자신의 개인 장서에서 150여 권의 필사본을 기증했고, 그 가운데는 아마도 보들리 도서관이 보유한 것 가운데 가장 화려한 채색 필사본일 듯한 것도 있다. 알렉상드르 드파리Alexandre de Paris(1150?~1190?)

의《알렉산드로스 로망스》한 부다. 1338~1344년 플란데런Vlaanderen
에서 쓰고 채색했으며, 같은 이야기의 중세 영어판 필사본 및 마르코
폴로의《대칸에 관한 책II livres du Graunt Caam》의 중세 영어 번역본도 함
께 제본됐다. 책의 이 부분에는 베네치아를 그린 가장 유명한 그림들
가운데 하나가 있다. 1400년 무렵 잉글랜드에서 그려진 것인데, 여
러 해에 걸쳐 이 도시의 거의 모든 역사를 재현했다.

《알렉산드로스 로망스》는 틀림없이 매우 부유한 후원자(권력을 쥔
귀족이나 심지어 왕실 인사일 가능성이 매우 높다)가 주문했을 것이다.
최고의 필사자와 미술가가 힘을 합쳐 이 책을 정말로 근사하게 만들
었다. 이것은 중세의 이 시기 필사본으로는 큰 판형이며, 모든 페이
지는 꽃무늬와 일상생활 장면들을 그린, 놀랍도록 자극적이고 공상
적인 여백의 삽화로 풍성하게 장식됐다. 보들리 도서관에서 17년이
지난 뒤에도 이 책은 여전히 기쁨으로 내 등골을 오싹하게 한다. 빛
나는 금박의 감각적인 기쁨, 글자의 아름다움과 결합해 책장을 밝히
는 진한 색소, 페이지를 넘길 때 커다란 양피지 낱장이 내는 둔중한
소리. 이것은 세계 최고의 문화재 가운데 하나다.

1857년 4월 27일, 엑스터칼리지의 한 젊은 학부생이《알렉산드로
스 로망스》를 볼 수 있는 특별 허가를 얻었다. 이 학부생은 바로 윌
리엄 모리스William Morris였다. 나중에 19세기의 매우 영향력이 있는
예술가, 디자이너, 작가, 정치사상가가 되는 사람이다. 모리스와 에
드워드 번존스Edward Burne-Jones, 그리고 라파엘로이전파Pre-Raphaelites의
동료들은 이 필사본을 본 직후 옥스퍼드 유니언Oxford Union 도서관 벽
에 아서 왕을 주제로 한 그림을 그렸다. 전투를 하고 있는 기사들, 기

사들의 공훈, 정중한 의례를 그린 필사본 속 세밀화의 영향을 받은 것이었다.

모리스와 번존스 모두에게 그렇게 채색이 풍부한 책을 참고한다는 것은 매우 중대한 영향을 미친 경험이었고, 중세 미학을 마음속에 각인시키는 데 기여했다.[13] 모리스는 그의 나머지 생애 동안 중세의 미학과 일을 만드는 방식으로부터 줄곧 자극을 받았다. 그 핵심은 자신의 책을 같은 방식으로 만드는 것이었다. 이를 위해 그는 런던에 켈름스콧Kelmscott 인쇄소라는 독자적인 인쇄소를 설립하기까지 했다.

토머스 보들리와 연결된 친구와 친지들이 선물을 주겠다고 나섰다. 필사본, 기록물, 인쇄본, 주화, 지도와 그 밖의 자료들, 그리고 새 책을 살 돈이었다. 자료들 가운데는 해체된 수도원에서 나온 많은 필사본뿐만 아니라 이전 세기의 국사國事와 관련된 국가 문서들도 있었다. 그들은 이 새 기관이 당시의 다른 어떤 도서관과도 매우 다르게 여러 가지 공헌을 한다는 것을 인식했다.

이들 초기 기증자의 일부는 호고가들이었다. 위대한 역사가 윌리엄 캠던William Camden, 로버트 코튼Robert Cotton, 《던스턴 성인의 교과서》의 소유자 토머스 앨런, 월터 코프Walter Cope 등이다. 나머지는 동생인 로런스Lawrence 같은 보들리의 가족 성원들이었다. 로런스는 엑시터 대성당의 참사회원으로 1602년 그곳 주임사제와 참사회를 설득해 그 도서관의 필사본 81권을 기증하도록 했다.

그러나 보들리는 과거를 보존하는 것 이상을 하고자 애썼다. 그는 이 도서관이 미래에도 역시 의미가 있기를 바랐다. 1610년 그는 런던의 서적출판업조합Stationers' Company과 협정을 맺었다. 그 회원들이

출판하고 조합 사무소에 등록된 모든 책들은 한 부씩 새 도서관에 비치하기로 한 것이다.[14]

서방 문명의 꿈 가운데 하나는 기록된 모든 지식을 한 도서관에 축적하는 것이었다. 그것은 알렉산드리아 도서관의 신화와 함께 시작됐고, 문예부흥 이후에 강력하게 복귀했다. 도서관이 사회로 하여금 인류의 모든 문제를 통달하는 데 도움을 주리라는(또는 최소한 하나의 중요한 학술 작업에서 모든 참고문헌을 찾아볼 기회를 제공할 것이라는) 생각이 점차 증대하면서였다.

종교개혁은 유럽의 여러 도서관, 그리고 특히 브리튼제도의 도서관들을 초토화했다. 그 손실은 정확한 수치로 계량할 수 없지만, 여러 가지 서로 다른 증거 조각들을 모아보면 종교개혁 이전에 브리튼제도의 도서관들에 있던 소장물들의 70~80퍼센트가 사라졌음을 알 수 있다. 유럽의 수도원 도서관 서가에 있던 책들 가운데는 그보다 약간 적은 비율이 사라졌다.

종교개혁은 다른 방식으로도 책에 악영향을 미쳤다. 특히 반反종교개혁에 의해 촉발된 히브리어 책들에 대한 반동이 그렇다. 이 여러 가지 위기를 넘기고 남은 책이 얼마 되지 않음을 보면 우리가 가톨릭 중세에서 전해진 지식 가운데 많은 부분을 잃어버렸음을 부정할 수 없다. 남아 있지 않은 저자들의 글들뿐만 아니라 서로 다른 종교 공동체에서, 또는 서로 다른 개인들에게 읽혔던 잘 알려진 저자들의 자취까지도 말이다. 중세 수도원 기록관에 가해진 타격으로 인해 일상적인 행동들을 담아 놓은 문서 증거들이 사라졌다. 그 기록관들은 〈대헌장〉의 사례를 통해 알 수 있듯이 때로 기대하지 않았지만 엄청나게 중요한 문서가 보관돼 있을 수도 있는 곳이었다.

도서관 창설 학칙에서 토머스 보들리는 안전과 보존, 그리고 기관의 꼼꼼한 관리에 관한 여러 가지 상세한 규정을 만들었다. 부분적으로 이전에 일어났던 지식 파괴에 대한 직접적인 대응이었다. 확실한 보존을 통해 보들리는 그 자료들을 대학 성원들뿐만 아니라 그가 말한 '전체 학계'가 이용하도록 보장할 수 있었다.

그의 생각은 지식 공급에서 새로운 것이었다. 유럽의 다른 어떤 도서관도 장서 보존에, 수장품의 적극적인 확대에, 그리고 동시에 1차적인 이용 대상 너머의 사회들에까지 이용 범위를 넓히는 데 그렇게 열심인 곳은 없었다. 보들리 도서관 자체 기록은 1602년 공식 개관 이후의 장서 이용을 전하고 있다. 여기에는 국내 다른 지역 출신 학자들과 함께 유럽 대륙의 단치히Danzig(그단스크 Gdańsk), 몽펠리에Montpellier, 함부르크Hamburg의 학자들이 포함돼 있다.[15]

보들리가 도입한 또 하나의 혁신은 도서관 장서 목록을 발행하는 것이었다. 본격적인 도서관 목록이 발행된 것은 1595년 네덜란드 레이던Leiden대학이 처음이었다. 그해에 그 새 도서관 건물도 개관했다. 1610년에 만들어진 유명한 판화를 보면 이 도서관의 장서는 신학, 법학, 의학, 수학, 철학, 문학, 역사 등 일곱 개의 분류로 배열돼 있었다.[16]

도서관에 관한 영향력 있는 작가 가브리엘 노데Gabriel Naudé는 1627

년 밀라노의 암브로시우스Ambrosius 도서관(유럽에서 대중에 개방된 몇 안 되는 도서관 가운데 하나였다)을 비판하면서 이렇게 썼다.

모든 사람이 자신이 찾고자 하는 것을 찾아낼 수 있는 것 외에 한 도서관의 명성에 중요한 것은 없다.

그곳이 주제 분류가 돼 있지 않고 그 책들이 "권별로 아무렇게나 처박혀"[17] 있다는 것이었다. 이와 대조적으로 보들리 도서관은 매우 체계화돼 있었다.

보들리는 잉글랜드에서는 최초로 1605년(이 도서관이 독자들에게 개방되고 3년 뒤다) 도서 목록을 인쇄하고 유포했다. 이 목록은 지식을 예술, 신학, 법학, 의학 등 단 네 부류로 분류했다. 그러나 총괄적인 저자 색인 또한 제공했고, 아리스토텔레스와 기독교 성서 주석가에 대한 특별 색인도 있었다.

이 목록은 도서관의 첫 번째 사서인 토머스 제임스Thomas James의 작품이었다. 그와 보들리 사이에 오간 편지가 상당수 남아 있는데, 그 가운데 목록과 관련된 내용이 놀라우리만큼 많은 부분을 차지하고 있다.

첫 번째 목록은 오늘날 우리가 '험프리 공작 도서'라고 부르는, 새로 복원한 공간의 서가 각 구역 끝에 나무틀로 붙여 놓은 명부였다. '표Tables'라고 불렀다.

도서관 책을 배치하고 정돈하면서 그 순서가 일목요연하지 않아서는

안 된다. 알파벳 순서든 학과목 순서에 따르든 말이다.[18]

결국 첫 목록이 서가에 걸렸다. 첫 번째 목록은 학과목 순에 의한 것이었다. 목록은 형태상 작은 책이었다. 책의 판형을 나타내는 '4절판'이라고 부르던 크기였다. 길이가 22센티미터에 불과했지만 본문이 400쪽이 넘고 200여 쪽의 부록에 64쪽의 색인까지 있어 어엿한 출판물로 보아도 손색이 없었다.

이 도서 목록은 널리 유포되고, 프랑크푸르트 도서전(오늘날에도 여전히 중요한 출판사들의 연례 모임이며, 여기서 신간을 홍보한다)에서 팔렸으며, 다른 수집가들과 도서관에서도 사용하기 시작했다. 예컨대 1605년 목록 몇 부는 프랑스의 유명한 수집가 자크오귀스트 드 투Jacques-Auguste de Thou도 파리에서 입수하고 있었고, 에든버러Edinburgh의 스코틀랜드 시인 윌리엄 드러먼드William Drummond of Hawthornden도 마찬가지였다.

1620년 보들리 도서관은 저자 알파벳 순으로 배열된 목록 개정판을 만들어 혁신을 하게 된다. 이 방식은 이후 수백 년 동안 표준이 되지만, 당시로서는 지성사의 획기적인 사건이었다.[19]

보들리 도서관이 근세 유럽의 다른 도서관들과 아주 달랐던 것은 이 보존된 지식을 이용할 수 있도록 만들기 위한 접근 측면에서였다. 오늘날 보들리 도서관 도서 목록은 세계 어느 곳에서나 검색할 수 있다. 2018~2019학년도에만 1400만 회 이상 검색됐다. 대학 밖에서 30만 명 이상의 독자들이 보들리의 열람실을 이용하기 위해 온다. 그 밖에 세계 모든 나라(북한만 예외다)에서 수백만 명이 디지털 장서를 내려 받았다. 이 보존과 이용의 조합은 17세기와 18세기 초 보들리 도서관이 사실상 국가도서관이 됐다는 의미일 것이다.

변화는 기록관의 문서 보관에서도 이루어졌다. 중세에 옥스퍼드에서는 대학의 복잡한 특성(여러 칼리지와 홀, 숙사宿舍, inn가 있었다) 때문에 보관해야 할 문서 및 행정 정보들이 넘쳐났다. 대학이 관리 권한과 소속원들에게 학위와 기타 권리를 수여할 권한을 얻게 되자 곧바로 기록을 유지할 필요성이 따라서 생겨났다.

가장 초기의 기록은 학칙과 학생들의 학습 및 훈육과 관련된 규정들을 모은 책이었다. 남아 있는 가장 오래된 편지는 1217년 또는 1218년에 교황 특사(교황의 대리인) 구알라Guala Bicchieri 추기경이 대학에 보낸 것이다(아마도 그것이 이 대학이 유명한 기관이었다는 가장 이른 징표일 것이다).[20] 대학이 점점 커지고 질서가 잡혀가면서 초기 대학 행정가들(이런 역할 가운데 학생감學生監 같은 일부는 오늘날까지 존재한다)은 학생이 어떤 연구 과정에 공식적으로 받아들여졌는지를 기록한 입학 허가 등록부와 대학의 학장 및 기타 교직원 명부인 교직원회 등록부를 보관하기 시작했다. 이런 명부들을 현대화한 것들이 오늘날에도 여전히 학위나 기타 형태 및 특권이 부여된 대학 성원 자격이 부여됐다는 '기본 자료'로서 참고 대상이 되고 있다.

비슷한 접근은 대학 영역 너머에까지 확장됐다. 정부의 목표를 위해 지식을 수집하는 과정이 중세에 확립됐지만, 잉글랜드에서 16세기에 극적인 전진을 이루었다. 헨리 8세와 그 휘하의 울지 추기경, 토머스 크롬웰 등이 끌어낸 종교적인 변화로 촉진된 것이었다. 울지의 1520년대 조사, 《교회 평가Valor Ecclesiasticus》(1535년 헨리 8세의 칙임 감독관들이 수행한 교회 수입 조사를 보고한 대규모 목록이다), 1540년대의 기부금위원회Chantry Commissions는 모두 교회 재정 상태를 정확히 파악하는 데 관심을 두었고, 이는 왕이 통제할 수 있도록 하기 위한 것이었다. 1538년 크롬웰이 입법을 통해 모든 교구가 세례·결혼·장례를 기록한 장부를 유지해야 한다는 요구를 도입하고 토지 양도 등록을 도입하면서 국가가 전례 없이 많은 정보를 수집하는 시기가 돼버렸다. 그것이 정부에서 자료를 들여다보는 단초를 열었고, 자료들이 마침내 국가기록관에 보관되기에 이르렀다.[21]

이 시기까지 지식을 보존하는 과정은 지금은 별로 쓰이지 않는(그러나 그것은 보존의 가치를 함축하고 있다) '공증서muniment'라는 용어를 썼다. 공증서는 권리와 특전의 증거를 보전하기 위해 보존하는 기록이다. 이런 문서를 보존하는 일은 매우 체계화된 활동의 수준으로까지 발전했다.

집중화된 국가기록관은 1542년 신성로마 황제 카를Karl 5세에 의해, 에스파냐의 기록을 위해 시만카스Simancas에 처음 만들어졌다. 잉글랜드에서는 1610년 제임스James 1세가 레비너스 멍크Levinus Monk와 토머스 윌슨Thomas Wilson을 '서류 및 기록의 관리관 겸 등록관'[22]으로 임명했다. 재정법원 부원장 스키피오 르스퀴어Scipio le Squyer 같은 개인들이 고용돼 책임지고 기록을 보존했을 뿐만 아니라 복잡한 그 명부를 만들었다.[23] 1610년 현재의 모습을 띤 바티칸 기록관 역시 출범했다.

정보를 정리하는 과정은 법규 개발과 국가 재정 증대에 필수적인 것이었지만, 그것은 또한 유익한 공적 용도를 가지고 있는 것으로 보이기 시작했다. 정부의 역할 가운데 일부는 결국 시민들이 잘 통제되도록 보장하는 것이었다. 17세기에 왕립학회Royal Society와 런던의 그레셤칼리지Gresham College 주변의 사람들 사이에서는 뛰어난 지식인들이 정부를 "보다 확실하고 일정하게" 만들고 사람들의 "행복과 고귀함"을 보장하는 수단 가운데 하나로 사회 통계의 수집을 역설했다.[24]

정부가 잘못을 고칠 용의가 있다면 정보는 널리 유포돼 대중이 접할 수 있어야 한다는 생각 역시 수긍이 되기 시작했다. 대표적인 주창자는 존 그란트John Graunt였다. 그는 《사망 통계표의 자연과학적·정치적 관찰Natural and Political Observations Made Upon the Bills of Mortality》(1662)에서 사망 통계표(런던의 사망자 수를 나열하고 분석한 문서다)에 나타난 자료가 그 나라 정부에만 유용한지 아니면 더 넓은 사회에도 유용한지 갈피를 잡지 못했다. 그것이 "대중에게 필요"[25]할까?

통계표는 런던의 사회 상태에 대해 보다 완전한 이해를 촉진한다는 목표에서 "확실한 지식"을 제공하기 위해, 그리고 개별 시민이 보다 낫게 행동하거나 그란트의 말대로 "일부 사람들이 한계를 지키"고 "방종"하지 않게 하는 "방책"을 확보하기 위해 출판됐다.[26] 통계표의 원자료는 독실교구서기협회(그들이 자료를 수집했다) 기록관에서 찾아볼 수 있었다. 그리고 나중에 새뮤얼 핍스Samuel Pepys의 일기에 나오듯이 보통 시민들은 자신의 행동을 단속하는 데 이 보고서에 의존했다. 1665년 6월 29일, 핍스는 이렇게 기록했다.

이곳 마을의 끝에서는 매일 전염병이 퍼져나간다. 사망 통계는 267명에 이르렀다. 최근 통계보다 90명쯤 늘었다. 그리고 이 가운데 네 명을

제외하고는 모두 시내에서 사망이 발생했다. 그건 우리에게 대단한 축복이다.[27]

과학이론가 새뮤얼 하틀립Samuel Hartlib은 '발언실Office of Address'을 제안했다. 그 목적은 대중에게 공개된 경제·지리·인구학·과학 정보의 활발한 교환을 가능케 하자는 것이었다.

왕국 전체에서 좋은 것, 바람직한 것은 모두 이 수단을 통해 필요한 누구에게나 전달될 것이다.

하틀립의 계획은 몇몇 영향력 있고 저명한 개혁가들의(특히 옥스퍼드에서) 강한 지지를 받았다. 두 번째 사서인 존 라우스John Rous가 앓아눕자 하틀립은 그 자리를 이어받겠다고 진지하게 제안했다. 당시 대형 소통 매개체를 개발하려는 그의 계획을 위해서는 큰 도서관에 자리 잡으면 아주 좋겠다고 느껴졌고, 그는 '조언·제안·협의와 모든 방식의 진귀한 지식의 중심지이자 집합소'를 원했다. 그러나 이런 구상에 대한 반대자들이 있었고, 결국 왕당파 성향의 토머스 발로Thomas Barlow가 임명됐다. 그는 역사가 찰스 웹스터Charles Webster의 말에 따르면 "학술적으로 정통파"였다.[28]

여러 중요한 문서들이 보들리 도서관에 의해 보존됐다. 〈대헌장〉은

오랜 시간 가장 심대한 영향을 미친 문서였다. 우리는 아직도, 자유민은 누구도 "그와 동등한 자의 적법한 판정에 의하거나 국법에 의하지 아니하고는" 구금되거나 재산을 박탈당하지 않는다고 한 중요한 그 39조를 신봉한다. 사법권을 매도하거나 부인하거나 지연하는 것을 불법화한 그 40조도 마찬가지다. 이 조항들은 오늘날에도 여전히 영국 법에 명시돼 있고, 미국 헌법을 비롯한 전 세계의 법에서 찾아볼 수 있다. 또한 유엔인권헌장의 핵심적인 원천이다.[29]

계몽주의 시대의 가장 유명한 법사상가 가운데 한 사람인 윌리엄 블랙스톤William Blackstone은 〈대헌장〉이 18세기의 더 광범위한 논쟁에서 지니는 법적·정치적 함의를 더욱 폭넓게 인식했다. 그의 책 《대헌장과 숲의 헌장The Great Charter and the Charter of the Forest》(1759)은 1754년 보들리 도서관에 기증된 〈대헌장〉 정서본에 대한 면밀한 연구에 힘입은 것이다.[30] 이 책과 그의 대작 《영국법 해설Commentaries on the Laws of England》(1765~1769)은 미국 독립전쟁의 지도자들과(예를 들어 토머스 제퍼슨의 개인 서재에서 이 책을 발견할 수 있었다) 혁명기 프랑스의 지식인들에게 큰 영향을 미쳤다.

13세기 〈대헌장〉의 실제 문서가 남아 영향을 미쳤는지는 의문이지만, 남아 있던 열일곱 부 가운데 하나가 1941년 윈스턴 처칠에 의해 미국으로 보내졌다. 2차 세계대전에서 미국이 연합군의 대의에 동참하도록 보장하기 위한 상징물로서였다.

종교개혁 시기의 도서관 및 기록관 파괴는 한 세대에 걸쳐 호고 열풍을 촉발했다. 과거의 기록을 구해내고 이런 자료들을 가능한 한 많이 수집하기 위한 것이었다. 백 년 전 릴랜드가 헨리 8세를 위해 자랑스럽게 '안티콰리우스'의 역할을 자임했던 때와는 상황이 달라졌다. 옛것에 대한 관심은 이제 당대인들에게 매우 낯설게 보여 연극·시·만화에서 종종 풍자의 대상이 됐다. 1698년에 나온 《새 용어 사전: 변말의 어제와 오늘 A New Dictionary of the Terms, Ancient and Modern of the Canting Crew》은 심지어 호고가를 이렇게 규정하고 있다.

> 옛 주화·돌·비문과 좀먹은 기록, 옛 필사본에 대한 호기심 많은 비평가이자, 유물과 유적, 옛 관습, 관용어와 풍속을 즐기고 맹목적으로 애호하는 사람

그러나 이런 사람들이 구해낸 '좀먹은 기록과 옛 필사본'은 16세기 말과 17세기에 대형 기관 도서관의 기초 자산이 된다.[31] 호고가들의 과거에 대한 집착이 미래를 위해 그것들을 보존했다.

보들리 도서관은 지식 파괴가 되풀이되면 안 된다고 다짐한 개인들의 운동의 일환이었다. 또 하나의 사례는 광적인 수집가인 브라운슈바이크볼펜뷔텔 Braunschweig-Wolfenbüttel 군주 아우구스트 August 2세다. 그는 1666년 죽을 때까지 인쇄본 13만 권과 필사본 3천 권을 자기 도서관에 모았다. 당시 보들리 도서관보다 훨씬 많은 숫자다.[32]

독일에서 종교적 격변과 폭력 — 그것이 결국 30년전쟁(1618~1648)이 된다 — 에 둘러싸여 젊은 시절을 보낸 그는 지식을 보존해야겠다는 생각을 했다. 그는 보들리와 마찬가지로 장서를 모으는 데 대리인(멀리 빈과 파리에도 대리인들이 있었다)을 사용해 도움을 받았으며, 심지어 1603년 보들리 도서관이 공식 개관한 지 불과 몇 달 뒤

에 그곳을 방문하기도 했다. 보들리 도서관의 장서는 그에게 수집을 더욱 가속화하도록 자극을 주었고, 그가 모은 책들은 지금 볼펜뷔텔에 있는 한 대형 독립 학술 도서관의 바탕이 됐다. 아우구스트공작도서관Herzog August Bibliothek으로 알려진 도서관이다.

보들리는 세심하게 미래를 준비했다. 규정의 초안을 만들었고, 기부금을 모았고, 옛 건물은 재건축하고 새 건물은 계획을 세워 착공했다. 보들리는 새로운 사서 역할을 "근면한 학생으로 유명하고 알려진, 자신의 모든 대화에서 믿음직하고 활동적이고 신중한, 또한 대학 졸업생이며 언어학자인, 결혼이나 사제 직책에 얽매이지 않은 누군가"가 해주기를 바랐다. 흠정판欽定版 성서 작업에 참여했던 유명한 학자 토머스 제임스가 임명되자 설립자이자 후원자인 보들리는 계속해서 재확인을 했다. 지금 남아 있는 그들 사이의 편지를 보면 대도서관을 만드는 데 수반되는 시시콜콜한 일들에 대해 자세히 알 수 있다. 이 역할은 지금까지도 '보들리 도서관 사서Bodley's Librarian'로 불린다(내가 그 25대다).

방주는 물이 새지 않아야 한다. 1609년 토머스 보들리는 기증을 실행하기 위한 증서를 작성했다. "밝은 눈으로" 그는 "기독교 세계의 유명한 도서관 일부가 완전히 전복되고 몰락한 주요 원인은 계속적인 보존을 위해 재원을 어느 정도 확실하게 공급해 주지 못한 때문임이 분명함을 발견"[33]했다. 그리고 이에 따라 보들리는 자신이 약속한 곳에 돈을 지원했고, 자기 가족들에게는 상속하지 않았다.

5장

정복자의 전리품

워싱턴을 불태운 조지 콕번 해군 소장(John James Halls 그림, C. Turner 판각, 1819년작)

하늘은 여기저기서 일어난 큰불로 밝게 빛났다. 검붉은 빛 하나가 길 위를 비췄다. 서로가 전우의 얼굴을 충분히 알아볼 수 있었다. … 내가 기억하는 한 내 일생 어느 시기에도 이보다 더 놀랍거나 더 지독한 장면은 없었다.¹

영국군에 복무하고 있던 젊은 스코틀랜드인 조지 글레이그George Gleig는 1814년 워싱턴 방화를 착잡한 감정으로 바라보았다. 그는 콕번George Cockburn 제독과 로스Robert Ross 장군이 이끄는 원정대의 일원으로 대서양을 건너왔다. 미국을 상대로 전쟁을 하기 위해 온 것이었고, 워싱턴이 여태까지 겪었던 것 가운데 가장 파괴적인 공격에 참여했다. 글레이그는 지식수준이 높은 관찰자였고 그가 영국의 1812~1814년 미국 원정의 목격자로서 틀림없이 편견을 가지고 있었겠지만, 또한 자신이 본 것으로 인해 고통을 겪었다.

영국군은 워싱턴을 공격하고 백악관(당시 용어로는 대통령 관저다)과 국회의사당에 불을 질렀다. 의회도서관이 그곳에 있었다. 의사당은 "멋지게 만들어지고 매우 잘 다듬어졌으며" "많은 창문"과 "나선

5장 정복자의 전리품 129

형으로 걸린 깔끔한 계단"과 방들을 갖춘 채 언덕 위에 자랑스럽게 서 있었다. 그 방들은 "공공도서관으로 꾸며졌는데, 두 개의 큰 방은 귀중한 책들(주로 현대의 언어들에 관한)로 채워져 있고 다른 방들은 기록과 국가의 규정, 의회의 법령 등이 가득 차 있으며 사서들의 사무실로도 쓰였다". 불편한 분위기는 글레이그의 묘사에서 분명하게 감지할 수 있다.

훌륭한 도서관, 몇몇 인쇄소, 모든 국가 기록물이 마찬가지로 불길에 휩싸였다. 정부 재산이긴 하지만 남겨두었으면 더 좋았을 뻔했다.[2]

워싱턴 방화는 참으로 미국에 심대한 타격이었다. 그 영향은 이후 몇 세대에 이르도록 느껴질 터였다. 영국군은 그 야만스런 행위로 엄청나게 욕을 먹었고, 이는 이후 여러 세대에 걸쳐 미국 국민을 하나로 묶는 데 도움을 주는 유용한 신화가 된다. 역경을 극복하고 수도와 그 정부를 재건하는 그들의 능력이 회복력과 풍부한 자원과 성공하겠다는 의지를 보여주었다는 증거로서 말이다.

───

1814년에 미국 의회도서관은 아직 새것이었다. 독립전쟁에서 영국을 물리친 새 정부는 상원과 하원의 양원제 의회를 기반으로 하고 있었다. 1789~1791년의 초대 의회는 수도와 정부를 어디에 둘 것인지를 검토했는데, 바로 조지 워싱턴이 원했던 포토맥Potomac 강변 지역에 세우는 데 동의한 것은 미국 '건국의 아버지들' 가운데 세 명인 토머스 제퍼슨, 알렉산더 해밀턴Alexander Hamilton, 제임스 매디슨James Madison이었다. 지금 워싱턴 시가 들어선 터는 삼림과 농지가 섞인 곳이었다. 보스턴·필라델피아·뉴욕 같은 미국의 대도시들과는 떨어져 있었다. 정부를 주요 대도시에서 먼 곳에 둔 것은 신생국에서 정부의 영향력을 제한한다는 상징적 의도를 제공했고, 이는 오늘날에도 미국 정치의 한가운데에 여전히 남아 있는 정치적 수사修辭다.

정부가 발전하고 성장하기 시작하면서 정보와 지식에 접근할 필요성 또한 커졌다. 정치가와 정부 관리들은 대개 교육 수준이 높은 사람들이었지만, 1783년에 이미 의회에서는 유럽에서 책을 들여오자는 제안이 채택됐다. 오늘날 '미국 헌법의 아버지'로 불리는 제임스 매디슨은 의회의 한 위원회를 주재해 "국제법, 조약, 교섭 등 예법에 부합하는 절차를 제시하는" 저작들과 "아메리카의 고대와 미국 문제에 관련된 모든 책과 팸플릿"의 구입을 권고했다.³ 이것은 순수하게 역사적인 관심 때문만은 아니었다. 그것은 유럽 열강이 아메리카의 영토 보유를 주장하고 나설 경우에 이를 방어하는 데 도움이 될 증거를 제공하자는 것이었다.⁴

1800년, 의회 재원을 책 구입에 사용할 수 있도록 하는 법안이 통과됐다. 300종이 넘는 매디슨 위원회의 목록에는 위대한 계몽운동의 '성서'로 샤를조제프 팡쿠크Charles-Joseph Panckoucke가 192권으로 편집한 디드로와 달랑베르의 《방법론적 백과사전Encyclopédie Méthodologique》 (1782~1832)과 휘호 더흐로트Hugo de Groot(그로티우스, 1583~1645) 및 에드워드 코크Edward Coke(1552~1634) 같은 법사상가들의 저작은 물론, 특히 잉글랜드 법학자 윌리엄 블랙스톤의 네 권으로 출간된 《영국법 해설》(1765~1769)과 《대헌장과 숲의 헌장》(1759) 등도 있었다. 존 로크와 몽테스키외 같은 정치철학자도 있었고, 경제학자 애덤 스미스의 매우 영향력 있는 저작 《나라의 부의 본질과 원인에 관한 연구An Inquiry into the Nature and Causes of the Wealth of Nations》(《국부론國富論》, 1776)도 마찬가지였다. 18세기 사상가 '점호'에는 에드워드 기번과 데이빗 흄도 포함됐다. 그러나 보다 실용적인 구매품도 나열됐다. 지도 같은 것들이다.[5]

이런 구미가 당기는 도서 목록에도 불구하고 의회는 처음에 이 위원회에 책을 살 돈을 주지 않았다. 이는 나중에 익숙해지게 되는 문제가 맨 처음 나타난 경우였다. 도서관은 의회에 자금을 의존했는데, 의회는 언제나 도서관을 우선시하지 않았다.

독립전쟁 이후 미국은 교육을 매우 중요시했고, 이 나라는 서적 거래가 활발한 나라로 성장했다. 그 가운데 상당 부분은 영국 및 기타 유럽 출판사들과 연결된 것이었다. 초기 미국에는 많은 상업적 순회 도서관이 있었다. 그리고 비상업적 사회 및 공동체 도서관은 책을 살 여유가 없는 사람들을 위해 뉴스 및 지식의 욕구를 채워주는 역할을 했다.[6] 사설 도서관은 여전히 중상 계급의 영역에 머물렀지만, 순회 도서관과 회원제 도서관, 그리고 찻집 같은 곳에 만들어진 도서관 등이 생겨나면서 지식은 더 넓은 대중에게 한발 다가섰다. 이는 19세기 내내 대서양 양안에서 크게 확산되었다. 초기 의원들은 대부분 부유한 집안 출신이었고 상당수는 교육 수준이 높았으며 대부분 자기 개인 장서를 가지고 있었다. 그것이 처음에 그들이 집중된 의회도서관이 필요하다고 보지 않았던 이유 가운데 하나였을 것이다.

1794년, 윌리엄 블랙스톤의 《영국법 해설》과 에메르 드바텔Emer de Vattel의 《국제법Le Droit des gens》을 구입할 자금이 의회에 배정됐다. 상원에서 사용하기 위한 것이었다. 그러나 이는 현저한 예외였다. 도서관에 자금이 배정된 것은 1800년 의회가 워싱턴으로 이전하고 매디슨의 법안이 통과된 이후였다. 이때도 존 애덤스John Adams 대통령이 그해 서명한 '합중국 정부의 이전 및 수용을 위한 추가적인 준비' 법안은 도서관보다는 가로 포장과 대통령 관저에 더 관심을 기울이고 있었다. 여기서 도서관에 허용한 자금의 용도는 이런 것들이었다.

> 전술前述한 도시 워싱턴에서의 의회의 사용에 필요할 것으로 보이는 도서를 구입하고, 이 도서들의 수용을 위한 적절한 공간의 마련하며, 도서들을 그 공간에 들여놓는 데 총액 5천 달러를 이에 배정한다. … 전술한 구입은 … 그 목적을 위해 지명되는 양원 합동 위원회가 마련할 목록에 … 준準하여 수행한다. 전술한 도서는 양원 및 그 의원들의 사용을 위해 전기前記 위원회가 계획하고 수립하는 규정에 따라 전술한 도시의 의회 의사당 내의 적절한 공간 한 곳에 비치하여야 한다.[7]

여기에 나타난 우선순위가 중요하다. 의회의 일차적 본능은 그들의 정보 욕구가 당면한 기능적 목적으로 제한되리라는 것이기 때문이다. 기본적으로 법적·행정적 문제를 처리하는 것이었다. 자기네의 독자적인 운영 효율성을 갖출 준비를 하는 것이 특히 중요했다. 뉴욕이나 필라델피아 같은 대도시와 달리 워싱턴에는 다른 도서관이 없었기 때문이다.

도서관의 장서는 많지 않았지만 빠르게 늘어갔다. 인쇄된 도서 목록 초판은 1802년에 나왔는데, 243권의 책이 목록에 올랐다. 이는 이듬해에 보충해야 했다. 이 첫 장서들은 기본적인 법학 및 행정 관련 저작들이었고, 대부분 영어로 쓰인 것이었다. 영국의 《일반 법규 Statutes at Large》, 《하원 의사록》, 그리고 14권짜리 《국사범 國事犯 재판 기록 State Trials》 같은 것들이다.[8]

런던의 서적상과 출판사들로부터 추가 구입도 있었다.[9] 의회도서관 첫 사서인 패트릭 매그루더 Patrick Magruder는 심지어 저자와 출판사들에게 서적 기증을 제안하는 광고를 신문에 내기도 했다. 도서관에 책을 갖다 놓으면 나라의 가장 중요한 사람들에게 책 광고가 된다는 것이었다. 《내셔널 인텔리전서 National Intelligencer》에 실린 한 공고문은 이런 내용이었다.

> 즐거운 마음으로 말씀드립니다. 책·지도·도표의 저자와 편집자들께서는 저작 한 부를 우리 기관 서가에 비치하시면 목록이나 광고 같은 일반적인 방법에 비해 그에 대해 더 널리 알릴 수 있습니다.[10]

1812년이 되자 도서 목록에 3천 권이 넘는 책과 지도가 실려 이를 다 설명하기 위해서는 101쪽이 필요했다.[11] 이 독립 초기에 의회도서관(그리고 빠르게 증가한 광범위한 주제에 걸친 장서들)은 정체성을 구축해 가고 있던 나라의 상징이었다. 옛 격언에서 말하듯이 지식은 힘이며, 도서관 장서가 아직 매우 부족하기는 해도 그들이 뒷받침하기로 돼 있는 중앙 정부와 함께 성장하고 있었다.

따라서 의회도서관이, 영국군이 워싱턴에 도착하면서 그들의 핵심 목표물 가운데 하나가 됐던 것도 놀라운 일이 아니었다. 전쟁은 이미 큰 파괴를 초래했다. 이것이 첫 도서관 파괴도 아니었다. 미국군이 1813년 4월 영국의 도시 요크York(현재의 토론토)를 공격(양군 사이의 첫 교전들 가운데 하나였다)했을 때 그들은 의회 건물에 있는 도서관을 불태웠다.[12]

1813년에 패트릭 매그루더는 병이 들었고, 오랜 기간 도서관을 비우지 않을 수 없었다. 그의 동생 조지George가 대행으로 임명됐다. 8월 19일, 영국군이 도착했다. 그들의 진군 소식이 알려지자 피난 준비가 시작됐다.[13] 조지 매그루더는 군사부 직원들이 나타나 그들의 행정 기록들을 챙겨 가기 전에는 도서관이 철수해서는 안 된다고 명령했다. 그는 대부분의 정부 부처들이 이미 짐을 꾸리기 시작하고 중요한 물품들을 시골의 안전한 곳으로 가져가는 데 도움이 되도록 마차들을 압류했다는 사실을 인식하지 못했다.

정부에서 일하던 많은 남성들은 도시를 방어하는 민병대에 자원했지만, 일부는 일터에 남았다. 준사서 프로스트J. T. Frost도 그중 한 명이었다. 그는 책을 펴서 포쇄曝曬하는 작업(워싱턴의 매우 눅눅한 여름 날씨에 중요한 일이었다)을 하기 위해 일터에 남았다. 21일 오후, 새뮤얼 버치Samuel Burch가 민병대에서 자리를 떠나도 좋다는 허락을 받고 도서관으로 돌아왔다. 22일, 그와 프로스트는 마침내 군사부 직원들이 워싱턴을 떠나기 시작했다는 소식을 들었다.

결국 결정이 내려졌다. 그러나 너무 늦은 결정이었다. 다른 부서에서 도시에 남아 있던 마차를 모두 징발한 뒤였고, 버치는 몇 시간을 허비한 뒤에야 워싱턴 바깥의 한 마을에서 마차 하나를 찾아냈다. 그는 수레 하나와 황소 여섯 마리를 끌고 돌아왔고, 22일 남은 시간 동안 프로스트와 함께 책과 문서 일부를 거기에 실었다. 그들은 23일 아침 그것을 도시에서 15킬로미터쯤 떨어진 안전한 장소로 옮겼다. 그 밖의 소소한 움직임도 있었다. 예를 들어 대법원 직원 일라이어스 콜드웰Elias Caldwell은 법원의 책 일부를 자기 집으로 옮겼다.[14]

영국군은 8월 24일 워싱턴에 진입했다. 그 이후 사태는 급격하게 악화했다. 로스 장군은 처음에 휴전 조건과 함께 백기를 보냈으나 이후 총격을 받고 그의 말이 죽어버렸다. 조지 글레이그는 이후에 일어난 일을 생생하게 묘사했다. 그러나 휴전 중 총격에 대한 규탄이 다른 도서관 파괴의 경우에서도 흔히 구실로 사용됐다는 점은 지적할 필요가 있다.

모든 협상에 관한 구상은 곧바로 폐기됐다. 부대는 곧장 마을로 진입했고, 총격이 나온 집에서 발견된 사람들부터 모두 베어버리고는 그곳을 잿더미로 만들었다. 그들은 지체 없이 전진하며 정부와 눈곱만큼이라도 관련이 있는 것은 모조리 불태우고 파괴했다. 이 전면적인 대파괴에는 상원 의사당, 대통령 관저, 커다란 해군 공창工廠, 무기고, 200~300명 병사들의 막사, 해군 및 육군 비품이 가득 찬 몇 개의 대형 창고, 여러 가지 대포 수백 문, 2만 정 가까운 소총 등이 포함됐다.[15]

의회도서관의 역사 전문가 제인 에이킨Jane Aikin은 영국군이 건물

안에서 발견된 책과 기타 불에 탈 수 있는 물건들을 쌓아놓고 거기에 불을 질렀다고 말한다. 우리는 어떤 일이 일어났는지 정확한 사실을 알 수 없지만, 전설들이 만들어지고 있었다. 훨씬 후대인 19세기에 《하퍼스 뉴먼슬리매거진 Harper's New Monthly Magazine》에 실린 한 기사는 영국군 병사들이 도서관에서 가져온 책을 이용해 방화가 시작됐다고 단언하고 있다.[16]

이 대파괴로 미국 정부는 상당 기간 동안 정상적인 운영을 하지 못했다(물론 미국군이 볼티모어의 매켄리 McHenry 요새 전투에서 승리를 거두는 데 지장을 줄 정도로 오래는 아니었다). 도서관만이 목표물은 아니었지만, 그곳은 미국 정부 건물의 중앙에 위치한다는 점에서 이상적인 목표물이었고 불길을 유지할 수 있는 가연성 물질의 훌륭한 공급원이기도 했다. 그러나 영국군에 몸담고 있던 사람 가운데 적어도 한 명은 도서관 파괴의 상징적인 힘을 인식하고 있었던 듯하다. 워싱턴의 중심부가 파괴(글레이그는 그것이 "연기를 뿜는 폐허 더미"일 뿐이라고 썼다)되고 있는 와중에 정복 부대 지휘관은 책 한 권을 기념품으로 챙겼다.[17]

《1810년도 합중국 세입·세출명세서 An Account of the Receipts and Expenditures of the U.S. for the Year 1810》(Washington: A & G Way, Printers, 1812) 한 부가 1940년 1월 6일 의회도서관에 기증됐다. 앞표지에 가죽 장정의 표제가 있고 '합중국 대통령'이라는 글귀가 찍혀 있었는데, 유명한 서적상 로젠바크 A. S. W. Rosenbach가 기증자였다. 이 책은 조지 콕번 해군 소장이 자신의 형제에게 준 것이었고, 분명히 기념품이었다. 콕번이 직접 이 책을 챙겼는지 영국 병사 중 하나가 책을 발견했는지는 알 수 없다. 이 책은 영국으로 가져온 기념품들에 대해 많은 것을 이야기하고 있다. 조지 글레이그는 이렇게 썼다.

> 전쟁에서는 으레, 그때 함락된 도시에 있던 공공물은 명백하게 정복자의 정당한 전리품이 된다.[18]

불을 지르고 며칠 뒤에 파괴가 완료됐음이 분명해졌다. 석조 건물은 남았지만 그 안에 있던 것은 모조리 사라졌다. 영국군은 신생 정부에 일격을 가했다. 바로 그 심장부를 쳤다. 의회 성원들은 해를 입지 않았지만, 건물이 불에 타고 그들이 일을 하기 위해 의존했던 정보들이 파괴됐다. 그들의 정치적 지위는 신속하게 재건할 필요가 있었다.

첫 의회도서관의 잿더미 위에서 새롭고 더 나은 도서관이 등장했다. 이 신장新裝의 주역은 미국 독립과 합중국 건설의 이론적 설계자 가운데 한 사람인 토머스 제퍼슨이었다. 1814년 무렵 전직 대통령 신분인 그는 워싱턴에서 서남쪽으로 160킬로미터 떨어진 버지니아주 몬티첼로Monticello에서 은퇴에 가까운 생활을 하고 있었다.

아마도 당시 미국에서 가장 수준 높고 광범위한 것이었을 제퍼슨의 개인 장서는 평생에 걸친 진지한 독서를 바탕으로 축적된 것이었다. 제퍼슨은 화재로 장서를 잃는다는 것이 어떤 것인지를 알았다.

그의 법학서 첫 장서는 1770년 화마가 삼켜버렸고, 그는 장서를 다시 구축해야 했다. 제퍼슨은 워싱턴이 불타고 몇 주 뒤에 새뮤얼 해리슨 스미스Samuel Harrison Smith에게 조심스레 쓴 편지를 보냈다. 스미스는 이 도시를 기반으로 한 공화계 유력지 《내셔널 인텔리전서》의 편집자였다.

안녕하십니까.
나는 신문을 통해 워싱턴에서 우리 적들의 파괴 행위가 벌어져, 공공 도서관 파괴를 통해 과학과 예술을 짓밟았다는 소식을 들었습니다. … 이 일에 관해 … 세계는 오직 한 가지 생각을 품게 될 것입니다. 그들은 완전 무장을 하고 모든 것을 갖춘 채 무장하지 않고 준비가 되지 않은, 그들이 최근에 강제로 쳐들어간 또 다른 나라를 희생물로 삼아 문명 시대에 걸맞지 않은 야만적 행동으로 욕심을 채우던 큰 전쟁에서 갑자기 발을 빼는 모습을 볼 것입니다. …
나는 의회가 장서 수집을 재개하는 것이 그들의 초기 목표 가운데 하나일 것이라고 생각합니다. 전쟁이 계속되고 유럽과의 교섭에 많은 위험이 수반되는 상황에서 이는 어려울 것입니다. 귀하는 나의 장서가 어떤 규모이고 상태가 어떤지 알 것입니다. 나는 50년에 걸쳐 그것을 축적해 왔고, 오늘날과 같은 규모를 이루기 위해 어떤 고통이나 기회나 비용도 마다하지 않았습니다. … 그래서 9천 권에서 만 권쯤 되리라 생각되는 이 장서는 대체로 과학과 문학 쪽에서 주로 가치 있는 것들을 포괄하고 있는데, 특히 미국 정치인의 어떤 장서보다도 더 방대할 것입니다. 의회와 외교 분야의 책은 특히 풍부합니다.

나는 오래전부터 이것을 계속 사유재산으로 묶어두지 말아야겠다고 생각해 왔고, 내가 죽으면 의회가 값을 얼마를 내든 상관없이 가져갈 수 있는 우선권을 가져야 할 것입니다. 그들이 지금 손실을 입었기 때문에 지금이야말로 그들이 협상에 나설 적절한 순간입니다. 내가 얼마 남지 않은 시간 동안 즐기기 위해 무익하게 사용하는 것을 고려할 필요 없이 말입니다. 그래서 저는 귀하의 우정을 청합니다. 나를 위해 의회 도서관위원회에 이를 제공할 수 있도록 해주십시오.[19]

오랫동안 제퍼슨의 제안이 얼마만큼의 가치가 있느냐를 둘러싸고 토론이 이어졌고, 잃어버린 장서를 대체하는 데 많은 돈을 들이는 것의 상대적인 이점에 관해 격렬한 토론이 벌어졌다. 국가 자원이 부족하고 자금을 군사적 목적으로 쓰는 게 나을 수 있었던 시기였기 때문이다. 이런 식의 주장은 이후 수백 년 동안의 도서관 역사에서 여러 차례 반복된다.

'미국 정치인'에게 필요한 모든 것을 제공하겠다는 제퍼슨의 제안은 행운이었다. 본래의 3천 권 장서를 복구하거나 제퍼슨의 6천~7천 권에 달하는 개인 장서를 흉내 내려면 오랜 시간과 꼼꼼한 설계가 필요했을 것이기 때문이다. 따라서 제퍼슨은 큰 규모의 장서를 마련하는 지름길을 제시한 것이었다. 특히 그것은 새 나라의 정부 조직을 만든 사람들 가운데 한 사람이 수집한 것이라는 부가가치를 지니고 있었다. 지금 제안하고 있는 그 책 일부가 그 일의 지적 연료로 쓰인 것이다.

제퍼슨의 제안은 전적으로 이타적인 생각에서 나온 것은 아니었다. 그에게는 청산해야 할 빚이 많았기 때문이다. 그는 또한 동포들에게 필요한 순간에 그들을 돕는 것이며, 장서가 통째로 팔릴 수 있도록(많은 장서가들이 장서를 팔게 될 경우 우려하는 '선별 구매'를 피하는 것이다) 보장하기 때문이라는 점도 분명히 했다.

나는 의회에서 자기네 장서에서 배제하고자 하는 어떤 학문 분과의 책이 여기에 들어 있는지 알지 못합니다. 사실 의회 의원들이 참고할 일이 없는 주제는 없습니다.

그가 스미스에게 쓴 이 구절은 전량을 한목에 거래하겠다는 것을 아주 분명히 하고 있다.[20]

1814년 10월, 의회는 그들의 장서를 대체하고 제퍼슨의 제안에 대해 합리적인 결정을 내리도록 도와주기 위한 독립적인 평가를 내릴 합동위원회를 설립하는 일에 본격적으로 착수했다. 그들(11월에는 상원도 참여했다)은 "전 합중국 대통령 토머스 제퍼슨의 장서 구매를 승인"하기 위한 법안을 제출했고, 이 법안은 12월에 통과됐다.[21]

그러나 하원은 심의를 1월까지 연기했고, 토론은 길고도 악의적인 것이었다. 연방당에서는 이 장서가 제퍼슨의 무신론적이고 부도덕한 성향을 드러낼 것이라고 우려했다. 이 정당 정치인 가운데 한 사람은 그것을 사면 "국고가 탕진되고 국민을 가난하게 하며 국가에 수치가 될" 것이라고 말했다. 어떤 사람들은 존 로크나 볼테르 같은 계몽사상가들의 저작 때문에 반대했다. 그것들이 들어 있으니 제퍼슨의 불쾌한 "무신론, 부도덕성, 무기력한 주지주의, 프랑스 심취"[22]가 드러난다는 것이었다. 미국의 신문들도 이 논쟁을 다루면서 양쪽에서 참전했다. 《아메리칸 레지스터American Register》는 이렇게 예측했다.

> 다음 세대는 … 의회가 제퍼슨 씨의 장서 구매에 반대한 것에 부끄러움을 느낄 것이다.[23]

구매에 찬성한 사람들은 그것이 "훌륭한 국가도서관"을 시작할 기회라고 보았다. 그들은 아마도 이 말을 오늘날 그 용어의 의미를 이해하는 방식으로 사용하지는 않았을 것이다. 그러나 제퍼슨의 장서는 그 과정을 시작할 수 있는 폭과 깊이를 지니고 있었다. 결국 그의 장서 모두를 구입하지는 않았지만 말이다.

매디슨은 1815년 1월 30일 구매를 승인하는 법안에 서명했고, 하원은 이를 불과 10표 차로 통과시켰다. 제퍼슨과 타결하고 워싱턴에서 통과된 이 거래는 6487권의 책을 총액 2만 3950달러에 구매하는 것이었다.[24] 미국 의회도서관은 단숨에 북아메리카에서 가장 크고 가장 수준 높은 기관 장서가 가운데 하나가 됐다. 하버드칼리지 도서관만은 따라잡지 못했는데, 그곳에는 1829년 무렵 3만 권에서 4만 권 사이의 책이 있었다.[25] 의회도서관은 방화 이전에 비해 두 배 이상의 장서를 갖추었고 주제의 범위도 극적으로 늘렸다. 1812년 목록에 겨우 들어간 유럽 전역의 계몽주의 서적들도 구입했다.

이렇게 놀랍도록 책을 수혈했음에도 불구하고 의회도서관은 다른 큰 도서관들에 비하면 여전히 규모가 작았다. 더블린 트리니티칼리지 도서관은 1802년에 5만여 권의 장서를 가지고 있었다. 케임브리지 대학 도서관은 1715년 무어John Moore(1646~1714) 주교 장서가 들어온 뒤 4만 7천여 권을 보유했고, 1814년이 되면 그것이 엄청나게 늘어 아마도 9만 권에 이르렀을 것으로 추정된다. 한편 브리튼 박물관(지금 이름에만 나타나지 않을 뿐이지 국가도서관이다)의 인쇄본 장서 목록은 1813년에서 1819년 사이에 7권으로 출판돼 11만 권을 목록에 담았다. 여기에 필사본, 지도, 기타 자료들까지 해서 의회도서관의 15배 이상 규모였다.[26]

제퍼슨의 장서가 확보되자 의회의 다음 과제는 장서를 소장할 적절한 장소를 찾는 것이었다. 처음에 의회(그리고 도서관)는 본래의 의사당 건물이 수리되고 개조되는 동안 블로젯Blodget 호텔에 들어 있었다. 책은 1815년 5월 몬티첼로로부터 도착했다. 두 달 뒤에 그들은 짐을 풀어 제퍼슨의 분류 방식을 조정한 기준에 따라 정리했다. 영국의 문예부흥기 철학자 프랜시스 베이컨과 프랑스 계몽사상가 달랑베르가 개발한 지식 분류 체계에 바탕을 둔 것이었다.[27]

1815년 3월, 매디슨은 조지 워터스턴George Watterston을 진정한 첫 의회도서관 사서로 임명했다. 조지 워터스턴은 작가이고 시집을 낸 시인이고 신문 편집자이고 숙달된 법률가였다. 이 장서를 '국가도서관'의 중핵으로 삼는다는 생각은 워터스턴의 상상력에 불을 붙인 것으로 보이는데, 그는 《내셔널 인텔리전서》에 작가·화가·판화가에게 자신의 작품을 도서관에 비치하도록 요청하는 안내문을 보냈다. 이 신문은 "미국의 의회도서관(또는 국가도서관)은 세계의 문헌을 많이 보관한 곳이 돼야" 한다고 보았다. 또한 "대중과 의회 성원들을 위해 … 커다란 지식의 저장소"를 제공하는 것은 정부의 책무였다.

당시의 다른 기사들도 이런 정서를 공유하고 있었다. 그들은 미국을 다른 나라들과 비교하지는 않았지만, 함의는 분명했다. 미국은 세계의 모든 유용한 지식을 모으기 위해 국가도서관이 필요하다는 것이었다. 알렉산드리아 도서관의 그림자가 19세기 미국에서 다시 감지되기 시작했다.

첫 번째 도서 목록은 1815년 가을에 나왔는데, 스스로 《합중국 도서관 장서 목록 Catalogue of the Library of the United States》이라 이름 붙였다. 합동위원회는 사서의 봉급을 올렸고, 도서관 이용 가능자를 법무부 직원과 외무 공무원으로 확대했다.[28] 1817년에는 저작권 문제로 문서 담당관에게 기탁된 책을 도서관에 제공하기 위한 첫 번째 시도(그 후에도 몇 번 계속됐다)가 있었고, 같은 해에 장서를 수용하기 위한 별도의 건물 건립 요구가 나오기 시작했다. 그러나 이런 요구는 상당 기간 동안 무시됐다.

제퍼슨의 장서를 구매할 것인지를 결정하는 과정은 의회도서관이 사실상 국가도서관의 중핵인지 하는 문제를 제기했고, 정부도서관이 그 주위에 있는 정치인과 관료들을 위한 순전히 실용적인 가치를 넘어서는 더 넓은 장서의 중심이어야 한다는 주장으로 이어졌다. 그렇기는 하지만 방화 사건이 합중국 국가도서관 아이디어에 제공한 동력은 그것을 세우기에는 지루할 정도로 느렸고, 실제로 추진력을 모으기 위해서는 또 하나의 불이 필요했다. 이번에는 우연적인 것이었다.

1851년 성탄절 전야에 도서관 굴뚝 한 군데에서 불이 나 도서관의 5만 5천 권 장서의 절반 이상이 사라졌다. 제퍼슨의 장서 대부분도 여기에 포함됐다. 도서관의 재건은 미국 내전이 끝나고 링컨 대통령이 에인스워스 랜드 스포퍼드Ainsworth Rand Spofford를 의회도서관의 여섯 번째 사서로 임명한 뒤에야 이루어졌다. 스포퍼드는 이 도서관이 국가도서관이 돼야 한다는 방향성을 분명하게 인식했고, 그의 비전을 구체화할 수 있었다. 의회의 구매 예산을 늘리고, 스밋슨Smithson협회 도서관에서 이전해 준 것을 조직화하며, 가장 중요하게는 마지막으로 1870년 저작권법상의 미국 출판물에 대한 법정납본처 지위를 확보했다.[29]

1814년 영국에 의한 도서관 파괴는 한 나라가 다른 나라를 상대로 한 행위였다. 그것은 정치와 행정의 중심부를 약화시키기 위해 설계된 계획적인 정치 행위였다. 그런 의미에서 이 사건은 고대 세계의 몇몇 지식에 대한 공격과 닮았다. 의회도서관 파괴에 대한 대응은 1550년대 옥스퍼드대학 도서관 파괴에서와 마찬가지로 그 역사를 변모시켰음이 입증됐다. 새 의회도서관은 파괴된 것에 비해 단순히 더 클 뿐만 아니라 민주적이고 개명한 나라이고자 하는 근대적 이상에 따라 만들어진 나라에 더 적합한 자원이 된다. 그것은 만들어지기까지는 시간이 걸리지만, 만들어진 이후에는 지식을 보존하는 데 세계적인 선도자가 되고 지구상에서 가장 강력한 나라에 정보와 사상을 공급하는 데 이바지하게 된다.

6장 카프카 거스르기

프란츠 카프카(1906년, 프라하)

지식의 운명에 핵심적인 요소는 큐레이션curation이라는 발상이다. 이 말은 종교적인 것에서 왔다. 그것은 '돌보다'라는 의미를 지니고 있고, 명사로서는 보통 교구민을 '돌보는' 성직자를 가리킨다. 성직자는 '영혼을 구제'하는 사람이고, 신도들을 영적으로 보살피는 사람이다. 기독교의 여러 교파에서 보조 성직자는 아직도 '큐레이트curate'라 불린다.

도서관이나 박물관의 큐레이터는 그들이 관리하고 있는 물건들을 돌볼 책임이 있다. 사서의 경우 이 책임은 지식이라는 개념 자체로까지 확장된다. 물건 안에 들어 있는 지적 내용이다. 큐레이션이라는 행위는 우선 어떤 것을 수집할 것인지, 그리고 또한 어떻게 수집할 것인지에 관한 결정을 수반할 수 있다. 어떤 것을 보존하고 어떤 것을 버릴(또는 파괴할) 것인지, 어떤 것을 곧바로 이용할 수 있게 하고 어떤 것을 어느 정도의 기간 동안 차단할 것인지도 마찬가지다.

개인 문서철을 파괴할 것인지 보존할 것인지의 결정은 중대할 것이다. 토머스 크롬웰은 1530년대에 방대한 개인 문서철을 가지고 있었다. 대체로 편지 형태의 것이었는데, 그것이 있어 그는 헨리 8세를 위한 공무를 집행할 수 있었다. 그 시기는 잉글랜드의 행정이 거대한 근대화 과정을 거치는 중이었다. 크롬웰의 개인 문서고는 물론 잘 짜이고 광범위했다. 그러나 우리는 이를 남아 있는 그 일부(지금 영국 국가기록관과 브리튼 도서관에 나뉘어 있다)를 통해서만 알 수 있다.

개인 문서철에는 당연히 받은 편지들이 들어 있을 것이다. 그러나 근대 초기에는 집안의 비서들이, 보내는 편지마다 일일이 사본을 만들어두었다. 정보가 교류되는 양쪽에 대한 통제를 유지하기 위한 것이었다.

크롬웰처럼 매우 꼼꼼한 사람은 자기 편지가 그곳에 있도록 확실히 한다. 필요할 경우 참고할 수 있도록 하는 것이다.

받은 편지만 남아 있다는 사실은 이런 필연적인 결론을 이끌어낸다.

처리를 마친 서류가 대량으로 사라진 것은 의도적인 폐기의 결과일 수밖에 없다.[1]

크롬웰이 헨리 8세의 신임을 잃었을 때, 그리고 1540년 6월 그가 체포됐을 때 그의 참모들은 주인이 다른 사람들에게 보낸 편지 사본들을 파기하기 시작했다. 죄를 뒤집어쓰는 빌미가 될 수 있기 때문이었다.

홀바인 Hans Holbein의 유명한 크롬웰 초상은 왼쪽 먼 곳을 보고 있다.

거의 옆모습이다. 진지한 무게감과 엄격함이 있다. 그는 검은 모피를 댄 외투를 입고 검은 모자를 쓰고 있다. 그의 평복에서는 그의 개성에 대한 단서를 잡을 수 없다. 이 그림에서는 재산과 특권보다는 지적인 모습이 보인다. 그는 왼손에 법률 서류를 말 그대로 꽉 움켜쥐고 있다. 그리고 그의 앞 탁자에는 책이 한 권 놓여 있다. 재산과 권력을 보여주는 것은 방이나 크롬웰의 옷이 아니라 이 책이다. 책은 가죽 표지에 금박을 했으며, 심지어 두 개의 도금한 죔쇠로 꽉 죄어 놓았다. 화가는 크롬웰이 정말로 중요하게 생각한 것이 무엇이었는지를 우리에게 보여주고 있다.

크롬웰이 다른 사람에게 보낸 편지 철은 가정 내 환경, 즉 그의 사가私家 사무실에서 파기됐다. 가정 내 환경에서는 지금도 일상적으로 지식 파괴가 벌어지고 있다. 나와 아내는 가족들이 사는 집을 치우면서 편지·사진·일기 등을 찾아낸다. 우리는 이 가운데 어떤 것을 파기할 것인지 결정을 내려야 하고, 그렇게 하는 데는 여러 가지 매우 타당하고 적법한 이유들이 있다. 이는 수많은 다른 가족들도 겪어야 하는 일이다. 내용이 너무 하찮거나, 보관하려면 너무 많은 공간이 필요하거나, 남아 있는 가족들에게 언짢은 기억을 떠올리게 하는 일을 언급하고 있을 수 있다. 후손들이 처음 발견했을 때 영원히 숨기고 싶은 새로운 사실을 담고 있을 수도 있다.

그런 개인적인 결정은 일상적으로 이루어진다. 그러나 때로 기록물의 운명에 관한 결정은 사회와 문화에 심대한 영향을 미칠 수 있다. 특히 고인이 공적 생활에서 유명한 사람인 경우에 그렇다. 사랑하는 사람이 죽은 뒤 유족들은 때로 개인 기록물(특히 편지와 일기)의 운명에 관한 결정을 내려야 한다. 이후 문학사에 큰 영향을 미치게 되는 것들이다. 이런 결정은 때로 고인의 명예를 보존하기 위한 것이지만, 또한 유족들의 명예를 지키기 위한 것일 때도 있다. 이런 행위가 사실 '정치적'이라고 내가 주장하는 것은 이런 의미에서다. 즉 힘의 행사와 관련됐다는 것이다. 공적인 명예를 둘러싼 힘, 그리고 어떤 것이 공개되고 어떤 것이 사적으로 남아 있어야 하느냐를 둘러싼 힘이다.

디지털 시대인 요즘 개인적인 일기나 일지를 쓰는 일은 드물어졌지만, 그것은 19세기와 20세기에는 대단한 문화 현상이었다. 편지는 아직 개인 통신의 주요 현상이지만, 그것은 이제 거의 대부분 이메일과 디지털 통신의 형태로 이루어진다. 사적인 편지는 때로 사적인 일지나 일기만큼이나 의미가 있을 수 있다. 작가들은 또한 자기 문학 작품의 개요나 초고, 이본을 보관했을 수 있고, 이들은 학자나 비평가들이 문학 창작 과정을 이해하려는 시도에서 똑같이 중요하다. 이런 종류의 개인 기록물들에는 다른 것들도 포함될 수 있다. 회계 장부(이는 다양한 문예 사업의 성공과 실패를 해명해 준다) 같은 금융 기록, 사진첩(편지로 알 수 없는 개인적 관계의 양상들을 보여줄 수 있다), 여러 가지 일시적 자료(연극 팸플릿이나 잡지 구독권은 문학 연구자에게 도움이 될 수 있다) 등이다.

보들리 도서관의 특수 수장품 서고 선반은 그런 흥미로운 물건들을 담은 상자들이 가득하다. 그 가운데는 우리의 가장 인기 있는 수장품들도 있다. 메리 셸리 Mary Shelley(1797~1851)와 퍼시 셸리 Percy Bysshe Shelley(1792~1822), J. R. R. 톨킨 John Ronald Reuel Tolkien(1892~1973),

C. S. 루이스Clive Staples Lewis(1898~1963), W. H. 오든Wystan Hugh Auden (1907~1973), 브루스 챗윈Bruce Chatwin(1940~1989), 조애나 트롤로프Joanna Trollope(1943~), 필립 라킨Philip Larkin(1922~1985) 같은 여러 인물들의 기록이다.

작가들이 문학 기록물을 의도적으로 폐기하는 것은 극단적인 자기 검열이다. 그것은 후대를 의식해 이루어진다. 그런 바람을 무시하는 행위 또한 마찬가지다. 미래는 과거에 대해 비판적인 관점을 가지게 되리라는 이런 생각은 역사 속의 도서관과 기록관 공격의 동기를 상당 부분 뒷받침하는 것이다.

작가들은 태초부터 자신이 쓴 것을 폐기하고자 하는 유혹을 받아 왔다. 고대에 로마의 시인 베르길리우스의 전기를 쓴 도나투스Aelius Donatus에 따르면, 베르길리우스는 그의 위대한(그러나 이때는 아직 발표되기 전이었다) 서사시 《아이네이스》의 원고를 태워버리려 했다. 이 기록은 베르길리우스가 브린디시Brindisi에서 죽을 때의 상황을 이렇게 적었다.

그는 자신에게 무슨 일이 일어나면 (베르길리우스와 절친했던 시인) 바리우스Lucius Varius Rufus에게 《아이네이스》를 불태워달라고 … 부탁했다. 그러나 바리우스는 그렇게 하지 않겠다고 말했다. 그래서 그는 병석의 마지막 단계에서 계속 자신의 책 상자를 찾았다. 자기가 직접 태우려는 것이었다. 그러나 아무도 그것을 가져다주는 사람이 없어 그것에 대해 특별한 조치를 취할 수가 없었다.[2]

후대 작가와 학자들은 이 기록을 여러 가지 방식으로 해석했다. 일부는 이를 가장 겸손한 행동으로 보았다. 베르길리우스는 자신의 작품이 가치가 없다고 보고 파기하고자 했다는 것이다. 어떤 사람들은 이 결정이 고통에 싸인 사람의 암울한 신경과민적 행동이라고 말했다. 극단적인 자기 관리라는 것이다. 세 번째 해석은 이 사건을, 결정을 다른 사람('큐레이터'의 역할을 맡은 사람이다)의 손에 넘김으로써 문학적 평판을 형성하는 과정의 일부라고 본다. 이 경우에 아우구스투스(재위 서기전 27~서기 14)의 후원은 베르길리우스에게 핵심적인 것이었다. 미래를 위해 이 위대한 고전을(그리고 그와 함께 베르길리우스의 명성도) 구한 것은 바로 이 로마 황제였기 때문이다.

이런 여러 가지 해석들은 훨씬 후대 작가들의 원고(그리고 평판)에 관해 내려진 결정에도 적용될 수 있다. 예컨대 조지 고든 바이런George Gordon Byron은 아마도 19세기 초의 가장 유명한 작가였을 것이다. 그의 평판에 대해서는 '악명'이라는 것이 더 나은 표현일 것이다.

젊은 시절에 그는 지중해 연안 여러 곳을 여행했고, 특히 그리스를 사랑했다. 그는 그리스가 오스만Osman 제국으로부터 해방돼야 한다고 생각했다. 그는 《잉글랜드 음유시인과 스코틀랜드 비평가English Bards and Scotch Reviewers》(1809)로 지식인들의 관심을 끌게 됐다. 이는 그의 유치한 시집 《나태한 나날들Hours of Idleness》(1807)에 대한 냉담한 비평에 맞서 내놓은 강력한 풍자적 문학비평 작업이었다. 그는 나이가 들어가면서 계속해서 시를 썼고, 그 진지한 첫 책이 《차일드 해럴드의 순례Childe Harold's Pilgrimage》였다. 시로 쓴 일종의 문학 여행이다. 이 책은 바이런이 각 편을 마무리할 때마다 부분 부분 출간됐다. 첫 두 편은 1812년에 출간됐다. 그는 출간 후 이런 유명한 말을 했다.

"잠에서 깨어보니 … 유명인이 돼 있었다."

그는 《아비도스의 신부The Bride of Abydos》(1813), 《해적The Corsair》 (1814) 등 시집을 계속 출간했다. 그러나 그의 걸작은 《돈 후안Don Juan》(그 첫 두 편이 1819년에 출간됐다)이었다.

바이런은 1815년, 애나벨라 밀뱅크Annabella Milbanke와 불행하게 끝난 결혼을 했고, 거기서 선구적인 수학자가 되는 딸 에이다Ada를 얻었다. 나중의 러브레이스Lovelace 여백작이다(보들리 도서관 문서고에는 모녀가 주고받은 편지가 있다). 메리 셸리의 이복여동생 클레어 클레어먼트Claire Clairmont와의 사이에서 낳은 바이런의 또 다른 딸 알레그라Allegra는 다섯 살에 티푸스 또는 말라리아로 죽었다.

바이런은 사는 방식으로 인해 유명 인사 반열에 올랐고, 런던의 상류 사회에 초대됐다. 그러나 그의 명성은 캐럴라인 램Caroline Lamb과의 떠들썩한 불륜 및 이복누이 오거스타 리Augusta Leigh와의 불륜설로 높아졌다. 리와의 사이에서는 또 다른 딸 메도라Medora를 낳았다는 소문이 파다했다.

바이런은 악평이 절정에 달했던 1816년 영국을 떠나 유럽 본토로 갔다. 처음에는 제네바로 갔다. 거기서 퍼시와 메리 셸리 부부를 레망Léman 호숫가의 콜로니Cologny에 있는 빌라에 초대했고, 메리는 그곳의 한 파티 게임에서 《프랑켄슈타인Frankenstein》 이야기를 구상했다.

역사상 가장 대단한 축에 속하는 문학적 합숙이었던 이 콜로니 체류 이후 바이런은 셸리 부부와 함께 이탈리아 일대 여행을 계속했으며, 그러는 동안 계속 시를 쓰고 출간했다. 이 시기에 그와 퍼시 셸리의 우정은 굳건한 모습이었는데, 셸리가 친구를 찾아갔다가 돌아오는 길에 물에 빠져 죽으면서 비극으로 끝났다. 그가 바이런을 위해 억지로 '돈 후안'이라는 이름을 붙인 아끼던 요트가 비아레조Viareggio 앞바다에서 폭풍우에 휘말려 침몰한 것이다.

바이런의 삶의 모든 측면은 한담과 비평의 대상이 됐다. 심지어 반려동물까지도 그랬다(그는 이탈리아에 있을 때 동물들을 길렀다). 셸리는 이렇게 썼다.

말 열 마리, 커다란 개 여덟 마리, 원숭이 세 마리, 고양이 다섯 마리, 독수리 한 마리, 까마귀 한 마리, 송골매 한 마리. 그리고 말을 제외한 이 모든 것이 집안에서 어슬렁거리고, 때때로 말릴 수 없는 싸움을 벌이는 소리가 울린다. 마치 자기네가 주인이라는 듯이.[3]

바이런은 1824년 사랑하는 그리스로 옮겨갔다. 그는 그해 거기서 열병으로 죽었다. 바이런은 매우 창조적이고 생산적이었지만 물의를 야기하는 삶을 살아 전 세계에서 매우 유명해졌다. 그의 죽음은 작가와 시인들 사이에서 슬픔을 자아냈다. 테니슨Alfred Tennyson은 나중에 이렇게 회상했다.

그가 죽었다는 소식을 들었을 때 나는 열네 살이었다. 그것은 끔찍한 재앙처럼 보였다. 나는 방을 뛰쳐나가 홀로 주저앉아 크게 소리를 질렀던 것을 기억한다. 그리고 돌에 이렇게 썼다. **바이런이 죽었다!**[4]

그의 시는 영국에서뿐만 아니라 독일·프랑스·미국에서 널리 읽혔다. 그리고 그가 악명이 높고 그를 둘러싼 추문이 있었음에도 불구하고 그의 친구들과 문학 팬들은 열렬한 충성심을 유지해 거의 숭배에 가까운 지경에 이르렀다. 그의 사적인 기록을 처리하는 데 영향을 미친 것은 바로 이 숭배 받는 지위였다.

바이런이 일생 책을 쓰면서 그의 저작을 도맡아 출판한 것은 런던의 존머리John Murray 출판사였다. 1768년 존 머리 1세가 설립한 이래 2002년 개인 출판 기업으로서의 수명을 마치고 아셰트Hachette 그룹의 일부가 될 때까지 같은 이름을 쓴 7대가 대를 이어 출판사를 운영했다.

이 출판사는 회사가 팔리기 전까지 런던 피카딜리Piccadilly 바로 인근의 알베말가Albemarle-街 50번지의 멋진 사옥에 자리 잡고 있었다. 이 건물은 아직도 문학 모임에 이용되고 있으며, 2층 응접실로 향하는 우아하지만 삐걱거리는 계단을 오를 수 있다. 응접실 벽에는 아직도 책장이 배치돼 있다. 벽난로 위에는 바이런의 초상이 걸려 있다. 이 방에 서면 발행자와 저자의 대화가 이제 막 끝난 것 같은 느낌에 휩싸인다.[5]

존 머리 2세(1778~1843)는 뛰어난 출판인이었다. 어떤 작가의 작품을 출판하고, 19세기 초라는 상황에서 회사가 출판하는 작품들을 통해 시대의 분위기를 어떻게 반영하고 만들어갈 것인지에 관한 좋은 결정들을 내렸다. 그런 저자의 명단에는 제임스 호그James Hogg, 새뮤얼 테일러 콜리지Samuel Taylor Coleridge, 제인 오스틴Jane Austen 등이 들어 있었다. 머리는 바이런과 특히 가까운 관계였다. 기복은 있게 마련이었지만, 빈털터리인 이 작가는 발행자에게 조언과 지원과 돈을 의존했다.

바이런의 《돈 후안》이 사회적으로 논란을 일으키고 있던 1819년, 이 작가는 자신의 개인 회고록 원고를 친구인 토머스 무어Thomas Moore에게 주었다. 무어는 아일랜드 작가로 당시 영국에 살고 있었는데, 바이런은 그에게 이 회고록을 무어 자신이 "그럴 필요가 있다"고 생각하는 어떤 친구에게라도 보여주라고 부추겼다. 어느 시점까지 이 회고록을 본 사람 가운데는 더글러스 키네어드Douglas Kinnaird와 캐럴라인 램 같은 그의 친구들뿐만 아니라 퍼시 및 메리 셸리 부부, 아일랜드 시인 헨리 러트렐Henry Luttrell, 소설가 워싱턴 어빙Washington Irving도 있었다.

무어가 빚을 잔뜩 지고 있음을 알았던 바이런은 나중에 자신이 죽은 뒤 이 원고를 팔아 출판하라고 허락했다. 1821년 존 머리는 무어가 출판을 위해 회고록을 편집한다는 양해 아래 그에게 선인세를 지급하기로 합의했다. 결정적으로 머리는 바로 그 회고록 원고를 손에 넣었다.[6]

바이런이 그리스에서 죽었다는 소식이 런던에 알려지게 된 1824년 5월 이후 이 회고록은 이제까지와는 다른 지위를 점하기 시작했다. 그것을 읽은 바이런의 절친한 친구 그룹에는 그의 가까운 가족들이 포함되지 않았다.

곧 회고록이 출판돼야 한다는 사람들과 그것이 여론의 도덕적 혐오감을 유발해 바이런의 명예(그리고 유족들의 명예)가 돌이킬 수 없을 정도로 훼손되리라고 생각하는 사람들 사이에 전선이 그어졌다. 바이런의 친구 가운데 한 사람인 존 캠 홉하우스John Cam Hobhouse와 존 머리가 후자에 속했다. 영향력 있는 《쿼털리 리뷰Quarterly Review》의 편집자 윌리엄 기퍼드William Gifford는 그것이 "매음굴에나 어울리는 것이며 출판될 경우 바이런 남작을 오명의 나락에 빠뜨릴 것"7이라고 생각했다.

회고록 출판에 반대하지 않은 사람들은 거기서 얻을 수 있는 경제적 이득에 휘둘렸을 것이다. 무어는 원고를 다른 출판사에 넘기면 더 많은 돈을 받을 수 있겠다는 생각에서 머리와의 합의를 깨고자 했다. 존 캠 홉하우스는 무어가 개인적인 이득을 최대화하는 방식으로 이를 출판하려 한다는 사실을 알았지만, 그것을 출판할지 말지를 결정하는 것은 바이런의 가족이어야 한다고 생각했다. 홉하우스는 혼자가 아니었다. 그는 1824년 5월 14일 자 자신의 일기에 이렇게 썼다.

나는 키네어드에게 부탁을 했다. 그는 매우 너그럽게도 무어에게 편지를 썼다. 초고가 누구 손에 있든, 그것을 확보하기 위해 당장 2천 파운드를 내놓겠다고 했다. 바이런 남작의 가족을 위해, 다시 말해서 그 원고를 파기하기 위해서였다.8

더글러스 키네어드는 바이런의 또 다른 친한 친구였다. 그는 1816년 바이런이 마지막으로 영국을 떠날 때 그의 재정 문제를 살펴달라고 대리인으로 지정한 사람이었다. 이 편지는 무어를 곤란한 상황에 빠뜨렸고, 그는 개인적 이득을 위해 회고록을 출판하려는 입장이 흔들리기 시작해 "선택된 몇몇 사람"이 원고의 운명을 결정하자고 제안했다. 머리 역시 회고록을 파기하기를 원했고, 홉하우스는 그에게 바이런과의 사이에서 오간 편지를 살펴보고 위험한 편지가 있으면 파기하라고 촉구했다. 우리에게는 다행스럽게도 머리는 이 촉구를 무시했다.

이 문제는 1824년 5월 17일 월요일에 고비를 맞았다. 무어와 그의 친구 헨리 러트렐은 바이런의 누이와 아내의 일을 관리하고 있는 사람들에게 직접 호소하고자 했다. 로버트 윌모트호튼Robert Wilmot-Horton 과 프랭크 도일Frank Doyle 대령이었다. 그들은 오전 11시 알베말가 50번지 존 머리의 집에서 만나기로 약속했다. 그들은 앞 응접실에서 모였고, 얼마 지나지 않아서 인신공격이 난무하기 시작했다. 원고의 운명에 관한 핵심 문제와 함께 신사의 명예가 모욕당했다는 비난이 튀어나왔다. 마침내 머리가 문서를 방으로 가지고 왔다. 무어가 만든 사본도 왔다. 그 뒤 정확하게 무슨 일이 있었는지 분명치는 않지만, 원고는 결국 찢어져 응접실에서 불길 속으로 들어갔다.

그것을 불태우는 데는 약간의 시간이 걸렸을 것이다. 원고가 적어도 288쪽은 됐기 때문이다(우리는 사본 철이 남아 있기 때문에 그것을 알 수 있는데, 여전히 빈 페이지로 남아 있는 그것은 289쪽부터 시작된다). 그곳에 있던 사람들의 여러 기록을 보면 오거스타와 애너벨라를 대리한(그들의 명시적인 허락을 받은 것 같지는 않지만) 윌모트호튼과 도일도 결국 파기에 응했다. 머리는 원고의 법적 소유권자였지만 그것을 파기할 수 있도록 했는데, 그는 자기 스스로의 결정으로(무어의 항변이 있든 없든) 그것을 거부할 수도 있었다.

　머리와 홉하우스가 그렇게 한 데는 아마도 복합적인 이유가 있었을 것이다. 막 의원으로 선출된 홉하우스는 바이런과의 관계 때문에 자신의 명예를 지키는 일에 매우 신경을 썼을 것이다. 두 사람은 바이런이 자기네가 아닌 무어에게 회고록을 맡긴 일에 샘이 났을 것이다. 머리에게는 사회에서의 자신의 지위에 대해서도 더 의식하게 됐을 것이다. 바이런의 가족 편에 섬으로써 자신을 장사꾼이 아니라 신사로 자리매김하려 했다는 것이다. 도덕관념의 무게도 머리에게 마찬가지로 강력한 영향을 미쳤을 것이다. 그러나 그는 회고록 출판으로 얻는 단기적인 경제적 이득을, 도덕적으로 미심쩍은 출판에 관계됨으로써 초래될 수 있는 손실에 견주어 가늠해 봐야 했을 것이다. 존머리 출판사는 아직 연륜이 짧았다. 신중함과 위험 감수를 조합해야만 살아남을 수 있다. 이 경우에는 위험 감수가 졌다.[9]

　알베말가 50번지의 벽난로에서 바이런 회고록 원본이 소각된 후 어떤 사본도 세상에 나오지 않았다. 이는 친구들로서는 미래에 대한 우려가 컸고 역사를 통제할 필요가 있었음을 말해 준다.

───

바이런의 친구들은 그의 명예를 지키기 위해 회고록을 파기하는 가장 애정 어린 결정을 했지만, 그 결정이 다른 방식으로 이루어져 한 작가의 가까운 친구들이 때로는 친구의 바람을 외면해 버릴 수도 있다. 작가 프란츠 카프카Franz Kafka는 유고 관리자 막스 브로트Max Brod 에게 베르길리우스와 매우 비슷한 부탁을 했으나, 브로트는 바리우스와 마찬가지로 친구의 말을 따르지 않기로 결정했다. 카프카는 이제 시대를 불문하고 가장 위대하며 가장 영향력 있는 작가 가운데 한 사람으로 받아들여지고 있다.

프란츠 카프카는 작가 생활을 했으나 1924년 그가 죽을 때까지 비교적 적은 책을 냈다. 카프카는 생애 말년에 결핵을 앓았는데, 도라 디아만트Dora Diamant라는 젊은 여성과 진지한 관계를 시작했다. 그들은 독일 해변 휴양지 그라알뮈리츠Graal-Müritz에서 만났는데, 둘 다 유대인 여름 캠프에 참가하고 있었다. 디아만트는 작가로서의 카프카가 아니라 인간 카프카와 사랑에 빠졌다. 《심판Der Prozess》을 그가 썼다는 사실은 그의 사후인 1925년에 출판되기 전까지는 몰랐음에 틀림없다.

카프카는 잠시 고향 프라하로 돌아왔다가 1923년 9월 베를린으로 가서 한동안 살았다. 그곳에 디아만트가 합류해 그들은 슈테글리츠Steglitz 교외에서 함께 가정을 꾸렸다. 그들은 결혼식을 올리지 않았기 때문에 양쪽 집에서는 당혹스러워했다. 이 시기는 카프카에게 비교적 만족스러운 시기였다. 그는 가족과 떨어져 독립적으로 살 수 있었고, 계속 병을 앓고 물가가 폭등하는 시기에 베를린에서 살기에 경제적으로 쪼들렸지만(병 때문에 그는 일찌감치 얼마 되지 않는 연금에 의존하고 있었다) 카프카와 도라는 한동안 행복했다.

카프카는 생전에 단편집 《시골 의사Ein Landarzt》 등 소수의 작품만을 출판했다. 그리고 그것은 돈이 되지 않아서 출판자인 쿠르트 볼프Kurt

Wolff로부터 인세 명목으로 아주 소액이 들어올 뿐이었다. 그는 작가로서 비교적 무명이었기 때문에 많은 사람들은 카프카가 자기 사후에 그때까지 출판되지 않은 작품이 남의 눈에 띄는 것을 언짢아한다는 데 의아해했다. 1921년과 1922년에 그는 자기 작품 모두를 파기하기로 마음먹고 이를 자신의 가까운 친구이자 유고 관리자인 막스 브로트에게 말로도 하고 글로도 써서 전했다. 브로트는 나중에, 자신이 이렇게 답했다고 말했다.

"내가 그렇게 할 수 있다고 정말로 생각하는지 모르겠지만, 나는 지금 이 자리에서 분명하게 말하겠어. 나는 네가 원하는 대로 하지 않을 거야."¹⁰

1923년 가을 동안, 베를린은 춥고 살기가 어려웠다. 생계를 꾸려갈 돈이 부족하고 건강 상태가 악화하면서 카프카(그리고 디아만트)는 실제로 노트 일부를 함께 불태웠다. 적어도 이는 카프카가 죽었을 때 디아만트가 브로트에게 해준 이야기였다. 주로 그들이 베를린에서 함께 살 때 가지고 있던 노트를 말하는 것이었다. 카프카는 시내를 돌아다닐 때 노트를 들고 가는 버릇이 있었다. 깜빡 잊고 가져오지 않았으면 새것을 하나 샀다.

디아만트는 카프카의 말에 따라 노트를 스무 권쯤 파기했다(그렇게 브로트에게 말했다). 그러나 사실 이 노트들은 디아만트의 장롱에 잘 모셔져 있었다. 디아만트는 그것을 자신의 가장 중요한 사유물로 여겼다.¹¹ 불행하게도 1933년 3월 디아만트가 가지고 있던 모든 서류는 게슈타포에게 압수당했다. 이를 찾으려고 거듭 노력했지만 그 노트들과 카프카가 디아만트에게 보낸 35통 정도의 편지, 네 번째

소설 텍스트의 유일한 사본은 도무지 발견되지 않았다. 아마도 폐기된 듯하다.[12]

그러나 이런 파괴 사례에도 불구하고 그의 문학 작품 대부분은 보존됐고, 대체로 프라하에 있는 그의 부모 아파트에 여전히 있었다. 브로트 역시 노트의 표지들을 발견했지만 내용물은 없었다. 아마도 카프카가 떼어버린 부분일 것이다.

그가 죽은 뒤 브로트는 오스트리아 빈Wien 인근의 그가 죽은 병원에서 서류들을 끄집어냈다. 프라하의 부모 아파트 작가의 책상이 있던 방에서도 끄집어냈다. 이 과정에서 카프카가 브로트에게 보낸 메모 두 개가 나왔다. 그는 카프카가 죽은 직후 이를 공개했다. 첫 번째 것은 아주 분명하고 의문점이 없는 부탁이었다.

막스에게

내 마지막 부탁이야. 내가 남기고 가는 모든 것 … 일기, 원고, 편지(내가 받은 것이든 보낸 것이든), 초안 등 어떤 형태든 불에 태워 … 읽지 않게 해주게. 자네나 다른 사람들이 가진 모든 글과 초안도 … 사람들이 자네에게 편지를 주기 싫다면 적어도 그들 스스로 태우겠다고 약속해야 해.

프란츠 카프카[13]

브로트의 수집 과정에서 두 번째 메모가 나왔다. 그러나 이번 것은 첫 번째 것에서 나타나는 분명하고 단순한 부탁이 복잡해졌다.

막스에게

이번에는 정말로 다시 일어나지 못할 것 같아. 폐렴이 발병한 것은 분명히 달포 동안 폐열肺熱을 앓고 난 뒤인 듯하고, 이걸 쓰는 동안마저도 지탱할 수 없을 듯해. 쓰는 것이 어떤 힘을 가지기는 하지만.

그러니 이번에 내 모든 글에 대한 나의 마지막 소원은 이런 거야.

내가 쓴 모든 것들 가운데 의미가 있는 것은 이런 정도일세.《심판》, 《화부火夫, Der Heizer》,《변신Die Verwandlung》,《유형지에서In der Strafkolonie》, 《시골 의사》, 그리고《배고픈 예술가Der Hungerkünstler》… 내가 이 몇 권의 책과 그 이야기가 의미 있다고 이야기할 때 나는 그것들이 다시 출간되고 미래에 전해지기를 조금이라도 원한다는 뜻은 아니야. 반대로 그것이 완전히 사라진다면 그것이 나의 진정한 바람과 부합할 테지. 그러나 그것들이 다른 사람에게 있기 때문에, 그들이 원할 경우 그들이 가지고 있는 것을 막을 도리가 없어.

그러나 그 밖의 다른 모든 나의 글도 … 예외는 아니야. 그것을 입수하거나 받은 사람들로부터 회수할 수 있다면 말이지(알다시피 받은 사람의 대부분, 주로 펠리체 M Felice M 부인, 율리 보리체크Julie née Wohryzek 부인, 밀레나 폴락Milena Pollak 부인이 중요하고, 특히 폴락 부인이 가진 노트 몇 권을 잊지 말게). 이 모든 것이 예외가 없어야 하고, 읽히지 않았으면 좋겠어(자네가 그걸 보지 않게 할 순 없지만, 보지 않으면 더 좋겠어. 어떤 경우든 다른 사람은 누구도 보지 않아야 해). 이 모든 것은 예외 없이 불태워야 해. 그리고 가능한 한 빨리 해주기를 바라네.

프란츠가[14]

이 부탁이 명확했더라도 이는 브로트에게 심각한 고민을 안겼을 것이다. 우정의 원칙에 반하는 것이었다. 그들은 오랜 우정을 쌓았다. 그들은 1902년 프라하 카렐Karel대학에서 학생으로 만났다. 그들의 지적 능력은 차이가 있었으나 개인적인 관계를 발전시켰고, 그 관계는 브로트의 헌신이 돋보였다. 그는 처세 방식이 탁월했고, 여기에 친구의 뛰어난 문학 창작에 대한 감탄이 더해져 카프카가 문학적 이력을 개발하려 노력하는 과정에서 그가 일종의 '대리인'이 됐다. 카프카는 건강이 좋지 않고 과묵함을 타고난 데다 자기비판이 심해 브로트가 스스로 떠맡은 이 일을 매우 어렵게 만들곤 했다. 이런 문제에도 불구하고 브로트는 변함없는 친구로 남았다. 그의 문학 창작이 발전하고 책이 나오는 것을 보기 위해 필요한 격려를 해주었을 뿐만 아니라 출판사와 거래하는 데 실질적인 도움도 주었다.[15]

따라서 브로트의 고민은 분명했다. 친구의 마지막 소원을 들어주어야 하느냐, 아니면 그의 문학 작품을 살아남게 해서 더 많은 독자들에게 읽히려고 노력해야 하느냐(그는 이것이 카프카를 기쁘게 하는 일이라고 생각했다)였다. 마침내 브로트는 친구의 뜻을 거스르기로 작정했다. 그는 자신을 변호해, 카프카는 자신이 그 일을 해내지 못할 것을 알았으리라고 주장했다. 정말로 진심이었다면 다른 누군가에게 문서를 파기하도록 부탁했으리라는 것이다.

브로트는 카프카가 문학 분야에서 차지해야 마땅하다고 자기가 생각하는 위치에 그를 올려놓으려고 결연하게 행동했다. 그러나 카프카의 생전에 그것을 실현하지는 못했다. 브로트는 또한 라킨이 나중에 원고의 '불가사의한' 우수성이라고 말한 것을 알고 있었고, 이 문학적 명성을 만들어내는 데 그것을 이용했다.

게오르크 랑거Georg Langer가 한 하나의 이야기(카프카에게 사용하기에는 아마도 '전설'이라는 말이 더 적합할 듯하지만)는 1940년대에 한 작가가 이스라엘 텔아비브에 있던 브로트를 방문한 일에 대한 것이다. 이 작가는 카프카의 원고를 보러 왔는데 정전으로 보다가 중단됐다. 전기는 나중에 들어왔지만 브로트는 그 작가에게 다시 원고를 볼 기회를 주지 않았다. 브로트의 철저한 문서 보호, 카프카 작품 출판을 위한 그의 노력, 1937년에 그가 출간한 카프카 전기 등은 모두 카프카 주위에 놀라운 문학적 아우라를 만들어내는 데 기여했다(적어도 처음에, 독일어 사용 문학계에서는 말이다).[16]

브로트는 1925년 베를린의 출판사 디슈미데Die Schmiede에서 《심판》을 출간하기 위해 편집과 정리를 했으며, 본래 카프카 책을 출판했던 쿠르트 볼프가 1926년 《성城, Das Schloss》으로 출간하게 되는 미완성 작품을 편집했다. 소설 《아메리카Amerika》도 카프카의 작업 문서를 가지고 브로트가 '완성'해 1927년에 나왔다. 다른 작품들도 이어지는데, 보다 근본적인 편집상의 선택과 카프카의 일기와 편지를 이용한 편집이 필요했다.

이 모든 것은 브로트가 구체적인 자료를 자기 손에 가지고 있었기 때문에 가능했다. 그것들은 많은 자리를 차지하지는 않았지만 그것들이 사후에 전 생애를 망라할 수 있는 자료를 제공함으로써 현대의 가장 위대한 작가 가운데 한 명으로서의 카프카의 명성을 확립하게 만들었다. 브로트 역시 이를 통해 스스로의 수입과 명성을 얻을 수 있었다.

영역본은 1930년대부터 나오기 시작했다. 스코틀랜드의 부부 문인 에드윈 뮤어Edwin Muir와 윌라 뮤어Willa Muir의 작업이었다. 영역본 초기 독자 가운데는 올더스 헉슬리와 W. H. 오든 등이 있는데, 둘 다 카프카 작품의 열혈 팬이었다. 그들에 앞서 여러 유럽 작가들이 있었는데, 특히 발터 벤야민과 베르톨트 브레히트는 양차 세계대전 사이 기간에 카프카의 명성을 이룩하는 데 기여했다. 브로트가 친구의 부탁을 거스르지 않고 카프카의 글들을 파기했다면 세계는 20세기의 가장 독창적이고 영향력 있는 문학적 성과 가운데 하나를 놓쳤을 것이다.

카프카 문서는 1924년 브로트의 보존 활동 이후 많은 위험 속에서도 살아남았다. 1939년 나치스가 프라하에 들어올 태세를 갖추고 반유대주의 정책을 강요할 때 브로트는 도시를 떠나는 마지막 기차 가운데 하나에 올랐다. 가방에는 문서가 가득했다. 1960년대 아랍과 이스라엘의 갈등으로 카프카의 문서가 소장돼 있는 도시가 폭격 위험에 처하자 브로트는 그것들을 옮겨 스위스의 은행 금고에 넣기로 했다.

그것은 지금 대체로 세 군데에 나뉘어 보관돼 있다. 가장 많은 부분은 옥스퍼드대학 보들리 도서관에 있고, 다른 것 중 상당수는 독일 마르바흐Marbach의 독일문학기록관DLA에 있으며, 나머지는 예루살렘의 이스라엘 국가도서관NLI에 있다. 세 기관 모두 협력하며 카프카의 엄청난 문학 유산을 보존하고 공유하는 데 헌신하고 있다.

위대한 문학 작품을 '관리'하는 데 관한 결정을 내리는 도덕 원리는 복잡하고 어렵다. 토머스 크롬웰이 발송한 편지를 고의로 파기한 것은 자신과 그 수하들을 보호하기 위한 정치적 편의에 따른 계획된 행동이었다. 그러나 그 결과로 우리는 중요한 역사 인물에 대한 이해의 폭이 극도로 좁아졌다(영국 소설가 힐러리 맨틀 Hilary Mantel이 자신의 소설 삼부작에서 상상과 연구를 조합하고서야 그 간극이 메워졌다).

바이런의 회고록 소각은 당시 열렬한 독자층을 충격과 혐오로부터 구했겠지만, 수백 년 동안 그 사라진 작품의 신비감이 시대를 앞서간 작가로서의 그의 명성에 더해졌을 것이다. 그의 삶은 그의 작품만큼이나 중요했다는 것이다.

카프카의 문서를 살린 것은 더욱 오랫동안 그의 명성을 뒷받침하는 역할을 했다. 비교적 최근에 이르러서야 브로트의 보존 결정이 세계 문화 보존에 큰 기여를 한 것으로 상찬 받고 있다. 《심판》과 《변신》이 없는 우리 문화를 상상해 보라. 우리에게는 때로 세계가 문명의 위대한 작품을 계속 접할 수 있도록 보장하는 데 도움을 주기 위한 막스 브로트 같은 '사설' 큐레이터들의 용기와 식견이 필요하다.

7장 두 번 불탄 도서관

1914년 화재 이전의 루뱅대학 도서관

워싱턴 방화 이후 꼭 한 세기 만에 또 다른 침략군이 도서관을 마주쳤고, 그것이 자기네 적의 심장부에 타격을 입힐 완벽한 수단이 되리라고 생각했다. 이번에는 이 행동이 전 세계에 영향을 미쳤다. 미국 의회도서관 방화가 젊은 조지 글레이그에게 고통을 주었던 이후 한 세기 동안 뉴스 전파 수단이 변했기 때문이다.

1914년 침략 독일군에 의한 벨기에 루뱅Louvain대학(정식 명칭은 루뱅가톨릭대학이다) 방화는 심각한 정치적 분노의 초점이 된다. 워싱턴 사건과 달리 이 도서관의 운명은 국제적인 화제가 됐다. 젊은 예수회 신도 외젠 뒤피에로Eugène Dupiéreux는 1914년 자신의 일기에서 이렇게 썼다.

> 오늘까지도 나는 독일이 저지른 잔학행위에 관해 신문이 떠드는 것을 믿고 싶지 않았다. 그러나 루뱅에서 나는 그들의 '쿨투르Kultur'(문화)가 어떤 것인지를 목격했다. 알렉산드리아 도서관을 불태운 아라비아인 칼리파 우마르보다도 더 야만적이었다. 우리는 그들이 20세기에 유명한 대학도서관에 불을 지르는 것을 보았다.[1]

루뱅대학은 오늘날 벨기에로 알려져 있는 이 나라에서 가장 먼저 세워진 대학이었다. 이 대학은 1425년 설립돼 위대한 지성들을 다수 길러냈다. 신학자 로베르토 벨라르미노 Roberto Bellarmino(1542~1621), 철학자 유스트 립스 Joest Lips(유스투스 립시우스 Justus Lipsius, 1547~1606), 지도 제작자 헤라르트 더크레머르 Gerard de Kremer(메르카토르, 1512~1594) 등이 대표적이다.

이 대학은 여러 칼리지들로 구성됐다(16세기 말에는 46개 칼리지였다). 중세에는 각 칼리지별로 장서를 축적했다. 이에 따라 1636년 대학 중앙도서관이 만들어질 때까지 중앙의 도서관은 없었다. 중앙도서관은 이후 150년 동안에 걸쳐 성장했고, 구입과 기증을 통해 장서 규모를 늘려갔다. 루뱅대학은 비교적 부유한 대학이었고, 그 재산이 도서관의 발전에 이바지했다. 17세기 말에 프랑스에서 막 개발된 새로운 서가 설치법이 도입됐다. 서가를 도서관 벽에 붙이고 위에 창문을 내는 것이었다. 중세와 문예부흥기의 옛 방식은 서가를 벽에서 도서관 방 쪽으로 돌출시키는 것이었다. 1723년에서 1733년 사이에 새 도서관 건물이 세워졌고, 18세기를 지나면서 대학의 재산은 학자들이 당장 사용하는 데 필요한 것을 넘어서는 소장품을 구입할 수 있을 정도가 됐다.

이러한 발전은 1759년 오스트리아령 네덜란드 총독 카를 알렉산데르 폰로트링겐 Karl Alexander von Lothringen이 이 도서관에 전국의 법정납본 특전을 부여함으로써 크게 신장됐다(총독은 브뤼셀의 왕립도서관에도 이 특전을 주었다).[2] 몇 년 뒤 이 도서관은 이웃 도서관 강제 폐쇄의 수혜자가 됐다. 1773년 예수회 교단 탄압으로 이 도서관은 시내의 예수회 수도원 도서관에서 책을 구입할 수 있었다(루뱅 예수회의 책들은 지금 전 세계에 흩어져 있어 고서 시장에 계속 나오고 있다).[3]

대학은 18세기 말과 19세기 초에 프랑스혁명전쟁이 유럽으로 확산하면서 어려움을 겪었다. 루뱅의 교직원들은 1788~1790년 강제로 브뤼셀로 이동됐고, 대학은 1797년 공식으로 폐지됐다가 1816년 다시 설립됐다. 도서관에 있던 책의 10퍼센트 가까이가 1794~1795년 파리 마자린Mazarine 도서관 직원들에 의해 강제로 파리로 옮겨졌다. 1501년 이전에 인쇄된 책인 인쿠나불라incunabula(초기 활판본), 삽화본, 그리스 및 히브리어 서적 등 800여 권이었다(왕립도서관을 비롯한 이 지역의 다른 도서관들도 같은 운명을 맞았다). 다른 책들은 브뤼셀 에콜상트랄École Centrale의 사서들이 골라갔다.

이 대학과 그 도서관은 1830년 벨기에 국가를 탄생시킨 혁명으로 다시 일시 폐쇄됐다. 대학은 1835년 가톨릭대학으로 다시 문을 열었고, 도서관은 국가 부흥의 상징이자 지적·사회적 능력의 엔진, 그리고 벨기에 국민의식에서 대학의 새로운 역할을 공고히 하는 결정적 요소가 됐다. 이 도서관은 또한 공공도서관의 기능을 했는데, 벨기에에 공공도서관이 세 개(나머지는 리에주Liège와 헨트Gent에 있었다) 있었지만 이곳이 가장 큰 것으로 인식됐다.[4]

1914년 무렵에 루뱅대학 도서관은 30만 권 이상의 장서를 보유하고 있었고, 세계에 내놓을 수 있을 만한 특별 장서 모음도 하나 있었다. 이 도서관의 중요성은 장엄한 바로크식 건물들에서 볼 수 있다. 그 장서들은 벨기에의 문화적 정체성을 반영하고 있었으며, 이 지역의 위대한 지성들의 지적 공헌을 입증하고 대학의 강한 가톨릭 문화

취향을 보존하고 있었다.

이곳은 또한 국가 자원이었다. 법정납본 도서관이자 일반 대중에게 개방된 곳이었다. 이곳에는 천 권 가까운 필사본들이 있었다. 대개 고전기 저자들의 작품과 교부敎父들을 포함한 신학 텍스트들이고, 중세 철학 및 신학도 있었다. 또한 상당한 규모의 인쿠나불라 모음과 목록이 정리되지 않은 동양서들, 히브리어·칼데아Chaldea어·아르메니아어 필사본들도 있었다.

1차 세계대전 이전의 이 도서관 사서 폴 들라누아Paul Delannoy는 자신이 임명된 1912년부터 현대화 작업에 착수했다. 그 시기쯤 이 도서관이 구조상 대학도서관의 추세에 뒤처지고 독서실이 한산했기 때문이다. 그는 밀린 목록 작업을 처리하고 새로운 연구용 장서를 구입하기 시작해 기관 조직을 보다 현대적으로 장악했다. 그러나 이 과정은 1914년 8월 25일 극적으로 중단됐다. 미국 의회도서관과 똑같이 그 이후에 일어난 파괴는 파멸적이었지만, 또한 대약진이 일어날 수 있게 했다.

독일군 부대는 1914년 8월 19일 루뱅에 도착했다. 프랑스로 가는 도중에 이 나라로 진군함으로써 벨기에의 중립을 훼손한 것이다. 그로부터 약 1주일 동안 이 도시는 독일 제1군의 사령부로 기능했다. 벨기에 민간 당국은 사전에 벨기에 일반 시민이 가지고 있는 무기를 모두 압수하고 오직 벨기에군만이 독일군을 상대로 어떤 형태로든 행동을 취할 권한이 있다고 그들에게 경고했다. 1차 세계대전을 연구하는 현대 학자들은 독일에 맞선 대중 봉기의 흔적을 전혀 찾지 못했다.

8월 25일, 루뱅에서 여러 건의 잔혹행위가 벌어졌다. 아마도 일단의 독일군이 공포에 질린 상태에서 자기네 군대 일부에 발포하면서 촉발된 듯하다. 그날 밤 보복이 시작됐다. 벨기에 민간인들이 집에서 강제로 끌려나와 즉석에서 처형됐다. 시장과 이 대학 총장도 거기에 포함됐다. 한밤 무렵에 독일군이 대학도서관에 난입해 석유를 붓고 불을 질렀다. 건물 전체와 그 장서 거의 대부분이 잿더미가 됐다. 중요한 필사본과 희귀본 모음에 더해 현대 인쇄본과 잡지들이었다. 독일은 1907년 헤이그조약 가맹국이었지만 독일 장군들은 그 정신에 여전히 적대적이었고, 특히 전쟁을 법조문으로 묶는 것을 받아들이지 않았다. 조약 제27조는 이렇다.

포위와 폭격을 할 때는 가능한 한 종교·예술·과학·자선 용도의 것은 제외될 수 있도록 필요한 모든 조치를 취해야 한다.

헤이그조약은 결국 문화재에 대한 난폭한 행위를 더욱 강하게 제재하는 조항을 넣게 된다. 그러나 1차 세계대전 당시 그 힘은 아직 비교적 약했다. 루뱅대학 방화와 그에 대한 국제사회의 반응은 이를 변화시키는 데 기여했다. 특히 베르사유조약에 도서관 재건을 규정한 별도의 조항을 포함시킨 것이 대표적이다.

8월 31일, 《데일리 메일Daily Mail》은 "세계를 상대로 한 범죄"를 보도하면서, 독일은 "세계가 공통의 정서를 가지고 있는 한"[5] 용서받을 수 없다고 말했다. 영국 최고의 지성 아널드 토인비는 독일군이 의도적으로 대학의 지적 심장부(그것이 없으면 대학은 업무를 수행할 수 없다)를 겨냥했다고 생각했다. 프랑스의 가톨릭계 신문《라크루아La Croix》는 야만인들이 루뱅을 불태웠다고 보도했다.⁶

독일의 해명은 1814년 워싱턴에 갔던 영국군이 한 변명의 판박이였다. 도시에서 민간인의 저항이 있었고, 저격수가 독일군에 총격을 가해 잔혹행위가 촉발됐다는 것이다.

그 직후에 독일의 카이저인 빌헬름Wilhelm 2세(재위 1888~1918)는 미국 대통령에게 전보를 보내(틀림없이 이 사건으로 인해 미국이 연합군 쪽에 가담할 것을 우려해서였다) 독일군은 그저 이 도시 민간인들의 공격에 대응했을 뿐이라고 주장했다.

1914년 10월 4일, 전쟁범죄 고발에 뒤이어 저명한 독일 예술가·문필가·과학자·지식인 93명이 루뱅 사건과 관련한 집단 성명을 발표했다. '문화계를 향한 호소'라는 제목이었고, 프리츠 하버Fritz Haber, 막스 리베르만Max Liebermann, 막스 플랑크Max Planck 등 당시 독일의 유명한 문화계 지도자들 일부가 서명했다. 그들은 이렇게 썼다.

우리 군대가 루뱅을 가혹하게 다루었다는 것은 사실이 아니다. 성난 주민들이 독일군 막사를 공격해 우리 군대를 괴롭혔고, 그 징벌로서 마을의 일부에 총격을 가하지 않을 수 없었다.⁷

루뱅대학 도서관 파괴의 원인을 둘러싼 논쟁은 한 세기 이상 계속됐다. 2017년, 독일의 미술사학자 울리히 켈러Ulrich Keller는 다시 한 번 파괴의 책임을 벨기에의 저항에 돌렸다.

독일 문화를 매우 찬미한 프랑스의 작가이자 지식인 로맹 롤랑은 당혹과 분노에 차서 1914년 9월 《프랑크푸르터 차이퉁Frankfurter Zeitung》에 기고해 동료 작가 게르하르트 하웁트만Gerhart Hauptmann에게 메시지를 전하고 그와 다른 독일 지식인들이 입장을 재고하라고 요구했다.

> 당신들은 앞으로 '야만인'이라는 이름 이외에 무어라고 불리고 싶습니까? 당신들은 괴테의 후예입니까, 아틸라Attila(406?~453)〔유럽에서 악명을 떨친 훈족 최후의 왕〕의 후예입니까?

하웁트만의 대답은 분명했다. 죽어서 묘비명에 '괴테의 후예'라고 쓸 바에야 아틸라의 후예로 사는 게 낫다는 것이었다.⁸

모든 독일인이 이런 식으로 생각한 것은 아니다. '93인 선언' 참여자 가운데 한 사람인 베를린의 프로이센 왕립도서관(현 베를린 국가도서관) 관장(성서학의 대가이기도 했다) 아돌프 폰하르낙Adolf von Harnack은 프로이센 문화부 장관에게 편지를 보내, 점령지 벨기에에 독일 관리 하나를 지명해 나머지 전쟁 기간 동안 도서관들이 피해를 당하지 않도록 보장할 것을 제안했다.

이 제안은 받아들여져서, 1915년 3월 말 브레슬라우Breslau(지금의 폴란드 브로츠와프Wrocław)대학 도서관장 프리츠 밀카우Fritz Milkau가 브뤼셀로 파견돼 이 역할을 맡았다. 밀카우는 본Bonn대학의 사서였던 리히아르트 욀러Richard Oehler라는 젊은 예비역 군인 등을 데리고 갔고, 그들은 벨기에의 도서관 110군데를 방문해 보존과 보호에 대해 논의했다.⁹

루뱅대학 도서관 파괴 4주년에는 벨기에 망명정부 소재지였던 프랑스 르아브르Le Havre 항구에서 기념식이 열렸다. 정부 관리들과 함께 연합국 대표들이 참석했는데, 에스파냐 국왕 특사와 예일대학 대표단 등 다양한 구성이었다. 대중의 지원 메시지도 전 세계에서 답지했는데, 벨기에에 대한 공감의 분위기가 재건축 지원으로 바뀌고 있었다.

영국에서는 맨체스터의 존라일랜즈John Rylands 도서관이 루뱅의 상실에 깊은 공감을 느낀 도서관들 중 가장 뚜렷하고 온정적인 곳 가운데 하나였다. 1914년 12월, 이 도서관 관장은 자기네가 가진 복본 일부를 루뱅에 기증하기로 결정했다. "야만적인 대학 건물 및 유명한 도서관 파괴로 회복할 수 없는 손실을 입은 루뱅대학 당국과의 깊은 공감의 정서를 현실적으로 조금 표현"하기 위해서였다. 그들은 200권의 책을 보냈다. 그것이 "새 도서관의 중심"이 되리라고 생각했다. 존라일랜즈는 자기네가 가진 책을 기증했을 뿐만 아니라 영국 내의 공·사 장서가들로부터 루뱅에 기증할 책을 모집했다.

존라일랜즈 관장 헨리 거피Henry Guppy는 영국의 루뱅 지원의 원동력이었다. 그는 1915년 책 기증 공개 호소에 대한 '고무적인' 반응을 보고하는 팸플릿을 발간했다. 멀리 뉴질랜드의 오클랜드Auckland 공공도서관에서 보내온 것까지 있었다. 실제로 거피의 노력은 놀라운 것이었다. 1925년 7월 루뱅에 보내는 책을 마지막으로 선적했는데, 총계 5만 5782권의 책을 열두 차례에 걸쳐 실어 보냈다. 이것은 1914년 8월 파괴로 잃은 책의 15퍼센트에 달하는 것이었다. 맨체스터 당국은 자기네의 노력을 대단히 자랑스러워하며 루뱅대학 도서관의 곤경이 벨기에에서 멀리 떨어진 지역에 사는 서민 대중의 심금을 울렸다고 설명했다.

전쟁이 끝나자 이 도서관을 재건하기 위한 국제적 노력은 몇 단계 나아갔다. 이 과정은 베르사유조약(1919년 6월 28일) 제247조에 도서관을 특별히 집어넣은 것에 힘입었다.

> 독일은 루뱅대학에 … 독일에 의한 루뱅 방화로 사라진 것에 상응하는 수량 및 가치의 필사본, 인쿠나불라, 인쇄본, 지도, 그리고 수집품 등을 갖추어주는 일에 나선다.[10]

미국 역시 루뱅대학의 도서관 재건을 돕기 위한 국제적 노력을 지원할 기회를 발견했다. 문화적·지적 연대를 보여주는 것뿐만 아니라 '소프트파워'를 전달하는 기회이기도 했다. 컬럼비아대학 총장 니컬러스 머리 버틀러Nicholas Murray Butler는 매우 적극적으로 미국의 노력을 이끌었고, 앤아버Ann Arbor의 미시건대학도 책을 보냈다.

1919년 10월, 벨기에 국민을 이끌어 독일의 점령에 저항했던 메헬런Mechelen 대주교 겸 벨기에 총주교인 메르시에Désiré-Joseph Mercier 추기경이 앤아버를 방문해 명예 법학박사 학위를 받았다. 전쟁 기간 그의 용감한 행동이, 5천여 명의 대학 인사들이 꽉 들어찬 홀에서 펼쳐진 프레젠테이션에서 인용됐고, 이에 대한 답례로 메르시에 추기경은 자기 나라의 자유를 위해 싸운 미국의 '소년'들에게 힘들여 감사를 표했다.

벨기에 국가와 '공화국 찬가'가 울려 퍼진 후 메르시에 추기경에게 책 한 권이 증정됐다. 이 책은 상징성이 가득한 것이었다. 그것은 보이티우스Anicius Manlius Torquatus Sererinus Boethius(480?~524?)의 《철학의 위안De consolatione Philosophiae》의 한 판본이었다. 1484년 독일 인쇄업자 요하네스 데베스트팔리아Johannes de Westfalia가 루뱅에서 인쇄한 것인데, 베스트팔리아는 네덜란덴Nederlanden('저지低地 국가들'이라는 뜻으로, 현재의 베네룩스 삼국 일대를 가리키는 역사 용어) 지역에 첫 인쇄소를 차리기 위해 독일 파더보른Paderborn과 쾰른Köln에서 온 사람이었다.

역사 속에서 가져온 이 특별한 삽화의 역설은 앤아버의 학계에서도 잘 알고 있었다. 이 책에 삽입된 라틴어 글귀 하나는 이런 내용이다.

나는 루뱅대학에서 한 독일인에 의해 인쇄됐는데, 그는 그곳에서 가장 친절한 환대를 받았습니다. 여러 해가 지난 뒤 나는 대서양을 건너 다른 나라로 갔는데, 그곳에서 다행스럽게도 내 친구들에게 무자비하게 찾아온 운명을 피했습니다. 독일인들이 저지른 그 비극을 말입니다.

이 특별한 판본은 루뱅대학 도서관 파괴 이전에 그곳 장서였던 300권의 인쿠나불라 가운데 하나였다. 그 때문에 잃어버린 특히 귀중한 것의 대체용으로 선택된 것이다.[11]

───

새 도서관 건물(미국인들은 이를 위해 독자적으로 자금 모으기에 나섰다)은 미래가 아니라 과거를 보고 있었다. 새 건물의 양식은 네덜란덴의 전통적인 토착 양식과 비슷했다. 특히 17세기 플란데런의 '문예부흥기' 양식이었다. 그러나 도서관은 크게 지을 예정이었다. 200만 권의 책을 소장할 충분한 공간이 필요했고, 학술 도서관 설계의 최근 사고의 영향도 받았다. 특히 미국의 컬럼비아·하버드·예일 같은 아이비리그 대학들로부터의 영향이었다. 도서관 신장新裝을 둘러싸고 작동 중인 문화정치학은 건물 장식에 표현될 예정이었다. 정문 위에는 성모 마리아 상을 놓아 이 도시의 가톨릭 정신을 드러내게 되고, 두 개의 문장紋章은 벨기에와 미국의 것이다.[12]

  1921년의 정초식定礎式은 마찬가지로 벨기에-미국 사이의 이 새로운 관계를 상징하는 것이었다. 의식에는 21개국 대표들이 참석하고 벨기에 국왕 부부와 여러 명의 추기경, 페탱Philippe Pétain 원수가 주재했지만, 미국의 관여가 그 가운데 자리를 차지하게 된다. 컬럼비아대학 총장과 브뤼셀 주재 미국 대사가 워런 G. 하딩Warren Gamaliel Harding 대통령이 보낸 친선 메시지를 읽었다. 헨리 거피가 보기에 "이날은 미국의 날"[13]이었다.

  8년 뒤인 1929년 7월 4일(미국의 독립기념일이다), 새로 건설된 루뱅대학 도서관 공식 개관식이 열렸다. 미국 국기가 무대 위에서 돋보였고, 연설은 미국 대사, 도서관 재건을 위한 미국 위원회 위원장, 프랑스 위원회 대표, 메르시에 추기경이 했다. 벨기에에서의 미국의 존재감이 더 필요하다는 듯이 의식 중간에 허버트 후버Herbert Hoover 대통령의 동상이 제막됐다. 이 사업에 대한 그의 지원을 기리기 위해서였다. 하지만 이 도서관 재건은 미국과 벨기에 사이의 외교적 긴장의 주요 근원이 되며, 외교 정책에서 고립주의를 만들어내는 데 기여해

1930년대 미국 정치를 지배하게 된다.

이렇게 성대하게 의식이 치러졌지만 혁신의 완성은 1920년대 동안 미국에게 압박점이 됐다. 이 사업이 유럽에서의 미국의 위신의 상징이 됐기 때문이다. 1924년이 되자 자금 지원 문제가 언론에 나오게 됐고, 《뉴욕타임스》는 그해 11월 한 사설에서 이 도서관 재건축을 "이행되지 않은 약속"이라 칭했다. 그다음 달 니컬러스 머리 버틀러는 자신이 이끌던 루뱅 위원회를 해체하고 업무를 허버트 후버에게 넘겼고, 이어 다시 업무는 미국 상무부 장관에게 넘어갔다. 미국의 다른 평론가들이 도서관 일을 마무리 짓지 못한 것을 국가적 수치라고 한탄하자 존 D. 록펠러 2세는 마지못해 여기에 10만 달러를 내겠다고 약속했다. 이 사업에 어떤 열의가 있어서라기보다는 애국적 의무라고 생각한 것이다. 1925년 12월에는 마침내 자금이 마련돼 미완이던 도서관 재건축이 재개됐다.[14]

그리고 또 다른 문제가 떠올랐다. 미국 건축가 위트니 워런Whitney Warren이 이 건물을 위해 계획한 비문이다.

독일의 분노로 파괴되고 Furore Teutonico Diruta
미국의 기부로 재건되다 Dono Americano Restituta

이 문구는 1920년대 말 유럽의 정치적 단층선이 변화하기 전에 구상됐는데, 이 비문의 정서는 더 이상 적절치 않은 것으로 보였다. 니컬러스 머리 버틀러는 특히 이 비문의 타당성에 관해 의문을 품기 시작했다. 그는 그해 유럽의 전후 화해에서 도서관의 역할에 더 큰 관심을 가진 자선 조직 카네기국제평화재단CEIP 이사장이라는 새로운 역할을 맡고 있었다. 미국 신문 지면에서 이제 워런과 버틀러 사이의 논쟁이 벌어졌고, 이는 곧 유럽으로 번졌다. 이는 외교 및 홍보 문제가 됐고, 1927년 두 명의 이탈리아인 아나키스트 사코Nicola Sacco와 반제티Bartolomeo Vanzetti 처형 이후 유럽에서 반미 정서를 강하게 악화시켰다. 이들은 미국에 팽배한 불공정한 반유럽적 이민관移民觀의 희생자인 것처럼 보였다.

비문을 둘러싼 논쟁은 건물의 완공을 선언하는 준공식(1928년 7월 4일) 직전까지 계속됐다. 벨기에 민족주의자들의 지지를 업은 워런은 비문 변경을 거부했다. 미국 정부 관리들의 지원을 받은 대학 당국은 진행 승인을 거부하고 대신에 도서관 벽에 빈 공간을 남겨두었다. 이후 2년 동안 워런이 소송을 제기했고, 이 문제는 대서양 양안에서 계속 뉴스가 됐다. 비워둔 자리는 벨기에 민족주의자들에 의해 두 번 훼손됐다. 1936년 말에 이 문구는 디낭Dinant의 한 전쟁 기념비에 새겨졌다. 그리고 도서관을 둘러싼 문제는 마침내 뉴스에서 사라졌고, 미국인들과 루뱅의 대학 당국은 함께 안도의 한숨을 쉬었다.[15]

이 평화는 딱하게도 오래가지 않았다. 루뱅의 교훈은 1차 세계대전 이후 학습되지 않았을 뿐만 아니라, 2차 세계대전에서도 그 가르침이 반복됐다. 첫 번째 도서관 파괴 후 거의 26년이 지난 1940년 5월 16일 밤, 재건된 건물이 다시 거의 파괴됐다. 그곳을 겨냥해 포격을 가한 것은 이번에도 독일 무장 병력이었다.

《타임스》 1940년 10월 31일 자에는 '다시 루뱅에'라는 제목으로 이 신문 벨기에 특파원의 기사가 실렸다.

독일은 거기에 불을 지른 것이 이번에는 영국이라고 선언했다. 그러나 벨기에에 있는 그 누구도 독일이 한 짓이라는 데 조금이라도 의문을 품는 사람은 없다.

엑스라샤펠Aix-la-Chapelle(아헨Aachen)의 켈러만Kellermann 교수가 이끈 독일 조사위원회는 지하층에서 동아시아에서 만들어진 깡통을 발견했는데, 영국인들이 거기에 석유를 채우고 소화탄 세 개를 폭발시켜 그것을 터뜨렸다고 주장했다. 이는 《뉴욕타임스》 1940년 6월 27일 자에 베를린 발로 보도됐다. 도서관 파괴가 영국의 음모라는 "결정적 증거"라면서 말이다.[16]

루뱅대학 도서관 재건에 깊숙이 관여했던 컬럼비아대학 총장 니컬러스 머리 버틀러는 루뱅의 사서로부터 가슴 아픈 편지를 받았다.

도서관이 불에 타 거의 완전히 부서졌다는 말을 전해 드리게 돼서 정말로 비통합니다. 우리의 귀중한 소장품들이 들어 있던 뒤쪽의 훌륭한 서고는 이제 사라졌고, 처참하게 뒤틀리고 녹아내린 대들보만이 남아 있습니다. 보는 것이 고통스럽습니다. … 인쿠나불라, 필사본, 옛 화폐, 희귀 도자기, 비단 깃발, 목록 또한 사라졌습니다. 사실상 우리는 처음부터 다시 시작해야 합니다.[17]

《데일리 메일》은 런던에 대한 소이탄 공습 직후인 1940년 12월 엠리스 존스Emrys Jones의 기사를 통해 독일을 "루뱅의 옛 도서관을 파괴하는 범죄를 저질렀다"라고 비난했다. 또한 이는 그들이 보기에 벨기에 이퍼르Ieper의 직물회관 및 프랑스 랭스Reims 대성당 파괴와 함께 세계 역사상 "희대의 방화범"의 소행 가운데 하나라고 말했다.

1940년에 도서관을 의도적으로 공격했음을 입증하는 것은 1914년의 경우와 마찬가지로 어렵다. 불에 강하다던 미국이 설계한 건물은 도서관 장서들을 보호하지 못했다. 오직 2만 권의 책만이 폭격에서도 살아남은 것으로 알려졌고, 도서관을 재건하기 위한 또 다른 복구 노력이 시작돼 1950년에 다시 문을 열었다.[18]

20세기에 도서관이 두 번이나 파괴된 사례는 (두 번 모두) 알렉산드리아 도서관 파괴가 전형적으로 보여주는 문화적 상실감을 불러일으키는 것이었다. 장서를 잃어버린 것은 대단한 보물을 잃어버린 것보다 더했다(그리고 파괴된 장서의 지적 가치는 그 대신 도서관에 구현된 국가 및 시민의 자긍심을 강조하는 일부 학자들에 의해 경시돼 왔다). 그것은 많은 벨기에인에게 그들의 '가정 도서관'이었다.[19]

역시 수십 년 사이에 두 번 파괴된 미국 의회도서관의 경우와 마찬가지로, 루뱅에서의 재건 행위는 상징적인 것 이상이었다. 두 도서관은 건물을 다시 짓는 데 엄청난 노력을 들이고 책과 필사본 소장품을 재구축했다. 세대를 이어가며 이용에 이용을 거듭했을, 그리고 아마도 더 중요하게는 일하는 방법을 생각해 낼 수 있게 했을 것들이다. 독일군은 도서관 공격을 그들의 적에게 심리적 타격을 가할 기회로 보았을 것이다. 그리고 단기적으로는 그들이 성공했다. 장기적인 결과는 반대의 효과를 낳았다.

오늘날의 이 도서관은 1920년대에 재건된 것 및 1940~1950년대에 다시 재건된 시설과 사뭇 다르다. 대학은 1970년대에 둘로 나뉘었지만—하나는 프랑스어를 사용하고 하나는 플람스Vlaams어(플라 망어)를 사용한다—, 뢰번가톨릭대학 KU Leuven 도서관은 유럽 굴지의 대학 가운데 한 곳으로 중요한 학습 및 교육의 중추다. 벨기에를 유럽 지식경제의 최전선에 머물 수 있도록 돕고 있다.

이 도서관 상실의 충격은 1914년에 세계의 초점이었고, 1940년에도 그 정도가 약간 덜했지만 마찬가지였다. 그러나 그 이야기는 이후 수십 년 동안 대중의 의식에서 흘러나왔다. 홀로코스트 Holocaust [2차 세계대전 중의 독일 나치스에 의한 유대인 대량 학살]는 대중의 혐오와 분노의 새로운 표준을 세웠다. 일개 도서관 방화는 수백만 명을 살해한 것과는 비교가 되지 않는다. 그러나 벨기에와 독일 모두에서 여론은 아직도 1914년과 1940년 루뱅에서 일어난 일에 집착한다. 한 나라는 아직도 죄책감과 책임을 느끼고 있고, 다른 한 나라는 여전히 일어난 일의 동기를 이해하려고 애쓴다.

8장

종이부대

1947년 뉴욕에 하역된 YIVO 자료들

나치스 정권 치하 유럽의 유대인 박해는 무시무시한 힘으로 '성서의 사람들Am HaSefer'(유대인들은 수천 년 동안 스스로를 그렇게 규정했다)뿐만이 아니라 그들의 책에도 가해졌다. 홀로코스트가 벌어지는 동안(1933년 독일에서의 나치스 집권에서 2차 세계대전이 끝나기까지의 12년)에 1억 권 이상의 책이 파괴된 것으로 추산된다.[1]

책은 유대인들의 종교와 문화에서 언제나 중심이었다. 특히 유대인들의 생활의 중심에는 특정한 책이 있었다. 바로 토라Torah(유대 성서의 첫 다섯 편으로 보통 '모세 5경'으로 불린다)로, 통상 두루마리 형태다. 그것은 유대인들의 생활에서 가장 중요성을 띤 것이어서, 서기 70년 예루살렘이 로마인들에게 함락됐을 때 승리자인 미래의 황제 티투스Titus(재위 79~81)가 예루살렘 신전에 보관돼 있던 토라 두루마리 가운데 한 권을 가지고 로마 거리를 행진했다. 그들이 승리했다는 상징이었다.

많은 다른 책들이 유대인들의 생활에서 대단한 중요성을 지녔고, 전통적으로 유대인의 문화에서는 진정한 부의 척도는 책이었다(그것을 빌려주는 것은 자선이었다). 그리고 책을 어떻게 다루는가를 둘러싸고, 토라 두루마리를 만들기 위해 양피지를 어떻게 다뤄야 하는지부터 성스러운 책을 다루는 세목細目까지 여러 가지 특수한 법이 생겼다. 예를 들어 책은 절대로 뒤집어서는 안 되고, 읽지 않을 때는 펼쳐놓을 수 없었다.

유대인들은 그들의 법에 기록된 지식을 수천 년 동안 보존했다. 이 보존 강박을 표현한 말로 가장 잘 알려진 것이 '게니자geniza'라는 서고다. 유대인 세계 어디에나 있는 회당에 있다. '보고寶庫' 또는 '숨겨진 보물'을 의미하는 페르시아어 단어 '간지ganj'에서 나온 '게니자'는 기록된 하느님의 말이 들어 있는 문서 부스러기를 넣어놓은 저장고다. 이 말이 유대 율법에서, 그것들은 살아 있는 것이고 낡아져도 적절한 존중을 받아야 하는 것으로 취급됐다.

보통 게니자는 작은 벽장 같은 형태를 띠지만, 때로는 카이로 푸스타트Fustat의 벤에즈라Ben Ezra 회당의 게니자처럼 거대한 저장고로서 수백 년 유지되는 경우도 있다. 19세기 말에서 20세기 초에 이 카이로의 게니자가 해체될 때 7~8세기까지 거슬러 올라가는 책과 문서 부스러기 수십만 점이 들어 있음이 드러났다. 이 놀라운 유대 문화 기록들은 지금 세계 각지 도서관들에 보관돼 있다(보들리 도서관에도 있다).[2]

유대교의 책은 나치스 국가가 근절하려 했던 문화를 정리하고 이해하려는 시도로서, 여러 차례에 걸쳐 공개적으로 폐기됐을 뿐만 아니라, 계획적인 절도나 몰수의 대상이 되기도 했다. 이런 책의 대량 파괴와 함께, 그들 문화의 가장 중요한 물리적인 형태인 책을 구하기 위해 목숨을 건(그리고 때로는 잃은) 공동체와 개인들의 보존 노력도 있었다.

1933년 5월의 분서焚書는 확산에 시간이 좀 걸렸다. 분서에 대한 세계의 부정적 반응이 그 원인 중 하나였다. 작가들은 분서에 대해 공개적으로 반대를 표명하는 데 앞장서 그것이 경종임을 알렸다. 시청각 장애를 가진 작가 헬런 켈러는 〈독일의 학생들에게 보내는 편지〉를 발표했다.

당신들이 내 책과 유럽 최고 지성들의 책을 불태울 수 있을지는 모르지만, 그 안에 들어 있는 생각들은 수많은 통로로 새어 나와 다른 지성들을 자극할 것입니다.³

불탄 책 가운데 하나의 저자인 작가 H. G. 웰스는 1933년 9월 "사상에 대한, 분별력에 대한, 책에 대한 망나니들의 혁명"에 반대의 뜻을 천명하며 "그것이 독일을 어디로 끌고 갈지"⁴ 의문을 표했다.

실제로 그에 대한 반발로 두 개의 새로운 도서관이 만들어졌다. 1년 뒤인 1934년 5월 10일 독일자유도서관(독일분서도서관으로도 알려졌다)이 파리에서 문을 열었다. 이 도서관은 독일계 유대인 작가 알프레트 칸토로비치Alfred Kantorowicz가 설립했고, 앙드레 지드, 버트런드 러셀, 하인리히 만Heinrich Mann(독일 작가 토마스 만의 형이다) 같은 다른 작가들과 지식인들이 지원했다.

독일자유도서관은 단시간 내에 2만여 권의 책을 수집했는데, 독일에서 분서의 대상이 됐던 책들뿐만 아니라 중요한 나치스 문서들도 모았다. 대두하는 정권에 대한 이해를 돕기 위해서였다. H. G. 웰스는 자신의 이름이 새 도서관과 연관되는 것을 반겼다. 이 도서관은 독일에서 망명한 지식인들의 관심 대상이 됐으며, 낭독회·강연회·전시회를 조직해 독일 신문들의 혐오 대상이 됐다. 1940년 독일이 파리를 함락한 뒤 이 도서관은 해체돼 장서 상당수는 프랑스 국립도서관BnF 장서로 편입됐다.[5]

뉴욕의 브루클린 유대인센터는 1934년 12월 미국 나치스금서도서관을 설립했다. 그 자문단에는 알베르트 아인슈타인과 업튼 싱클레어Upton Sinclair 같은 유명 지식인들이 이름을 올렸다. 이 도서관은 유대인 탄압이 다시 고개를 들고 있는 시기에 그 문화를 보존하고 장려하기 위한 수단임을 내세웠다.[6]

1933년 5월 10일의 분서는 역사상 가장 조직적이고 잘 지원된 서적 박멸 사건 중 하나였다.[7] 이 초기 국면에서 파기된 책의 수량은 많지 않지만(그리고 과대평가된 경우가 많지만), 그 심리적 충격은 엄청나서 이 사건 이후 많은 유대인들이 독일을 완전히 떠났다.[8] 유대인 혐오 공격의 꾸준한 증가는 먼저 오스트리아가, 그리고 이어서 체코슬로바키아의 주데텐란트Sudetenland가 독일에 병합되면서 계속 이어졌다.

책에 대한 공격은 이런 활동의 필수 요소였다. 소각이 이어지면서 여러 나치스 집단은 배척 대상 저자들(여기에는 유대인과 함께 공산주의자와 동성애자도 포함됐다)의 명단을 수집하기 시작했다. 도서관 업계는 나치즘의 요구를 무시할 수 없었고, 볼프강 헤르만Wolfgang Herrmann이라는 독일의 중진 사서가 기피 작가 명단을 작성했다. 그것은 독일 전역에서 큰 영향력을 발휘했다. 나중에 동부점령지 장관이 되는 알프레트 로젠베르크Alfred Rosenberg의 문화와 사상에 관한 관점이 히틀러와 다른 나치스 지도자들에게 중요시됐던 것처럼 말이다. 경찰과 슈투름압타일룽 Sturmabteilung (돌격대, 나치스당의 준군사 조직)에 의해 보강된 이 명단은 요제프 괴벨스 휘하의 선전부가 유대인 혐오를 부추기는 데 사용해 서점, 도서관, 가정집에서 원치 않는 책을 제거했다.

금서 목록은 1차 세계대전과 1920년대의 경제 붕괴 이후 옥토에 뿌려진 씨앗이 됐다. 나치즘의 대두는 사회 모든 분야에 의해 뒷받침됐고, 학생 집단들은 특히 헤르만의 격려하에 각자의 지역 대출도서관과 소속 대학도서관에서 이 목록에 있는 책들을 제거했다. 헤르만은 증오를 자극하면서 독일의 대출도서관을 '학문의 매음굴'이라 불렀다. 1933년 열린 독일 사서들의 한 회의에서 어떤 사람은 유대인들과 좌익 작가들의 저작을 불태우고 압수하는 것을 지지하는 적극적인 발언을 했다.[9]

독일 사회는 나치즘에 도취했고, 책·사상·지식의 세계는 이런 현상에 전적인 공모자였다. 유대인 박해 법안들이 속속 통과됨에 따라 유대교 회당에 대한 공격이 증가하고 많은 유대교 도서관이 파괴됐다. 이런 파괴는 홀로코스트의 필수 요소가 됐고, 그것은 조직적인 문화 절멸의 가장 극단적인 사례였다.

1938년 11월 10일, '엔트뢰중Endlösung'(유대인 문제의 마지막 해결책)의 설계자인 라인하르트 하이드리히Reinhard Heydrich는 '오늘 밤의 유대인에 대한 조치Massnahmen gegen Juden in der heutigen Nacht'로 불린 크리슈탈나하트Kristallnacht(수정의 밤) 전날 밤 나치스당에 보낸 전문에서 유대인 기록의 압수를 콕 집어 언급했다. 그리고 지식의 기록물을 겨냥하는 과정이 가속화했다.

> 모든 유대교 회당과 유대 종교 공동체의 사무소에 있는 기록물들은 경찰이 압수해 시위 과정에서 파괴되지 않도록 한다. … 이 기록물들은 친위대 보안국 SD의 담당 부서로 넘겨야 한다.[10]

1939년 2차 세계대전이 발발하면서 게슈타포는 조직적인 압수 작업을 시작했다. 그러나 유대인들의 소장 기록물 압류 동기는 압수와 파기의 두 가지로 나뉘었다. 게슈타포의 작업은 공식적인 지위·인원·자금이 주어진 유대문제연구소라는 준(準)학술단체에 넘겨졌다. 프랑크푸르트암마인Frankfurt am Main에 근거지를 두고 1941년 공식적으로 문을 연 이 단체는 유대인 박해의 주요 전략가인 알프레트 로젠베르크가 이끌고 있었다.[11] 이 조직은 유대교와 종교로서의 그 역사의 세세한 부분과 그것이 유럽 정치 문제에 미치는 영향을 연구하는 것이 목표였다. 이 조직의 작업의 한가운데 있는 것이 히브리어나 기타 셈계 언어로 쓰인 책과 필사본, 그리고 유대교에 관한 책들을 모은 방대한 장서의 축적이었다.[12]

이 조직은 현장에서 활동하던 '국가지도자 로젠베르크 기동대ERR'라는 조직과 함께 일했다.[13] 이 기동대는 주요 임무가 두 가지였다. 기관의 자료를 수집하는 것과 '과도한' 자료를 파기하는 것이다. 이 조직의 지도부 상당수는 요하네스 폴Johannes Pohl 박사에게 맡겨졌다. 그는 예루살렘에서 성서고고학을 공부했고(1932~1934), 잠시 가톨릭 사제로 일하다가 국가사회당 당원이 됐다. 폴은 사제 직을 떠나 결혼하고 베를린 국가도서관에서 히브리 문헌과 유대 문헌 큐레이터가 됐다. 유대인이었던 이전 큐레이터 아르투어 슈파니어Arthur Spanier를 쫓아내는 바람에 얻을 수 있었던 자리였다.

폴이 무엇에 이끌렸는지는 분명치 않지만, 사제 직을 떠난 후 그의 관점은 반유대주의로 돌변했다. 그는 독일 신문과 잡지에 반유대주의적 기사를 발표하기 시작하면서 히브리어 및 유대교 연구의 전문 지식을 이용했다. 예컨대 유대 율법의 핵심 문서인 《탈무드Talmud》의 위험성을 상세히 논술하는 것 같은 일이었다. 1941년 폴은 프랑크푸르트로 옮겨 로젠베르크의 유대문제연구소의 유대인 분과를 이끌었다.[14] 1943년 4월 무렵 유대문제연구소는 유명한 프랑크푸르트 시립 도서관의 유대교 장서와 프랑스·네덜란드·폴란드·리투아니아·그리스의 도서관들에서 압수한 55만여 권의 책을 보유하고 있었다. 이 과정은 이 기관이 세부적인 것에 관심을 기울였고 정권도 질서정연하고 문서에 기반한 관료 체제를 요구한 덕분에 자세히 기록됐다.[15]

1941년 하반기에 소련 쪽의 동부전선이 형성되면서 나치스 정권은 유대인 박해에서 그들의 절멸로 옮겨갔다. 독일 군대가 폴란드, 소련, 발트해 국가들로 진격하면서 유대인은 집단 학살의 주요 표적이 됐다. 여러 조직들이 블리츠크리크Blitzkrieg(전격전 電撃戰) 뒤에서 이루어지는 극단적 반유대주의 정책을 집행하는 데 전념했다.[16]

여러 가지 측면에서 나치스에 의한 유대인 대량 살해는 새로운 현상이 아니었다. 유럽의 유대인들은 수천 년 동안 억압을 받았다. 주로 그들이 붙어살던 기독교 사회의 손에 의해서였다. 박해의 물결은 유대인들을 이 나라 저 나라로 떠돌게 만들었다. 그들은 12세기에 잉글랜드에서 쫓겨났고, 15세기에 에스파냐에서 쫓겨났다. 유럽의 다른 지역에서 유대인을 받아들이는 정도는 왔다 갔다 했다. 1516년, 베네치아 당국은 자기네 도시의 유대인들이 '게토ghetto'(지금도 쓰이고 있는 용어다)로 알려진 제한된 구역 안에 살도록 강제했다.

유대교 책에 대한 검열은 16~17세기 동안에 증가했다. 예컨대 1553년에는 교황 칙령으로 《탈무드》 사본들을 불태우게 했다.[17] 이듬해인 1554년에는 첫 가톨릭 《금서 목록Index Librorum Prohibitorum》이 베네치아에서 인쇄됐다. 이 목록에는 천여 명의 유죄 판정을 받은 작가와 그들의 작품들이 포함됐다. 《탈무드》로 알려진 유대교 율법 모음뿐만 아니라 290명의 주로 개신교 저자들의 책 전부와 에라스뮈스의 저작 가운데 열 권도 들어 있었다.[18] 최근에 학자들은 중세 히브리어 필사본 낱장들을 발견하기 시작했다. 크레모나Cremona · 파비아Pavia · 볼로냐Bologna 같은 도시(히브리어 원 필사본들이 압수된 곳들이다)에서 기독교도 제본업자들이 중세 문서들의 표지용 충전재로 사용한 것들이다.[19]

중·동유럽 국가들 또한 유대인들을 박해했고, 때때로 검열 제도를 시행했다. 16세기 초에는 종교개혁 논쟁을 촉발했다. 예를 들어 프랑크푸르트의 유대인들은 1509년과 1510년에 자기네들의 책을 압수당했다. 종교 논객 요하네스 페퍼코른Johannes Pfefferkorn 때문이었는데, 그는 유대인으로 자라났지만 가톨릭으로 개종한 뒤 가톨릭 국가인 독일에서 유대 출판물을 탄압하는 데 앞장섰다.[20]

더 동쪽에서는 포그롬pogrom(조직적 대학살)이 체르타 오세들로스티chertá osédlosti(유대인 주거 구역)에 사는 유대인(아슈케나지Ashkenazi 유대인으로 알려졌다)들의 고난의 일상적인 부분이 됐다. 체르타 오세들로스티는 러시아 서부와 함께 오늘날의 우크라이나, 벨라루스, 발트해 국가들, 폴란드 일부를 포함하는 러시아 제국 서부의 한계가 지어진 지역으로, 1791년부터 1917년 사이에 유대인들이 정착해 살도록 허용된 곳이었다.[21]

박해를 받았음에도 불구하고 유대인 공동체들(게토에 살든 보다 자유롭게 살든 불문하고)은 번성할 수 있었다. 중·동유럽 문화에서 히브리어와 이디시Yiddish어는 유대인들의 언어였다. 히브리어는 종교 의례와 예배에서 쓰였고, 본래 고지독일어의 한 방언이었던 이디시어는 일상 대화에서 사용됐다. 히브리어는 또한 지적 문화에 더 적합한 언어였기 때문에 이디시어는 전 세계의 많은 유대인들에게 심지어 '적절한' 언어로 생각되지도 않았다. 이디시어와 공존하는 문화도 마찬가지였다. 그러나 이디시어는 20세기 초에 대략 1100만(세계 유대인 인구의 약 4분의 3이다) 인구의 모국어가 됐고, 이미 수백 년의 역사 발전과 전통을 지닌 언어였다.[22] 이디시어는 동유럽 유대인 다수의 토착어로서 하나의 언어 그 이상이었다. 그것은 전체 문화였고 생활 방식이었다.

19세기 말에 동유럽에서 유대인 문화의 중요성을(그 취약성 또한) 인식한 광범위한 운동이 시작됐다. 이 운동에서 떠오른 것이 시몬 두브노프Simon Dubnow 같이 이디시 문화 보존에 자신의 삶을 바친 사람들이었다. 러시아의 유대인 학자인 두브노프는 1891년 잡지 《보스호트Voskhod》에 에세이를 발표했는데, 여기서 그는 동유럽 유대인들이 자기네 고유문화의 가치를 충분히 인식하지 못한다고 주장했다. 그는 아슈케나지 유대인의 문화를 기록한 자료를 수집하기 시작해야 한다고 대중에게 촉구했다.[23]

이 에세이에 감동한 많은 사람들이 그에게 자료를 보내왔고, 몇 개의 역사 관련 학회도 설립하게 됐다. 이 운동은 계속 가속도가 붙어 1920년대에는 베를린·빌나Vilna(현재 리투아니아 수도 빌뉴스Vilnius로 알려져 있다)·뉴욕 같은 도시에서 이디시 연구를 발전시키기 위한 몇몇 비슷한 아이디어들이 나돌았다. 두브노프는 또한 동유럽 유대인의 문화가 포그롬, 이주, 기독교 공동체와의 동화로 인해 위협받고 있음을 인식하고 있었다. 이러한 과정은 19세기가 끝날 때까지도 사라지지 않았다. 예를 들어 1918~1920년의 포그롬에서는 수십만 명의 유대인이 살해당했다.

리투아니아 빌나에서는 1923년 '이디시언어학자협회'를 제안했던 막스 바인라이히Max Weinreich와 찰만 라이젠Zalman Reisen이 만나기 시작했고, 이들은 열성적으로 현지 활동가들을 모아 유대 문화 보전을 위한 최선의 방법을 연구했다. 바인라이히는 상트페테르부르크대학에서 공부했고, 독일 마르부르크Marburg에서 박사학위를 받아 교육 과정을 끝마쳤다. 빌나의 두 교육 기관은 1925년 3월 24일 회합을 갖고 이디시연구소 설립에 동의했으며, 폴란드의 동료들에게도 이에 동참하도록 권고하면서 "이디시연구소는 기필코 만들어져야 하고 만들어질 것"[24]이라고 썼다.

빌나는 그러한 운동을 위해 적합한 곳이었다. 이 도시에는 유대인 주민이 많았다. 1939년에 유대인은 이 도시 인구의 3분의 1에 약간 못 미쳤다. 18~19세기에 걸쳐 이곳은 유대 문화와 교육의 강력한 중심지로 알려졌으며, 18세기의 유명한 종교 지도자들의 산실이었다. '빌나의 가온Gaon'으로 불린 뛰어난 율법학자 엘리야 벤솔로몬 찰만Elijah ben Solomon Zalman 같은 사람들이다. 그래서 이곳은 '리투아니아의 예루살렘'[25]으로 불리게 됐다. 이디시과학연구소YIVO로 알려지게 되는 바인라이히와 라이젠의 새 연구소는 곧 동유럽에서 이디시의 역사와 문화를 수집하는 '운동'의 중심지로서 스스로를 자리매김했으며, 엄청난 에너지가 그곳의 이 집단을 중심으로 모여들기 시작했다.[26]

빌나는 또한 도서관 문화가 강력한 도시였다. 대학도서관도 있고 일반도서관도 있었다. 그러나 이곳은 또한 스트라순Strashun 도서관에 유럽에서 가장 풍부한 축에 속하는 유대교 서적 장서를 가지고 있음도 자랑할 수 있었다. 지역사회 도서관인 이 도서관은 아마도 세계 최초의 유대인 공공도서관이었을 것이며, 빌나의 유대인 공동체를 위한 지적 중심지로서 발전해 왔다.[27]

이 도서관은 사업가이자 애서가인 마티타야후 스트라순Mattityahu Strashun이 설립했다. 그는 1892년에 죽으면서 다량의 초기 및 희귀본 장서를 이 도시의 유대인 공동체에 기증했다. 이에 따라 장서를 수장하기 위한 건물이 유대교 대회당 옆에 세워졌고, 이 기관을 감독하기 위한 위원회도 만들어졌다. 위원회는 도서관이 주당 7일 동안 열 수 있도록 허용했다. 안식일인 토요일까지 포함해서였다. 도서관에서 지식에 접근하고자 하는 수요가 이 정도였다.[28]

또 하나의 대규모 장서는 메피체 하스칼라Mefitse Haskala(계몽확산협회)였다. 1911년 설립돼 유대인 공동체가 소유하고 있었는데, 이디시어·러시아어·폴란드어·히브리어로 된 책 4만 5천여 권을 보유하고 있었다.²⁹

YIVO는 빌나에서 설립된 이후 1920~1930년대에 급속하게 성장해 "국가 없는 사람들의 국가 학술원"³⁰이 됐다. 바인라이히와 라이젠의 우선적인 관심은 입수할 수 있는 1차 기록을 조사하는 것이었고, 연구를 통해 간극을 밝혀내 학자들이 밖으로 나가서 1차 자료를 수집할 수 있도록 하는 것이었다. 자료를 모으는 이 과정(대체로 자원봉사자들의 작업을 통해 이루어진다)은 이디시어로 잠렌zamlen으로 알려졌다. 이들은 살아 있는 사람들로부터 자료를 수집했다. 기록물도 모으고 구술 증언도 모았다. 그러고는 그들이 수집한 자료를 빌나에 있는 연구소에 보내 학자들이 분석하도록 했다.

YIVO의 핵심에 있는 생각은 그저 자료를 수집하는 것으로 그치는 것이 아니었다. 이 작업에서 가장 중요한 것은 사람들이 수집한 지식을 보관하고 보존하고 공유하는 것이었다. 이 활동에서 서지書誌위원회가 핵심적인 부분이었고, 그들은 YIVO의 첫 6주 동안 500건을 수집했고 1년 동안 1만 건을 수집했다. 1929년까지는 10만 건을 등록하고 정기적으로 300종의 신문(그 가운데 260종이 이디시어였다)을 받아 보았다. 1926년에 그들은 이디시어로 발간되는 모든 신간을 등록하기 시작했다. 이디시어 신문의 모든 중요한 기사와 다른 언어로 된 이디시 관련 기사도 마찬가지였다. 1926년 9월 무렵에는 200여 명의 수집가들이 YIVO의 수장고에 총계 1만 건을 기부했다.³¹

YIVO는 유대 연구의 중심지이고 유대 자료의 주요 도서관이자 기록관이었을 뿐만 아니라 대중 운동의 선봉이 되기 시작했다. 1939년 말 YIVO의 설립 책임자였던 막스 바인라이히는 덴마크에서 YIVO의 작업에 대해 강연하고 있었는데, 빌나로 돌아갈 수 없음을 알게 됐다. 소련군이 폴란드 동부를 침공하고 빌나로 이동해 들어갔기 때문이다. 그 결과로 바인라이히는 YIVO가 설립된 곳 중 안전할 수 있는 유일한 곳으로 눈을 돌렸다. 바인라이히는 1929~1930년에 앞을 내다보고 사무실을 만든 뉴욕에서 빌나에 있는 YIVO 본부와 연락할 수 있었다.

그는 뉴욕에서 YIVO의 핵심 임무인 자료 수집을 계속했다. 그는 1940~1941년에 미국의 이디시어 신문과 뉴욕에서 발행되는 YIVO의 자체 신문에 자료 요청을 하고 광고를 냈다. 바인라이히는 1939년에 인식하지 못했지만, YIVO와 그것이 입증한 문화적·종교적·사회적·지적 생활은 살아남을 수 있었다. 뉴욕에 있던 사무소 덕분이었다.[32]

1941년의 더운 여름날, 히틀러는 독-소 불가침조약을 찢어버리고, 낌새를 채지 못한 소련을 상대로 '바르바로사Barbarossa 작전'을 개시했다. 나치스의 블리츠크리크는 압도적이었고, 소련군을 빠르게 뒤로 밀어냈다.

이 번개 같은 공격의 일환으로 독일군은 1941년 6월 24일 빌나를 점령했다. 전쟁 전 베를린의 사서였던 헤르베르트 고트하르트Herbert

Gotthardt가 이끈 로젠베르크 기동대의 한 팀은 불과 며칠 뒤에 이 도시에 도착했다. 처음에 그들은 그저 유대교 회당과 도서관들만 찾아다녔다. 그러나 그들은 곧 게슈타포가 유대인 학자들을 체포하는 일을 도왔다.³³ 유대인들이 많이 사는 다른 도시들과 마찬가지로 게토가 만들어지고 유대인 주민들이 그곳에 갇히고 통제를 받았다.

프랑크푸르트에 있는 로젠베르크의 기관 소속이었던 요하네스 폴 박사는 1942년 2월 세 명의 전문가와 함께 이 도시에 와서 도시와 빌나 점령 이후 한 일들을 조사하고는 여러 가지 유대 관련 장서와 기록을 다루려면 더 큰 조직이 필요함을 절감했다. 더욱 중요한 것으로, 중요한 자료를 찾아내는 일은 오직 유대인 전문가만이 할 수 있다는 사실을 폴은 깨달았다. 이에 따라 그는 게토에서 그를 위해 노동자 열두 명을 차출해 자료를 분류하고 꾸리고 선적하도록 요구하고, 이 작업을 감독할 세 명의 유대인 지식인으로 이루어진 팀을 조직했다. 헤르만 크룩Herman Kruk, 젤리그 칼마노비치Zelig Kalmanovitch, 카이클 룬스키Chaikl Lunski가 그들이었다. 게토의 유대인 경비병들은 이 그룹을 '종이부대'라 불렀다.³⁴

로젠베르크 기동대 팀은 게토에서 차출된 종이부대의 강제노동자들과 함께 빌나대학 도서관의 공간을 제공받았다. 4만 권에 이르는 스트라순 도서관의 모든 장서는 '셀렉치아selektsia'(책을 보존할 것인지 파기할 것인지 분류하는 것이다)를 위해 그곳으로 옮겨졌다. 이러한 책의 분류는 동유럽 전역에서 운용되기 시작한 절멸絶滅수용소에서 인간이 처한 운명과 똑같은 것이었다.³⁵ 책 가운데 일부는 보존을 위해 프랑크푸르트 연구소로 보내졌고, 나머지는 인근 제지 공장으로 보내져 재활용됐다.

이 과정을 책임진 유대인 지식인들은 담대한 학자와 사서들로 이루어진 특별한 집단이었다. 그들을 이끈 것은 헤르만 크룩이었다. 그는 바르샤바의 이디시 및 사회주의 문헌에 전문화된 그로세르Grosser 도서관 관장이었는데, 1939년 나치스의 침공 이후 다른 유대인 피난민들과 함께 빌나로 도망쳐왔다. 그는 빌나 게토에 놀라운 도서관을 만들었다. 사실상 메피체 하스칼라 도서관의 부활이었다. 그는 거기서, 나치스의 점령 이전 이 도서관에서 일했던 모셰 아브라모비치Moshe Abramowicz 및 게토에서 모셰와 결혼한 젊은 처녀 디나Dina의 도움을 받았다. 크룩에 이어 2인자 격이었던 젤리그 칼마노비치는 전쟁 전 YIVO의 책임자 가운데 한 사람이었고, 스트라슌 도서관 관장이었던 카이클 룬스키는 이제 책에 관한 자문역으로 프랑크푸르트에 보낼 책 목록을 작성했다. 크룩은 자신의 일기에 이렇게 썼다.

> 칼마노비치와 나는 우리가 도굴꾼인지 구조자인지 갈피를 잡을 수 없었다.[36]

나치스는 곧 YIVO 건물에 두 번째 작업장을 열었다. 선별을 하기 위해 게토에서 다른 유대인들을 더 데려올 필요가 있었다. 검토해야 할 자료의 양이 무척 많았기 때문이다. 이 무렵에 종이부대에 중세 라틴어에 밝은 전직 고등학교 역사 교사 라첼 풉코크린스키Rachel Pupko-Krinsky 같은 다른 여성들과 유명한 이디시 시인 아브라함 수츠케베르Abraham Sutzkever 같은 작가들도 합류했다.

빌나의 유대 서적에 대한 나치스의 광기는 정식 도서관으로만 한정되지 않았다. 게슈타포가 가정집에 들이닥쳐 유대인들을 수색한 뒤에는 로젠베르크 기동대 팀이 와서 책들을 뒤졌다. 유대인들의 삶의 방식을 확실하게 근절하려는 것이었다. 유대의 책들에 대한 수색은 갈수록 공격적으로 변했다. 한번은 빌나대학 도서관 열람실 바닥이 뜯겼다. 거기에 유대 책들을 숨겨두지는 않았나 확인하기 위해서였다.

1943년 4월쯤에는 로젠베르크 기동대가 리가Riga·카우나스Kaunas·빌나·민스크Minsk·키예프Kiev에서 벌인 활동의 결과로 28만 권의 책이 수중에 들어왔다. 빌나에서만 5만 권이 수집돼 프랑크푸르트로 실려 가게 됐다.[37]

유대 책들의 파기는 폴의 팀이 너무도 꼼꼼하게 기록했다. 독일로 보내진 책의 목록과 제지 공장으로 보내진 수가 2주 단위로 정리됐다. 언어와 출판 연도까지 상세히 붙였다. 폐기될 물량은 70퍼센트로 할당량이 정해졌다. 나치스는 때로 구분이 어려울 경우 순전히 장정이 끌리는지를 기준으로 책을 프랑크푸르트로 보냈다.

1942년 6월 크룩은 일기에 이렇게 썼다.

짐 나르는 일을 하던 유대인들이 정말로 눈물범벅이 됐다. 그런 광경을 보고 있자니 가슴이 미어졌다.

그들은 프랑크푸르트로 보내지지 않는 책과 문서들이 어떤 종말을 맞을 것인지를 정확하게 알고 있었다. 그리고 그것이 전쟁 전에 자기네가 그렇게 헌신했던 조직에 어떤 의미인지도 말이다. 크룩은 이렇게 썼다.

YIVO가 죽어가고 있다. 그 공동묘지는 제지 공장이다.[38]

책들을 처리하는 적절한 방식에 관해 그들 간에 견해차가 있었다. 칼마노비치 같은 일부 사람들은 책을 프랑크푸르트로 보내는 것이 최선이라고 주장했다. 적어도 그 책들은 거기에 살아남을 것이라는 얘기다. 다른 사람들은 더 나은 방법이 있을 것이라고 생각했다.

빌나의 도서관들에 퍼부어진 끔찍한 파괴에 대응해 종이부대 사람들은 책들을 구할 전략을 짜냈다. 첫째로, 한 가지 간단한 대응책은 일을 가능한 한 질질 끄는 것임을 깨달았다. 그들은 독일인들이 방에 없을 때 서로에게 책을 읽어주었다. 이는 위험할 수 있었다. 이 과정을 감독하는 독일인들이 속임을 당하는 것을 용인하지 않을 것이기 때문이다. 그러나 두 번째 전략은 더욱 위험했다. 근무가 끝날 때 책과 문서를 옷 속에 숨겨 게토로 가져가는 것이다. 크룩은 몸수색을 받지 않고 게토를 드나들 수 있는 허가증을 갖고 있었다. 그러나 다른 사람들은 나치스가 책을 발견할 수 있고, 그러면 즉시 빼앗기고 매를 맞을 위험이 있었다. 그렇게 되면 게토의 감옥에 갇히거나 빌나의 루키슈케스Lukiškės 감옥으로 보내지고, 그런 뒤에 나치스가 빌나 교외 포나르Ponar에 만든 유대인 처형장으로 보내진다. 그곳에 가면 돌아올 수가 없다.

1942년 3월에서 1943년 9월 사이에 수천 권의 인쇄본과 수만 건의 필사 문서가 빌나 게토로 들어갔다. 종이부대의 놀랍고 대담하며 위험스러운 서적 밀반입 덕분이었다.

종이부대 분류 팀의 강제노동자 가운데 한 사람이었던 이디시 시인 아브라함 수츠케베르는 게슈타포로부터 게토로 종이를 가져가도록 허락을 받았다. 난로의 연료로 쓴다는 구실이었다. 그러나 그는 그 대신 히브리어와 이디시어 희귀 인쇄본과 톨스토이, 막심 고리키, 하임 비알릭Hayim Bialik의 필사 편지, 시온주의 운동 창시자인 테오도어 헤르츨Theodor Herzl(1860~1904)의 일기 가운데 한 권, 마르크 샤갈의 스케치 몇 점을 가지고 나왔다. 그것들은 모두 곧바로 꼭꼭 숨겼다. 이 문서들 상당수는 지금 뉴욕의 YIVO 소장품으로 남아 있다.

종이부대는 심지어 YIVO 본부에서 쓰지 않는 사무용 가구를 게토로 가져간다는 술수를 짜내기도 했다. 독일인들이 이를 허락하자 종이부대는 그 가구 안에 많은 책과 문서들을 숨겨 나왔다. 게토에 와서는 책과 문서들을 꺼낸 뒤 은닉처에 교묘하고 복잡한 방식으로 숨겼다.

빌나 게토의 주민이었던 게르숀 아브라모비치Gershon Abramovitsh는 전쟁 전에 건축 기사였는데, 지하 20미터에 벙커를 건설했다. 환기장치와 배전 설비, 심지어 실제로 게토 바깥의 우물로 이어지는 터널까지 있었다.[39] 벙커는 당초 게토의 무기를(그리고 아브라모비치의 어머니를) 숨기는 지하 은닉처로 만들었다. 그러나 아브라모비치의 어머니는 빼낸 책과 문서들을 기꺼이 그곳에 받아들였다. 이곳에 밀반입된 일부 교과서와 아이들 책은 비밀 학교로 보내졌다. 어떤 책들은 게토 안에 만들어지고 있던 게릴라들에 의해 아주 실용적인 용도로 쓰였다. 예컨대 그 가운데 한 책은 화염병을 만드는 방법을 알려주고 있었다.

종이부대가 개인적인 위험을 감수하면서 책과 문서들을 게토로 빼돌리는 용감한 활동을 벌였지만 대부분의 자료들은 여전히 빌나 교외의 제지 공장들로 보내지고 있었다. 종이부대 사람들은 자신들의 시간이 거의 끝나가고 있음을 인식했다. 칼마노비치는 자신의 8월 23일 일기에 이렇게 썼다.

우리의 작업은 막바지에 다다르고 있다. 수많은 책이 쓰레기로 버려지고 있고, 유대 책들은 폐쇄될 것이다. 우리가 빼낼 수 있는 것들은 살아남을 것이다. 하느님의 도움에 힘입어서다. 우리가 자유로운 존재로 돌아가면 그것을 찾을 수 있을 것이다.[40]

점령 후 몇 주 동안 겁에 질린 주민들을 검속하는 데 보낸 뒤인 1943년 9월 23일, 빌나 게토에 대한 잔혹한 일망타진이 시작됐다. 게토의 특별한 자체 도서관이 폐쇄되고 책들이 파기됐다.[41] 종이부대 사람들도 특별대우를 받지 못했다. 그들 대부분은 게토의 다른 주민들과 마찬가지로 포나르에서 나치스에 의해 살해됐다. 그것을 면한 사람들은 에스토니아의 강제노동 수용소로 보내졌고, 거기서 다시 돌아온 사람은 별로 없었다.[42]

종이부대에서는 모르고 있었지만, 동유럽 유대인 생활의 기록을 파괴로부터 구하기 위한 비슷한 노력이 빌나에서 서남쪽으로 500킬로미터 떨어진 바르샤바 게토에서 이루어지고 있었다. 이곳에서 오이네그 샤보스Oyneg Shabbos라는 비밀 집단이 게토가 존속한 3년 동안의 일상생활을 기록해 3만 쪽이 넘는 에세이·시·편지·사진을 만들어냈다. 그들은 민중의 재담, 농담, 구원의 희망, 이야기, 시 등을 기록했다. 그러나 게토의 나치스를 위해 일하는 다른 유대인들에 대한 분노와 심지어 나치스에 협력해 게토를 통제하는 유대인 경찰의 세세한 행동까지도 기록했다. 심지어 장식된 종이 사탕 포장 같은 일회용품도 보존됐다.

이 자료들은 빌나에서와 마찬가지로 게토에 묻혔다(상자 열 개와 금속제 대형 우유통 세 개에 넣었다). 그러나 이 자료들은 이 도시의 풍성한 책 문화에서 빼낸, 이미 존재하던 책과 문서들이 아니었다. 바르샤바 수집품은 게토 자체와 그 주민들의 생활을 기록하기 위해 그곳에 있던 것이었다. 이런 보존 활동은 빌나에서와 마찬가지로 미래의 사람들이 과거를 알 수 있게 하자는 의도를 가진 것이었다. 오이네그 샤보스 지도자 에마누엘 링겔블룸Emanuel Ringelblum은 그의 가족 및 34명의 다른 유대인들과 함께 숨어 있다가 발각됐고, 1944년 3월 살해됐다. 바르샤바 게토를 절멸하고 나서 불과 며칠 뒤였다.[43]

오이네그 샤보스 문서는 두 부분으로 나뉘어 회수됐다. 첫 번째는 1946년 9월 게토의 잔해를 체계적으로 수색한 결과물이었다. 두 번째 부분을 담고 있던 두 개의 대형 우유통은 1950년 12월 1일 발견됐다. 세 번째 부분은 아직도 찾지 못하고 있다. 링겔블룸 쪽의 기록물에서만 3만 5천 쪽에 달하는 1693건의 기록이 회수됐다. 회의록, 비망록, 일기, 회상록, 유언장, 에세이, 시, 노래, 농담, 소설, 이야기, 희곡, 작문 숙제, 졸업장, 성명서, 포스터, 사진, 스케치와 그림 등이었다. 이 수집품들은 지금 바르샤바의 유대역사연구소ŻIH에 있고, 워싱턴의 미국홀로코스트기념박물관USHMM 문서고에서 디지털로 이용할 수 있다. 여기서는 기록물이 담겼던 대형 우유통 하나도 전시하고 있다.[44]

빌나에서는 몇몇 종이부대 사람들이 게토의 다른 유대인들과 함께 탈출에 성공해 숲속의 게릴라 부대에 합류했다. 시인 아브라함 수츠케베르도 그 가운데 한 사람이었다. 그는 유대인 게릴라 부대인 네코메네메르Nekome-nemer('복수자復讐者')에 합류했다. 수츠케베르는 빌나가 해방됐다는 소식을 듣고 리투아니아 망명정부 수반이었던 유스타스 팔레키스Justas Paleckis와 함께 빌나로 달려갔다. 도중에 길에서 궤멸된 독일군 낙오병들을 보았고, 독일 병사들의 시신에서 썩어가는 악취가 진동했지만 그것은 "내게 어떤 방향제보다도 더 기분이 좋았"다고 수츠케베르는 자신의 일기에 썼다.[45]

수츠케베르는 소련의 진군으로 독일군이 밀려난 뒤 빌나에 돌아와 YIVO 건물이 포탄에 맞았음을 발견했다. 거기에 몰래 숨겨두었던 기록물들은 모두 파괴됐다. 종이부대 사람들은 대부분 강제노동 수용소로 끌려가거나 나치스의 인종 학살 마지막 국면에 살해됐다. 종이부대 사람들 가운데 소수만이 살아남았다. 수츠케베르, 동료 시인 슈메르케 카체르긴스키Schmerke Kaczerginski, 사서 디나 아브라모비치, 노동시온주의 '청년수호대'의 학생 활동가 루즈카 코르착Ruzhka Korczak, 아버지와 함께 종이부대에서 일했던 또 다른 공산주의자 학생 노이미 마르켈레스Noime Markeles, 사진작가이자 에스페란토어 전문가 아키바 게르샤테르Akiva Gershater, 수학자 레온 베른슈타인Leon

8장 종이부대 211

Bernstein 등이었다.⁴⁶

그들은 빌나의 폐허에 모여 게토 안의 은닉처들을 찾기 시작했다. 그 가운데 일부는 나치스가 발견해 안에 있던 것을 태워버렸다. 기적적으로 게르숀 아브라모비치가 만든 지하 저장소는 온전했다. 그곳의 자료들이 밖으로 꺼내졌고, 그것이 남아 있다는 것은 이 도시에 남아 있던 얼마 되지 않는 유대인에게 희망의 상징이었다. 게토의 다른 두 은닉처 역시 온전했다.

수츠케베르와 슈메르케 카치르긴스키를 필두로 빌나에서 도망쳐 살아남은 종이부대 사람들의 무리에 게토 지하 조직 지도자였던 압바 코브네르 Abba Kovner가 합류했다. 그들은 이제 유대문화예술박물관을 설립했다. YIVO의 계승자 격이었고, 이제 공식 정부가 된 소련 당국의 공식 승인도 받았다. 후원자는 교육인민위원회였다. 그들이 이렇게 한 것은 소련의 통제 아래서는 YIVO 같은 민간 기관이 전혀 용인되지 않을 것임을 인식했기 때문이다. 이전 게토 도서관에 둥지를 튼 새 박물관에서 그들은 회수된 수집품들을 보관하기 시작했다. 제지 공장에서 20톤의 YIVO 자료가 발견됐고, 빌나 쓰레기 담당 기관 뜰에서 또 다른 30여 톤의 문서가 발견됐다. 책과 문서가 가득 들어 있는 감자 포대가 박물관에 도착하기 시작했다.⁴⁷

───

여름이 지나고 가을로 접어들 무렵, 빌나로 돌아온 유대인들의 삶이 틀어지기 시작했다. 소련 당국이 통제에 나서면서 유대인의 문화 활동은 정치적 억압의 대상이 됐다. 수츠케베르와 그 동료들이 쓰레기 담당 기관에서 발견된 30여 톤의 책을 소련이 다시 제지 공장으로 보냈음을 알았을 때, 빌나의 YIVO 사람들은 책과 문서들을 **다시** 숨겨야 한다는 사실을 깨달았다.

소련 당국은 모든 형태의 종교에 격렬하게 반대했을 뿐만 아니라 특히 유대교에 반감을 가졌다. 1940년대 동안 유대인들은 미국과 연계를 맺기 시작했다. 많은 유대인들이 그곳으로 이주했기 때문이었다. 세 명의 박물관 관계자는 점차 책을 다시 밀반출하는 일에 관여하게 됐고, 그 일부를 뉴욕의 YIVO 사무소로 보냈다. 빌나의 상황은 매우 심각해져 카체르긴스키는 1945년 11월 사직했고, 그와 수츠케베르가 파리로 망명했다.

1949년, YIVO 수장품들은 카게베KGB(국가보안위원회)에 의해 박물관에서 징발돼 이전 가르멜Carmel회 수도원 옆에 있는 성 게오르기우스聖-Georgius 교회 지하에 처박혔다. 리투아니아 소비에트사회주의 공화국 서적실에 의해 보관 시설로 지정된 곳이었다. 자료들은 그곳에서 아무도 건드리지 않는 가운데 40년 동안 보관됐다.

이때 이후 YIVO 자료 및 기타 유대 자료가 살아남은 것은 리투아니아인 사서 안타나스 울피스Antanas Ulpis 박사의 용감한 활동 덕분이었다.[48] 울피스는 서적실의 책임자였는데, 이곳은 리투아니아에서 발행되는 모든 책을 보관하고 기록하는 국가도서관의 전신 격이었다. 리투아니아 출판물에 대한 그의 서지학적 조사는 오늘날까지도 표준적인 참고서로 남아 있다. 성 게오르기우스 교회 옆 수도원에 위치한 서적실은 이 교회를 수장품 보관소로 이용했다. 울피스는 리투아니아 유대인들에 매우 동정적이었고, 1950~1960년대 동안 유대인들을 고위직에 임명하는 이례적인 행보를 보였다. 그는 리투아니아 전국을 돌아다니며 서적실을 위한 자료들을 찾을 수 있도록 허가받았고, 나치스 치하에서 살아남았지만 소련 치하에서 다시 한 번 파기될 위기에 처한 중요한 유대 수장품 다수를 보존할 수 있었다.

울피스는 또한 종이부대 소장품 일부를 물려받은 빌나의 다른 도서관들로부터도 자료를 입수했다. 정부에서는 이제 모든 형태의 유대 문화를 반소비에트적이라고 선언하고 이디시어 자료들을 유포하지 않도록 명령했기 때문에 도서관들은 그것을 수장하기를 꺼렸다. 울피스는 도서관 운영진을 설득해 당국의 수집 방침을 벗어나는 기록물들을 기증하도록 했다.

그는 공산당 당국이 유대 기록물에 대해 알게 되면 그것을 파기하리라는 사실을 알고 있었고, 이에 따라 그것을 교회 안에 숨겼다. 유대 문서를 숨기는 데는 심지어 오르간의 파이프까지 이용했다(여러 해 뒤에 그의 아들이 오르간이 연주되지 않아 당황했는데, 그의 아버지만이 소리가 나지 않는 진짜 이유를 알고 있었다). 울피스는 어떤 책들은 '뻔히 보이는' 곳에 숨겼다. 통상적인 책 밑에 두거나 그런 책들과 섞어두었다. 그는 공산당 당국이 그곳에 보관된 수많은 책들을 아주 꼼꼼하게 살피지 않을 것이라고 보고 도박을 한 것이다.

울피스는 여러 해 동안 그의 소장품에 대해 비밀에 부친 채 지냈다. 언젠가 정치 상황이 나아져 그 존재를 공개할 날이 올 것이라는 희망을 품은 것이었다. 안타나스 울피스는 1981년에 죽었다. 유대 책과 문서들이 그것을 만들어낸 공동체의 품으로 돌아가는 꿈이 실현되는 것을 보지 못한 채였다. 그는 혼자만의 비밀을 잘 지켜냈다.

1980년대 동안에 글라스노스트 glasnost (미하일 고르바초프에 의해 유명해진 러시아어로, '공개'를 의미한다) 정책과 냉전의 전반적인 해빙으로 동유럽 공산 국가들의 정치 생활 및 지적 생활에 숨통이 트였다. 이제 유대인 조직들은 공개적으로 만날 수 있고 유대인들은 다시 독자적인 공적 생활을 누릴 수 있었다. 나는 1987년 폴란드에 갔을 때 글라스노스트를 직접 목격했다. 크라쿠프 Kraków의 야기에워 Jagiełło 대학 도서관은 이 도시의 변화의 원천 가운데 하나가 됐다. 영국문화원이 운영하는 영어 기록물 도서관 덕분이었다. 공산권 전역에서 도서관은 이 거대한 변화의 필수적인 부분이었고, 빌나의 서적실 역시 예외는 아니었다.

1988년, 소련의 한 이디시어 잡지 기사는 이 수집품에 2만여 권의 이디시어 및 히브리어 서적이 있다고 주장했다. 이들은 매우 꼼꼼하게 검토되기 시작했고, 서적실 책임자는 당시 뉴욕 YIVO의 책임자였던 새뮤얼 노리치 Samuel Norich 와 토론을 벌였다. 노리치는 빌나를 방문해 인쇄본들과 함께 수만 건의 문서도 있음을 발견했다. 그 가운데 상당수는 YIVO 사람들이 수집해 종이부대가 몰래 보존한 기록물들이었다.

이 시점에 사람들이 여러 차례 목숨 걸고 구해낸 수집품들은 다시 한 번 문화정치학에 휩쓸리게 됐다. 노리치는 문서들을 YIVO로 되찾아오기 위해 노심초사했다. 그러나 리투아니아 국가가 재탄생하면서 수집품들은 다른 대접을 받게 됐다. 소련의 영향력하에 있던 시기 이전의 리투아니아 국민문화의 상징이 된 것이다. 1989년 5월 30일,

리투아니아 국가도서관이 이전의 순환 과정에서 벗어나 새롭게 만들어졌다. 국가도서관에서 나치스 점령기를 거쳐 소련의 영향하에 있다가 다시 국가도서관이 됐다. 그것은 1919년 리투아니아 중앙도서관 설립으로 출발한 것이었다.

1990년 리투아니아는 소련으로부터 독립을 선언했다. 정치적으로 매우 불안정한 시기도 있었다. 군사 개입을 가까스로 피했고, 소비에트 정권이 마침내 붕괴하고 리투아니아는 민주주의로 복귀했다. 1994년 마침내 문서를 보존하고 목록을 만들고 복제하기 위해 뉴욕의 YIVO 본부로 이전한다는 합의가 이루어졌다. 그 과정이 끝나면 다시 리투아니아 국가도서관으로 반환하기로 했다.

마르티나스 마주비다스Martynas Mažvydas(1510~1563)의 이름을 붙인 리투아니아 국가도서관은 2017년 10월 25일 웹사이트에 성 그레고리우스 교회, 리투아니아 국가기록관, 리투아니아 학술원의 브루블렙스키Wróblewski 도서관에서 17만 쪽에 이르는 유대 문서를 새로 발견했다는 공지를 올렸다. 울피스가 성공적으로 숨긴 기록물의 양은 어마어마했다. 1991년에는 15만 건의 문서가 발견됐다. 기록물은 유대 공동체 조직들, 동유럽의 유대인 생활 단체들, YIVO 초기의 두브노프 등의 작품, 양차 대전 사이의 이디시어 희곡 작품 등과 관련된 것이었고, 빌나 유대교 회당의 기록물(유명한 '빌나의 가온' 엘리야 벤솔로몬 찰만의 종교 생활을 상세히 기록하고 있다) 같은 귀중한 것도 포함됐다.[49]

이 수집품들 또한 YIVO의 비용으로 목록을 만들고 보존하고 복제해야 했지만, 실물은 국가도서관의 관리 아래 리투아니아에 두게 됐다. 이번 작업과 이전 작업의 가장 큰 차이점 가운데 하나는 디지털화에 따라 인터넷을 통해 자료에 접근할 수 있다는 것이다. 국가도서관 관장 레날다스 구다우스카스Renaldas Gudauskas 교수는 자기네 도서관이 "리투아니아와 세계의 유대 유산 문서 모음 가운데 가장 중요한 것을 보유"하고 있음을 홍보하는 데 열심이었다.

리투아니아 국가도서관과 YIVO의 협력의 상징으로 문서 열 건이 뉴욕의 공개 전시에 출품됐다. 거기에는 아브라함 수츠케베르가 빌나 게토에서 쓴 시 묶음도 들어 있었다. 이 부서지기 쉬운 묶음이 여러 번의 파괴 시도를 견디고 남아 있다는 것은 동유럽 유대 공동체의 지식을 보존하려는 많은 개인들의 놀라운 헌신을 입증하는 것이다.[50]

75년 뒤에 리투아니아에 다시 나타난 보물은 나치스 치하에서 살아남은 지식의 마지막 조각은 아닐 것이다. 1945년 연합군이 프랑크푸르트를 점령한 뒤 방대한 로젠베르크의 유대문제연구소 약탈 장서는 오펜바흐Offenbach에 있는 보관소로 옮겨졌고, 거기서 감정 및 분류를 거쳐 적법한 주인에게 되돌려줄 수 있었다.[51] 1947년 오펜바흐를 방문한 한 미국인은 이를 '책의 영안실'이라 불렀다.[52] 이런 수집품들을 반환하는 문제를 다루기 위한 여러 위원회들이 만들어졌다. 그 가운데 하나가 '대륙 유대계 박물관·도서관·기록관 반환위원회'로, 유명한 영국 학자 세실 로스Cecil Roth가 위원장을 맡았다.

독일은 홀로코스트의 책임이 있는 나라였기 때문에 많은 이스라엘 유대인들은 그곳에 유대 기록관을 두는 것이 터무니없는 일이라고 생각했다. 유명한 캅발라Kabbalah(유대교 신비주의 사상) 학자 게르숌 숄렘Gershom Scholem은 유명한 랍비 겸 학자 레오 백Leo Baeck에게 "유대인이 이주한 곳이 그들의 책이 있어야 할 곳"이라고 썼다.

그러나 몇몇 도시에는 초기 유대계 시민이 일부 남아 있었다. 보름스Worms·아욱스부르크Augsburg·함부르크Hamburg 같은 곳들인데, 이런 곳에서는 기록물 이관에 강력하게 저항했다. 유럽 유대인 정착의 연속성이 끊어짐을 상징하는 것이었기 때문이다. 보름스 시에서는 전직 시청 기록 담당관 프리드리히 일레르트Friedrich Illert에 의해 운동이 시작됐다. 그는 나치스로부터 유대 기록을 구하는 일을 도왔고, 이 도시의 유대인 공동체 전직 대표로 뉴욕에 정착한 이시도르 키퍼Isidor Kiefer와 함께 기록물들이 보름스에서 다시 한 번 '작은 예루살렘'을 만들어내는 데 도움이 되기를 희망했다. 이 사례는 악에 대한 궁극적 승리로서 자기네 공동체가 살아남기를 바라는 독일의 유대인들에게는 상징적이었다.

보름스와 함부르크에서는 유대 기록물의 운명을 둘러싼 소송들이 법정에 제기됐다. 독일 기록물 관리자들과 현지 유대인 지도자들이 '자기네' 기록물을 이스라엘의 기관으로 넘기는 일을 막기 위해 제기한 것이다. 하지만 그들은 결국 패소했다. 독일연방공화국(서독) 초대 총리 콘라트 아데나워의 정치적 압력 때문이었다. 그는 나치스 이후의 서독과 이스라엘 국가 사이의 협력을 보여주기 위해 안달하고 있었다.[53]

일부 유대 도서관 장서들은 20세기가 한참 지나고서도 찾지 못하고 있었다. 1990년대 동안에만 3만 권의 책이 600명의 주인과 상속자, 기관에 반환됐다. 이런 노력들은 보다 최근에 기관에서 반환 대기 중인 책의 목록을 인터넷에 올림으로써 뒷받침됐다(대독對獨유대

기록물청구연맹이나 세계유대자료반환기구 같은 곳들이다). 2002년 이래 베를린중외中外도서관ZLB은 그 장서 중에서 나치스가 약탈한 기록물을 체계적으로 찾아내 반환했다. 2010년부터는 베를린 원로원〔시장과 그가 지명하는 10명 이내의 원로로 구성되는 시 정부 격의 기구다〕에서 돈을 댔다. 이 일은 매우 더디고 어려웠다. 베를린 시립도서관은 10만 권의 책을 검토했는데, 그 가운데 2만 9천 권이 약탈품으로 밝혀졌고 단 900권만이 20여 개국의 주인들에게 반환됐다. 2009년 이래 오스트리아의 15개 도서관에 있던 1만 5천 권의 책이 주인 또는 그 상속자에게 반환됐다.[54]

알프레트 로젠베르크는 1945~1946년 뉘른베르크의 국제군사재판소IMT에서 재판을 받았다. 전쟁범죄 및 반反인도주의 범죄를 저지른 혐의였다. 로젠베르크 재판 기록은 도서관과 기록관을 자주 언급한다. 소련 검찰관은 에스토니아·라트비아·러시아에 대한 그의 약탈 활동에 초점을 맞추었고, 그는 제시된 증거 앞에서 스스로를 변호하려고 발버둥을 쳤다. 프랑스 검찰관을 향한 그의 유일한 변명은 낡은 핑계를 동원하는 것이었다. 즉 자신은 "기록물을 징발하라는 정부의 명령을 받았다"라는 것이었다. 로젠베르크에 대한 기소장은 이렇게 말한다.

> (로젠베르크는) 유럽의 침략당한 여러 나라들의 공적 및 사적 재산을 조직적으로 약탈한 체계의 책임이 있다. 그는 히틀러의 1940년 1월 명령을 수행하면서 … 박물관과 도서관을 약탈한 로젠베르크 기동대를 지휘했다.

그는 또한 '엔트뢰중'(마지막 해결책)을 계획하고 유대인 차별과 사살 및 청년에 대한 강제노동에 대한 책임이 있어 유죄 판결을 받았다. 그는 1946년 10월 1일 교수형을 선고받았다.[55]

보들리 도서관에서 오늘날 가장 많이 이용되는 유대 기록물 소장품은 코펜하건 수집품이다. 암스테르담의 그 이름을 가진 가족이 수집한 것이다. 이삭 코펜하건Isaac Coppenhagen은 영향력 있는 교사이자 기록관이었다. 그와 아들 하임Haim 및 손자 야코프Jacob는 자기네 집에 중요한 히브리어 서적 수장고를 만들었다.

1940년 네덜란드가 침략 당하자 이 장서는 한 유대 학교로 옮겨졌다. 네덜란드의 유대인에 대한 박해가 더욱 심해지면서 이 장서는 위험해진 것으로 보였고, 책들은 유대인 아닌 사람들의 도움으로 인근의 네덜란드 학교로 옮겨져 은닉됐다. 야코프 역시 유대인 아닌 사람들이 은신처를 제공했으나, 그의 나머지 가족은 나치스의 절멸수용소에서 살해당했다. 코펜하건 장서 가운데 일부가 암스테르담에서 강탈돼 로젠베르크 기동대에 의해 옮겨졌다. 오늘날 옥스퍼드 장서 가운데 적어도 두 권은 오펜바흐기록관 서고 도장이 찍혀 있으며, 이는 개인 장서가 약탈됐다는 증거다.

나치스가 흉포했음에도 불구하고 보존하려는 충동이 결국에는 승리했다. 파괴의 잔해에서 연기가 사라지자 책과 기록물들이 서서히 표면으로 나오기 시작했다. 에마누엘 링겔블룸과 헤르만 크룩 등 수많은 사람들이 살해됐으나, 그들의 희생으로 그들의 문화와 신앙에 대한 기억은 살아남을 수 있었다. 물론 이전에 존재하던 것의 극히 일부에 불과했지만 말이다. 아브라함 수츠케베르, 디나 아브라모비치, 안타나스 울피스 및 종이부대와 오이네그 샤보스 같은 집단들의 활동은 보존된 문서들이 종이나 양피지 위에 쓰인 것 이상의 의미를 지닐 수 있게 했다.

뉴욕의 YIVO, 옥스퍼드의 보들리, 빌뉴스Vilnius(빌나가 지금은 이렇게 불리고 있다)의 리투아니아 국가도서관은 계속해서 유대인 삶의 문화적 기록을 보존하고 있다. 이제는 이스라엘의 새 국가도서관이 예루살렘에 건설돼 4만 5천 제곱미터의 건물에 과거 어느 때 축적했던 것보다 많은 유대 기록 문헌 수집품들을 소장하고 있다(아브라함 수츠케베르의 수집품도 있다). '성서의 사람들'을 위한 책의 본산이다.

9장

태워서 못 읽게 해줘

1970년 올솔스칼리지에서의 필립 라킨. 아마도 스스로 찍은 사진인 듯하다.

필립 라킨은 20세기의 가장 영향력 있는 시인 가운데 한 사람이었지만, 헐Hull대학 도서관 관장(1954년 임명돼 1985년 사망 시까지 재직했다)이자 다양한 위원회에서 활동한 사서이기도 했다. 그는 내부자로서 양 측면에서 본 문학 기록관의 서로 다른 양상을 알고 있었다. 호르헤 루이스 보르헤스Jorge Luis Borges(1899~1986) 같은 다른 사례가 있기는 하지만 희귀한 조합이다. 보르헤스도 위대한 작가이면서 아르헨티나 국가도서관 관장이었다(카사노바 역시 만년을 사서로 일하며 보냈다).

1960~1970년대에 영국 작가의 기록물 다수가 북아메리카의 대학도서관들로 넘어갔다. 에블린 워Evelyn Waugh의 문서는 1967년 오스틴Austin의 텍사스대학에 팔렸고, 존 베처먼John Betjeman의 것은 1971년 캐나다 브리티시컬럼비아주의 빅토리아대학에 팔렸다. 라킨은 영국의 문학 기록물의 가치에 대한 인식을 제고하는 활동에 관여했다. 재원을 늘리기 위한 국가적 계획의 일환이었다. 그는 우선 1964년에 자신의 초기 시들이 들어 있는 노트를 브리튼 박물관에 기증했다. 그가 연인 모니카 존스Monica Jones에게 주기 위해 자기비하적으로 써서

원고는 "미발표 시 같은 것들로 가득해 엄청나게 따분하고 답답하게 유머도 없는 얇은 허섭스레기라고 해야겠"지만 말이다. 그러나 그는 "하지만"이라는 말을 덧붙였다. 그는 자기 기록물의 가치를 알았던 것이다.¹

라킨은 1979년에 쓴 에세이 《책무의 방기 A Neglected Responsibility》에서 대학과 작가들로 하여금 문학 수집품의 가치를 인식하도록 권장하기 위해 이렇게 웅변적으로 썼다.

> 모든 문학 원고는 두 종류의 가치를 지닌다. 마법적 가치라고 부를 수 있는 것과 의미를 갖는 가치. 마법적 가치는 더 오래된 것이고 보다 일반적이다. 이는 작자가 글을 쓴 종이고, 그가 쓴 단어들이다. 이 특별한 조합에서 처음으로 나온 것이다. … 의미를 갖는 가치는 훨씬 최근에 생겨난 것이다. 원고가 한 작가의 삶과 작품에 대한 우리의 지식과 이해를 확대하는 데 도움을 주는 정도다.²

이 두 가지 가치는 그러한 수집품들을 지금 대학도서관들에서 매우 소중하게 여기고 기관들 사이에 경쟁을 불러일으키며 상인들이 비싼 가격을 요구하는 이유다. 그것들은 학생들에게 연구할 원자료를 제공하고 학문의 생산성을 높이며 교육 기회를 풍성하게 한다. 문서의 '마법적' 측면은 어떤 텍스트를 공부하는 학생들이 원본 원고에 접근할 수 있도록 허용된 세미나나, 더 많은 대중이 다른 문화적 맥락(영화나 텔레비전 프로그램 같은)에서 익숙했을 작품의 초안을 볼 수 있는 전시회 같은 데서 나타난다.

어떤 작가들은 자기네 기록물의 연구적 가치를 실제로 인식하고 있다. 학자들과 연락을 취하며 먼 훗날 사람들이 자기네를 연구하기를 원하리라는 것을 인식할 수도 있다. 물론 자신들의 사후 명성을 확보한다는 목적의식을 갖고 기록물을 대하는 작가도 있다. 그들은 자기네 문서가 자기네가 죽고 오래 지난 뒤에 어떤 방식으로 연구될지를 '관리'하는 한 방편으로 그것을 이용한다. 또 어떤 작가들은 자기네 기록물을 가외 수입을 얻는 방편으로 본다. 때로는 동기가 뒤섞이기도 한다. 한 기록에서 빠진 것이 들어 있는 것만큼 의미를 지닐 수도 있다.

라킨의 유고遺稿 관리자 가운데 한 사람인 앤드루 모션Andrew Motion은 라킨이 자신의 시 기록물을 상자에 깔끔하게 넣고 편지를 알파벳 순으로 정리하는 등 사서다운 정연함을 보여주었다고 묘사했다. 유고 관리자들이 자신의 문서를 잘 알아볼 수 있도록 한 것이다.[3]

그의 기록물은 그가 죽고 얼마 뒤에 그가 직장 생활의 대부분을 보냈던 헐대학의 브린모어존스Brynmor Jones 도서관에 비치됐다. 수는 적지만 마찬가지로 중요한 일부는 옥스퍼드의 보들리 도서관으로 보내졌다. 그가 학부 시절을 보냈고 《옥스퍼드 20세기 영국 시Oxford Book of Twentieth Century English Verse》(1973) 출간을 위한 연구를 했던 곳이다. 그는 이 연구를 마무리하기 위해 올솔스칼리지의 초빙연구원 자격을 얻었으며, 보들리 도서관에서 귀중한 열쇠를 받았다. 열쇠는 이 대형 납본 도서관의 서고 열쇠로, 독자의 그곳 출입은 아주 특별한 경우에만 허용됐다. 당연하게도 라킨은 이 특권을 뻔질나게 사용했다.

그러나 라킨은 죽을 때 오랜 연인인 모니카 존스에게 그의 일기를 불태워 달라고 부탁했다. 자신이 직접 그렇게 할 힘이 없기 때문이었다. 당연하게도 모니카는 그런 일을 혼자서 할 수 없다고 생각했다. 이 나라에서 가장 유명한 축에 속하는 시인의 글을 태운 책임을 뒤집어쓰고 싶은 사람이 어디 있을까?

대신에 라킨의 일기를 불태우는 일은 그가 죽은 뒤 스물일곱 살 먹은 라킨의 헌신적인 비서 베티 매커레스Betty Mackereth(그의 보조사서 매이브 브레넌Maeve Brennan과 마찬가지로 나중의 또 다른 연인이었다)에게 맡겨졌다. 매커레스는 1985년 12월 2일 그가 죽은 지 며칠 뒤에 30권이 넘는 그의 일기를 가지고 브린모어존스 도서관의 라킨의 사무실로 가서 표지를 뜯어낸 뒤 내용물을 갈가리 찢었다. 그런 뒤에는 아무것도 남아 있을 수 없도록 확실히 하기 위해 이를 대학 보일러실로 보내 소각하게 했다. 표지는 아직도 헐대학의 라킨 문서에 들어 있다. 시인이 거기에 붙인 신문 기사 조각이 뒤덮인 채로다.[4]

그의 생애 조금 이전 시기의 일기도 몇 권 더 있었지만 그 일부는 라킨 자신이 없애버렸다. 1976년 한 출판사가 거기서 추려 책을 내자고 제안했고 라킨은 일기를 다시 들춰보게 됐는데, 그런 뒤에 초기의 일기를 없애버릴 결심을 한 듯하다. 아마도 일기 전체를 마찬가지로 없애야겠다는 생각은 그때 생겼던 듯하다.

매커레스 스스로는 틀림없이 할 일을 했다고 생각했을 것이다. 앤드루 모션은 라킨 전기에서 이런 매커레스의 말을 인용하고 있다.

나는 표지를 남긴 것이 옳았는지는 확신하지 못한다. 그러나 그것은 흥미롭지 않은가? 일기 자체에 대해서는 의문이 없다. 나는 올바른 일을 해야 했다. 필립이 원한 일이었기 때문이다. 그는 이에 대해 아주 분명했다. 그는 이를 파기하기를 원했다. 나는 그것을 기계에 넣을 때 그것을 읽지 않았다. 그러나 견딜 수 없어 그 조각들을 보았다. 그것은 매우 우울했다. 참으로 절망적이었다.[5]

라킨이 사서라는 직업을 가졌고 문학 원고를 취득하고 보존한다는 대의를 옹호했다는 점에서 보면 그가 일기를 완전히 파기한다는 선택을 했다는 것은 흥미로운 일이다. 존스와 매커레스는 라킨이 무엇을 원했는지에 대해 매우 분명하게 알고 있었다.

라킨은 1961년 3월 11일에 이미 자신의 유고에 관해 생각하기 시작했다. 잠시 입원했다가 나온 직후다. 그는 존스에게 이렇게 썼다.

나를 부끄럽게 하는 한 가지 일은 당신에게 내 아파트를 사용하지 못하게 한 일이오. 이것은 내내 걱정스러운 일이었고, 이는 내가 사적인 글과 일기들을 늘어놓고 있다는 사실에서 생긴 것이었소. 그것들은 내 생각에 자서전을 쓰고 싶을 때 기록을 하기 위해서이기도 하고 부분적으로는 내 기분을 풀기 위한 것이기도 한데, 내가 죽으면 남이 읽기 전에 불태워야 할 것이오. 나는 그것을 보았다고 생각되는 사람은 누구든 마주할 수 없소. 하물며 당신이든 누구든 내가 쓴 것을 보면서 당혹스러워하고 심지어 틀림없이 고통스러워하게 하고 싶지 않소.[6]

라킨은 사서이자 문학 원고에 관심을 가진 사람으로서 이 충격적인 운명에는 대안이 있음을 알고 있었다. 1979년에 그는 친구인 주디스 에거튼Judith Egerton에게 편지를 썼다. 데번Devon에 가서 얼마 전에 죽은 학부 시절의 옛 친구 브루스 몽거머리Bruce Montgomery의 기록물을 보고 온 뒤였다.

깜짝 놀란 것은 그가 1943년 이후의 내 편지를 모두 보관했다는 사실이었다! 앤Ann(브루스의 아내)은 돈이 궁했으므로 … 나는 앤이 그걸 자유롭게 팔 수 있어야 한다고 생각했다. 하지만 … 앤은 아주 기꺼이 그걸 내게 돌려주겠다고 했지만, 나는 받아서는 안 된다고 생각했다. 어렵구나!

보들리 도서관은 결국 몽거머리가 보관한 편지를 취득했다. 다만 편지 일부는 2035년 이전에는 대중에게 공개하지 않는다는 약속을 했다. 라킨은 자신의 기록물에도 이같이 비공개 기간을 길게(심지어 극단적으로 길게 할 수도 있었을 것이다) 붙여둘 수 있음을 잘 알았을 것이다.[7]

그러나 라킨의 일기를 대체할 수 있는 것이 남아 있었는데 우연히 거의 파괴됐다. 라킨과 모니카 존스는 알고 지내는 동안 수천 통의 편지와 엽서를 주고받았다. 존스가 그에게 보낸 편지는 라킨이 보들리에 유증遺贈했다. 그러나 그가 존스에게 보낸 편지는 너무 자주 보내기도 했고 그들의 개인적인 관계가 매우 광범위했기 때문에 그것을 모아놓으면 그의 문학적 유품에서 건질 수 있는 것에 필적할 정도로 일기에 가까운 것이 된다.

라킨은 편지를 많이 썼다. 그는 여러 친구 및 가족과 광범위하게 편지를 주고받았다. 제임스 서튼James Sutton, 브루스 몽거머리, 킹슬리 에이미스Kingsley Amis, 모니카 존스, 주디스 에거튼, 로버트 콩퀘스트Robert Conquest, 앤서니 스웨이트Anthony Thwaite, 매이브 브레넌, 바버러 핌Barbara Pym 등이다. 가장 오래 지속된 편지는 1936년부터 1977년까지 집으로 부모에게 보낸 편지들이다. 편지와 카드 합쳐 4천 통이 넘는다(부모 쪽에서 그에게 보낸 비슷한 수의 편지 또한 남아 있다).[8]

하지만 이 핵심적인 편지들 가운데 가장 사적이고 중요한 것은 아마도 라킨과 모니카 존스 사이의 편지들일 것이다. 라킨은 일생 동안 존스와 가장 긴 연인 관계를 유지했다. 그는 존스에게 적어도 편지 1421통, 엽서 521장을 보냈다. 지금 남아 있는 쪽수로 총 7500쪽 이상이다. 편지는 긴 것이 많고, 보통 6쪽을 넘었다. 때로 14쪽이나 되는 것도 있다. 대체로 사나흘 간격으로 보냈다. 존스가 죽은 뒤 편지 모음은 레스터Leicester(그곳에서 교수 생활을 했다)의 존스의 집에 남아 있었다. 도둑이 그 아파트에 들어왔으나 싸구려 전자제품만 가져갔다. 문서는 무시하고 집에 어질러놓았다. 이 기록물들이 그들이 훔쳐 간 텔레비전보다 몇 배나 값진 것임을 알아보지 못한 것이다.

존스의 유산이었던 그 편지들은 2004년 보들리에서 샀다. 편지들은 라킨이라는 인물을 깊숙이 들여다볼 수 있도록 한다. 그의 내면의 동기나 온갖 종류의 주제(그의 동료들에 관한 것에서부터 정치 문제에 이르기까지)에 대한 그의 생각이 이 편지들에 나타난다. 공적인 영역에서 나눈 편지들보다 더 잘 나타난다. 그들의 관계가 매우 친밀했기 때문이다.

라킨은 왜 남들이 자기 일기를 읽는 것이 싫었을까? 그는 수줍은 사람이었다. 때로 '헐의 은자隱者'로 불리기도 했고, 자신이 쓴 글에서 개인적인 생각을 드러내는 데 어려움을 느낀다고 쓴 적도 있다. 그의 시에는 우울감이 배어 있고, 생각은 대부분 직설적이지 않다. 때로는 그 반대이며, 자신의 느낌에 혹독하게 맞서 자신의 속에 있는 생각을 충격적인 방식으로 풀어놓는다. 가장 유명한 것이 〈이것이 시다This Be the Verse〉라는 시다.

라킨은 모션에게 모니카 존스 및 앤서니 스웨이트와 함께 유고 관리를 맡아달라고 부탁하면서 이렇게 말했다.

"이 일을 하는 데 무슨 어려움은 없을 겁니다. 저승사자가 우리 집으로 오는 길에 나타나면 토머스 하디처럼 정원 구석으로 가서 남들에게 보이고 싶지 않은 모든 것들을 불에 태울 겁니다."

모션에게 한 이 말과 달리 그는 죽을 때 일기의 대부분을 다른 문서들과 함께 없애지 않고 남겨놓았다. 모니카 존스는 라킨이 죽음이 임박했음을 부정하려 한 것으로 생각했다고 모션은 썼다. 편지를 태우는 것은 자신의 죽음을 인정하는 일이기 때문이다. 더욱 설득력이 있는 것은 라킨의 입장에 이중성이 내재돼 있었다는 것이다. 그는 그저 결정을 할 수 없었다. 한편으로 그는 문학 원고를 보존하는 데 열심이었다. 자신의 시에 관한 노트를 브리튼 도서관에 제공하기까지 했다. 다른 한편으로 그는 남에게(특히 자신에게 가까운 사람들에게) 일기에 적힌 자신의 가장 깊숙한 생각을 엿보게 하는 일을 매우 불편해했다. 그의 의지가 너무도 상충되기 때문에 유고 관리자들은 라킨 기록물을 더 이상 파기하지 않고 그 대부분을 헐대학의 브린모어존스 도서관에 넘기는 것이 법적으로 가능한지 판단하기 위해 왕실 고문변호사의 조언까지 들어야 했다.

 라킨의 사례는 한 개인의 자기검열이 그의 유산에 어떤 영향을 미칠 수 있는지를 보여준다. 그의 일기가 사라지면서 이 매우 내성적인 사람이 어떤 생각을 했는지가 수수께끼에 싸였고, 편지들을 통해 그 생각을 재구성하려는 노력이 생겨났다. 그것이 공백을 어느 정도 메워줄 것이다. 라킨이 죽은 뒤 그의 삶과 작품에 대한 관심이 커졌고, 그것은 자신의 일기를 불태워 달라는 그의 마지막 소원에 따라 만들어진 이해의 공백으로 어느 정도 증대됐다.

바이런 회고록 폐기는 문학 분야에서 가장 악명 높은 피해 억제 조치 가운데 하나다. 그와 가까웠던 사람들은 그의 사후 명예를 보호하려 했고, 문학 연구자들은 이후 내내 그것을 아쉬워했다. 200년 뒤 비슷하게 널리 알려진 시인 에드워드(테드) 휴스Edward Hughes가 또 다른 문헌 파괴 행위의 중심에 선다. 그의 첫 아내였던, 마찬가지로 위대한 시인이자 작가였던 실비아 플래스Sylvia Plath의 마지막 일기가 대상이었다.

 휴스와 플래스 사이의 관계는 철저한 조사가 이루어져 많은 분량의 토론과 비판이 출간됐다. 이 관계에서 불분명하게 남아 있는 한 부분은 1963년 실비아 플래스가 자살한 뒤 개인 기록물의 일부가 사라진 일에 관한 것이다. 플래스의 자살과 이 비극으로 이어진 두 시인 사이의 관계가 어떤 상황이었는가는 많은 논쟁의 초점이 돼왔다.

특히 플래스를 향한 휴스의 행동이 자살의 주요 원인이었는지 아닌지에 관해서다. 플래스의 정확한 심리 상태가 어땠는지는 알 수 없고, 그것은 특히 휴스가 플래스의 일기를 없앴기 때문이다.

휴스는 이 행위가 플래스의 명예를 보호하고 그들 사이의 아이들이 플래스의 자살로 이어지는 시기에 쓰인 일기 속의 참혹한 내용을 읽지 않도록 하기 위한 것이라고 주장했다. 많은 사람들은 일기를 없앤 것이 그보다는 휴스 자신의 명예를 보호하려는 동기에서 나온 것이라는 의혹을 품었다.

플래스는 런던에서 죽었고, 별거는 하고 있었지만 당시까지 여전히 휴스와 결혼 상태였다. 휴스는 아시아 웨빌Assia Wevill과 연애를 하고 있었다. 휴스는 가장 가까운 친족이고 플래스가 명확한 의사를 남기지 않았기 때문에 플래스의 유산 관리자가 됐고, 플래스의 문서 상당 부분을 자기 것으로 만들었다. 그 뒤 1981년 그는 이를 경매 회사 소더비스Sotheby's를 통해 스미스칼리지Smith College에 팔았고, 그 돈은 그들의 자녀인 프리다Frieda와 니컬러스Nicholas에게 주었다.⁹

실비아의 어머니인 오릴리아 플래스Aurelia Plath는 여러 해에 걸쳐 딸에게서 받은 편지를 1977년 미국 인디애나대학의 릴리Lilly도서관에 팔기로 결정했다. 일이 복잡해진 이유 가운데 하나는 휴스가 플래스의 의사를 대행하는 사람으로서 플래스의 문학 유산에 대한 저작권의 통제 또한 맡았다는 점이다. 플래스의 말이 출판돼 유통되는 방식을 통제할 수 있는 것이다. 플래스의 기록물이 도서관으로 가더라도 어머니에게 쓴 편지나 사적인 일기에 쓰인 플래스의 생각이 유포되려면 에드워드 휴스의 명시적 허락이 없으면 인쇄해 공유할 수 없

었다.[10]

　유고 관리자인 휴스는 플래스의 시인으로서의 명성을 꼼꼼하게 보살필 수 있었다. 그가 보기에 플래스가 죽은 뒤 책상에서 발견된 원고는 특히 강렬하고 뛰어났다. 그는 1965년 플래스의 사후 첫 주요 시집을 출판했다. 《에리얼Ariel》과 그 밖의 시들이 조금씩 문학잡지들을 통해 발표됐다. 《에리얼》은 문단에 선풍을 일으켰고, 첫 출판 이래 절판되지 않고 양장본과 보급본으로 계속 재출간됐다. 휴스는 이를 통해 상당한 수입을 올렸을 것이다.

　플래스의 《시선집Collected Poems》을 출간하게 되자 휴스가 《에리얼》에서 플래스 원고에 나오는 시의 순서를 바꿨다는 사실이 드러났다. 일부를 빼버리고 다른 미발표 시들을 넣었다. 휴스는 자신의 의도가 시에 묘사된 살아 있는 사람들의 거부감을 불러일으키지 않고 플래스의 작품에 대한 더욱 폭넓은 관점을 제공하기 위해서라고 설명했지만, 일부에서는 그의 개입이 플래스의 유산을 더욱 통제하려는 그의 욕망을 드러낸 것이라고 보았다. 그가 이후 플래스의 기록물을 다루고 출판 과정을 매우 세밀하고 꼼꼼하게 관리한 점으로 미루어 휴스는 죽은 첫 아내의 명예와 함께 자신의 명예에도 관심이 있었으며 그 둘은 불가분의 관계라고 생각했음이 분명한 듯하다.[11]

　휴스는 1982년 《실비아 플래스의 일기The Journals of Sylvia Plath》를 출간했다. 8권 분량의 일기 원고에서 추려내고 상당한 편집을 가한 것과 그가 방금 스미스칼리지에 판 추가 수집분 기록물이다. 이는 휴스와 그 아이들이 살고 있던 영국에서는 출판되지 않았고, 미국에서만 나왔다.

그는 서문에서 플래스의 미출간 일기를 발견하고 처리한 과정을 자세히 밝혔다. 그는 이것을 "노트 더미와 낱장의 종이 다발"로 묘사했으며, "밤색 안감을 댄" 장부도 언급했다. 그가 스미스칼리지에 판 자료에 포함되지 않은 것이었다. 이것은 플래스의 죽음으로 이어지는 시기의 것이었다고 그는 서문에서 말한다. 그들의 결혼 생활에서 가장 불편했던 시기다.

이 가운데 한 권은 그의 표현으로 "사라졌다"라고 했고, 또 한 권은 자신이 파기했다고 고백했다. 그 일기의 내용이 대중에게 공개될 경우 뒤따르게 될 거슬리고 고통스러운 소문으로부터 아이들을 보호하기 위해서라는 것이었다.[12] 휴스는 (적어도) 한 권의 노트를 파기했을 뿐만 아니라 출판된 책도 꼼꼼하게 편집해 1957~1959년에 해당하는 노트 두 권의 내용이 포함되지 않도록 했다. 그의 생각은 플래스 사후 50년이 되기 전에는 이를 연구자나 출판사에 내놓지 않겠다는 것이었다. 결국 그는 이에 관한 태도를 누그러뜨려 남아 있는 일기 전부를 출판하도록 허락했다. 1998년 자신이 죽기 직전에 내린 결정이었다.[13]

같은 해 휴스는 다른 책에서 이야기를 아주 약간 바꾸었고, 그것을 설명하는 데 1인칭에서 3인칭으로 바꾸기도 했다.

이 일기 두 권 가운데 두 번째 권은 그 남편이 파기했다. 아이들이 읽기를 원치 않았기 때문이다. … 그 이전 것 하나는 최근에 없어졌다(그리고 아마도 어디서 튀어나올 것이다).[14]

비평가 에리카 와그너Erica Wagner는 잃어버린 일기가 애틀랜타 에모리Emory대학의 휴스아카이브Hughes Archive 상자 속에 있을 것이라고 시사했다. 그것은 2022년 또는 휴스의 두 번째 아내 캐럴Carol이 죽을 때까지 공개되지 않도록 돼 있다.[15] 이 기록물을 에모리에 파는 데 관여한 뒤 고인이 된 희귀 서적 및 필사본 상인 로이 데이비즈Roy Davids는 휴스가 기록물 보전에 관해 잘 알기 때문에 그가 이 일기를 발견했다면 스미스칼리지에 보내 그곳에 있는 다른 일기들과 합치게 했을 것이라고 말했다.[16]

또 다른 해석은 물론 휴스가 일기 두 권 모두를 폐기했으리라는 것이다. 가장 최근에 그의 전기를 쓴 조너선 베이트Jonathan Bate는 그 일기는 요크셔 헵턴스톨Heptonstall의 럼뱅크Lumb Bank에 있는 에드워드와 캐럴 휴스의 집에서 불에 태웠을 가능성에 더 무게를 두고 있다. 그곳에서는 1971년 의문의 화재가 일어난 적이 있다. 당시 현지 경찰은 이 불이 고의적인 방화라고 추정했다.[17]

실비아 플래스가 죽은 뒤 그 사적인 기록의 유포를 '관리'하려 했던 가족은 휴스만이 아니었다. 인디애나대학 릴리 도서관에 있는 플래스의 편지에는 오릴리아 플래스가 검은 매직펜으로 그어놓은 부분이 있다. 그리고 오릴리아가 편집한 이 편지 선집 《집에 보낸 편지Letters Home》(1975) 또한 잘라내고 생략된 부분이 많다. 이런 변개는 책을 편집한 오릴리아가 했다.

물론 테드 휴스도 저작권을 가지고 있기 때문에 어떤 것이 출판돼야 하는지에 대해 발언권이 있다. 오릴리아 플래스와 테드 휴스는 모두 스스로의 명예를 지키기 위한 편집상의 결정을 했다. 그 과정에서

둘 사이의 문제도 드러났다. 오릴리아는 딸이 자신에 대해 한 부정적인 표현은 모두 제거했다. 휴스도 비슷하게 자신에 대한 부정적인 비평이 책에 전혀 나타나지 않도록 하려고 애썼다. 두 사람은 결국 휴스가 책의 초고에서 어떤 부분을 들어내기를 요구한 일 때문에 언쟁을 벌이게 됐다. 휴스는 1975년 4월 오릴리아에게 이렇게 썼다.

제가 생각하기에, 제가 그 편지들을 삭제한 뒤에 책이 이제 나에 관한 시시콜콜한 뒷이야기들이 줄 수 있는 대단한 흥밋거리가 없고 어떻든 실비아가 내가 아니라 장모님께 보낸 초기 연애편지(나에 관한 초기 편지를 말하는 겁니다)가 없지만, 그래도 그것만으로 실비아와 장모님의 관계는 매우 훌륭하고도 완전하게 드러납니다. 장모님이 원하는 게 그거였죠? 장모님, 제가 한 것은 오로지 내 사생활을 들어내는 것이었습니다. 그것을 사적인 영역에 남겨두기 위해서죠.[18]

실비아 플래스의 사례에서 지식 관리와 관련된 서로 연관된 결정들은 정치적인 것이었다고 이해해야 한다. 이후 자료를 공적 영역에 개방하는 주기(기록물 판매, 일기와 편지의 첫 삭제판 출간, 이후의 출판 차단 해제)는 플래스가 아니라 휴스가 중심에 있는 행위였다. 그는 자신의 행위로 최대한의 이득(명예와 금전 모두)을 얻었지만, 여기서 문제가 되는 도덕적 문제를 더욱 복잡하게 하는 것으로 그 또한 처리해야 할 자신의 개인적인 사생활이 있었다. 그 역시 플래스의 죽음으로 정서적인 영향을 받았으며, 그들 사이의 아이들 문제를 깊이 우려하고 있었다.

그러나 이 일은 마무리됐고, 이제 플래스의 삶과 작품을 평가하기 위해 남아 있는 일기 내용을 이용할 수 있다. 출판된 플래스의 저작, 편지 내용, 기타 플래스의 작품이 남아 있는 글들과 함께 말이다. 이들은 플래스의 문학에 대한 공헌을 평가할 자료를 계속해서 풍성하게 제공할 것이다. 우리는 어떤 것이 사라졌는지 제대로 알 수는 없지만, 휴스와 비평가들이 이후 플래스의 가장 심오하고 중요한 작품이라고 했던 것들을 쓸 때의 내면적인 정신생활의 양상들을 이해할 수 있게 됐다. 트레이시 브레인Tracy Brain은 이렇게 말했다.

우리는 사라진 일기의 내용에 대해 거의 알지 못한다. 그러나 비평가들이 플래스의 글을 가지고 하는(그리고 하지 않는) 그 많은 일들은 그 영향을 받고 있다. 플래스의 전 작품 가운데 중요한 부분이 사라졌다. 생각해 보자면 그것을 이해할 수 있게 만들 수 있는 바로 그 부분인 것이다.[19]

여기서 논의하고 있는 폐기된 자료는 남아 있었다면 어느 대학도서관이나 국가도서관에 가 있을 것이다. 그런 기관에 수장돼 있다면 이 자료들은 보관이 될 뿐만 아니라 연구를 위해 이용할 수 있고 대중이 평가할 수 있도록 전시되거나 디지털 자료로 만들어질 것이다.

어떤 저자의 내면의 감정을 담고 있는 글은 그가 쓴 작품에 대한 우리의 평가를 바꿀 수 있는 잠재력이 있다. 카프카 기록물은 보들리에 온 이후 맬컴 패슬리Malcolm Pasley 같은 편집자들이 이용해 학술판을 만드는 등으로 카프카에 대한 평판을 높이고 있다. 원고들은 여러 다른 언어들로 번역되고 전시회·영화·연극에 이용되고 있다. 막스 브로트가 프란츠 카프카의 바람을 저버렸다 해서 세상이 더 가련하고 덜 흥미로운 곳이 됐다고 주장하기는 어렵다. 그러나 이런 주장(그것은 그 핵심에서 후대의 대중의 관심이 작품을 창작한 사람 또는 작자의 이익과 긴밀한 사람의 사적인 이익보다 우선해야 함을 시사한다)이 바이런이나 플래스의 일기를 파기한 사람이 잘못된 일을 했음을 보여주는 것일까?

우리는 옛날 세계에 관한 지식을 바라볼 때 오직 파편으로만 존재하는 증거를 종합해야 한다. 삽포의 작품은 너무도 중요하기 때문에 수천 년 동안 삽포를 그저 '여女시인'으로 불렀다. 호메로스를 '시인'으로 부르듯이 말이다. 호메로스의 두 서사시는 거의 온전하게 남았지만, 삽포의 서정시는 그 영향을 받은 작품들을 통해서만 알려지고 있다. 플라톤, 소크라테스, 카툴루스Catullus(서기전 84?~서기전 54?) 같은 사람들의 작품이다. 삽포의 서정시 전집을 갖고 있었던 것으로 알려진 알렉산드리아 도서관이 남아 있었다면 오늘날 고대 세계의 문학에 대한 우리의 생각이 얼마나 달라졌을까?

지금까지 이야기한 사례들에서 내려진 결정 가운데 쉽거나 간단한 것은 없었다. 이 특별한 지식의 영역에서 사적인 부분과 공적인 부분은 서로 우위를 차지하기 위해 경쟁했다. 그 어려움은 작가들이 공적인 영역에 참여해서 삶을 영위하고 명성을 쌓았다는 사실로부터 나온다. 그들의 작품은 결국 '출판'된다. '공개'된다는 말이다. 위대한 작가들의 생각에 관한 대중의 관심은 분명하지만, 그들의 사생활에 관한 권리 역시 자명하다. 에드워드 휴스는 실비아 플래스의 일기 일부를 폐기할 때 그 아이들(그리고 자신)의 사생활을 생각의 맨 앞에 둔 것이다.

시간을 수백 년 단위로 생각하는 도서관에서 일한다면 이 문제에 대한 하나의 대답은 아마도 멀리 보는 일이 될 것이다. 보들리 도서관의 서고는 '열람 제한' 딱지가 붙은 원고들이 가득하다. 다시 말해서 보존을 위해 우리에게 문서를 기증 또는 기탁한 어떤 사람들에게 합의한 정도의 시간이 지나기 전에는 그 내용을 대중이 이용할 수 없도록 하겠다고 약속했다는 것이다. 그 시기는 작가나 수집품 소유자가 죽은 뒤일 수도 있고 더 길 수도 있다. 필립 라킨의 옥스퍼드 친구인 브루스 몽거머리의 경우는 그의 사후 30년이 지날 때까지 수집품을 공개하지 않기로 합의했다. 일부 자료는 20년을 더 비공개로 둬야 한다.

바이런의 자서전과 플래스 및 라킨의 일기는 보존될 수도 있었다. 그러나 유고 관리자가 선택하는 기간 동안 비공개로 있다가 그 내용에 밀접한 영향을 받는 모든 사람이 죽은 뒤 학자들에게 제공되는 것이다. 지식의 보존은 결국 미래에 대해 신뢰를 가지는 것이다(막스 브로트는 그것을 알았다).

10장

내 사랑 사라예보

《사라예보 학가다호》(1350년경)에 실린 〈사냥에서 돌아온 에서〉와 〈야곱의 사다리〉

1992년 8월 25일 저녁, 보스니아의 수도 사라예보Sarajevo의 한 건물에 포탄이 쏟아지기 시작했다. 사라예보는 1차 세계대전이 촉발된 암살이 일어났던 악명 높은 곳이다. 포탄은 예사로운 것이 아니었고, 건물도 예사로운 것이 아니었다. 포탄은 충격을 받으면 재빨리 불을 일으키도록 만들어진 소이탄이었다. 특히 가연성 물질이 주변에 있을 때는 더욱 불이 잘 붙었다. 그들이 포격한 건물은 보스니아헤르체고비나 국가·대학도서관이었고, 포탄을 발사한 것은 세르비아 민병대였다. 민병대는 보스니아를 파괴하려는 슬로보단 밀로셰비치Slobodan Milošević 세르비아 대통령의 전략의 일환으로 도시를 포위하고 있었다.

당시 세르비아인들은 소방수들을 제거하기 위해 저격병을 배치했으며, 심지어 대공포對空砲를 하늘 쪽이 아니라 수평으로 조준했다. 도서관 직원들은 인간 사슬을 이루어 불타는 건물에서 자료들을 빼냈으나, 계속되는 포격과 저격 총탄 때문에 너무나 위험했고 약간의 희귀서를 꺼내는 데 그쳤다. 그날 오후 2시쯤 도서관 직원 가운데 한 사람인 아이다 부투로비치Aida Buturović가 저격 총탄에 맞았다.[1] 아이

10장 내 사랑 사라예보   245

다는 이 나라 도서관들의 협력 네트워크를 지원하는 일을 하던 유능한 어학 전문가였다. 아이다는 겨우 서른 살이었고, 그날 사라예보에서 피해를 당한 사상자(사망 14명, 부상 126명) 가운데 하나가 됐다.[2]

작가 레이 브랫버리Ray Bradbury가 1953년에 종이가 타는 온도가 섭씨 233도임을 알려줬지만, 전체 도서관이 파괴되는 데는 긴 시간이 필요했다. 책이 불타면서 날린 재가 이후 며칠 동안 도시에 떨어졌다. 보스니아 시인 겸 작가 발레리얀 주요Valerijan Žujo의 표현으로 '검은 새' 같았다.[3]

도서관과 기록물을 파괴하는 동기는 사례마다 각기 다르지만, 특정 문화를 말소한다는 것이 두드러진 특징이다. 유럽 종교개혁 때의 서적 파괴는 종교적인 느낌이 강했고, 가톨릭 공동체들이 그 도서관 파괴를 통해 표적이 됐다는 생각이 든다. 그 도서관 소장품들이 이단으로 생각됐기 때문이다. 루뱅대학 도서관 파괴는 문화적 요소도 있었다. 그곳이 지식의 중심이라는 국가적 지위를 갖고 있었기 때문이다. 홀로코스트 동안의 도서관과 기록물에 대한 공격은 가장 넓은 의미에서 문화적 폭력이었다. 나치스 세력이 박멸하려고 했던 것은 단순한 유대인들의 종교가 아니라 살아 있는 존재로부터 그들 조상의 묘비까지 유대인 존재의 모든 측면이었다.

보스니아헤르체고비나 국가도서관은 비예치니차Vijećnica(시청)로 알려진 건물에 들어 있었다. 거기에는 150만 점이 넘는 책, 원고, 지도, 사진, 기타 자료들이 소장돼 있었다. 이들은 모두 단지 한 나라만이 아니라 전체 지역(이슬람교도 주민이 많은 곳이다)의 문화에 관한 기록된 기억을 제공했다. 그 건물을 공격한 포탄은 우연히 그곳에 떨어진 것이 아니었다. 그 도서관은 우연히 지역 전쟁의 십자포화에 휘말린 것이 아니었다. 그것은 이슬람교도 주민들에 대한 군사적 지배를 넘어서 그들의 절멸을 노린 세르비아 군대가 의도적으로 목표로 삼은 것이었다. 주변의 어느 건물도 포격을 당하지 않았다. 도서관이 유일한 표적이었다.[4]

2차 세계대전이 끝나고 홀로코스트의 엄청난 공포가 대중에게 알려진 지 꼭 45년, 끝없이 반복되는 '다시는'이라는 말이 세계인의 귀에 울리고 있을 때 문화 말살이 다시 한 번 유럽에 찾아왔다. 그것은 유고슬라비아가 여러 개의 개별 국가로 나뉘는 동안에 일어났다. 이 문화 말살의 동기는 복잡한 문제들의 덩어리였다. 민족주의가 인종 및 종교적 증오와 합쳐졌고, 그것이 정치적으로 표출됐다.[5]

1992년 여름, 인터레일 Interrail〔유럽의 한 나라 또는 여러 나라에서 사용할 수 있는 장기 할인 철도 승차권〕을 통해 유럽 각지를 돌아다니는 많은 배낭여행 학생들은 유고슬라비아를 여정에 넣었다. 배낭에 쑤셔 넣은 것은 빠듯한 주머니로 여행하는 젊은이들을 노린 새 여행 안내서였다. 그들은 《유고슬라비아 개략 안내서 Yugoslavia: The Rough Guide》 최신판을 갖고 있었을 것이다. 거기에는 이 지역의 역사를 요약한 부분이 들어 있었다.

이곳은 500년 동안 튀르크인의 지배를 받았고, 많은 나라들과 경계를 맞대고 있었다. 많은 보스니아인들은 2차 세계대전 동안 나치스 점령에 저항했으며, 티토 장군을 중심으로 한데 뭉쳤다. 이 나라는 지금 티토 치하의 수십 년 공산당 지배가 남겨놓은 영향을 겪고 있었다. 경제의 침체, 주요 기반시설에 대한 투자 부족, 급등하는 물가 같은 것들이다. 1980년 티토가 죽은 뒤 공화국 연방의 단결은 와해되기 시작했다.

강력하게 옹호되던 공화국의 개별성은 유지되고 있다. 유고슬라비아인들의 불과 4퍼센트만이 여권에 유고슬라비아인이라고 표기한다. 파업, 시위, 민족주의의 부활(특히 세르비아에서)이 전쟁 이후 처음으로 동맹의 미래를 위협했다.[6]

이 정치적·사회적 분열은 이 지역의 역사를 보면 불가피한 것이었다. 16~17세기 오스만 제국이 등장하자 유럽의 군주국들이 저항했다. 보스니아의 오스만 지배는 400년 가까이 지속됐다. 1878년 제국의 중심이 이스탄불에서 빈으로 옮겨갔다. 이 지역은 그곳의 지배를 받았다. 오스트리아헝가리 제국은 이 시기에 정치적·문화적 세력으로서 전성기에 다가서면서 오스만의 지배를 대체하고 있었다. 새 지배자들은 이 지역을 점령하고 '문명화'하기 위해 국제적 위임통치를 적용하면서 이 지역을 지배하는 자기네 독자적인 행정 질서를 도입했다.

1910년 보스니아의 인구조사 결과 기독교 정교 주민이 43퍼센트로 가장 많았고, 그다음이 이슬람교도 32퍼센트, 가톨릭교도 23퍼센트였다. 어떤 집단도 지배적인 지위를 차지하지 않는 이 종교적 복잡성은 또한 문화적 혼합을 만들어냈다. 건축 양식, 음악, 음식, 문학 등 모든 것이 뒤섞였다. 민족 집단들 간에는 정치적 긴장이 존재했고, 이 긴장은 이웃 공화국들인 세르비아 및 크로아티아의 힘에 의해 영향을 받았다. 두 나라는 모두 보스니아 땅에 대한 권리를 주장했고, 그 근거로 세르비아인 또는 크로아티아인이 그곳에 살고 있다는 사실을 들었다.

특히 세르비아는 이 이웃 나라에 군침을 흘렸다. 세르비아인들은 일찌감치 민족주의적 열망을 드러냈다. 1878년 무렵에 그들은 독립국가를 형성하는 데 성공했고, 20세기에 들어서도 계속해서 보스니아에 대한 권리를 주장했으며, 2차 세계대전 이후 각국을 통합해 만들었던 유고슬라비아가 해체되는 과정에서 보스니아에 사는 세르비아인들과 긴밀한 유대를 유지했다.

이 배경은 보스니아에 희미한 그림자를 드리우지만, 20세기에 이곳을 찾은 많은 사람들은 서로 다른 민족 집단들이 평화롭게 공존했음을 이야기하고 있다. 이 공존이 가장 분명한(또는 두드러진) 곳이 그 수도인 사라예보였다. 로런스 더럴Lawrence Durrell은 이렇게 썼다.

> 이슬람 사원, 첨탑, 붉은 모자. 한때 화려한 동방을 지배한 것들이었다. 강은 시원한 공기를 만들고, 마을과 다리를 휘감아 흐른다. 그곳에서 어떤 사람이 암살당했다.[7]

사라예보는 이 지역 안의 역사적 긴장을 견뎌냈다. 그리고 이는 공화국 전체가 이용하는 시의 대도서관에 반영됐다.

발칸반도 지역은 책 문화의 뿌리가 깊었다. 중세에 시토Cîteaux 수도회 같은 가톨릭 종교 교단들이 슬로베니아에 존재해 필사실과 도서관을 발전시켰다. 더 남쪽의 유대교, 정교회, 오스만 공동체들에는 번성하는 출판 중심지들이 있었다. 사라예보는 책 문화의 중심지 가운데 한 곳이었다. 이 도시에는 16세기 초 사라예보의 두 번째 '건설자'인 가지 휘스레브 베이Gazi Hüsrev Bey가 건설한 도서관이 있어 아라비아어·튀르크어·페르시아어 책과 필사본으로 이루어진 최고급의 장서를 자랑했다. 1990년대 무렵에 이 도서관은 유럽에서 가장 오랫동안 유지돼 온 도서관 가운데 하나였다. 사라예보의 유대인 공동체 또한 라베네볼렌치야La Benevolencija에 독자적인 도서관을 갖고 있었다. 다른 종교들도 도서관을 운영했다. 프란체스코회는 사라예보에 수녀원과 신학교를 갖고 있었고, 그들의 종교 활동을 뒷받침하기 위해 도서관을 건설했다.[8]

19세기 말에 합스부르크 지배자들은 보스니아의 근대화를 지원해 지역 박물관인 제말리스키Zemaljski 박물관을 만들었다. 그 안에 학술 도서관이 있었다. 이 박물관 도서관은 1888년 설립 이래 약 25만 권의 장서를 보유한 도서관으로 성장했으며, 이 지역 최고의 미술품 보물 가운데 하나인《사라예보 학가다흐Sarajevo Haggadah》('학가다흐'는 유월절逾越節 만찬에서 사용되는 전례서다)를 가지고 있었다.

1950년 설립된 사라예보 동방연구소 또한 보스니아 문화의 기록에 중요한 중심지 역할을 했다. 아라비아어·페르시아어·히브리어 서적과 필사본, 문서들이 중심을 이루었고, 이 지역에 특히 중요한 아자미이스키Adžamijski 문서 모음이 있다. 이는 슬라브 계통인 보스니아어 내용을 아라비아 문자로 표기한 것으로, 사라예보가 문화의 교차점이 됐음을 상징하는 것이다. 이곳은 동남 유럽의 문화적·지적 중심지로서 가장 중요한 곳이었다.

보스니아헤르체고비나 국가·대학도서관은 1945년에 설립됐다. 1992년에 이곳에는 15만 권의 희귀본과 500권의 중세 필사본, 수백 점의 인쿠나불라와 주요 기록물들이 있었다. 또한 이 지역 신문·잡지를 모은 이 나라의 주요 소장품과 본격적인 교육 기관들에 소용되는 전 세계에서 모은 학술 자료들도 있었다. 이 도서관은 이 나라의 문화적 자원 구실을 할 뿐만 아니라 사라예보대학의 연구 기반 노릇도 했다. 국가도서관의 특수 기능 가운데 하나는 나라의 지적 유산을 기록하는 것이며, 이 국가·대학도서관의 대표 장서 가운데 하나는 '보스니아카Bosniaca' 장서였다. 보스니아에서 인쇄된 모든 출판물과 인쇄·출판 장소를 불문하고 보스니아에 관한 모든 책을 한데 모은 '기록의 집합체'다. 이 수집품(그리고 직원들)은 당연히 보스니아의 다문화적 본질을 반영하고 있었다.

국가·대학도서관이 들어 있던 건물은 본래 오스트리아헝가리 제국 지배의 전성기였던 19세기 말에 시청으로 지어졌다. 그것은 이슬람교의 영향을 받은 이 도시 역사의 문화적 유산을 반영하도록 디자인된 것이었다. 보이보데스테페Vojvode Stepe라는 대로 끝에 위치해 이슬람 양식을 흉내 내어 설계됐는데, 합스부르크 지배자들은 틀림없이 그것이 사라예보의 볼품없는 바슈차르시야Baščaršija(이 오스만 도시의 도심이다)의 튀르크 건물들과 꼭 들어맞는다고 생각했을 것이다.

이 장서들이 포격의 궁극적인 목표물이었다. 그러나 이 건물의 중요성은 오로지 지적·문화적인 부분과의 연관성 때문만은 아니었다.

1910~1915년에 이곳은 보스니아의 첫 의회가 있던 곳이었다. 세르비아의 공격자들이 알았다면 후회했을, 자주적인 민주 국가의 상징이었다.

도서관이 다 타는 데는 사흘(8월 25~27일)이 걸렸다. 그 사흘 동안에 장서의 일부는 빼낼 수 있었을 것이다. 그을음이 도서관의 책들을 사용할 수 없게 만들고 심지어 건강에도 해를 끼칠 수 있었겠지만, 첫 포격이 이루어진 이후 불길이 잡혔다면 장서의 일부는 꺼낼 수 있었을 것이다. 그러나 당시 강한 열기로 주 열람실의 가느다란 대리석 기둥이 파열됐고 지붕이 아래 공간으로 무너져 내려, 사라예보 소방수들이 장서를 빼내는 것은 더 이상 현실적인 선택지가 될 수 없었다. 그들 가운데 한 사람은 이렇게 말했다.

"이곳에 몇 시간 동안 박격포탄이 떨어졌고, 그 때문에 작업이 아주 힘들었어요."[9]

그들의 처절한 노력은 또한 낮은 수압 때문에도 어려움을 겪었다. 그전 달의 전투로 인해 시의 양수揚水 설비가 손상을 입었기 때문이다. 소방수들은 불길을 잡기 위해 총력을 기울였지만 포격이 계속돼 건물은 계속해서 불길에 휩싸여 있을 수밖에 없었다. 세계의 신문들은 심지어 이 소식을 주요 기사로 다루지도 않았다.[10]

이 국가·대학도서관은 아마도 전쟁의 가장 두드러진 지적·문화적 피해자였을 것이다. 그러나 피해자는 더 있었다. 보스니아 전역에서 수십 군데의 도서관·기록관이 같은 일을 당했다. 이슬람교도 지역의 기록물 수집품들이 가혹하게 파괴됐고, 이런 곳들에서는 토지 등기소의 문서 파괴와 함께 개인들에 대한 인종청소가 동시에 이루어졌다. 이슬람교도들의 소유 재산에 대한 기록이 파괴되고 심지어 묘비까지 불도저로 밀어버렸다. 이슬람교도들이 보스니아 땅에 묻혔다는 흔적까지 말살하려는 것이었다.

보스니아의 지역 기록관 절반 이상이 파괴된 것으로 추산됐다. 줄지어 81킬로미터 이상의 역사 기록이다.[11] 이 문서들은 이들 공동체의 시민권을 아주 상세히 기록하고 있었다. 수백 년 동안 출생·결혼·사망을 기록했고, 토지 소유권도 아주 상세히 기록했다(오스만의 관례에 따른 것이다). 이 문서들은 그들의 환경 속에서 공동체의 뿌리 찾기에 도움을 준다. 그 뿌리가 여러 세대에 걸쳐 그 지역에 존재했던 집안의 증거를 통해 시간적으로 거슬러 올라가고 개인화할 수 있도록 한다. 존재의 권리 자체인 미래의 주거·소유권·재산에 대한 권리 주장은 날아가 버렸다(혹은 민족주의자들이 그렇게 하려고 했다). 이슬람교도들의 존재의 기록은 사람들 자체와 함께 '제거'됐다. 노엘 맬컴Noel Malcolm은 이렇게 썼다.

그런 행위를 조직한 사람들은 가장 교과서적인 방식으로 역사를 지우려고 시도한 것이다.[12]

도보이Doboj 마을에서는 세르비아 민병대가 이슬람 사원과 가톨릭 교회를 파괴한 뒤 베오그라드에서 '붉은 베레모'라는 특수 부대가 와서 가톨릭 사제관의 세례 기록을 찾았다. 주임 사제에 따르면 다행히도 '선량한 사람들인 현지 세르비아인들'이 그의 요청에 따라 기록을 숨겼다. 그가 알기에 이는 마을에 닥친 문화적 인종학살의 더 높은

단계였다.¹³

 이 나라의 서남쪽 지방인 헤르체고비나에서는 역사 깊은 도시 모스타르Mostar가 또한 세르비아인들의 목표물이 됐다. 헤르체고비나 기록관들은 가톨릭 대주교관구 도서관 및 시의 대학도서관과 함께 거듭 목표물이 됐다. 모스타르의 아름답고 역사적인 중세 다리의 파괴는 전쟁 동안 보스니아의 문화생활에 끼친 손실의 상징이 됐다. 그러나 여러 공공도서관과 기록관의 수많은 책과 문서들이 파괴됐지만 언론의 관심은 거의 받지 못했다.

 사라예보의 다른 도서관과 기록관들도 마찬가지로 고난을 겪었다. 동방연구소가 첫 희생자였다. 1992년 5월 17일 백린탄白燐彈이 의도적으로 이 건물에 발사돼 소장품 전부를 파괴했다. 포격과 그에 따른 큰불로 필사본 5천 점, 오스만 문서 20만 점, 100여 건의 오스만 시대 지적부地籍簿(토지 소유권 장부)와 1만 권의 인쇄본·잡지 등 참고 장서들이 파괴됐다. 장서 목록조차 남지 않았다. 국가·대학도서관의 경우와 마찬가지로 주변의 다른 건물들은 포격을 받지 않았다.¹⁴

 사라예보대학 16개 학부 가운데 10개 학부 도서관 또한 공격을 받아 파괴됐다. 대체로 공포의 1992년에 벌어진 일이었고, 40만 권이 파괴된 것으로 추산됐다. 1992년 6월 8일, 이 도시 교외의 프란체스코회 수도원이 세르비아 군대에 의해 점령돼 수도사들이 쫓겨났다. 수도원 도서관은 지킬 사람이 없어 5만 권의 책이 강탈돼 파괴되거나 유출됐다. 그 가운데 일부는 이후 시기 유럽 전역의 고서 시장에 나왔다.¹⁵

 1992년 9월, 사라예보의 홀리데이인Holiday Inn 호텔이 포격 당하자

BBC 기자 케이트 에이디Kate Adie는 분노에 차서, 외국 기자들이 잔뜩 묵고 있는 호텔이 왜 목표물이 됐느냐고 세르비아 포병 사령관을 힐난했다. 그런데 놀랍게도 포병 사령관은 잘못을 인정하고 백배사죄했다. 실제 목표는 길 건너 국가박물관이었는데 자기네가 실수를 해서 포탄이 호텔에 잘못 떨어졌다는 것이었다.[16]

보스니아 곳곳의 기관에 소장됐던 기록물과 초고 모두 합쳐 48만 미터와 200만 권의 인쇄본이 전쟁 외중에 파괴된 것으로 추산됐다.[17]

포탄이 국가·대학도서관에 떨어지기 시작한 순간부터 소장품을 구하기 위한 열성적인 노력이 기울여졌다. 도서관 직원과 사라예보 사람들(세르비아인, 크로아티아인, 유대인, 이슬람교도가 다 있었다)은 함께 인간 사슬을 이루어 책을 꺼냈지만 가지고 나온 것은 소장품의 10분의 1에도 못 미쳤다.

도서관 운영은 보란 듯이 유지됐다. 포위 공격 동안, 공포에 휩싸인 상황 속에서도 100여 명의 학생들이 박사 학위를 마쳤다. 동방연구소는 계속해서 세미나와 심포지엄을 열었다. 직원들은 재택근무로 업무를 처리했다. 많은 집단이 도움을 제공했다. 세계 도서관 협회들과 미시간대학 도서관 및 하버드대학 도서관 같은 개별 도서관들이었다. 유엔 교육과학문화기구UNESCO는 곧바로 국제사회의 도서관 재건 지원 약속을 뒷받침했다.

―――――

도서관 건물 수리는 1996년부터 단계적으로 이루어졌다(자금은 이 지역의 이전 식민 지배자 오스트리아의 기부로 마련됐다). 처음에는 단순하게 구조물을 안정화하는 것을 목표로 삼았다. 1998년 7월 30일, 세계은행과 유네스코 및 모스타르 시는 이 도시의 유명한 다리 스타리모스트Stari Most 재건을 위한 호소에 나서, 이전 유고슬라비아에 대한 국제적인 자금 지원 경쟁을 촉발했다. 세계은행은 모스타르 다리를 '전체 보스니아의 상징'으로 간주했으며, 재건을 위한 막대한 재원은 국제사회가 보스니아의 다른 거의 모든 문화유산 사업을 배제하고 이 사업에 투입했다.[18]

그러는 사이에 도서관 재건 사업은 정치적으로 점점 곤경에 빠졌다. 1999년 유럽위원회EC는 제2차분 자금을 지원했지만, 이 일은 2002년이 돼서야 시작됐고 2004년에 다시 중단됐다. 전쟁이 끝나고 10년이 지난 뒤에도 이 도서관은 여전히 폐허 상태였고 심지어 건물의 소유권에 대한 다툼도 있었다. 건물이 도서관의 것이냐 시의 것이냐 하는 문제였다. 두 기관은 이 건물이 재건된 뒤 어떤 기능을 가져야 하느냐를 놓고 견해가 갈렸다. 그러나 결국 에스파냐와 유럽연합의 추가 자금 지원으로 건물은 재건됐고, 이제 사라예보 포위전 동안 희생된 1만 5천 시민을 위한 기념물이 됐다.

1990년대에 벌어진 발칸반도의 전쟁으로 수십만 명이 죽고 수백만 명이 고향과 재산을 잃었다. 세계를 엄청난 충격에 빠뜨리고 밀로셰비치 등을 전쟁범죄 혐의로 헤이그 재판정에 세운 인종청소로 인해 그에 버금가는 또 하나의 비극은 주목을 받지 못했다. 바로 도서관과 기록관에 가해진 의도적인 만행을 통한 이 지역의 지적·문화적 기억의 상실이다.

보스니아 전역에서 이 야만적인 공격을 계획하고 실행한 세르비아 지도자들은 결국 헤이그 국제형사재판소 ICC에서 열린 구유고슬라비아 국제전범법정 ICTY에 세워졌다. 세르비아 민족주의자들의 지도자인 라도반 카라지치Radovan Karadžić는 그의 군대는 국가·대학도서관 포격에 책임이 없으며, 오히려 사라예보의 이슬람교도 주민들이 이 건축물 자체를 좋아하지 않았다고 주장했다.[19] 다행히도 법정은 이런 거짓말을 깨는 데 필요한 모든 지식을 갖추고 있는 전문적인 조언자를 지명했다. 당연히 그는 보스니아의 문화 말살에서 도서관과 기록관이 어떤 위치에 있었는지를 밝혀줄 사서였다.

하버드대학 미술도서관의 언드라시 리들마이에르András Riedlmayer는 오스만 역사로 박사 과정을 마치고 발칸반도의 역사와 문화에 대한 지식을 철저히 쌓았다. 그는 보스니아 도서관들의 파괴 소식을 듣고는 곧바로 도서관 재건을 돕겠다고 제안하고 옛 유고슬라비아 일대를 돌아다니며 증거 수집을 위한 현장 활동을 했다.[20] 그는 이 지역을 돌아다니면서 때로 제거되지 않은 지뢰나 폭동 등으로 인해 위험에 빠지기도 했다. 리들마이에르는 구유고슬라비아 국제전범법정을 위해 작업하는 과정에서 534개의 개별 장소를 기록했다. 그 가운데 일부는 직접 조사했고, 나머지는 사진과 증언, 기타 형태의 문서화된 증거들에 의존했다.[21]

리들마이에르는 밀로셰비치, 라트코 믈라디치Ratko Mladić, 카라지치 같은 전쟁범죄자들을 법정에서 직접 대면한 얼마 안 되는 사서 가운데 한 사람이었다. 리들마이에르는 이 지역 도서관과 기록관에 대한 지식이 있었기 때문에 밀로셰비치 재판에서 증거를 제시해 달라는

요청을 받았다. 밀로셰비치가 기소된 사건에 대해 부인하면 분명한 사실을 가지고 반박해 달라는 것이었다.²²

이 국제전범법정은 문화유산, 특히 민족적·종교적 건물과 도서관·기록관에 대한 전쟁범죄 소추에서 성공을 거둠으로써 새로운 지평을 열었다. 그러나 공격과 그로 인해 야기된 손실에 비해 기소된 숫자가 적기는 했지만, 그것은 선례를 만들고 잘못을 바로잡는다는 의식을 확립했다. 도서관과 기록관의 운명은 전쟁의 참화 속에서 잊히게 마련이었다. 1954년 헤이그에서 맺은 '무력분쟁시문화재보호조약'은 사라예보 국가도서관이나 보스니아의 다른 여러 도서관들의 파멸을 막는 데 아무런 도움이 되지 않았다. 그러나 법정의 존재는 집단학살과 기타 전쟁범죄에서 증거를 숨기려는 노력을 하도록 만들었다. 이 법들이 약간의 억지 효과가 있음을 보여준 것이다.²³

국가도서관 장서를 구하기 위한 도서관 직원, 소방수, 시민들의 노력을 방해한 저격과 포격 작전을 지휘했던 세르비아 장군 스타니슬라브 갈리치Stanislav Galić는 법정에 섰고, 2006년에 종신형을 선고받았다. 포위전 동안 갈리치의 자리를 물려받은 믈라디치 역시 1996년 헤이그에서 기소됐다. "도서관을 포함하는 … 종교·문화 시설에 대한 의도적이고 불법적인 파괴" 혐의였다. 그 역시 2017년 종신형을 선고받았다.

그가 섰던 피고석에는 카라지치와 밀로셰비치도 섰다. 밀로셰비치는 건강이 좋지 않아 판결이 내려지기 전인 2006년 사망했다. 법정에서 문화유산에 반한 죄와 인도주의에 반한 죄 사이에는 연관성이 있었지만 카라지치와 믈라디치의 재판을 위한 기소 수정 변론에서

국가도서관 파괴는 사건 목록에서 제외됐으며, 그 파괴에 대한 유죄 판결은 내려지지 않았다.[24]

역사성이 있는 수많은 건물들이 이 전쟁에서 파괴됐다. 함께 사라진 귀중한 책·필사본·문서들은 언론의 관심을 훨씬 덜 받았다. 피해를 당한 장서를 복구하고 파괴된 책을 대체하고자 하는 시도는 사라진 것의 극히 일부만을 대상으로 했다. 국가도서관 소장품은 독특한 것들이 많아서 대체 불가능한 자료의 집합체였다. 도서관 파괴는 보스니아 문화의 핵심을 가격한 것이었고, 다음 세대를 교육시키는 대학의 능력에 손상을 가했다. 사라예보 소방대장 케난 슬리니치Kenan Slinić는 그와 대원들이 장서를 구하기 위해 목숨을 건 이유가 무엇이냐고 묻자 이렇게 대답했다.

"나는 여기서 태어났고, 저들이 내 몸의 일부를 태우고 있었기 때문입니다."[25]

사라예보의 한 도서관은 간신히 파괴를 면했다. 국가박물관의 학술 도서관 직원들은 20만 권에 이르는 장서 대부분을 박물관의 유물들과 함께 대피시켜, 저격수의 총알과 하루 평균 400발씩 이 도시에 쏟아진 대포의 포격을 면하게 했다. 박물관장 리조 시야리치Rizo Sijarić 박사는 1993년, 안에 남아 있는 소장품들을 보호하기 위해 박물관 벽에 난 구멍을 플라스틱 판으로 막는 작업을 하다가 수류탄이 터지는 바람에 사망했다.[26]

이 용감한 행동 덕분에 《사라예보 학가다흐》로 알려진 히브리어 필사본이 보존될 수 있었다. 이것은 길고 복잡한 역사를 갖고 있는 중요한 채색 필사본이다. 14세기 중엽에 에스파냐에서 만들어진 이후

1497년 이베리아반도에서 추방된 유대인들이 가져왔다. 《사라예보 학가다흐》는 사라예보의(그리고 보스니아헤르체고비나의) 다문화적인 힘과 회복력의 상징이 됐으며, 지금 이 지역에서 가장 유명한 책이다.

이것은 여러 사람의 손을 거치고 많은 전쟁에서 살아남아 1894년 보스니아 국가박물관에서 구입했다. 2차 세계대전 동안에 이 필사본은 박물관의 도서관장 데르비시 코르쿠트Derviš Korkut가 나치스의 눈을 피해 몰래 사라예보에서 밀반출해 숨겼다. 코르쿠트는 이것을 제니차Zenica 마을에 사는 한 이슬람 성직자에게 맡겼고, 그 마을에서는 이슬람 사원 또는 이슬람교도의 집 마룻장 밑에 숨겼다. 1992년 박물관에 도둑이 들었지만 《학가다흐》 필사본은 피해를 당하지 않았고, 도둑이 값나가지 않는다고 생각한 다른 여러 가지 물건들과 함께 마루에서 발견됐다. 그리고 뒤에 지하 금고에 보관됐다.

정부가 무기를 사기 위해《학가다흐》를 팔았다는 소문을 잠재우기 위해 보스니아 대통령은 1995년 한 지역사회 유월절 행사에서 이 필사본을 다시 국가박물관에 증정했고, 오늘날까지 그곳에서 볼 수 있다.[27] 그것은 2017년 11월, 유네스코가 세계의 기록유산을 보존하기 위해 운영하는 세계기록유산에 추가됐다.

근래에 문화 말살을 목격한 것은 보스니아만이 아니었다. 10년 전에는 자프나Jaffna라는 도시에서 있었다. 자프나는 스리랑카 최북단 주의 주도州都다. 이 지역은 스리랑카가 1948년 영국으로부터 독립한

이래 싱할라Sinhala인과 타밀Tamil인 공동체 사이의 분쟁이 뚜렷한 곳이다. 1981년 5월, 지방 정부 선거로 불안 상태가 촉발된 가운데 200명의 경찰관이 소동을 일으켰다.

6월 1일 밤, 자프나 공공도서관이 불에 타, 이 도서관이 설립 이래 모아온 10만 권의 책과 1만 권의 필사본 등 장서 전부가 파괴됐다. 스리랑카에는 19세기 초부터 도서관이 하나 있었지만, 진정한 공공도서관은 1934년 만들어진 자프나 공공도서관이 처음이었다. 이 도서관은 새로운 위치로 옮겨 1954~1959년에 재개관했는데, 1981년에는 "자프나 정신과 더 높은 수준의 교육을 받으려는 욕망의 일부"[28]가 돼 있었다.

타밀 공동체는 언제나 교육의 중요성을 강조해 왔고, 도서관에 대한 방화는 고의적인 행위로서 경찰들에 의해 저질러지고 타밀인들을 위협할 의도를 가진 것이었다. 그것은 그들의 미래를 위한 열망을 파괴하는 것이기도 했다. 언론인 프랜시스 윈Francis Wheen이 당시 썼듯이, 도서관·서점과 신문사 본사 파괴는 "분명히 타밀 문화에 대한 조직적인 공격"[29]이었다. 한 타밀 정치 단체는 스리랑카 경찰에 의한 타밀 도서관 파괴가 "문화 말살"[30] 정책의 일환이라고 주장했다.

스리랑카 정부는 1981년 5~6월의 폭력을 치안력의 부실 탓으로 돌렸으며, 국제적 압박이 일어나자 보상금으로 90만 루피를 내놓겠다고 약속했다. 이 추가 자금 지원에도 불구하고 도서관은 여전히 재건되지 않아서 2003년에는 23명의 시의회 의원이 이에 항의해 사퇴했다. 도서관은 그 이듬해 마침내 다시 문을 열었고, 오늘날까지 이용되고 있다.

예멘에서는 또 다른 문화가 같은 종류의 위협에 직면해 있다. 예멘의 내전은 수만 명의 생명을 앗아가고 수십만 명을 난민으로 만들었다. 예멘의 도서관들은 심각한 손상을 입었다.

자이드Zaid파 공동체의 도서관들은 예멘의 문화생활에서 독특한 존재다. 그들 신앙의 지적 유산이 서기 9세기 이래 이 나라에 존재해 온 그 필사본들에 의해 조성돼 왔기 때문이다. 자이드파는 시아파 이슬람교의 한 분파이며, 예멘 산악 지역에서 가장 강력하다(다른 곳에서는 이란 북부 카스피해 연안 지역에서만 발견된다). 자이드파 공동체에서 나온 것이 사우디아라비아가 이끄는(2018년 12월까지는 미국이 지원한) 연합군에 맞서는 반군 집단 후시Hūthi다.

자이드파의 지적 전통은 그 도서관 필사본들에 반영돼 있듯이 매우 풍성하다. 이 종파가 시아파 이외의 사상에 대해 개방적인 데다가 아라비아반도, 북아프리카, 인도양 지역 출신의 이슬람교도 집단이 쉽게 드나들 수 있는 예멘의 위치 덕분이었다. 자이드파는 이슬람 합리주의 사상인 중세 학파 무타질라Muʿtazila파의 가르침을 고수하고 있다. 그들은 신성한 지혜에 접근하는 방편으로서 인간의 이성 이용을 권장했다.[31]

자이드파 도서관 파괴는 부분적으로 전쟁으로 인해 초래된 전반적인 파괴 때문이었다. 도서관들이 십자포화에 휘말린 것이다. 그러나 파괴의 상당수는 의도적인 것이었다. 살라프Salaf파 전사들의 종파적 증오의 결과물이었다. 예멘이 겪어온 많은 전쟁에서 약탈과 파괴의 오랜 전통이 있기는 했지만 말이다.

사서들은 지식의 영구적인 손실에 맞서 싸우는 일을 뒷받침하기 위해 디지털 기술을 이용하고 있다. 언드라시 리들마이에르가 헤이그의 국제형사법정에서 증거를 제시하기 전에 그는 '보스니아 필사본수집계획'을 통해 보스니아의 도서관을 재건하기 위해 열심히 노력하고 있었다. 리들마이에르와 전 세계의 사서들은 보스니아 도서관들에서 파괴된 필사본(특히 사라예보 동방연구소 도서관의 풍부한 장서)의 복제본들을 추적했다. 이런 복제본 일부(대체로 축소사진 필름 형태)는 기관도서관에서 발견됐고, 일부는 학자들의 사적인 연구용 수집품에 들어 있었다. 리들마이에르와 그 동료들은 사본들에 대한 디지털 스캔 작업을 했다. 필사본의 일부만이 이런 방식으로 회수됐는데, 복제본이 원본만큼의 중요성을 지닐 수는 없다. 그러나 기관들이 자료를 회수하는 일을 돕고 지식이 보스니아의 공동체에 이바지하게 하는 방법으로서 이 사업은 중대한 진전이었다.[32]

디지털화와 복제는 예멘에서도 제 역할을 했다. 프린스턴의 고등연구소IAS와 미네소타주 콜린스빌의 세인트존스Saint John's대학 힐Hill 박물관·필사본도서관HMML이 공동으로 수행한 한 사업은 예멘과 자이드파 필사본이 수집된 전 세계에서 온 자이드파 필사본들을 디지털화하고 있다. 미국의 사업과 협력하고 있는 디지털화 사업들은 이탈리아·독일·오스트리아·네덜란드 등 유럽 국가들의 자금 지원을 받았다. 자이드파 필사본 문화 보호를 돕기 위해 총 1만 5천여 권의 책이 디지털 자료로 기록되고 제공돼 이 공동체의 인지도를 높이고 인간 지식의 이 희귀한 분야의 중요성을 강조하게 된다.

위기에 처한 자이드파 필사본에 포함돼 있는 것들은 10세기 이래 살아남은 한 공동체의 문화적 기억이다. 이맘 알만수르 압둘라흐Al-Manṣūr ʻAbdallāh(1166~1217)가 자파르Zafār에 세운 한 도서관은 지금 비록 사나Sanʻā의 이슬람 사원에 들어 있지만 어쨌든 지금까지 계속 존재해 오고 있다. 거대한 힘을 가진 세력이 일으킨 격렬한 전쟁에 직면해 이 독특한 문화는 사라질 위기에 처해 있다. 이런 위협에도 불구하고 지식의 보존은 계속된다.[33]

11장

제국의 불꽃

보들리에 소장된 에티오피아 필사본 중 하나와 영국의 에티오피아 및 에리트레아 출신자들(2019년 8월)

냉난방이 되는 보들리의 웨스턴 도서관 서고의 현대적으로 배치된 서가의 미로 속에, 이 도서관 설립 때부터 있던 장서를 얹고 있는 작은 서가 줄이 있다. 1599년 토머스 보들리의 생각이 구체화되던 바로 그 시기다. 이 특별한 수장 도서는 그의 친구인 활동적인 에식스Essex 백작 로버트 데버루Robert Devereux가 기증한 것이었다. 그는 당시 잉글랜드에서 가장 큰 권력을 가진 사람이었고, 학자연하는 궁정 관료였고, 한때 여왕의 최고 총신寵臣이었다. 서가에서 그 가운데 한 권을 뽑아보면 문장紋章을 새긴 검은 가죽으로 장정돼 있고, 표지에 금박이 찍혀 있다. 문장은 짐작과는 달리 데버루의 것이 아니고 지금의 포르투갈에 있던 파루Faro의 주교 것이다.

파루는 여행 안내서에 "부유하고 붐비는 도시"라고 설명돼 있다. 대성당 주변 지역은 "유쾌하고 빼어난 공간"으로 추천되고 있으며, 대성당은 고딕 양식의 '골조'로 돼 있다고 언급돼 있다. 주교의 관사 부근에 파루의 구시가지가 있다. 여행 안내서는 또한 "에식스 백작에게 약탈당한 주교의 장서가 옥스퍼드대학 보들리 도서관의 핵심을 이루었다"라고 지적한다.

11장 제국의 불꽃　267

지식 도둑질은 오랜 역사를 지니고 있다. 도서관과 기록관 소장품들은 때로 전쟁이나 영토 분쟁 때 강탈한 결과물인 자료를 포함하기도 한다. 이런 강탈로 인해 빼앗긴 쪽에서는 지식에 접근하지 못한다. 도서관이나 기록관이 불탄 경우와 마찬가지로 결정적이다. 윈스턴 처칠이 "역사는 승자의 기록이다"라는 말을 처음 했는지 아닌지는 모르지만, 역사는 지식에 접근해야 쓸 수 있다. 이 장에서는 역사의 통제와 문화적·정치적 정체성에 관한 문제를 다루겠다.

많은 옛 책들이 지금 옥스퍼드에 있다는 사실은 몇 가지 흥미로운 문제들을 제기한다. 파루 주교의 장서 같은 지식의 집적체들이 언제부터 정당한 정치적 목표물이 됐을까? 그것들을 원래 소유하고 있던 사회로부터 빼내 오는 것은 파괴 행위로 볼 수 있을까? 비슷한 문제가 제국주의적 사업을 통해 유럽으로 가져온 박물관의 물건들에 대해서도 제기된다. 유럽의 여러 박물관에서 볼 수 있는 베닌Benin 청동기 습득 같은 것들이다. 그것이 지금 박물관 업계에서 논의의 대상이 되고 있다.[1]

주교의 장서는 이례적인 경로를 거쳐 보들리 도서관으로 왔다. 그것은 에스파냐와의 간헐적인 충돌(1585~1604) 과정에서 얻은 전리품이었다. 충돌은 여러 요소가 개입된 것이었고, 그 가운데 하나가 종교였다. 에스파냐는 가톨릭 국가였고, 자기네 신앙을 잉글랜드에 강요하고자 했다. 잉글랜드는 비교적 최근에 가톨릭 신앙과 로마의 종교적 지도력에 등을 돌리고 '잉글랜드교회'(성공회)를 설립했다. 이 교회는 기독교의 개신교파로, 교황이 아니라 자국 군주를 수장으로 했다. 엘리자베스 1세의 전임 여왕(가톨릭교도였다)은 에스파냐의 펠리페Felipe 2세(재위 1556~1598)와 결혼했다. 이 결혼은 잉글랜드에서 많은 비난을 받았고, 엘리자베스의 외교 정책은 대부분 전 세계에서 에스파냐의 세력을 약화시키는 것을 목표로 하고 있었다. 그러자 에스파냐는 자기네 제국의 목표를 위한 잠재적 목표물로서 늘 잉글랜드를 염두에 두었다.

1587년 프랜시스 드레이크Francis Drake가 벌인 일련의 에스파냐 해군 공격은 '에스파냐 왕의 수염 태우기'로 잘 알려졌다. 이런 티격태격은 마침내 1588년 에스파냐의 실패한 침공 시도와 함께 공개적인 전쟁으로 비화했다. 전쟁은 제국의 힘을 총동원해 대서양상에서 벌어졌다. 그것은 제해권을 확립하고 이를 통해 경제적 권력을 휘두르는 식민 제국으로 올라서기 위한 전쟁이었다. 에스파냐는 이 제해권이 한 나라를 세계제국으로 변모시켜 엄청난 부를 가져다줄 수 있음을 보여주었다. 잉글랜드는 단순히 자기네의 종교적인 위치를 방어하는 것이 아니라 거기서 더 나아갈 수 있는 기회를 발견했다. 잉글랜드는 '아르마다Armada'(무적함대)를 격파한 지 10년 뒤에도 에스파냐를 상대로 공격을 하고 스스로를 방어하기 위해 해군을 사용했다.

종교·정치·교역이 뒤얽힌 이 계속되는 충돌에는 잉글랜드 궁정의 여러 주요 인물들이 개입됐다. 1596년 6월 3일 저녁, 로버트 데버루가 이끄는 원정대가 플리머스Plymouth에서 출항해 에스파냐로 향했다. 거기서 그는 또 다른 잉글랜드 침략이 준비되고 있다는 정보를 얻었다. 같은 해 앞선 시기에 에스파냐가 콘월Cornwall을 습격한 일이 있기 때문에 공포감이 커졌다. 함대는 6월 21일 카디스Cádiz 항구에 도착했다. 데버루가 부대를 이끌고 가장 먼저 상륙해 엄청난 기세로 도시를 공격했다.

며칠 뒤, 데버루 습격대는 카디스 항구를 불태울 때 옷에 밴 매캐한 냄새를 여전히 풍기며 서쪽으로 배를 몰아 이웃해 있는 알가르브Algarve 지방의 파루 항구에서 같은 짓을 재연했다. 상륙 직후 데버루는 "주교의 집에서 묵었다"라고 당대의 한 기록은 전한다. 관사에 있는 동안 데버루와 그의 공격조는 페르난두 마르틴스 마스카레냐스Fernando Martins Mascarenhas 주교의 장서를 발견하고 거기서 한 아름의 인쇄본을 골랐다. 모두가 표지에 주교의 문장이 새겨져 있는 것이었다. 그들은 관사 서재에서 책을 빼내 온갖 종류의 약탈품들과 함께 자기네 배에 실었다.²

원정대가 잉글랜드로 돌아온 뒤 데버루는 장서를 토머스 보들리의 새 도서관에 기증했다. 책들은 새로 디자인된 서가에 배열됐으며, 1605년에 발간된 도서관의 첫 인쇄본 도서 목록에 올랐다.³ 데버루나 보들리, 그리고 이 나라의 다른 사람들에게 이 책들은 정당한 '전리품'으로 생각됐을 것이다. 잉글랜드는 에스파냐 제국과 전쟁 중이었다. 자기네 종교와 함께 영토를 지키는 것이었다.

마스카레냐스는 또한 종교 강요를 담당하는 악명 높은 포르투갈 종교재판소장이었고, 따라서 잉글랜드 선원에 대한 고문을 감독했을 터였다. 주교는 또한 에스파냐에서 검열 책임을 맡고 있고 그의 지휘 아래 종교적 관점에서 유죄 판결을 받은 저자들의 명부인 《기록말살형記錄抹殺刑 저자 색인Index Auctorum Damnatae Memoriae》(1524년 리스본에서 발행)을 편집했다. 이는 1546년 루뱅의 에스파냐 종교재판소의 지휘 아래 처음 편집된 《금지 도서 목록Index Librorum Prohibitorum》에서 저자에 초점을 맞추어 변형한 것이다.

기이한 운명의 장난이었는지, 이 에스파냐의 색인은 보들리의 첫 사서인 토머스 제임스를 고무하게 된다. 제임스는 이 책들이 '신의 섭리'에 의해 그의 도서관으로 왔다고 설명했다. 그 가운데 일부는 "온 쪽이 한데 붙어 있고, 문장이 뭉개졌으며, 책들이 가련할 정도로 망가져" 있었다. 책들을 그저 보기만 해도 "누구나 가슴이 아플 것"이라고 그는 말했다. 틀림없이 진정한 애서가의 말이고, 열렬한 개신교도의 말이기도 하다. 제임스는 특히 가톨릭교도인 색인 편찬자들이 자기네 독자들이 읽을 수 **없게** 되기를 원했던 책들에 흥미를 느꼈다. 실제로 그 목록은 보들리 도서관에서 신규 수납 도서에 대한 아이디어의 원천이 됐다. 도서관에서는 1627년 이 색인 가운데서 보들리가 보유하지 않은 책(따라서 그 가운데 어느 정도는 그가 **가장** 구입하고 싶었던 책이다) 전체의 목록을 출판했다.⁴

이 책들은 아직 보들리의 서가에 올라 있고, 그들이 거기 있던 419년 동안에 불과 몇 미터를 이동했을 뿐이다. 거기에 잘 모셔져 전 세계에서 온 연구자들이 언제나 이용할 수 있었다. 그러나 토머스 제임스 자신은 에스파냐의 1632년판 금지 도서 목록인 《신판 금지 및 정화 도서 색인Novus index librorum prohibitorum et expurgatorum》에 이름이 올랐고, 이에 따라 에스파냐에서 그의 책을 읽는 것이 금지됐다. 마스카레냐스는 자신의 책을 돌려받지 못했지만, 아마도 이런 식으로 일종의 복수를 한 셈이다.

파루의 주교 장서 약탈은 우연한 것이고 원정의 주요 목표는 아니었지만, 독일 하이델베르크에 있던 비블리오테카 팔라티나Bibliotheca

Palatina(팔츠 선제후국 Pfalz-選諸侯國 도서관) 약탈은 거의 틀림없이 의도적인 것이었다. 이 도서관은 16세기의 가장 유명한 도서관 가운데 하나였으며, 시민과 지역과 개신교도들의 긍지를 한몸에 담고 있었다. 종교개혁이 일어나자 하이델베르크 시민들은 개신교 개혁 지지에 나섰다. 칼뱅파 난민들을 도시와 대학에 받아들였으며, 1563년 《하이델베르크 교리문답 Heidelberger Katechismus》이 그곳에서 선포돼 선제후국 안에서 개신교 신앙의 공식 주장이 됐다.

이 도서관은 종교개혁의 약탈을 통해 만들어졌고, 어떤 면에서 수도원 도서관으로부터 세속 도서관으로의 책 이전을 반영했다. 여기에는 이전에 하이델베르크 바로 북쪽 로르시 Lorsch 수도원(1557년 해체됐다)에 있던 필사본들이 다수 소장돼 있었다. 로르시 수도원의 보물 가운데는 《아우레우스 사본 Codex Aureus》(또는 《로르시 복음서 Lorscher Evangeliar》라고도 한다)이 유명하다. 8세기 말의 최고급 채색 사본이며, 샤를마뉴 Charlemagne 궁정의 미술 수준을 보여주는 증거다.

1622년 하이델베르크가 바이에른의 막시밀리안 Maximilian 1세 중심의 가톨릭제후연맹에 의해 점령되자 예수회에서 훈련받은 첫 교황이었던 그레고리우스 Gregorius 15세(재위 1621~1623)는 도서관의 지적 가치를 알아보고 로마의 교황청 도서관인 바티칸 사도도서관 Bibliotheca Apostolica Vaticana을 크게 확충할 기회를 발견했다. 그레고리우스 교황은 힘 있는 팔츠 선제후(신성로마제국 황제를 선출하는 다섯 명 중 한 사람이다) 자리가 막시밀리안에게 넘어가도록 했다. 이는 막시밀리안에게 대성공이었고, 막시밀리안은 도시 점령 닷새가 되기도 전에 그레고리우스 교황에게 도서관 장서를 제공했다. 꽤 거창한 '감사' 선물이었다. 그는 이 장서를 "전리품이자 나의 지극한 순종과 합당한 애정의 표현으로서"⁵ 보낸다고 적었다.

결국 책들은 로마로 옮겨졌다. 도서관 서가는 쪼개서 화물 상자를 만들었다. 이를 통해 바티칸 도서관은 필사본 3500권과 인쇄본 5천 권을 보탬으로써 장서를 거의 배로 늘렸다. 중세 필사본을 얻었을 뿐만 아니라 당대의 개신교 문헌도 손에 넣었다. 후자는 교황청이 개신교에 대한 반론을 개발하는 실용적인 자료였다. 도서관 폐쇄는 권력 이동의 상징이었다. 이단의 무기고는 정통 신앙의 중심지로 이동함으로써 무장 해제됐다.

오늘날 바티칸 도서관에서는 여전히 추가된 장서의 이름들을 볼 수 있다. '코디세스 팔라티니 라티니 Codices Palatini Latini'(《로르시 복음서》 같은 것들이 꽂혀 있던 서가의 표지다)와 '코디세스 팔라티니 그레치 Codices Palatini Greci'는 각기 팔츠 선제후국 도서관에서 가져온 라틴어와 그리스어 필사본들이다.

파루의 주교 장서와 팔츠 선제후국 도서관의 운명에서 볼 수 있듯이 책과 문서가 한 나라에서 다른 나라로 강제로 옮겨지는 일은 예전부터 있었다. 보다 최근의 시기에 이런 현상은 기록물의 '이산 또는 이동'으로 알려지게 된다. 이런 기록의 운명은 과거 식민지였던 곳의 역사를 누가 통제하느냐에서 핵심적인 문제가 되고 있다(그 기록의 일부는 실정失政이나 권력 남용의 증거를 숨기기 위해 파괴됐고, 일부는

이전 식민지에서 유럽으로 가져가 물리적으로 제거했다). 새로 독립한 국가가 통제하느냐, 이전 식민 종주국이 통제하느냐다.

18~19세기에 전 세계로 자신들의 영향력을 뻗친 유럽 국가들에게 제국의 유산은 여러 형태를 띤다. 식민지는 흔히 '본국' 행정 조직의 한 부서처럼 운영됐다. 많은 식민지 관리들은 식민 국가의 시민이라기보다는 출장 근무 중인 사람들이었다. 기록물은 식민지 경영에 필수적인 부분이었다. 이 기록물은 식민지 행정 행위를 흔히 매우 꼼꼼하게 기록했고, 기록 관리가 얼마나 꼼꼼한지가 흔히 통제의 수준을 반영했다. 따라서 과거 식민지였던 곳이 식민 상태에서 벗어나 독립하는 과정에서 기록물은 결정적으로 중요해졌다. 식민 당국의 때로 당혹스런 행위가 기록됐기 때문에 그것은 파괴의 목표물이 됐지만, 또한 새 나라의 역사와 정체성을 위한 소중한 원천이기도 해서 보존 가치가 있었다.

19세기 말에서 20세기에 걸쳐 서방 세계의 기록물 관리 업무는 '기록물 정리archival order' 및 '기록물 보전archival integrity'이라는 개념과 함께 진화했다. 이러한 생각은 영국의 사서 힐러리 젠킨슨Hilary Jenkinson(1882~1961)의 작업을 통해 발전했다. 그의 접근법은 현대의 업무 방식에서도 여전히 중심이 되고 있다. 기록물의 정리는 기록물 보관의 바탕이 되는 관리 구조의 발전을 따라야 한다.

기성의 관행에 따르면 식민지의 기록물은 식민 열강의 기록물의 일부로 간주됐다. 보통의 기록 관리 업무는 해당 부서가 폐지됐을 때 기성의 과정을 사용한다. 보존 및 폐기 일정을 살펴보고 어떤 서류를 '본本' 기록물로 돌려보내 '모국'에서 보관하게 할 것인지를 결정한다. 이는 지난 70여 년에 걸쳐 일부 신생 독립국들이 과거의 식민 종주국과 대립하게 한 몇 가지 매우 논쟁적인 문제들을 제기했다. 역사 서술의 적절성이 그 중심에 있다.

이 문제는 영국에게 계속해서 중요한 사안이 됐다. 유럽 열강 가운데 가장 광대한 제국이었기 때문이다. 독립 직전 식민지에서 기록물을 옮기면서 영국 본국에 거대한 '이동' 기록물 덩어리가 만들어졌다. 그것은 정부 내의 모(母)기관 외무식민지부FCO 기록물 창고에 보관됐다. FCO 141로 알려진 곳이다. 이 기록물의 존재는 오랫동안 관리들에 의해 부정되거나 기껏해야 얼버무려졌다. 그러나 이제 이 거대한 지식 덩어리는 공식적이고 공개적으로 인정됐고, 기록들이 영국 국가기록관TNA으로 이전돼 목록이 만들어지고 학자들이 이용할 수 있게 됐다.[6]

이 '이동된' 기록물 외에도 고의적으로 폐기된 많은 기록물들이 있었다. 때로는 관리들이 기록을 관리하는 용인된 절차를 따른 경우도 있었지만, 이전 식민지 관리들의 만행의 증거를 숨기기 위한 시도의 결과물이기도 했다. 그것이 드러날 경우 심각한 정치적·외교적 결과를 초래할 수 있는 것들이었다.

기록을 평가하는 과정에서 일부는 선별해 파기하거나 반환했다. 꼭 증거를 숨기려는 나쁜 의도가 있던 것은 아니었다. 기록의 파괴는 반드시 개인의 명예를 지키고 악행의 증거를 숨기기 위해 한 것은 아니다. 정부 부처들이 생산한 기록물 모두를 보관할 수는 없다. 그렇게 하는 것은 미친 짓이고 더구나 돈이 많이 드는 미친 짓이다. 공공기록물 관리를 뒷받침하기 위해 과거에 만든 법령들은 가치가 없는 기록의 폐기를 허용했다. 특히 식민지부의 경우에 그랬는데, 이곳은 20세기 초에 많은 관리들이 런던에서 제국을 효율적으로 운영하기 위해 엄청난 양의 문서를 쏟아내던 곳이었다.⁷

오늘날의 국가기록관은 통상 정부 부처에서 생산한 기록의 2~5퍼센트만을 보관할 것이다. 이런 접근법은 식민지 기록에 적용할 때도 표준이었다. 등기소(관리들에게 필요한 기록물을 보관하고 추적하는 곳이다)에서 일하는 직원들은 통상적으로 기록 보존에 관해 그들이 받은 지침을 적용한다. 그리고 관청의 실무에 더 이상 필요치 않거나 그들이 보기에 역사가들에게 아무런 장기적인 가치가 없다고 생각되는 기록들은 파기하게 된다. 이런 결정에는 때로 보다 실제적인 관심의 영향을 받기도 한다. 그저 원치 않는 자료를 보관할 충분한 공간을 가지고 있는지 같은 것들이다.

2차 세계대전이 끝난 뒤 많은 유럽 열강 식민지들이 독립 운동에 나섰다. 이 과정은 특히 영국·벨기에·네덜란드·프랑스에 영향을 미쳤다. 기록물을 어떻게 해야 할지를 놓고 식민지 관리들은 결정을 내려야 했다. 선택지는 세 가지였다. 더 이상 필요하지 않은 것으로 간주하고 파기하는 것, 새 독립 정부에 넘기는 것, 모국으로 보내는 것이었다.

영국은 1947년 인도의 경우로 이전 식민지의 독립 과정을 처음 겪었고, 이듬해에 실론(스리랑카)이 그 뒤를 바짝 따랐다. 독립 직전의 시기에 기록물들이 통째로 런던의 외무자치령부 FCO로 보내졌다. 파일을 보내려면 파일 단위로 평가하는 과정을 거쳐야 하는데 그러지 않았다. 기록물을 런던으로 보내는 와중에 실론치안특별국 수장은

자신의 파일이 함께 뒤섞여 본국으로 보내졌음을 알고 깜짝 놀랐다.[8]

말레이시아는 1957년 영국으로부터 독립했다. 1954년 쿠알라룸푸르에서는 말레이시아 식민 정부의 중앙 등기소가 꽉 차서 복본이라고 생각되는 다량의 기록물이 파기됐다. 그 상당수는 19세기까지 거슬러 올라가는 것이었다.[9] 그 과정에서 말레이시아 초기 역사의 중요한 지식이 날아갔다.

역사가 에드워드 햄프셔Edward Hampshire의 연구는 이 기록들 가운데 일부가 보다 악의적인 이유로 파기됐음을 알려주었다. 그는 말레이시아의 식민지 관리에게 주어진 지침을 알려주는 문서를 하나 발견했는데, "말레이인의 손에 남아 있는 것이 바람직하지 않은 문서들"을 강조하고 있었다. 그것은 "말라야연방 정부에 알려지기를 원치 않는 영국 정부의 정책 내지 관점"이었으며, 심지어 "말레이인의 문제와 성격에 관해 논의함으로써 그들을 모욕할 수 있는"[10] 것이었다.

따라서 기록물 파기는 이전 식민지 관리들의 인종차별적이고 편견에 찬 행위들을 숨기기 위한 것이었다. 화물 자동차 다섯 대분의 서류가 싱가포르(당시에 아직 영국 식민지였다)로 실려가 그곳에 있는 해군 소각로에서 파기됐다. 심지어 이 과정조차도 불안스런 측면을 내포하고 있었다. 쿠알라룸푸르의 영국인 고등판무관은 영국인의 절제된 표현을 최대한 발휘해 이렇게 썼다.

이 일을 조심스럽게 수행하는 데는 힘이 들었다. 영국 정부와 잘 이해하려 들지 않는 말레이인 사이의 관계를 악화시키지 않으려고 말이다.

흥미롭게도, 식민지부가 대체로 온전한 기록을 말레이시아 새 정부에서 물려받기를 원했음을 보여주는 메모가 발견됐다. 구체적으로 "역사 자료에 관해 영국은 그것들을 역사적 목적으로 기록물을 찾는 책임을 질 수 없으며 자료는 말레이시아 역사가들의 연구용으로 남겨 둬야 함"을 분명히 하기 위한 것이었다. 햄프셔에 따르면 이 지침이 준수되지 않은 것은 현지 관리들의 뿌리 깊은 보수성 때문이었다.[11]

옮겨진 기록물은 시간이 흘러 이전 식민지가 자기네의 과거 역사를 찾고자 하면서 더욱 논란거리가 됐다. 1963년 케냐가 독립하기 직전에 나이로비 총독 관저에서 일하던 한 직원이 잔디밭의 화로에서 여러 다발의 문서를 태웠다. 마우마우단Mau Mau-團 반란을 잔혹하게 진압한 일을 기록한 문서의 상당 부분이 그때 파기됐다. 그것들이 새 정부 손에 들어가지 않게 하기 위한 것이었다.

이 자료 가운데 일부는 영국으로 보내져 유명한 FCO 141에 보관됐다.[12] 그 기록의 존재는 2011년 마우마우 반란 참여자가 영국 정부에 보상을 요구하면서 고등법원에 소송을 제기해 세상에 알려졌다. 1963년 11월 1500건의 파일이 네 개의 상자에 담겨 옮겨진 것이다. 2014년이 돼서야 그 기록들은 평가를 거쳐 목록을 작성한 뒤 국가기록관으로 넘겨졌다. 영국인들은 마우마우의 반란을 완곡하게 '케냐의 비상사태'라고 불렀는데, 이로 인해 기록은 어쩔 수 없이 케냐에 남길 수밖에 없었다. 이때 본질적으로 인종차별적인 보존과 처분의 과정을 거쳤다. 관리 가운데 오직 "유럽인의 후예인 대영제국 신민"만이 그것을 보존할지 파기할지 결정할 수 있었다. 아프리카인들이 자기네 역사의 운명을 결정하도록 허용하는 것이 '안전'하지 않았다

는 얘기다.[13]

이런 경험은 영국에만 한정된 것이 아니었다. 유럽의 다른 식민 열강도 매우 흡사한 과정을 거쳤다. 예를 들어 동남아시아에서는 네덜란드가 박두한 민족주의와 독립의 물결에 맞서 지연작전을 펼치고 있을 때 기록물은 자기네가 붙잡고 있는 권력의 상징 가운데 하나였다. 그들은 자기네 식의 FCO 141을 만들었다. 이는 프링고딕도Pringgodigdo 기록물로 알려졌는데, 1948년 네덜란드 낙하산부대에서 입수하고 네덜란드군 정보기관이 상세하게 분석한 민족주의 조직에 관한 문서 모음이었다.[14] 이것은 독립투사들을 폄훼하는 정치 운동을 뒷받침하기 위해 만든 것으로, 반란 세력을 상대로 한 전쟁 지원을 끌어내기 위한 것이었다. 결국 이것은 원했던 방식의 결말을 이끌어내지 못했다.

마침내 인도네시아는 독립을 얻어냈고, 약간의 시간이 지난 뒤 네덜란드 정부와의 관계 회복도 이루어졌다. 인도네시아 정부는 서방 국가들, 특히 네덜란드로부터 경제적·정치적 지원을 모색하기 시작했고, 이런 과정의 일환으로서 문화 협정이 맺어졌다. 이에 따라 인도네시아 기록 관리자들이 네덜란드에서 훈련받을 수 있게 됐고, 이후 협력 관계가 증진됐다. 마침내 프링고딕도 기록물이 재발견됐고 (여러 해 동안 잊힌 상태였다), 1987년 인도네시아로 돌아왔다.

영국과 네덜란드의 사례는 모두 이전 식민지들이 우위에 있었다. 어

느 문서를 폐기하고 어느 문서를 '모국'으로 보낼 것인지에 관한 결정을 내린 것은 식민지 관리였다. 그 경우에도 논란이 있는 파일의 존재에 관한 지식은 의도적으로 억압됐고, 기록 전체는 공공 영역에서 배제됐다. 심지어 그 존재가 공식적으로 부인됐다.

프랑스는 1950년대 말에 엑상프로방스에 프랑스 기록관의 분관인 해외국가기록관ANOM을 만들었다. 명시된 목표는 지금은 없는 부처의 기록물과 "이전 식민지와 알제리"(프랑스는 공식적으로 알제리를 식민지로 보지 않고 프랑스 국가의 일부로 보았다)에서 보낸 기록물을 통합하는 것이었다.15 ANOM의 첫 관장은 알제리 기록관 관장이었던 피에르 부아예Pierre Boyer였고, 그는 알제리가 독립한 1962년 이 자리에 취임했다.

기록물의 양은 방대했다. 새 시설에는 8.5킬로미터의 기록물이 축적됐고, 이는 그 뒤인 1986년과 1996년에 더욱 확충됐다. 본래의 직원은 소규모였다. 부아예 외에 세 명이 더 있었고, 처음에는 프랑스 외인부대(19세기에 프랑스의 식민지 확장에서 중요한 역할을 한 유명한 군부대다)에서 파견한 군인들이 이들을 지원했다.

새 기록관은 프랑스의 식민지 경험과 더할 나위 없이 뒤얽혀 있었다. 부아예 스스로가 알제리 독립 직전에 있었던 이 지역 기록물 파괴에 연루돼 있었다. 그가 1962년 6월 알제리만으로 배를 타고 들어가 30상자의 범죄 기록을 물에 빠뜨리려 했다는 것은 이제 유명한 이야기다. 기록물을 물속에 가라앉힐 수 없음이 분명해지자 그는 거기에 기름을 붓고 불을 질렀다. 아마도 이 파일들은 그런 식으로 처리되지 못한 듯하다. 양이 너무 많았기 때문이다. 그것은 알제리 독

립주의자들의 손에 들어갈 경우 매우 논란이 있고 프랑스의 명예에 위험한 문서들이었음에 틀림없다.[16]

이보다 며칠 전 독립을 막으려는 프랑스 식민주의자들의 비밀 테러리스트 조직인 비밀군사기구OAS는 알제리대학 도서관에 불을 질렀다.[17] 이 몇 상자는 알제리에서 파기된 문서 중 알 수 없는 빙산의 일각이었고, 수만 건의 파일이 프랑스로 보내졌다. 그 대부분은 엑상프로방스의 부아예가 운영하는 새 시설로 가게 됐을 것이다. 그러나 더 많은 자료들은 다른 부처들(예컨대 국방부 같은)의 퐁fonds(조직화된 문서 덩어리를 의미하는 기록학 용어)으로 분산됐다. 이는 당시 프랑스 최고위층이 한 언명의 결과였다. 발레리 지스카르 데스탱Valéry Giscard d'Estaing 대통령은 "이 기록물들은 우리 국가 유산 및 우리 국가 주권의 구성 요소 가운데 하나"[18]라고 말했다. 이 모든 것은 여러 가지 관점에서 독립 알제리 정부로부터 반박 당했다.[19]

기록물 문제는 2012년 알제리가 독립 50주년을 맞으면서 이 나라에서 더욱 뜨거워졌다. 역사적 회고와 국가 건설 축하를 위해서는 적절한 시기였다. 국가 기록물의 부재는 갈수록 명확해졌고, 독립을 위한 투쟁과 관련해 상이한 역사 서술을 드러내고 있었다. 알제리에서는 기록물의 반환이 추가적인 사회적 갈등을 피하는 데 도움이 되리라는 기대가 있었다.

사라지고 옮겨진 기록물은 이전 식민지와 이전의 그 식민 종주국 사이에서 줄곧 중요한 문제였다. 오늘날에도 식민 열강과 이전 식민지 사이의 관계는 여전히 복잡하다. 로디지아Rhodesia군의 기록물은 로디지아가 짐바브웨로 독립하는 시점에 옮겨져 한동안 남아공에서 보관하고 있었다. 그것은 여러 해 동안 영국 브리스틀의 민영 박물관인 대영제국·자치령 박물관에 보관돼 있었으나, 이 시설이 자금난으로 문을 닫으면서 갈 곳이 없어졌다. 짐바브웨 국가기록관은 그것이 자기네 국가 유산의 일부이며 불법적으로 옮겨졌다고 주장했다. 중요한 사료를 세계 학계나 짐바브웨 시민들도 이용하지 못하고 있었다. 이 문제를 둘러싼 중요한 우려 가운데 하나는 이 기록이 독립 직전 군대의 행위를 상세하게 드러내리라는 것이었다. 그것이 군대를 호의적으로 그리지는 않을 터였다.[20]

2019년 여름 보들리 도서관은 작지만 중요한 에티오피아 및 에리트레아 수집품에 들어 있는 필사본들을 전시했다. 전시된 필사본들은 이 지역의 역사·문화·언어·종교에 관한 흥미로운 정보를 보여주었다. 필사본 가운데 '멕델라Meḵdela 보물'로 알려진 것의 일부도 있었다.

에티오피아 멕델라 원정(1867~1868)은 여러모로 주목할 만한 것이었다. 로버트 네이피어Robert Napier가 지휘하는 영령인도英領印度군은 테워드로스Tewodros 2세 황제에게 인질로 잡혀 있는 영국의 관리들과 선교사들을 구출하기 위해 에티오피아를 침공했다. 테워드로스는 자신이 보낸 편지에 빅토리아 여왕이 답장을 하지 않아 화가 나 있었다. 인질은 풀려났으며, 에티오피아군이 전멸하고 멕델라 요새가 1868년 4월 마지막 공격을 받고 함락되면서 황제는 자살했다. 영령인도군은 그 직후 그곳을 떠났다.

에티오피아의 진귀한 미술품과 문화재는 광범위하게 약탈당했다. 한 기록에 따르면 약탈품을 운반하기 위해 코끼리 15마리와 노

새 200마리가 동원됐다. 당대의 목격자인 게르하르트 롤프스Gerhard Rohlfs는 이렇게 보고했다.

우리는 왕의 방으로 갔는데, 그곳은 병사들이 모든 것을 찢어놓았고 온갖 종류의 물건 무더기가 어지럽게 널려 있었다. … 그곳은 완전히 고물상이었다. … 당시 우리는 영국군이 도시를 점령하면 부대의 손에 들어오는 모든 것은 그들 소유이고 공동의 이익을 위해 팔아치운다는 사실을 알지 못했다.[21]

멕델라에서 약탈된 것들은 국가 및 개인 소장품으로 들어갔다. 책과 필사본 대부분은 브리튼 박물관 도서관(지금의 브리튼 도서관), 보들리 도서관, 맨체스터의 존라일랜즈 도서관(지금 그곳 대학도서관의 일부다), 케임브리지대학 도서관과 좀 더 작은 몇몇 영국의 소장처로 갔다. 테워드로스 장서 강탈은 에티오피아의 문화적·미술적·종교적 국보를 빼앗은 것이나 마찬가지였다. 보통 '멕델라 보물'로 알려진 것을 에티오피아에 반환하라는 요구가 반복적으로 나왔다.

빼앗긴 도서관 장서는 문화적 정체성을 뒷받침하는 데 긍정적인 역할을 할 수 있었다. 보들리 도서관의 2019년 8월 전시에는 영국의 에티오피아 및 에리트레아계 사람들이 많이 참석했다(영국 주재 에티오피아 대사도 왔다). 그러나 여기서는 멕델라에 관한 언급이 없었다. 전시된 필사본 한 점이 약탈된 보물 가운데 하나였는데도 말이다.

이 전시는 보들리 도서관 직원이 아니라 영국에 사는 에티오피아인 및 에리트레아인 공동체 사람들이 주관했다.[22] 멕델라와 기타 약탈 사례 및 제국주의자들의 행위에 관한 문제는 물론 큐레이터 팀 사람들이 잘 알고 있었지만, 설명문에는 이런 역사를 언급하지 않았다. 그들은 필사본들에 대한 개인적인 반응들에 초점을 맞추었다. 때로는 매우 감각적인 반응이어서, 어린 시절의 기억과 아프리카에서의 경험 또는 아프리카인의 후예지만 영국에 살고 영국인이 된 경험을 불러일으키는 것이었다. 약탈 문제를 회피한 것은 의도적인 것은 아니었다. 초점이 공동체와 필사본 사이의 연계에 있었기 때문이다(같이 나온 카탈로그에는 필사본의 출처를 분명하게 다루고 있다).[23]

이 전시가 에티오피아 및 에리트레아 문화를 드러내준 것은 큐레이터 팀에게 매우 고무적이었다. 그들은 필사본의 문화적 중요성과 그들이 보여준 문화를 상찬할 기회의 빛이 바래게 할 어떤 것도 원치 않았다.

한 사회에서 지식을 빼돌리는 것은 (그 지식이 파괴되지 않을지라도) 매우 심각한 결과를 초래할 수 있다. 한 사회가 자기네 스스로의 역사에 접근하지 못하면 과거에 대한 서술이 통제되고 조작되며 문화적·정치적 정체성이 심각하게 훼손될 수 있다. 과거 유럽 열강의 식민지였던 많은 나라들이 수십 년 동안 독립 국가로 존재해 왔지만, 그 가운데 일부는 자기네 역사가 계속해서 외국의 기록물 창고에 갇혀 있다는 사실에 대해 여전히 우려를 품고 있다. 이 기록물들을 빼앗긴 나라들은 다시 한 번 역사 서술에 대한 통제권을 잡도록 허용될 필요가 있다는 사실이 매우 중요하다.

12장

기록물에 대한 집착

카난 마키야와 핫산 음네임네호가 이라크기념재단에서 바아스당 파일을 살펴보고 있다(2003년 11월, 바그다드).

전 세계의 역사를 통틀어 억압적인 정권은 자기네가 통제하려는 주민들을 틀어잡기 위해 문서 기록을 이용해 왔다. 세금을 거두기 위한 목적에서 기록한 고대 메소포타미아의 문서들은 아마도 포괄적인 주민 감시의 첫 사례일 것이다. 1066년 노르만인의 브리튼섬 정복 이후 새 정권은 토지 조사를 실시했다. 그것이 어떻게 돼 있고, 모든 종류의 부동산을 누가 소유하고 있으며, 그것을 어디서 찾을 수 있는지 알아내기 위해서였다. 이는 일련의 문서로 기록됐고, 가장 유명한 것이 '심판서Domesday Book'다. 정권은 결국 통제를 유지하기 위해 비밀 감시를 사용하게 된다. 프랑스혁명 시기와 나치스 독일 및 공산주의 소련에서도 시민들을 철저히 감시해 상세하게 기록했으며, 이런 기록이 강력한 통제를 펼 수 있도록 했다.

  2차 세계대전이 끝날 때 소련은 동부 독일과 베를린의 절반을 장악했다. 독일민주공화국GDR은 이후 45년 동안 냉전의 최전선이 됐다. 1950년 2월 8일, 공산당 정권은 국가안보기구 슈타지Stasi(국가보안부MfS)를 창설했다. 슈타지는 동독의 비밀경찰, 정보기관, 범죄 수사 기관 역할을 했다. 18만 명의 정보원('비공식 협력자')을 포함해 총

27만 명이 일했다. 이곳에서는 동독의 일상생활 모든 부분을 염탐했으며, 아울러 해외 첩보 활동도 수행했다. 슈타지는 560만 명에 관한 파일을 유지했고, 방대한 기록물을 축적해 총 111킬로미터의 파일을 보유했다. 이 기록관은 글로 쓴 문서뿐만 아니라 사진·슬라이드·필름과 녹음물 등 시청각 자료도 보유했다. 슈타지는 심지어 요원들이 심문 때 수집한 땀과 체취 샘플 보관소까지 가지고 있었다.

1989년 12월 3일 사회주의통일당SED의 중앙위원회가 퇴진한 뒤 슈타지는 독재 정권의 마지막 보루가 됐다. 동독 전역에서 노이에포룸Neue Forum이 이끄는 정치 조직들은 슈타지가 자기네의 기록과 파일을 불태우려 할지 모른다는 우려를 품게 됐다. 자기네의 행위를 은폐하기 위한 것이었다.

12월 4일 아침, 에르푸르트Erfurt의 슈타지 지역 본부 굴뚝에서 연기가 나는 것을 발견한 지역 정치 단체들은 슈타지가 파일을 소각했음에 틀림없다는 결론을 내렸다. 여성 단체 '변화를 위한 여성Frauen für Vertrauen'은 다른 시민들의 도움을 받아 이 건물과 인근의 슈타지 유치장(슈타지가 보관용 파일을 둔 곳이었다)을 점거했다.[1] 이것이 동독 전역에서 슈타지 건물 장악을 부추겼다. 시민들은 1990년 1월 15일 베를린의 슈타지 본부에 들어갈 수 있었다. 독일의 통일 국가는 곧 이 기록에 대한 책임을 떠맡았고, 1991년 12월 슈타지기록물법이 통과되면서 사람들이 그것을 볼 수 있는 권리를 확보했다. 2015년 1월까지 700만 명이 넘는 사람들이 자신에 대한 슈타지 파일을 보겠다고 신청했다.

동독의 슈타지는 중·동유럽과 서아시아의 다른 억압적 정권이 감시와 문서를 사용했다는 암시를 입증하게 된다. 이후의 그 기록물의 사용은 또한 이 기록들이 망가진 사회를 치유하는 데 사용될 수 있다는 사례가 된다.

―

사회 질서, 역사 통제, 민족적·문화적 정체성의 표현에 핵심적인 이 기록물 문제는 21세기에도 여전히 절박한 우려가 되고 있다. 이 책을 쓸 때 현대 이라크의 국가 기록물 상당 부분은 미국(여전히 많은 이라크인들에게 적국으로 인식되는 나라였다)에 있었다. 이 기록들은 1968년 바아스Ba'ath(부흥)당의 집권 이래 이 나라, 서아시아, 그리고 어느 정도로는 전 세계를 규정지은 격동의 사건들을 완전하게 이해하는 데 꼭 필요하다. 동시에 그것들은 이라크가 수십 년 묵은 내분을 해결하도록 돕는 데서 유익한 사회적 용도로 쓰일 수도 있다.

이들 문서 모음 가운데 가장 중요한 것은 바아스당 문서다. 아랍바아스사회당은 35년 동안 이라크의 정치 및 행정 문제에서 유일하고 지배적인 세력이었다. 삿담 후세인Saddam Hussein은 1979년 대통령 취임 이후 2003년 4월 축출되기까지 바아스당의 조직과 자원을 이용해 이 나라에 이례적인 통제력을 행사했다. 주로 시민 감시의 주체가 된 국가보안기구, 밀고 문화, 인지된 반대자에 대한 예외 없는 강제적 억압 등에 의한 것이었다.[2]

삿담 후세인의 집권 시기에 동독 슈타지가 여러 차례 훈련과 지도를 제공했다. 바아스당의 이라크인들이 선호했을 듯한 것보다는 훨씬 제한된 방식이기는 했지만 말이다.³ 이라크는 1968년 바아스당이 권력을 잡은 뒤 슈타지와 접촉을 하고자 했다. 슈타지는 이라크 관리들에게 은밀한 감시(특히 도청), 은현隱現잉크 사용, 통신 해독을 훈련시켰다. 고위 정치 관료 보호도 마찬가지였다.⁴

바아스당의 기록 모음은 국제사회의 이라크에 대한 지속적인 관심 때문에 미국으로 옮겨졌다. 그러나 그것을 미국으로 옮긴 것은 또한 몇몇 개인들의 영향력 때문이기도 했다. 그들의 열정과 결단은 기록물을 보존하는 데 결정적이었다. 때로 격렬한 비판에 직면하기도 했고, 심지어 목숨까지 걸어야 했다.

첫 번째 모음은 쿠웨이트에 관한 것이다. 1990년 삿담 후세인의 쿠웨이트 침공은 번개 같은 속도로 실행됐다. 온 나라가 24시간 안에 무너져 점령됐다. 침공 이후 공식 합병돼 쿠웨이트는 이라크의 한 주로 선언됐다. 국제사회는 이 침공을 한목소리로 규탄했다. 1990년 11월, 국제연합은 이라크에게 1991년 1월 15일까지 철군하도록 요구하는 결의안을 통과시키고, 이라크가 이에 응하지 않을 경우 무력을 사용하도록 승인했다. 연합군의 공격은 1991년 1월 16일 시작됐고, 2월 28일 이라크 지배로부터 해방시켰다.⁵

이라크군은 쿠웨이트에서 서둘러 철수하면서 은닉 문서를 대량으로 남겨놓았다. 이 문서들은 미국으로 옮겨져 미국 방위국에 의해 디지털화됐다. 시간이 지난 뒤 그 일부가 기밀 해제됐다. 쿠웨이트 기록물의 디지털파일은 마침내 스탠퍼드대학의 후버Hoover연구소로 넘겨져 그곳에서 '쿠웨이트 자료철Kuwait Dataset'로 불렸다.⁶

쿠웨이트의 재난에 뒤이어 1991년 일어난 쿠르드Kurd인의 봉기는 이라크의 바아스당 정부와 나라 북쪽 쿠르드인들 사이의 수십 년 마찰의 결과였다. '안팔Anfal'로 알려진 1970년대 중반 이후의 이라크의 흉포한 공격은 이를 국제적 사건으로 만들었다. 쿠르디스탄민주당KDP은 이를 "인종차별적 절멸 전쟁"이라고 불렀다.7 쿠르드인의 마을들은 일상적으로 포격과 폭격을 당했다. 사용된 무기 가운데는 네이팜탄과 독가스도 있었다. 이에 대응해 쿠르드군은 제1차 페르시아만 전쟁 이후의 이라크에 대한 국제적 압력을 이용해 이라크를 그들의 영토에서 밀어내고 몇몇 행정 중심지를 휩쓸었다. 북부 이라크의 바아스당 지역 지휘 본부가 있는 술레이마니야Sulaymanïyah, 두호크Duhok, 에르빌Erbil 같은 곳들이었다.

그 과정에서 쿠르드인들은 수많은 행정 기록을 발견했다. 일부 평가에 따르면 무게가 무려 18톤에 달했다고 한다. 쿠르드인들은 이 문서들의 가치를 알고 이를 쿠르디스탄의 외딴 곳에 있는 동굴들과 그 밖의 곳에 옮겨 보관했다. 문서의 상태는 형편없었으며(부대와 탄약 상자에 쑤셔 넣었다), '기록물 체계' 개념은 전혀 없었다. 그러나 이 문서들은 세계정세와 이라크의 장래에 심대한 영향을 미치게 된다.

1991년 11월, 카난 마키야Kanan Makiya는 쿠르드인들이 장악하고 있던 이라크 북부 지방에 갔다. 이라크 출신인 마키야는 이라크의 기록물 이야기에서 중심적인 인물이며, 기록물들은 그를 통해 국제 정치의 중심지로 옮겨지고 수십 년에 걸쳐 이라크의 역사를 결정하게 된다. 마키야의 행동의 이례적인 측면 가운데 하나는 그가 기록물을 불의와 공포 및 잔혹함의 지배를 드러내는 증거로서 자신의 활동의 핵심으로 사용해 국제사회로 하여금 나서서 행동을 취하게 했다는 것

이었다. 그는 자신이 기록물에 대한 '집착'이라고 한 것을 발전시키게 된다.[8]

　마키야의 부모는 1970년대에 이라크를 떠났다. 아버지가 전체주의 정권에 밉보였다. 그들은 런던으로 옮겨 건축 사무소를 운영했다. 마키야는 부모가 바그다드를 떠날 때 매사추세츠공과대학MIT에서 건축을 공부하고 있었다. 런던에서 그는 반체제 인사들과 어울렸고, 더 나아가 아라비아어 책방을 공동 설립해 서아시아에 관한 책을 보급하는 데 도움을 주었다. 아라비아 고전 문화뿐만 아니라 특히 시사에 관한 것들도 있었다. 그는 당시 서방이 "거짓말의 바다에 빠져" 삿담 후세인의 이라크에서 무슨 일이 일어나고 있는지에 관한 진실을 볼 수 없다고 생각했기 때문이다.

　1989년, 카난 마키야는 사미르 알할릴Samir al-Khalil이라는 필명으로 《공포의 공화국Republic of Fear》이라는 책을 썼다. 이 책에서 그는 반체제파 사회에서 유포되는 이야기와 브리튼 도서관, 미국 의회도서관, 하버드대학의 와이드너Widener 도서관 등에서 찾은 자료를 이용해 삿담 치하 이라크의 폭정을 까발렸다. 이후의 판본에서는 자신의 이름을 썼고, 그는 곧바로 유명한 이라크 정권 반대자가 됐다. 1991년에는 이것이 보급판으로 재출간됐는데, 1990년 8월 이라크의 침공 이후의 쿠웨이트의 정치 상황이 책 내용과 매우 잘 맞아떨어져 다시 독자들을 끌어들였고 베스트셀러 목록에 올랐다. 이때를 기점으로 마키야는 이라크 정권에 반대하는 중요한 지식인이 됐다.[9]

　마키야는 쿠르드인들에게 동맹자로 보였고, 그들은 그에게 문서들을 보여주었다. 그는 그것이 쿠르드인에 대해 자행된 인권 침해에 대한 인식을 높이는 데 소중하게 쓰일 수 있음을 깨닫기 시작했다. 그의 말대로 자신의 이전 책은 "겉으로 드러난 증상만 가지고 한 사람의 병을 판단하는 의사와 같은" 것이었다. 반면에 "문서가 하는 것은 의사로 하여금 환자의 몸속을 들여다볼 수 있게 하는 것"이었다.[10]

기록의 대부분은 삿담의 이라크에 대한 증오로 뭉친 쿠르드 정치조직 연합체(쿠르디스탄애국동맹PUK과 쿠르디스탄민주당이다)의 수중에 있었다. 1990년대가 흘러가면서 그들은 자료를 미국에 넘기는 것이 자기네 조직들의 지위를 높일 수 있음을 깨달았다. 그들은 이 문서들을 쿠르드인이 장악하고 있는 북부 이라크에서 공수해 터키의 공군 기지를 거쳐 미국 국가기록관에 보관한다는 데 합의했다.[11]

이에 따라 기록물 관리자들이 작업을 시작했다. 그것들을 1842개의 기록물 상자에 넣어 미국 국방정보국DIA 직원들과 요스트 힐터만Joost Hiltermann이 지휘하는 '미들이스트 워치Middle East Watch' 팀이 안전하게 처리할 수 있도록 했다. 힐터만 팀은 550만 건의 문서를 1994년 말까지 디지털화했다. 그것이 끝나자 이 문서들은 하나의 기록물로 취급됐다. 1997년, 미국 상원 외교위원회FRC는 이 문서(그리고 그 디지털파일 사본)를 볼더Boulder에 있는 콜로라도대학에서 보관하도록 넘겨주었다. 이 이전은 카난 마키야가 주장한 조건을 엄격히 지켜 이루어졌다. 이 파일의 정당한 소유권은 이라크인들에게 있으며, 이라크에 이를 독일에 만들어진 것과 유사한 기록관에서 보존할 의향이 있는 국가가 존재할 때까지 미국에 맡겨 보관하게 한다는 것이었다. 독일에서는 슈타지 기록물이 일반에 공개되고 있었다.[12]

1992년, 카난 마키야는 하버드대학 중동학센터에 기반을 둔 이라크연구문서화프로젝트IRDP라는 작은 연구 모임을 만들고, 상자 대부분(전부는 아니다)의 디지털파일 사본을 이 모임에서 받을 수 있도록 작업을 했다. 그 이듬해가 되자 디지털파일들이 데이터베이스 시스템에 들어왔고, 이 파일들에 메타데이터가 부가됐다. 개인의 이름, 산출 부서, 주요 사건 일자, 내용 요약 같은 것들이다. IRDP 웹사이트는 1999년 이것이 "지금껏 공개된 단일 이라크 기록 모음 가운데 가장 큰 것"이라고 자랑했다.

마키야의 의도는 그것이 이라크 사회에 도움을 주기 위해 연구되고 분석되리라는 것이었다. 북부 이라크에서 매일 벌어지는 인권 침해로 인해 더욱 긴급해진 이 더 광범위한 사회적 목적은 그가 하고자 애쓰는 일의 한복판에 있었다. 불법 행위의 증거를 제공해 쿠르드인들에게 일어나고 있는 일들에 대한 인식을 높임으로써 국제사회에 압력이 미쳐 개입이 이루어지도록 하는 것이었다. 그러나 곧 도덕적인 문제가 분명하게 드러났다. 원본 문서를 공개하는 것은 이라크인들의 생명을 위험하게 할 수 있었다. 이 문서들은 인터넷에서 검색할 수 있는 형태로 올려놓으면 많은 개인들의 이름과 신상 명세가 그들에게 위해를 가할 수 있는 사람들에게 노출되기 때문이다. 그래서 개인의 신상명세가 드러나는 파일은 모두 공개된 웹사이트에서 내린다는 결정이 내려졌다.

마키야의 이라크 정권 교체 주장은 그가 쿠르드인들이 노획한 기록물들로부터 이삭줍기한 정보들을 통해 발전시킨 것인데, 1990년대에서 21세기로 넘어가는 시기에 미국의 외교 정책 전문가들 사이에서 영향력이 매우 커졌다. 그의 견해는 분위기가 제2차 페르시아만 전쟁과 삿담 및 바아스당의 강제적인 권좌 축출을 향해 옮겨가면서 백악관에서도 귀를 기울이는 목소리 가운데 하나가 됐다. 대량살상 무기의 흔적을 찾기 위해 미국에 있는 이라크 기록물들에 대한 검색이 시작됐다. 이라크 정권에 대한 마키야의 열정적인 견해가 미국의 태도를 강경하게 만드는 데서 영향을 미치기 시작했다.

그에게 결정적인 전환점이 됐던 것은 대중적인 텔레비전 시사 프로그램 〈나우Now〉에 출연한 것이었다. 미국의 중견 정치 평론가 빌리 모이어스Billy Don Moyers가 사회를 보는 이 프로그램에 작가 월터 아이작슨Walter Isaacson 및 역사가 사이먼 새마Simon Schama와 함께 출연했다. 여기서 그는 제2차 페르시아만 전쟁을 촉구하고 성공적인 이행을 지지하는 심오한 도덕적 주장을 펼쳤다. 2003년 3월 17일 방송된 이 프로그램은 이날의 최대 관심사로 곧장 들어갔다. 예견된 이라크 침공 문제다. 마키야는 모이어스에게 이렇게 말했다.

"미국군은 무언가를 파괴하기 위해 그곳에 들어가는 것이 아닙니다. 건설하기 위해 들어가는 거예요."

사회자가 다시 그에게 이라크에서 불법 행위가 벌어지고 있는 증거가 있느냐고 묻자 그는 기록물을 언급하며 이렇게 대답했다.

"우리는 수많은 증거를 갖고 있습니다. 나는 실종된 사람 명부를 갖고 있어요. 이 말만 하죠. 1980년 이후 150만 명이 죽었어요, 이라크인이요. 정권의 손에 잔인하게요."

프로그램 후반에 모이어스는 그에게 매우 중요한 질문을 했다.

"그래서 전쟁이 올바른 선택지라고 확신하세요?"

마키야가 대답했다.

"대안은 없어요. 이미 벌어지고 있는 전쟁이고요. 그건 이라크 사람들과 관련돼 벌어지는 전쟁이에요."[13]

그러한 주장은 정부 측에 큰 영향을 미쳤다. 전쟁 전날 밤 카난 마키야는 미국 지도부와 긴밀하게 접촉했다. 조지 부시는 침공이 있을 것이라고 그에게 직접 알려주었다. 그로부터 한 달도 되지 않아서 미국군은 이라크를 침공했고, 마키야는 대통령 집무실에서 대통령과 함께 침공 광경을 보았다.[14] 그는 뒤따라올 혼란에 대해서는 준비가 되지 않았다.

《가디언》은 2003년 4월 15일 자에서 "바그다드 도서관 화재로 고대 기록물 소실"이라는 제목 아래 다음과 같이 보도했다.

어제 불길이 바그다드 국가도서관을 집어삼켜 수백 년 된 필사본들이 불탔다. 국방부는 미국 고고학자들이 몇 달 전부터 경고했음에도 불구하고 대비가 없이 유물들이 광범위하게 약탈당했다고 인정했다.[15]

침공이 계속되면서 관심의 초점은 도서관에서 박물관으로 옮겨지게 된다. 약탈당한 유물은 문화유산이라는 측면에서 세계 언론의 관심을 지배하게 됐다. 유네스코의 무니르 부셰나키Mounir Bouchenaki 문화 담당 사무차장은 유물 약탈을 "이라크 문화유산의 재앙"이라고 묘사했다. 이 나라에 마찬가지의(어쩌면 그 이상의) 재앙은 이라크 전역에서 기록물과 장서의 파괴 및 몰수가 일어났다는 것이다. 그것은 세계 언론의 눈에 거의 띄지 않게 이후 15년 동안 계속됐다.

전통적인 형태의 기록이 공격을 받을 때 새로운 형태의 기록이 등장했다. 이라크 침공은 현대사에서 소셜미디어로 생중계된 첫 전쟁이었다. '바그다드의 블로거' 살람 압둘무넴Salam Abdulmunem은 이라크의 수도에서의 삶을 생생하게 보여주며, 곧 닥쳐올 일에 대한 공포와 동요를 불러일으켰다. 그는 2003년 3월 17일 블로그에 이런 글을 올렸다.

어젯밤 주유소 앞에 상상할 수도 없을 만큼 긴 줄이 만들어졌다. … 도라Dorah와 사우라Thawra구에서는 삿담의 사진이 훼손됐다는 소문이 돌았다.

이라크인들은 아직 텔레비전을 볼 수 있었고, 살람은 이렇게 썼다.

엊저녁 우리가 텔레비전에서 본 모습은 … 무시무시했다. 시내 전체가 불붙은 듯했다. 내가 생각할 수 있었던 것이라고는 '왜 이런 일이 바그다드에 생겨났나?' 하는 것뿐이었다. 내가 정말로 즐겨 올라가던 건물 가운데 하나가 폭발할 때는 울음이 터질 것 같았다.

제2차 페르시아만 전쟁(이후 그렇게 알려지게 된다)의 침공으로 인류의 생명은 끔찍한 대가를 치러야 했다. 4천~7천 명의 이라크 민간인과 7천~1만 2천 명의 보안부대 병사들이 목숨을 잃었다. 영국군과 미국군 병사는 200명 미만이 죽었다.[16]

바아스당 기록물들은 미국이 바그다드에 폭격을 가할 때 이 도시 지하의 여러 방에 방치돼 있었다. 이 기록물은 여러 가지 용어로 알려졌으나 가장 일반적인 것은 '바아스당 지역본부 수집품BRCC'이다. 이것은 대부분 바그다드의 바아스당 본부 지하의 연결된 방에 들어 있었다. 이 대체로 종이로 된 기록물 외에 이라크 보안기구의 명령으로 만들어진 녹음물 모음도 있었다. 비아스당은 이라크 국가에서 매우 두드러지고 중심적인 위치에 있었기 때문에 그 문서는 기본적으로 정부 기록의 형태를 띠고 있다(정당의 문서와 국가 기록물을 쉽게 구분할 수 있는 대부분의 나라와는 위치가 다르다).

카난 마키야는 이것이 기록물 모음이라고 생각하지 않았고 심지어 이것이 그의 인생에서, 그리고 앞으로 그의 나라의 장래에 그렇게 중요한 부분이 되리라고 생각하지 않았다. 그는 2003년 6월 이라크 남부에서 열린 한 모임에 초청됐다. 다른 60명가량의 이라크인들과 함께 모여 "이행에 관해 숙고"하는 것이었다. 그는 삿담 이후의 장래에 대해 낙관적이었다. 그는 침공 직후 이렇게 썼다.

이라크는 충분히 부유하고, 충분히 발전했고, 과거 독재와 파괴의 세력이었던 것만큼이나 아랍과 이슬람 세계에서 민주주의와 경제 재건을 위한 큰 세력이 될 인적자원을 가지고 있다.[17]

침공 이후의 바그다드는 혼란과 소문과 파괴의 장소였다. 한 미국군 대위가 카난 마키야에게 바그다드의 바아스당 중앙본부 지하실에 있는 대량의 문서에 관해 조언을 구했을 때 그는 호기심을 느꼈다. 그는 "알라딘의 동굴 같은" 지하실의 미로로 안내됐다. 지하실에는 무릎 높이까지 물이 찬 곳도 있었고, 전기는 들어오지 않았다. 그러나 연결된 방들에는 서가마다 문서들이 있고, 넘어져 내용물을 바닥에 쏟아낸 선반 위에 있는 것도 많았다. 마키야는 문서와 파일 일부를 살펴보고는 즉각 이것이 중요한 정보원임을 알 수 있었다. 그는 곧바로 이것을 보존해야 한다고 생각했다.

마키야의 부모는 1971년 이 나라를 떠나기 전에 바그다드에 큰 집을 지었는데, 그것이 다행히 '녹색 구역'(미국군의 보호를 받는 지역이다) 안에 있었다. 그는 그곳을 지키는 미군 장교를 발견했고, 연합국 임시관리처CPA의 최고위 민간 관리인 폴 브레머Paul Bremer에게 영향력을 발휘해 문서를 꺼내고 자신이 통제하는 곳으로 옮길 수 있었다.

그는 자신의 행운을 믿을 수 없었다. 부모님의 옛집은 이제 그가 이라크 기록물을 처리하기 위해 만든 이라크기억재단IMF의 공식적인 본부가 됐다. 기록물은 지하실에서 그 집으로 옮겨지기 시작했고, 그것을 디지털화하는 과정이 시작됐다.[18] 휴렛팩커드에서 스캐너를 기증했고, 한 이라크 자원봉사자 팀이 가세한 재단 직원들은 한 달에 8만 쪽을 스캔할 수 있었다(지금 기록물이 600만 쪽이 넘는 것으로 파악되고 있으니 충분히 빠른 수준은 아니었다).[19] 그것은 매우 위험한 작업이었다. 아마도 이전 바아스당 관계자들인 듯한 사람들이 기록물을 파괴하려 했고, 팀원들은 살해 위협을 받았다. 한 번은 로켓탄이 이 집의 지붕에 떨어졌으나 기적적으로 폭발하지 않았다. 이라크가 격렬한 내전에 빠져들고 있음을 감안해 기록물을 옮긴다는 결정이 내려졌다. 그것이 합리적인 대책으로 여겨졌다.

국방부는 마키야 팀의 통제 아래 그것을 미국 버지니아주에 있는 커다란 군용 창고로 옮기는 비용을 댔다. 이곳에 대규모 처리 시설이 만들어졌다. 하루에 10만 쪽을 스캔할 수 있는 일관작업 라인을 갖춘 곳이었다. 아홉 달이 되기 전에 작업이 끝났다. 이 기록물의 문서들과 쿠르드인들이 노획한 자료들이 삿담 후세인을 인도주의에 반한 죄로 기소한 법정에 증거로 제출됐다. 그는 유죄 판결을 받고 2006년 12월 30일 교수형에 처해졌다.

바아스당 기록물은 지금 캘리포니아 스탠퍼드대학의 후버연구소에 있다. 기록물의 이전에 관한 여러 설명은 모두 이것이 본래 단기적인 합의로 만들어졌다는 데 의견을 같이하고 있다.[20] 이 기록물은 매우 전문적인 직원 팀에 의해 확보되고 관리돼야 했지만, 역사는 이미 제2차 페르시아만 전쟁의 승자에 의해 통제되고 있었다. 이라크 국가도서기록관 관장 사아드 에스칸데르Saad Eskander는 이렇게 썼다.

사흘이라는 시간 동안에 이라크 국가도서·기록관은 이라크의 역사적 기억 상당 부분을 잃어버렸다. 수만 건의 기록문서와 희귀본들이 영원히 사라졌다. … 두 차례의 화재와 약탈의 직접적인 결과로 국가기록관은 그 기록물의 60퍼센트 정도를 잃어버렸다. 한마디로 이것은 거대한 규모의 국가적 재앙이었다. 이 손실은 보상을 받을 수 없다. 그것이 현대 이라크의 역사적 기억을 이루었다.[21]

쿠르드인이 발견한 자료와 바아스당 기록물이 이라크에서 가져온 기록물의 전부는 아니었다. 이라크 비밀경찰 파일 역시 볼더의 콜로라도대학으로 들어왔다.[22] 많은 정부와 방어 시설의 문서 모음 역시 발견돼 옮겨졌다. 이 수집품들은 바아스당 기록물보다 훨씬 더 큰 규모였고, 카타르로 옮겨지고 거기서 디지털화돼 대량살상 무기 탐색에 도움을 주었다. 인권 침해를 까발리려 했던 쿠르드인들의 문서 인도 의도와는 전혀 다른 것이었다. 이 파일 더미는 다른 어느 것보다도 컸다. 1억 쪽 이상인 것으로 추산됐다. 미국 국방대학NDU의 분쟁기록연구소CRRC에서 선별해 인터넷에 올렸으며, 이들 기록 대부분은 2013년 5월 반환됐다. 3만 5천 상자가 634개의 화물운반대에 올려져 수송기에 적재됐고, 이라크로 반환됐다.[23] 그러나 바아스당 기록은 남았다.

이라크의 시민사회가 붕괴했고 이 경우에 기록물이 침략의 논거 역할을 했다고 해서 기록물을 빼낸 것이 정당한 일이었을까? 케난 마키야는 이제 2003년에 침공을 촉구했던 것을 후회하지만 기록물을 빼낸 것은 후회하지 않는다. 이라크 국가는 "1990년대에 부패했고 … 서방의 제재로 약화돼 있었다."[24] 그리고 그 결과로 2003년의 침공은 진짜 전쟁이 아니었다. 저항이 전혀 없었다. "카드 한 벌이 고스란히 무너져 내렸다." 그 자신과 부시 행정부의 정책 담당자들을 포함해 이라크 바깥의 어느 누구도 이라크 국가가 그렇게 골병이 들었으리라고는 생각지 못했다. 침공 이후 사회 체제가 그렇게 빨리 증발해 버릴 것이라고도 생각지 못했다.

2003년 이후 이라크의 눈덩이처럼 불어나는 재난은 나를 망연자실케 했다.[25]

기록물은 제2차 페르시아만 전쟁과 그 이후로 이어지는 정치적 논쟁을 형성하는 데 중요한 역할을 했다. 두 차례의 페르시아만 전쟁이 세계에 미친 충격은 심각했다. 전 세계에 유례없는 규모의 테러리즘을 불러일으켰고, 이라크와 이 지역의 다른 나라들을 휩쓴 사회적·경제적 재앙을 불러왔으며, 아마도 그 결과로 전 세계에서 수십만 명의 죽음을 초래했다. 이라크의 기록물 부재가 계속돼 그 사회의 치유가 늦어진 것일까?

이라크에서의 기록물 이용의 효과를 공산주의 붕괴 이후 동독의 그것과 비교해 볼 수 있다. 과거 동방 진영 나라들과 이라크에서 일어난 일들을 비교하는 것은 여러 달 동안 나를 당혹스럽게 만들었다. 이라크 기록물을 가져온 일의 윤리적 문제와 씨름하고 있을 때였다. 그것이 없다면 그들은 어떻게 자기네의 힘든 과거를 직면할 수 있을까?[26] 독일에서는 1989년 베를린장벽 붕괴 이후 '가우크Gauck 기관'이라는 조직이 만들어져 매우 통제된 방식으로 슈타지 기록물 이용을 개시하는 과정을 관리했다. 이라크는 기록물 공개를 통해 이전 동독에서 가능했던(가우크 기관의 개입이 있었지만) 수준의 사회 진보를 이룰 수 있었을까?

아마도 독일에서 이루어진 과정은 서독 경제가 충분히 강해 여건이 잘 갖추어졌기 때문에 가능했을 것이다. 가우크 기관을 만든 동독의 전직 목사 요아힘 가우크Joachim Gauck(나중에 독일 대통령이 된다)는 정보를 시민들에게 공개하는 일을 꼼꼼하게 통제할 수 있는 정교한 조직을 만들었다. 다른 사람의 안전을 침해하지 않도록 하기 위해서다. 1994년 무렵 가우크는 3천 명의 직원을 거느리고 많은 예산을 썼다. 그들은 파일을 이용하고 거기서 정보를 얻고자 하는 수많은 요청을 처리할 수 있었다.[27] 그것을 적절하게 변통할 수 있는 재원이 없었다면 전체 사업은 엉망이 됐을 것이다. 이라크에서는 충분히 그렇게 될 수 있었다.

이라크의 가장 최근 역사와 관련된 또 다른 문서 뭉치가 몇몇 다른 (서로 관련이 없는) 인터넷 사이트에 공개됐다. 그 가운데 가장 눈에 띄고 논란이 있는 것이 이라크군에 종군한 《뉴욕타임스》 기자 룩미니 칼리마치Rukmini Callimachi의 작업이었다.

칼리마치는 최근 이라크시리아이슬람국ISIS으로부터 수복한 건물들에서 1만 5천 쪽의 문서와 컴퓨터 하드디스크를 발견했다. 그 정보를 중심으로 해서 칼리마치는 'ISIS 파일'에 관한 작업을 했다. 스스로 '이슬람국IS'이라 부르는 테러리스트 조직에 관한 것인데, 이들은 알카이다al-Qa'idah의 한 분파로 시작해 시리아 및 이라크 영토 통제권을 장악하려 했다. 칼리마치는 문서를 이라크 영토에서 반출하는 허락을 얻지 않았고(허락을 받으려 하지도 않았다) 그저 그것을 들고 왔다. 이후 조지워싱턴대학과 공동 작업으로 그것을 디지털화하고 번역하고 문서를 인터넷에 올렸다. 팟캐스트와 신문 기사 형태로 장문의 보도 자료로 삼았으며, 자신의 보도가 끝난 뒤에야 다른 사람들이 이용할 수 있게 했다. 이 과정은 문서를 본국에서 빼내 발표할 법적·윤리적 권한을 둘러싼 익숙한 문제를 제기한다.[28]

이 문서들은 2014년 6월 ISIS가 만든 칼리파국이 어떻게 움직이는지에 관한 많은 정보를 담고 있다. 여기에는 행정 구조의 작동 방식에 관한 세부 정보가 많이 담겨 있다. 그것들이 보통 사람들의 삶에 영향을 주는 방식도 들어 있다. 예를 들어 가격을 정하거나(제왕절개

분만에서부터 밀감에 이르기까지) 특정 범죄에 대한 처벌(동성애는 사형, 포도주 마시는 것이 발각되면 채찍 80대)에 대해 상세히 설명하는 일을 통해서다.

이 문서들은 이전에 이라크에서 가져온 것들과는 전혀 다르다. ISIS는 이라크의 조직이 아니고 이라크와 시리아에 걸쳐 있는 초국가적인 조직이며, 이라크의 정치 구조를 대체하는 것이 아니라 새로운 국가라고 주장하고 있기 때문이다. 칼리마치의 행위에 대해서는 핵심적인 윤리 문제들이 남는다. 문서를 **빼낸** 것은 불법이었을까? 그것을 공개하는 것이 책임 있는 행동이었을까? 특히 살아 있는 개인들이 문서에 언급돼 있어 그들의 생명이 위험에 빠질 가능성이 있는데 말이다.

지금 칼리마치가 공개한 문서의 양은 미국 정부가 가져온 방대한 은닉물에 비하면 적지만, 그것은 전 세계의 정치적·사회적 사건을 이해하는 데 여전히 기록물이 중심에 있다는 사실을 보여준다. 지난 10년간 이라크 기록물, 특히 바아스당의 기록물의 위치에 대해서는 저명한 개인과 조직들이 개입해 비판적인 논쟁을 크게 벌였다. 핵심적인 문제들이 남아 있다. 그것을 가져온 일은 불법적인가? 그것을 돌려줘야 하는가?

이라크 문서들은 복잡한 역사를 가지고 있다. 쿠르드인이 발견한 첫 번째 부분은 제2차 페르시아만 전쟁을 부추기는 데 결정적인 역할을 했지만, 삿담 후세인 정권의 공포를 드러내기도 했다. 쿠르드인들이 자신들을 향해 자행되고 있는 공포를 일으키는 행위들에 대해 관심을 끌기 위해 그것을 이용한다고 해서 비난할 수는 없다. 카난 마키야가 이라크에서 빼낸 바아스당 문서는 바아스당 정권이 행사한 통제를 충격적일 정도로 상세히 보여주었다. 밀고자의 역할, 반체제 인사 처형, 쿠르드인을 상대로 한 전쟁 등 이라크에서의 삶의 이런 측면들과 그 너머에 관한 모든 세부 정보들이 그 결과로 이후 더 널리 알려졌다. 그것이 바그다드에 남아 있었다면 미군조차도 그것을 보호하려 애썼을 것이다. 그러나 그 문서들은 이라크인의 손에 있지 않았고, 그들이 자기 나라의 사회 발전에서 역할을 할 수 없었다. 슈타지 기록물이 동독에서 달성했던 공개 같은 것 말이다.

카난 마키야는 유럽 및 미국의 홀로코스트 박물관과 남아공의 경험(그곳에서는 진실화해위원회가 기록물과 구두 증언을 사회적 치유의 일환으로 사용했다)에 자극받아 바그다드에 박물관을 건립하고 그가 발견한 자료들을 보관시킬 가능성을 발견했다. 과거의 잔학행위는 '기억'돼야 한다.

이라크인들은 지난 10년간 과거 40년을 잊으려 애썼다. 새 세대는 무슨 일이 일어났었는지를 '기억'하거나 이해할 기회를 가져야 한다. 그러나 강요된 정권의 구성원으로서가 아니라 이라크인으로서다. 슬프게도 내가 이 책을 쓰는 2020년 초까지도 후버연구소에 있는 이라크 기록물은 이라크 정부가 보관하도록 반환되지 않았다. 이 지역의 지리정치학적 상황이 그것을 가능케 하지 않았다. 그러나 그들의 과거를 대면하기 위해 그 기록물들을 사용할 능력이 없다면 이라크인들은 미래로 나아가는 데서 어려움을 겪을 것이다.

13장

디지털 홍수

브렉시트 반대 행진 도중의 '레드바이동키스' 플래카드 항공사진(2019년 4월, 런던)

우리는 지식이 급변하고 있는 역사 속의 한순간을 살고 있다. 우리가 지식과 상호작용하는 방식으로 변하고 있는 것이다. 우리가 살고 있는 시대는 '디지털 풍요'의 시대다. 디지털 정보가 우리 삶을 흠뻑 적시고 있는 시대다.[1] 매일 생산되고 디지털 형태로 존재하며 인터넷에서 접할 수 있는 정보의 양은 어마어마하다. 2019년에 평균적인 1분 동안 전 세계에서 1810만 건의 메시지가 전송되고, 8만 7500명의 사람들이 트윗을 하며, 앱의 다운로드 횟수가 39만 회 이상이었다.[2] 우리는 그 텍스트들의 내용(또는 트윗들의 사진)에 관해 관심을 가져야 할 뿐만 아니라 그것을 뒷받침하는 기저 데이터 또한 우리 사회 지식의 일부다.

지금 많은 장서와 기록물들은 '혼성' 수집품이다. 전통 매체와 디지털 매체를 함께 취급한다. 많은 기관에서 디지털 장서는 흔히 두 범주로 나뉜다. 기존의 책·필사본·기록을 디지털화한 것과 '태생이 디지털'인 자료다. 후자는 이메일, 워드프로세싱 파일, 스프레드시트, 디지털 화상 등 애초부터 디지털 형태로 만들어진 것이다.

학자들이 학술지에 논문만 쓰는 것은 아니다. 그들은 과학 기기를 가지고 연구 데이터를 만들거나 다른 연구 공정을 진행한다. 때로는 그 양이 많다. 많은 도서관과 기록관의 디지털 장서 규모는 급속하게 증가하고 있다. 보들리 도서관에서는 예컨대 보존이 필요한 1억 3400만 건가량의 디지털 화상 파일이 여러 저장 위치에 퍼져 있다.[3] 그렇게 정보량이 많은 것이 정상 상태가 됐다. 우리는 지금 정보에 쉽고 편리하게 접근하는 것을 당연하게 여기고 있으며, 그로 인해 가능해지는 모든 영역에서의 연구 기회를 일상적인 것으로 본다.

우리의 일상생활이 갈수록 디지털 형태로 이루어지고 있는데, 이것은 지식의 보존에 어떤 의미를 지니는 것일까? 디지털 사회로의 이동은 비교적 소수의 강력한 과학기술 업체들이 주도해 왔는데, 역사의 통제와 사회의 기억 보존은 누가 책임지게 될까? 지식은 민간 조직이 통제하면 공격에 덜 취약할까? 도서관과 기록관은 세대에서 세대로 넘어가면서 디지털 기억을 관리하는 데서 여전히 담당할 역할(메소포타미아의 고대 문명들 이래로 담당했던)이 있을까?

도서관과 기록관들은 소장 자료들을 디지털화해 공유할 수 있도록 하는 데 매우 적극적이었다. 분산형서비스거부 DDoS 현상은 정보를 인터넷에 올리는 모든 사람들이 잘 아는 것이다. DDoS 공격은 공개 웹사이트가 여러 인터넷 주소로부터 질문의 폭격(초당 수천 회 또는 심지어 수만 회에 이른다)을 받게 하는 소프트웨어를 통해 작동한다. 때로는 봇넷 botnet이라는 자동 소프트웨어를 이용하기도 한다. 이는 당연히 공격받는 웹사이트를 띄워주는 서버에 과부하가 걸리게 한다.

이런 식의 공격은 정규적이고 빈번할 수 있다. 때로는 크고 유명하며 평판이 좋은 기관(보들리 도서관도 그중 하나로, 때때로 이런 공격을 당한다)의 웹사이트를 '마비'시키는 도전에 매료된 한가한 해커가 이런 짓을 한다. 그러나 국가 역시 자기네 경쟁자나 적을 상대로 DDoS를 사용한다는 증거가 늘어가고 있다. 이런 공격을 받는 쪽에서는 더 강한 설비로 대응하며, 점점 더 많은 비용을 들이게 된다. 그러나 이런 종류의 공격은 디지털 세계에서 단지 가장 '단순한' 부류에 속한다. 더욱 교묘한 형태의 것들도 있다.

도서관과 기록관은 그 존립에 관한 새로운 도전에 직면해 있다. 이것은 전체 사회에 영향을 미치는 일이다. 디지털 형태의 지식은 점점 더 비교적 소수의 아주 큰 회사들의 주문을 받는다. 그들은 너무도 강력해서 문화적 기억의 미래는 우리가 거의 인식하지 못하는 가운데 그들의 통제하에 들어간다. 우리는 그 결과와 함의를 이제 막 알아차리기 시작했다.

그들은 우리 모두가 만들어낸 지식(우리는 이제 그것은 그저 '데이터'라고 말한다)을 수집한다. 이 데이터는 전 세계에서 수집하며, 그것이 우리가 그들의 플랫폼과 상호작용하는 것과 관련되기 때문에 회사들은 때로 거기에 독점적인 접근권을 가진다. 그들은 이를 여러 가지 방식으로 우리의 행동을 조종하는 데 사용한다. 대체로 우리의 구매 습관을 좌우하기 위해 노력함으로써다. 그러나 이런 영향은 또한 다른 생활 분야로도 들어간다. 투표 습관이나 심지어 우리의 건강 같은 것들이다. 그들은 이를 비밀스런 방식으로 한다. 사람들은 그것을 알기가 어렵다.

전 세계에 잠재 고객층을 가지고 막대한 수입을 올리는 이런 회사들의 급속한 성장은 이전에 없던 일이다. 아마도 가장 최근에 이와 비슷한 것이 있었다면 중세와 문예부흥기의 로마 가톨릭 교회의 성장 정도일 것이다. 가톨릭 교회 역시 세계의 광대한 지역에 대해 영적·세속적 권력을 가지고 있었다. 거대한 경제적 이득도 누렸다. 그 권력은 한 개인의 손에 있었다. 물론 그는 비교적 소수의 사람에게 거대한 권력을 쥐여준 구조 안에서 움직이긴 했지만 말이다. 공통적으로 지닌 신앙 체계와 공통의 언어는 그들의 세계적 권위가 유지되고 성장할 수 있게 했다.

오늘날 페이스북은 '단일 세계 공동체'를 자랑하고 있으며, 통계는 구글이 인터넷 검색에서 압도적인 시장 점유율을 가지고 있음을 보여준다. 따라서 이들은 가장 큰 '애드테크adtech'(이들 서비스 이용자의 행동을 추적하는 데 사용되는 데이터) 지분을 가지고 있으며, 그것을 인터넷상의 광고자들(그리고 기타 사람들)에게 판다.[4] 텅쉰騰訊(텐센트Tencent)이나 알리바바 같은 중국의 대형 과학기술 회사들은 하루에도 여러 차례씩 이 플랫폼과 소통하는 수십억의 이용자를 갖고 있다. 이들 회사는 모두 화상·메시지·음악과 기타 콘텐츠를 그 이용자들에게 무료로 인터넷에서 제공하며, 클라우드cloud 기술을 이용해 방대한 양의 정보를 보관한다(아마존은 지금 자회사 아마존웹서비스AWS를 통해 세계 최대 규모의 데이터 저장 서비스를 제공한다).

우리는 '좋아요'를 누르거나 다른 소셜미디어 이용자나 광고자들이 만든 게시물이나 광고를 접하는 데 익숙해졌다. 지금 이 회사들이 갖고 있는 힘이 너무 크기 때문에 역사가 티머시 가튼 애시Timothy Garton Ash는 이들을 '민간 열강private superpowers'[5]이라 불렀다. 그리고 이 회사들이 작동하는 방식은 '감시자본주의surveillance capitalism'[6]라는 이름을 붙였다.

───

2019년 말, 인스타그램 등과의 경쟁에서 보폭을 유지하기 위해 고심하던 사진 공유 사이트 플리커는 그 계정 소유자들의 무료 저장 용량을 줄이겠다고 발표했다. 2019년 2월 이후 무료 계정 이용자들은 사진 및 동영상 1천 개로 제한되고 이를 초과하면 회사에 의해 자동으로 삭제됐다. 수백만 플리커 이용자들은 자기네 콘텐츠 상당 부분이 영구히 삭제됐음을 알게 됐다.

플리커에서 일어난 일은 '무료' 서비스가 정말로 무료가 아님을 우리에게 보여준다. 그들의 사업 방식은 사용자 데이터 거래(때로는 알리지 않고)를 바탕으로 한 것이었고, 시장 점유율을 경쟁사에 빼앗기면 '무료' 서비스는 유료 프리미엄premium 서비스, 즉 프리미엄freemium (free와 premium을 조합해 기본적인 것은 무료로 제공하고 고급 기능은 돈을 받는 사업 모델을 가리킨다) 서비스로 바뀔 수밖에 없었다. 저장은 보관과 같은 것이 아니었다.[7]

플리커의 사례가 드러낸 것은 지금 인터넷에서 지식을 통제하고 있는 회사들에 대한 신뢰 문제 가운데 하나다. 적극적인 사용자들은 다가오는 변화를 알 것이고, 아마도 자기네 데이터를 다른 플랫폼으로 옮길 수 있을 것이다. 빨리 옮기지 못한 사람들은 아마도 사랑하는 사람들의 사진이나 그들의 모험에 대한 사진 기록을 잃어버렸을 것이다. 순식간에 사라졌다.

소비자들은 마이스페이스와 구글플러스 같은 다른 '무료' 플랫폼에서도 비슷한 경험을 했다. 이들은 모두 사전 공지도 별도로 없이 2019년 폐쇄했다. 유튜브는 2017년 시리아 내전을 기록한 동영상 수천 시간분을 파기했다.[8] 귀중한 정보들이 사라졌다. 그 가운데 상당수는 영원히 사라졌다.[9] 이들 사이트와 그것을 운영하는 회사들은 상업적인 이득이 그 동기였고 (대체로) 주주들의 이익을 따랐다. 그들은 공익을 위하는 사람들이 아니었고, 그들이 저장하고 있는 지식은 오로지 그들의 상업적인 운영을 뒷받침하기 위해 보관하고 있는 것이었다.

도서관과 기록관들은 이 새로운 정보 체계에 대응하고 디지털 정보를 보존하는 데서 긍정적인 역할을 하기 위해 노력하고 있으나, 이 과제는 복잡하고 돈이 많이 든다. 예를 들어 미국 의회도서관은 2010년 소셜미디어 거대 업체 트위터와 획기적인 합작 계획을 발표했다. 도서관이 2006년 3월 트위터의 창업 이래의 모든 것(과거, 현재, 미래)에 대한 전모 기록관을 개발한다는 계획이었다. 의회도서관은 디지털 보존 작업에서 선도적인 기관 가운데 하나였다. 세계에서 가장 부유한 나라의 국가도서관으로서 소셜미디어 혁명의 최전선에 있는 과학기술 회사와 제휴를 맺는 것은 당연한 일로 보일 것이다.

불행하게도 이 협정은 자금 부족 때문에 2017년 중단됐고, 도서관은 지금 '선별적으로'만 트윗을 보존하고 있다.[10] 트위터나 페이스북 같은 소셜미디어 플랫폼의 힘을 감안할 때, 그리고 정치나 공적 생활의 다른 영역과 관련된 주요 개인 및 조직이 그것을 사용하고 있음을 감안할 때, 기록이 체계적으로 보존되지 않는 것은 개방 사회의 건강성에 도움이 될 수 없다.

우리는 갈수록 소셜미디어를 통한 생활이 늘고 있기 때문에 사회가 개방성을 유지하도록 도서관과 기록관이 돕는 방법을 찾을 필요가 있다. 정치권에서 디지털 정보를 받아들였기 때문에 '가짜 뉴스'와 '또 하나의 사실'이 생겨나고 있다. 시민에게 정보를 제공하고 공적 생활에 투명성을 제공하기 위해 지식을 보존하는 일은 민주주의의 미래에서 중요한 문제가 되고 있다. 과학기술 회사(특히 소셜미디어 기업)와 정치 활동에 고용된 데이터 회사의 행동은 갈수록 면밀한 조사를 받고 있다. 기록관은 그들의 행동의 증거를 제공하는 데 필수적일 수 있다.

웹을 ('웹 아카이브'에) 보존하는 도서관과 기록관은 그것들이 웹사이트와 블로그, 기타 웹 기반 자원에 온라인으로 기록된 광범위한 인간 노력의 영원한 기반을 제공할 수 있기 때문에 특히 중요해졌다. 정치 지망자, 공직자, 정부 관리의 공개 성명은 (때로 그들이 당황스럽게도) 인터넷에 올라가고, 그것이 보존돼 대중, 언론, 그리고 결국 유권자들이 그들의 대표로 하여금 그 진술에 대해 설명하도록 요구할 수 있어야 한다는 정서가 확산하고 있다.

웹 갈무리는 아직 비교적 새로운 도구다. 예를 들어 UK웹아카이브는 영국과 아일랜드공화국의 여섯 개 납본도서관의 공동 노력이다.[11] 이들은 '법정납본'을 받는 특권을 가지고 있다. 1662년 출판인가법과 1710년 앤여왕저작권법 이후 인쇄 간행물들은 지정된 도서관들에 납본하도록 돼 있다.[12]

영국 웹도메인의 갈무리는 2004년 브리튼 도서관이 추진하면서 시작됐다. 자발적인 '허락을 바탕으로 한' 접근을 통해 꼼꼼하게 선별한 웹사이트를 수집했다. 갈무리할 사이트가 선별되면 그 웹사이트 소유자에게 연락해 명시적인 허락을 받은 뒤에야 이것을 기록물에 추가할 수 있다. 그러면 보존된 모든 사이트는 대중이 온라인에서 공개적으로 이용할 수 있다. 2013년에 '비非인쇄물 법정납본 규정'이 법으로 만들어지면서 법정납본 규정이 갱신됐다. 이 규정은 이 자발적인 체계를, 법에 의해 위임된 여섯 개 법정납본 도서관(이 거대한 사업에 공동으로 자금을 대고 있다)이 이용하는 것으로 바꾸었다.[13]

웹 갈무리는 복잡한 작업이다. 목표물이 끊임없이 움직이기 때문이다. 많은 웹사이트는 자주 없어지거나 주소를 바꾼다. UK 웹아카이브는 시간이 지나면서 갈무리한 사이트가 사라지는 비율이 놀랄 만큼 많음을 보여준다. 어떤 특정 연도에 보존된 웹사이트 가운데 절반 정도가 2년 안에 공개 웹에서 사라지거나 어떤 이유에선가 발견할 수 없다(기술 용어로 그 웹 주소를 해상解像할 수 없다). 3년 뒤에는 이것이 70퍼센트 정도 된다.

이런 문제에도 불구하고 웹 갈무리는 성장하고 있다. 2012년에 이곳에는 2만 개 정도의 웹사이트 사본이 고정적으로 보관되고 있었다. 2019년 영국의 웹에 대한 최근의 '크롤링crawling'(웹 탐색)을 마쳤을 때(크롤링을 마치는 데는 거의 1년이 걸린다) 이 아카이브에는 600만 개 이상의 웹사이트에 대한 사본이 들어 있었다. 보관된 기록은 15억 개 이상의 웹리소스web resource다. 이 아카이브는 또한 더 깊숙하고 더 정규적인 컬렉션으로 9천여 개의 큐레이션을 받은 '특선' 웹사이트를 보유하고 있다. 우리 큐레이션 팀이 보다 중요한 연구 가치가 있음을 확인한 것들이다. 이들에 대해서는 훨씬 자주 크롤링을 한다. 월간이나 주간, 심지어는 매일 크롤링을 하며, 이 사이트들을 고정적으로 다시 크롤링을 하기 때문에 5억 개의 웹리소스를 형성한다.[14]

UK 웹아카이브의 특선 블로그 및 웹사이트 가운데 하나는 2016년 브렉시트Brexit로 알려진 유럽연합 탈퇴에 대한 국민투표 및 그 투표의 정치적 파장과 관련된 1만 개의 사이트를 갈무리했다. 2016년 6월 '탈퇴 찬성Vote Leave' 운동은 그들의 공공 웹사이트에서 상당량의 콘텐츠를 제거했는데, 삭제된 내용 가운데는 영국이 유럽연합을 탈퇴할 경우 국민건강보험NHS에서 주당 3억 5천만 파운드가 지출될 것이라는 운동 측의 전망(이는 2019년이 되면 더욱 논란이 되는 전망이었다)에 대한 전거도 들어 있었다. 다행히도 UK 웹아카이브는 콘텐츠가 삭제되기 전에 웹사이트를 갈무리했다.

인터넷에서 지식을 이용하는 것은 이제 사회적 필수품이다. 그러나 2007년 하버드대학의 연구자 조너선 지트레인Jonathan Zittrain, 켄드라 앨버트Kendra Albert, 로런스 레시그Lawrence Lessig는 웹사이트의 70퍼센트 이상이 《하버드 법학리뷰Harvard Law Review》 같은 법학 학술지를 인용했으며, 더욱 중요한 것으로 미국 대법원의 공공 웹사이트 주소URL의 50퍼센트는 차단돼 있다고 밝혔다. 디지털 보존 동네에서 얘기하는 '링크로트linkrot'다. 이런 웹사이트들은 사회적으로 대단한 중요성을 지니고 있다. 그곳의 법이 어떤지 모른다면 사회가 어떻게 움직일 수 있겠는가?[15]

디지털 정보의 증가는 도서관과 기록관이 따라갈 수 있는 것보다 빠르게 움직였으며, 그 격차를 메우기 위해 다른 행위자가 개입했다. 그들 모두에 대한 우버웹uber-web 기록관인 '인터넷아카이브Internet Archive'는 이런 종류의 민간 기록 보관 사업의 좋은 사례다.

1996년 인터넷 선구자 브루스터 칼Brewster Kahle이 설립한 이 기관은 샌프란시스코에 본부를 두고 있다. 이 기관의 표어 '모든 인간 지식의 보편적 이용'은 캘리포니아의 이 지역에서 마주칠 수 있는 대담한 사고의 전형이다. 이 단체는 설립 이후 웨이백머신Wayback Machine이라는 핵심 서비스를 통해 4410억 개 이상의 웹사이트를 갈무리했다. 사이트는 인터넷을 통해 공개적으로 볼 수 있으며, 도구는 전적으로 웹크롤러(공개된 웹에서 데이터를 '긁어' 갈무리한다)를 사용해 개발했다. 허락을 받으려고 시도하지 않았기 때문에 그들의 행동은 영국의 법정납본 규정에 상응하는 것으로 볼 수 있는 명시적인 법적 기반이 없다.

인터넷아카이브는 스스로 자기네가 보유하고 있는 지식을 파괴하려는 시도의 대상이 됐다. 2016년 6월, 이 사이트가 극단주의 조직 ISIS 성원 및 그 지지자들이 만든 웹사이트와 동영상을 이용할 수 있게 하는 데 뿔난 집단들이 인터넷아카이브에 대규모 DDoS 공격을 퍼부었지만 실패했다. 이 사건에서 두드러졌던 것은 적법하게 취득해 지식을 이용할 수 있도록 제공하는 것과 시민 대부분에게 거슬리거나 법으로 금지된(폭력적이거나 불법적인 그들의 견해 때문에) 집단

들의 선전 도구로 사용되는 지식에 대한 검열의 경계가 비교적 분명치 않다는 점이다.[16]

내가 인터넷아카이브에 대해 가장 우려하는 점은 그것이 장기적으로 유지될 수 있느냐다. 이것은 작은 조직이고 활동을 감독하기 위한 임원들이 있지만 취약한 자금 기반으로 운영되고 있다. 그것은 자신을 돌보아 줄 모체가 없다(아마도 이 때문에 그것이 현재의 성과를 그렇게 빨리 이룰 수 있었던 듯하다). 그러나 이는 이 조직에 오래 유지될 수 있는 능력을 더 많이 제공할 수 있다. 어느 시기에 이는 더 큰 기관의 일부가 되거나 협력할 수 있다. 세계의 지식을 보존하고 그것을 이용할 수 있게 한다는 그 장기적 목표를 공유하는 기관이다.

나는 인터넷아카이브를 여러 번 이용했고, 그것은 믿을 수 없을 만큼 가치가 있다. 나는 2003년 가족과 함께 옥스퍼드로 이주했을 때 지역 교육청과 송사를 해야 했다. 두 아이가 지역의 같은 초등학교에 갈 수 있게 해달라는 것이었다. 우리는 웨이백머신을 통해 보존된 이 교육청의 웹사이트 사본을 찾아내 특정 날짜에 그들의 정책이 바뀌었다는 공개 정보를 보여줄 수 있었다.

인터넷아카이브는 기록관과 도서관이 사회의 필요를 따르지 않는 공적 생활의 어떤 부분이 있음을 알려준다. 그들은 신중한 기관이 되기 십상이고 행동에 잘 나서지 않는다. 여러 가지 측면에서 이는 그들의 강점 가운데 하나다. 그들이 만든 구조는 회복력이 있게 마련인 때문이다. 내가 생각하기에 인터넷아카이브는 지금 지구촌 사회에 커다란 중요성을 지닌 '조직화된 지식의 집적체'다. 그러나 그것은 현재의 독립적인 상태가 '위험에 처해' 있는 존재다. 세계의 도서관 및 기록관 업계는 인터넷아카이브의 사명을 지원하는 새로운 방법을 개발하기 위해 힘을 합칠 필요가 있다.

인터넷아카이브의 작업은 내가 '공공 기록 보관' 사업 또는 '적극적 기록 보관' 사업으로 부르고 싶은 일의 한 사례다. 그것은 도서관이나 기록관 같은 '기억 조직'과 별개로 스스로 일을 떠맡은 대중 가운데 우려를 품은 사람들로부터 생겨났다. 때로 이들의 공공 기록 보관 활동은 기관이 개입된 것에 비해 더 빠르게 움직일 수 있다. 특히 공공 기록 보관이 다시 개입해야 하는 '가짜 뉴스'의 대두와 함께 말이다.

트럼프 행정부 시기의 미국 정치 생활의 한 가지 특징은 대통령이 소셜미디어를 사용했다는 점이다. 도널드 트럼프의 트위터는 2020년 2월 28일 현재 무려 7310만 명의 가입자를 갖고 있었고(미국 국민의 22퍼센트에 해당한다), 인스타그램에서는 1790만 명이었다. 그렇게 엄청난 가입자 수는 그로 하여금 미국의 유권자 대중에게 직접 손을 내밀 수 있게 했다. 이에 따라 그가 소셜미디어에 올리는 말들은 강한 영향력을 지녔고, 전 세계에 심대한 결과를 초래할 가능성이 있었다.

팩트베이스Factbase라는 조직은 대통령의 트윗 게시와 그 삭제를 계속 추적했다. 대통령이 트위터에 들어온 2009년 이후 2020년 2월 28일까지 그는 놀랍게도 4만 6516회나 트윗을 했다. 그리고 그 가운데 비교적 적은 777건만 삭제했다. 아마도 대통령 자신 또는 직원 가운데 누군가가 지웠을 것이다. 대통령기록물법을 엄격하게 적용한다면 대통령의 트윗 게시물은 결국 대통령기록관으로 들어가야 했는

데, 만약 그것이 옳다면 그 기록물은 국가문서기록관리청 NARA이 맡게 됐을 것이다.[17]

대통령기록물법은 대통령실과 국가기록관 사이의 신뢰에 의존한다. 미국의 기록관원들은 현실적으로 대통령이나 그의 팀에게 이 법을 준수하도록 강제할 수 없다. 법은 대통령에게 "대통령의 헌정상의, 법에 명시된, 또는 기타 공식적 또는 의례적 업무 이행을 반영하는 행위, 논의, 결정, 정책이 적절하게 기록되도록 확실히 하고, 그 기록들이 대통령 기록물로서 보존되고 유지되는 데 필요한 모든 조치를 취할 것"을 요구한다. 그러나 대통령은 또한 "더 이상 행정적 가치, 역사적 가치, 정보 가치, 증거로서의 가치가 없는 대통령 기록물을 처분"할 재량권을 가진다.

법은 그러한 처분이 미국의 기록관원에게 조언을 구했을 경우에만 일어날 수 있으나, 대통령이 법적으로 그 조언을 따라야 하는 것은 아니라고 말한다. 따라서 어떤 미국 대통령의 재임 기간 동안 기록관원은 대통령 기록물을 보존하기 위해 어떤 조치를 취하는 데는 제한된 능력밖에 가지지 못한다. 예외는 양원 위원회에 조언을 구하는 경우뿐이다.

도널드 F. 머갠Donald Francis McGahn 백악관 법률고문이 2017년 2월 백악관 전 직원에게 대통령 기록물을 유지할 의무가 있다는(대통령기록물법에 규정된 대로) 각서를 보내고 특별히 전자 통신을 언급했지만, 이 행정부 또는 특히 대통령 자신이 이 법을 준수하고 있는지는 지켜봐야 할 일이다. 이 법은 강제성이 없다. 모든 대통령이 제도를 존중할 것이라는 전제가 이미 깔려 있기 때문이다.

사용자의 사전 설정으로 일정 시간이 지나면 메시지가 자동으로 삭제되도록 하는 암호화된 메신저 앱(예컨대 대통령의 핵심 자문 그룹에서 많이 사용된 것으로 알려진 왓츠앱Whats App 같은 것이다), 소셜네트워크, 기타 "공식 업무를 수행하기 위한 인터넷 기반 전자 통신 수단들" 같은 과학기술의 사용은 백악관사무처의 승인 없이는 분명하게 금지돼 있다.[18] 그런 과학기술의 사용은 미국 기록관원의 조언 기회를 제공하도록 해야 하며, 많은 평론가들은 그런 기술의 사용이 대통령기록물법에 위배된다고 주장했다.[19]

도널드 트럼프는 대통령이 되기 전 2011~2014년에 브이로그, 즉 비디오로그(또는 비디오블로그)를 유지했고, 그것이 트럼프오거나이제이션[트럼프 소유의 회사명]의 유튜브 채널에 올라와 있었다. 그는 2015년 이전에 그 대부분을 지웠으나(본래 올렸던 108건 가운데 6건만이 아직도 유튜브에서 발견된다), 팩트베이스는 그에 관한 기록을 자기네 웹사이트에 보관하고 있다. 그것을 공개 기록에 추가하기 위해서다.

그 웹사이트 가운데 한 부분은 대통령이 재임 기간에 언론과 한 인터뷰를 담고 있다. 그의 인터뷰 상당 부분이 뉴스코프Newscorp가 소유하고 통제하는 언론 매체에 주어졌다는 것은 팩트베이스가 대중에게 이용할 수 있도록 공개한 데이터로서 의미심장한 것 가운데 하나다. 그의 인터뷰 가운데 36.4퍼센트가 뉴스코프 계열사에 주어졌다. 팩트베이스는 이 모든 것을 찾아내고 갈무리하고 타이핑하고 검색할 수 있도록 만들었지만, 이것이 트럼프 대통령의 온라인상의 행동을 기록하도록 설계된 유일한 도구는 아니다. '트럼프트위터아카이브Trump Twitter Archive'라는 웹사이트 역시 비슷한 방식으로 이들 트윗을 추적하고자 시도한다.[20]

팩트베이스와 트럼프트위터아카이브 등이 한 작업은 대통령의 공개 발언을 대중이 정밀 조사할 수 있게 만드는 것이다. 이전에 다른 어느 대통령도 겪어보지 못한(적어도 임기 중에는) 방식으로 말이다. 이 '공개 지식'은 개방적인 민주주의 체제의 건강성을 위해 필수적이다. 특히 세계에서 가장 강력한 정치적 직위에 재임 중인 자가 자신의 정치적 의제를 홍보하기 위해 대중 매체 채널을 광범위하게 사용하는 곳에서는 더욱 그렇다. 이 작업은 대통령과 그의 보좌관들이 이들 공개 발언을 삭제하기 일쑤인 경우에는 더 중요해진다. 이 작업은 트럼프 트윗의 화면 갈무리에 의존하는데, 그런 뒤에는 트윗 내용을 타이핑하고 메타데이터를 부가하며 추가적인 분석을 위해 데이터베이스에 넣는 자동화된 통상 작업이 이어진다.

공개 기록 보관의 또 다른 사례는 레드바이동키스Led By Donkeys라는 영국의 독립 조직에 의해 개발됐다(이 이름은 1차 세계대전 당시 영국 보병 병사들이 '당나귀의 지휘를 받는 사자들lions led by donkeys'로 불린 데서 유래한 것이며, 전선의 병사들이 자기네 장군들에 대해 어떻게 생각했었는지를 보여준다). 레드바이동키스는 공적 영역(온라인과 게시판 및 주요 도시의 다른 공공장소 같은 물리적 환경 모두)에서 활동하면서 주요 정치인들이 전에 말한 정치적 입장과는 다른 지금의 말을 보존하고 그것을 공개해 왔다. 기본적으로 그 정치인에게 책임을 추궁하는 것이다.[21]

이 공개 기록 보관 활동은 정치인들에게 자기네 말에 대해 해명하라고 요구할 수 있는 정보 보존의 중요성을 보여준다. 정치적 담화는 흔히 진실과 거짓 사이의 전쟁터지만, 디지털 경기장은 정치적 거짓이 선거 결과에 미칠 수 있는 영향력을 증폭시킨다. 내가 생각하기에 팩트베이스나 레드바이동키스 같은 공개 기록 보관 활동은 공적 기관이 이런 종류의 정보를 보다 체계적으로 모을 수 있는(그리고 모아야 하는) 부분의 공백을 메우는 것으로 보인다.

―――

오늘날 가장 많이 사용되는 '조직화된 지식의 집적체' 가운데 하나는 온라인 백과사전 '위키백과Wikipedia'다. 2000년에 만들어진 이 사전은 급속하게 성장해 6개월 만에 표제어 100만 항목에 도달했다. 이것은 많은 비판과 분명한 한계에도 불구하고 지금 600만 개의 표제어에 초당 5천~6천 회의 클릭을 기록하는 거대하고 많이 사용되는 자료다. 그로부터 위협을 받을 리 만무한 도서관과 기록관은 처음부터 그와 협력하는 길을 선택했다.

위키백과에 들어 있는 지식은 공격의 대상이 된다. 예를 들어 홍보 회사들은 돈을 받고 자기네 고객들이 불편해하는 내용을 편집하거나 삭제하는 일을 했다. 인기 있는 맥주 스텔라 아르투아Stella Artois는 '마누라 패기wife-beater'라는 별명으로 불려왔다. 이는 전거를 들어 입증할 수 있는 사실이었기에 위키백과의 '스텔라 아르투아' 항목에 들어갔다. 그런 별명은 서방 사회에서 더 이상 용납될 수 없어 어느 시기엔가 이것이 삭제됐다. 이 일을 한 것은 홍보 회사 포틀랜드 커뮤니

케이션스Portland Communications였던 것으로 드러났다. 위키백과 식구들은 삭제된 내용을 복구했다.[22]

정치인들은 위키백과의 이른바 '경비經費 스캔들'(국회의원들의 불법적인 경비 청구와 관련해《데일리 텔리그라프Daily Telegraph》등 신문들이 보도한 일련의 폭로다)에 대한 달갑잖은 내용을 삭제했다. 언론인 벤 라일리스미스Ben Riley-Smith는 이들 국회의원들의 이력을 바꾼 컴퓨터의 IP 주소를 분석해 내용이 국회 직원들에 의해 삭제(공유 영역에서는 확인할 수 있다)됐다는 사실을 밝혀냈다.[23]

위키백과는 개방성의 문화를 기반으로 만들어졌다. 수록 항목에 대한 수정은 모두 추적되고 이는 공개적으로 볼 수 있다. 삭제(또는 수정)된 콘텐츠의 본래 모습, 삭제 또는 변경이 이루어진 날짜와 시간, 그리고 어느 계정에서 수정했는지를 모두 볼 수 있다. 위키백과는 '감시자' 팀을 만들어 이들이 고정적으로 많은 확인 전 항목을 읽는다. 그들이 보기에 보증되지 않는 부당한 삭제나 부정확한 편집의 대상이 될 것들이다. 계정만 있으면 누구나 '감시자'로 선출돼 어떤 항목이든 골라 살필 수 있고, 이에 따라 자신이 관심 있는 분야에서 수정된 것을 모두 알 수 있다.

모든 기고자는 또한 기고 기록이 있어 공개적으로 볼 수 있다. 따라서 누군가가 특정 개인이나 특정 문제만 편집한다면 그 정보 또한 다른 이용자들이 볼 수 있다. 인간 '감시자' 층이 있지만 그들은 기술적인 소프트웨어 도구(이른바 '봇bot'이다) 층의 지원을 받고 있다. 그것이 대규모 자동 '감시'를 한다.

위키백과 자체는 전체 사이트를 감시한다. 그들의 봇은 특정 기사의 상당 부분이 삭제되거나 동성애 혐오 또는 인종차별적 비방이 추가되는 일을 탐지할 수 있다. 많은 양의 텍스트가 추가되면 그들은 자동으로 기사의 문장들을 구글 검색해 표절이 있는지 탐지할 수 있다. 어느 정치인의 직원이 내용을 지우면 여러 봇과 인간 편집자들이 여기에 주목해 같은 계정 또는 컴퓨터가 했던 편집 패턴을 보고 클릭 한 번으로 삭제된 내용을 복구할 수 있다. 때로는 위키백과를 삭제하거나 검열하려는 시도가 별개의 기삿거리를 만들어내고 그것이 기사에 인용되기도 한다.

지식의 생산이 디지털 형태로 변화하는 것은 디지털 홍수에 직면해 대량의 디지털 정보를 처리하는 부담에 대처하기 위해 애쓰는 행정가들에게 문제를 제기한다. 2018년 12월, 미국 메인Maine주 정부는 앵거스 킹Angus King과 존 볼다치John Baldacci 지사 재임 시절의 공문서 상당량을 잃어버렸음을 밝혔다. 2008년 이전에 발송한 주 정부 이메일 대부분이 복구할 수 없게 상실됐고, 다른 여러 가지 문서들도 메인주 기록관에 가지 않은 채 주 관리들에 의해 파기됐다. 미래의 역사가들에게 필요한 정보가 날아갔을 뿐만 아니라 이 이메일들은 세간의 이목이 집중된 소송 사건의 핵심 정보가 있는 문서를 포함하고 있을 가능성이 있었다. 2012년 라이버Libor 스캔들[라이버는 런던의 은행 간 거래에서의 대출 금리로, 2012년 이를 둘러싼 일련의 사기 행위가 있었다]에서 래리 채핀Larry Chapin 같은 변호사들이 한 작업이 보여주었던 것처럼 말이다. 이메일 기록은 한데 묶으면 유죄 판결을 얻어내거나 피고가 감옥에 가는 것을 막는 데 도움을 줄 만큼 상세한 내용을 알려줄 수 있다.[24]

미래의 지식에 대한 접근이 결정적으로 중요하고 상업적 이익이 꼭 도움이 되지는 않는 다른 분야들이 있다. 한 가지 좋은 예가 원자력 산업이다. 하나의 사회로서 우리는 먼 미래에 대해 확신을 가질 필요가 있다. 5년이나 10년 뒤가 아니라 지금으로부터 100년 뒤, 심지어 1천 년 뒤를 말이다. 정확히 어디에 핵폐기물을 저장해 놓았고, 그것이 어떤 물질들로 구성돼 있으며, 그것이 언제 거기에 저장됐고, 그것이 어떤 종류의 컨테이너 안에 담겨 있는지 같은 것들이다. 이 데이터는 지금 존재하지만, 원자력폐기기구NDA와 원자력 분야의 다른 행위자들이 직면한 도전은 부동산 개발업자, 광산 회사, 물 공급자, 그리고 지역 당국과 정부가 예컨대 500년의 시간 동안 이 모든 정보에 접근할 수 있도록 보장됨을 어떻게 확신할 수 있느냐다.

우리는 이 정보를 어디서 얻을 수 있는지를 알 필요가 있다. 정보가 저장된 형식에 접근할 수 있고, 우리가 필요할 때 그것을 이해할 수 있어야 한다. 이번 세기 초에 엔론Enron의 경우에 그랬듯이, 사업이 악화했을 때 기업 세계에서 디지털 보존 도구를 더 잘 이용할 수 있다면 소송은 훨씬 쉬워질 것이다. 엔론 종업원들이 방대한 양의 이메일과 기타 디지털 정보를 삭제함으로써 그 감사관들이 무슨 일이 있었는지 알 수 있는 능력을 훼손하며 소송 업무를 더 어렵고 더 많은 비용이 들게 했듯이 말이다.

지식의 보존은 근본적으로 과거에 관계된 것이 아니라 미래에 관계된 것이다. 고대 메소포타미아의 도서관에는 미래 예측과 관련된 책들을 많이 소장하고 있었다. 점성술·천문학·예언과 관련된 것들이다. 지배자들은 전쟁에 나갈 적절한 시점이 언제인지를 판단하는 데 도움을 줄 정보를 갖고자 했다.

오늘날 미래는 언제나 과거에 대한 지식에 접하는 데 의존하고 있고, 디지털 기술이 무슨 일이 일어날지를 예측할 수 있는 방법을 변화시킴에 따라 더욱 그러할 것이다. 그것은 또한 우리의 디지털 생활에 의해 만들어진 지식이 갈수록 강력해지는 여러 조직들에 의해 정치적·상업적 이득을 얻는 데 어떻게 이용되느냐에도 달렸을 것이다.

―――

과학기술 산업은 지금 사물인터넷IoT에 막대한 투자를 쏟아 붓고 있다. 많은 가정용품들(예컨대 냉장고)이 인터넷에 연결돼 감지기로부터 나오는 데이터의 이동에 따라 작동된다. 사물인터넷은 시계와 장신구 같은 착용 기기 분야로 옮겨가고 있다. 이들은 우리의 건강을 점검할 수 있도록 설계돼 많은 양의 생체 정보를 생성한다. 그 정보의 양은 의사들이 우리의 앞으로의 건강을 정확하게 예측할 수 있을 정도에 이를 것으로 보인다.

이는 질병 예방에 도움이 되겠지만, 그것은 또한 커다란 윤리적 문제 역시 제기할 것이다. 이 정보를 누가 가져야 할까? 이 자료를 주치의와 공유하는 것은 좋겠지만, 그것을 건강보험 회사와 공유하는 것도 좋은 일일까? 누가 개인의 디지털 정보를 이용하는지를 시민이 통제할 수 있는 곳에서는 도서관과 기록관이 그런 이용을 확실하게 할 수 있도록 하는 데서 더 강한 역할을 할 수 있겠지만, 익명으로 이용하는 곳이라면 그 정보를 뭉뚱그려 이용하는 것이 대중의 건강이라는 목적을 위해 도서관에 의해 촉진될 수 있다. 우리가 그 어느 때보다도 디지털 건강 시스템에 긴밀하게 연결되게 되는 만큼, 그 지식이 파괴된다면 그것은 개인의 건강에 중대한 영향을 미칠 수 있다.

2019년 6월, 마이크로소프트는 방대한 규모의 인간 얼굴 사진 데이터베이스를 만들고 있다고 발표했다. 사진은 모두 1천만 장이 넘고, 관련 인물은 10만 명이었다. 그것은 전 세계의 인공지능AI 얼굴 인식 시스템을 훈련시키는 데 사용됐다. 이 사진들은 허락 없이 공개된 웹에서 '긁어' 수집했다.[25]

웹에서 공개적으로 접근할 수 있는 다른 비슷한 데이터베이스들도 연구자 애덤 하비Adam Harvey에 의해 발견됐다. 그의 연구는 여러 개의 다른 얼굴 인식 데이터베이스를 찾아냈는데, 듀크대학과 스탠퍼드대학이 만든 사례들도 있었다. 거기에는 심지어 유튜브의 성전환자 집단의 게시물에서 긁은 데이터세트도 들어 있었다. 그것은 성전환자용 얼굴 인식 AI를 훈련시키는 데 사용됐다.[26]

최근까지 온라인 서비스 이용자들이 만든 데이터 수집에 관한 우려는 사생활 침해와 이 데이터의 현금화 위험이 중심이었다. 이런 우려는 이제 더 넓은 분야들로 이동하고 있다. 소셜미디어 영역에서 수많은 정치 활동이 벌어지고 있는 곳에서 우리의 자료가 불법적으로 조작되지 않고 있으며 온라인 활동이 공개적이고 공정하게, 그리고 개인의 동의를 받아 이루어지고 있다고 어떻게 확신할 수 있을까? 그런 사람들에 의해 수집된 데이터가 공개적인 검증을 위해 보관될 수 없다면 말이다.

2017~2018년 사이에 페이스북 이용자들이 생성한 데이터가 사

기업에 의해 사용(거의 틀림없이 불법적으로)됐음이 분명해졌다. 케임브리지 애널리티카Cambridge Analytica가 특정 부류를 노린 정치 광고를 만드는 데 사용한 것이었다. 이와 동시에 주요 신용정보 회사 가운데 하나인 에퀴팩스Equifax는 부주의에 따른 정보 누출로 1억 4700만이 넘는 이용자들의 신용 정보를 위험에 빠뜨렸다.[27] 이런 문제들은 법적인 체계가 없거나 미약한 상태에서 사기업이 개인 정보를 보유하는 데 대한 우려를 불러일으켰다. 또한 여러 정부가 자기네의 정치적 이득을 위해 이런 회사들의 조작을 이용했다는 주장도 나왔다.

케임브리지 애널리티카의 웹사이트는 없어진 지 오래지만, 다행히 몇몇 웹 아카이브가 그것이 온라인에서 사라지기 전의 사이트를 갈무리했다. 2018년 3월 21일 스스로가 그린 자신의 모습은 이렇다.

데이터는 우리가 하는 모든 일을 주관합니다.
케임브리지 애널리티카는
상대방의 행동을 바꾸기 위해 데이터를 사용합니다.

그러고는 사람들을 초대한다.

우리의 기업 부문과 정치 부문을 방문해
어떤 도움을 받을 수 있는지 알아보세요.

케임브리지 애널리티카는 뉴욕·워싱턴·런던·브라질·쿠알라룸푸르에 사무소를 둔 디지털 용병이었다. 누구든 돈을 낼 용의가 있는 사람을 위해 온 세계를 이용할 수 있도록 하는 것이 목표였다. 고객의 정치적·상업적 의도가 무엇이든 상관없었다. 이 사이트는 자기네가 인터넷을 사용하는 미국 유권자 한 사람마다 5천 가지씩의 정보를 수집했다고 주장했다.

그들 사이트를 갈무리한 웹 아카이브는 그들의 행동이 유일하게 흔적을 남긴 기록물이었다. 그러나 이 회사는 무려 8700만 페이스북 이용자들의 정보에 동의도 없이 접근했다. 이 회사의 행동의 전모는 여전히 불분명하며, 어떤 일이 있었는지에 대한 모든 세부 사항은 아직 밝혀지고 있는 중이다. 《가디언》에 게재한 탐사보도로 이를 밝혀낸 캐롤 캐드월러더Carole Cadwalladr는 트위터에 이렇게 평했다.

> 트럼프의 선거 운동에 관한 페이스북 데이터세트를 본 사람은 아무도 없습니다. 광고 아카이브를 본 사람도요. 케임브리지 애널리티카가 무슨 일을 했는지 아무도 모릅니다. 무엇이 통했는지 아무도 모릅니다. **뭐든지요.** 그것이 우리에게 증거가 필요한 이유입니다.[28]

거대 과학기술 기업들에 의해 생성된 데이터세트(페이스북의 광고, 트위터의 게시물, 광고용 과학기술 회사들이 거둬들이는 '숨은' 사용자 정보 같은 것들)를 갈무리하는 것은 지식 보존을 담당하는 기관들이 맞닥뜨린 주요 문제 가운데 하나다. 도서관과 기록관은 데이터의 양이 방대한 영역에 상대적으로 그저 약간만 발을 걸칠 수 있을 뿐이다. 그러나 사회는 그런 기록관의 존재가 필요하고, 우리 문화가 지금 무엇을 하고 있으며 중요한 개인과 회사 등이 사회가 변화하고 있는 와중에 어떤 역할을 하고 있는지를 이해할 수 있어야 한다.

소셜미디어 사이트를 갈무리하는 것은 벅찬 일이며, 우리는 트위터의 경우에서 전체 소셜미디어 플랫폼을 디지털화해 보존하는 것이 심지어 세계 최대의 도서관이 대처할 수 있는 것보다 더 큰 도전임을 보았다. 이들 사이트는 역동적이고, 매 순간 변화하며, 각각의 이용자에게 독특하고 개별적인 방식으로 나타난다. 우리는 플랫폼 자체에서의 통신과 함께 그것을 뒷받침하는 데이터 전송을 갈무리할 필요가 있다.

메시지도 중요하지만 플랫폼이 마련해 놓은 '좋아요'나 '넛지nudge'나 기타 소셜미디어상의 도구들은 우리에게 사교 행위, 문화, 정치, 건강, 그 밖의 여러 가지에 대해 많은 것을 이야기해 줄 수 있다. 내가 생각하기에 큰 소셜미디어와 광고용 기술 플랫폼 기업의 자료를 보존하는 것은 지금 시기의 결정적인 문제 가운데 하나가 되고 있다.

소셜미디어를 갈무리하는 몇몇 접근법도 대두하기 시작하고 있다. 2019년 여름, 뉴질랜드 국가도서관은 뉴질랜드인들에게 자신의 페이스북 프로필을 산하의 알렉산더턴불Alexander Turnbull 도서관에 기증하도록 요청하는 사업을 발표했다. 이 도서관 디지털서비스 팀장인 제시카 모란Jessica Moran은 자신의 블로그에서 이렇게 설명한다.

우리는 페이스북 아카이브의 전형적인 표본을 수집하고자 합니다. 우리는 미래의 연구자들이 사용해 우리가 무엇을 보존하고 페이스북 같은 소셜미디어 플랫폼을 어떻게 이용했는지를 이해하고, 또한 21세기 초 디지털 문화와 생활의 풍부한 맥락을 더 잘 이해할 수 있도록 하는 수장품을 구축하고자 합니다. 여러분의 기부에 대한 보답으로 우리는 기증자에게 믿을 수 있는 디지털 저장소를 제공할 수 있습니다. 저장소는 이 디지털 아카이브를 보존해 미래에 전하는 일에 전념합니다.[29]

뉴질랜드 국가도서관은 두 가지 핵심 문제를 강조했다. 첫째로, 기억 시설은 주요 소셜미디어 플랫폼이 가지고 있는 정보를 갈무리하기 시작해야 한다는 것이다. 미래는 과거에 어떤 일이 일어났는지 알 필요가 있으며, 이것이 플랫폼 수준(현재 전 세계적으로 월 1회 이상 페이스북을 이용하는 사람은 25억 명이 넘는다)에서 이루어질 수 없으면 작은 덩어리로 따로따로 처리해야 한다는 것이다. 뉴질랜드처럼 비교적 작은 나라의 이용자 표본은 그러한 커다란 문제에 접근하는 매우 좋은 방법이다. 둘째로, 현재의 페이스북 사용자 일부는 자신의 이력을 믿을 만한 공적 기관이 보존해 주도록 하는 일에 흥미가 있음을 그들은 알고 있다. 그들을 대신해 기관에서 일을 대부분 다 하고 비용을 떠안는 것이다. 결정적으로 이 국가도서관은 또한 자신의 페이스북 자료를 기증하는 모든 사람의 사생활을 존중하는 일에 관해 매우 분명하게 이야기했다.

―――

사회는 빅데이터와 컴퓨터 편재遍在의 세계가 만들어낸 경제적 현실을 따라잡기에는 너무 느렸다. 우리의 법과 제도는 이제 믿을 수 없을 만큼 부유해진 산업과 그 안에서 일하는 매우 똑똑한 사람들에 보조를 맞출 수 없었다. 데이터과학자 페드루 도밍구스Pedro Domingos는 "누구든 가장 좋은 방법과 가장 많은 데이터를 가진 사람이 승자"[30]라고 말했다.

플랫폼 구축과 그 주변의 '데이터 산업'은 쇼샤나 주보프Shoshana Zuboff가 말한 '사적 지식 왕국private knowledge kingdom'('왕국들'이 더 적절하겠다)을 만들어냈다. 이 모든 데이터와 기술은 "수정하고 예측하고 현금화하고 통제하려는 목적을 위해"[31] 만들어졌다. 감시자본주의의 성장을 연구해 온 주보프와 기타 저술가들이 발한 경고는 세계의 기억이 지나치게 많아 이제 사회가 그 사실을 인식하거나 그 중요성을 완전히 이해하지 않은 채 과학기술 회사들에게 외주外注를 주었다는 것이다.

대중과 주요 과학기술 회사들 사이의 현재의 관계에서 핵심은 신뢰의 문제다. 우리는 모두 그들의 서비스를 이용하지만(우리가 그들에게 의존적이 됐다는 것이 그 한 이유다), 대중은 갈수록 그들을 믿지 않고 있다. 사회는 거대한 지식 은행을 만들었지만, 그 소유권·운영·이용을 사유화했다. 그 지식은 전 세계의 개인들이 자유롭게 만들었는데도 말이다. 아마도 대중은 회사 소유자들을 디스토피아적 공포와 의혹의 느낌을 가지고 보기 시작한 것으로 보인다.

퓨Pew연구소는 2016년의 한 연구에서 미국 성인의 78퍼센트가 도서관은 믿을 만하고 의존할 수 있는 정보로 그들을 이끄는 것으로 생각했다고 보고했다. 이 수치는 18~35세 집단에서 더욱 높았다. 우리가 이것을 시간의 진행에 따라 구성해 볼 수 있도록 하는 장기적인 연구는 없지만, 퓨연구소 연구원들은 이 신뢰의 정도가 성인들 사이에서 증가해 금융 회사나 소셜미디어 회사에 대한 신뢰의 정도와 뚜렷한 대조를 보이는 것으로 보았다.[32] 심지어 정부보다도 높았다.

도서관과 기록관에 대한 대중의 신뢰가 높으니(그리고 더 높아지고 있으니) 어쩌면 이들 기관이 개인이 자신의 개인 정보를 보관하는 곳이 되지 않을까? 아마도 사회는 '민간 열강'의 지배에 도전하고 사회의 이익을 전면에 내세우는 시대로 들어가기 시작한 듯하다. 개인의 데이터가 공적 기관(공적 데이터의 믿을 만한 관리자로서)에 두어지는 미래를 상상할 수 있을까?

그것이 실현되기 위해서는 특정한 조건들이 필요하다. 첫째로, 시설을 설립하고 규정을 마련하기 위한 입법이 있어야 한다.[33] 정책을 개발하는 데 대중이 의견을 내고 참여해야 하며, 시스템이 설립되는 데도 마찬가지다. 그러한 법들은 지리정치학적 경계 너머와도 조화를 이룰 필요가 있다. 둘째로, 도서관들이 그 과업을 수행할 수 있도록 상당한 수준의 자금 지원이 필요할 것이다. 이는 같은 과학기술 회사들로부터 '기억세memory tax'를 거두어 충당할 수 있다.[34]

디지털보존연합DPC 같은 기존 조직이 디지털 보존을 지원하는 데서 핵심 역할을 할 것이며, 브리튼 도서관과 국가기록관 및 스코틀랜드·웨일스·북아일랜드의 그 자매 기관들 같은 국가 조직이 이를 보관하는 데 함께 일할 수 있다. 그러한 모두스오페란디modus operandi(처리 방식)에는 모델이 있다. 법정납본에 대한 책임 분담 같은 것이다. 그것은 우리가 보았듯이 2013년 디지털 출판물로 확대됐다. 완벽하지는 않지만 여섯 개 법정납본 도서관이 만든 규정과 체계는 잘 돌아가고 있다.

이는 그것 자체만으로는 충분치 않을 것이다. 인터넷용의 새로운 데이터 구조가 필요하다. 개인이 누가 자기네 데이터에 접근할 수 있는지 통제할 수 있도록 하는 것이다.[35] 영국에서 2018년 정보보호법으로 시행에 들어간 유럽연합의 정보보호일반규정GDPR은 유럽에서 긴 과정을 거쳐 개인 정보 보호를 확대했다.

사회의 지식이 개인 영역에서 상업 영역으로 옮겨진 것은 사회가 응답해야 할 커다란 문제를 동반했다. 개인의 권리는 분명히 위기에 처했다. 삶의 다른 분야에서는 '주의 의무'라는 개념이 있다. 예컨대 공공건물의 설계와 운영에서 회사와 기관이 표준을 따라야 한다는 것이다. 이 개념은 디지털 세계에도 적용될 수 있고 적용돼야 한다.[36] 우리가 지금 이용하고 있는 데이터를 갈무리하지 않는다면 우리는 그 이용의 전모(그리고 그것이 가진 효과)를 결코 제대로 이해할 수 없을 것이다. 우리가 페이스북 정치 광고를 전면 갈무리하지 않으면 우리는 유권자들이 어떻게 영향을 받았는지를 평가할 수 없을 것이다. 이들 조직을 분석하고 연구하고 조사할 수 있게 하는 이 정보와 그들의 플랫폼에서의 광고가 없으면 우리는 결코 알 수 없다.

지금으로부터 100년 뒤에 역사가·정치학자·기후학자 등은 2120년의 세계가 어떻게 그런 상태에 이르게 됐는지에 대한 해답을 찾을 것이다. 사서와 기록관원들에게는 아직 디지털 형태의 이들 21세기 초의 지식의 집적체를 장악하고 이 지식을 공격으로부터 보존하며 그럼으로써 사회 자체를 보호할 수 있는 시간이 있다.

14장

낙원을 살리려면

21세 때의 존 밀턴(William Marshall 그림)

토머스 보들리의 보들리 도서관 재건은 1550년대의 이전 대학도서관 파괴 이후의 일이었다. 피비린내 나는 내전 이후 두 차례에 걸쳐, 존 밀턴John Milton(1608~1674)이 쓴 책들을 도서관 바깥쪽 올드 스쿨Old Schools 안뜰에서 불태우라는 대학의 의회 격인 평의회의 공식 명령이 내려졌다. 실패한 청교도 운동과 관련된 존 녹스John Knox(1514?~1572), 존 굿윈John Goodwin(1594~1665), 리처드 백스터Richard Baxter(1615~1691) 등 다른 종교 서적 저술가들의 책들과 함께였다. 앤서니 우드에 따르면 밀턴과 굿윈의 책들은 1660년 6월 16일 "수장된 도서관들에서 꺼내 온" 뒤 "호명되고 불태워졌다".¹

밀턴은 보들리 도서관의 큰 후원자였다. 친구이자 보들리의 두 번째 도서관장이었던 존 라우스에게 다른 팸플릿들과 함께 묶인 자신의 《시Poems》(1645) 특별본을 보내기도 했다. 이 책에는 밀턴이 특별히 라우스와 보들리 도서관을 상찬해 쓴 시 한 편도 들어 있었다. 그는 자신의 시들이 그곳을 "평온하고 행복한 집"으로 삼게 될 것이라며 만족감을 표했다.² 밀턴은 또한 그의 《아레오파지티카Areopagitica》(1644)에서 언론의 자유에 대한 감동적인 옹호론을 펼친 것으로 유명하다.

1683년에 보들리 도서관은 자기네가 매우 난처한 입장에 처했음을 알게 됐다. 대학 당국의 압력에 굴복해 이 특별본을 포기할 것인가, 아니면 이 언론 자유 옹호자의 책들을 보존할 것인가? 보들리 사람들은 독립적인 생각을 가지고 있었다. 설립 당초부터 '열람 전용' 도서관으로 세워진 이 도서관은 1645년 찰스Charles 1세 왕이 내전으로 인해 옥스퍼드에 살 때 책 대출을 거부한 것으로 유명하다(다만 의회의 요구는 받아들여졌다).[3] 그들은 위험한 결정을 내려 당국을 거역하고 책들을 숨겼다. 그러나 보들리 장서 목록을 사서가 개인적으로 필사한 것에 들어 있는 수기手記 메모를 보면 그들은 그 책들의 존재를 비밀에 부치기 위해 공개 목록에서는 철저히 빼버렸음을 알 수 있다.[4] 그 결과로 이 책들은 오늘날에도 여전히 찾아볼 수 있다.[5] 이 책에서 탐색한 여러 사례 연구에서 볼 수 있듯이 사서와 기록관원들은 수천 년 동안 지식을 공격으로부터 보존하는 데 결정적인 역할을 했다.

이 책 전반을 통해 나는 지식에 대한 공격의 오랜 역사와 도서관 및 기록관 파괴가 지역사회 및 전체 사회에 미친 영향에 대해 전하려 했다. 그러나 지식은 오늘날에도 여전히 공격받고 있다. 이런 역사에 대한 무지가 일종의 안주安住를 하게 만들어 알렉산드리아 도서관이 서서히 쇠퇴하게 했다. 또한 취약한 부분을 만들어내 종교개혁 시기에 일부 도서관들(옥스퍼드대학 도서관도 여기에 포함된다)이 파괴되게 했다.

안주는 여러 가지 형태를 띤다. 그것이 거의 틀림없이 영국 내무부 관리들로 하여금 윈드러시 상륙 기록을 파기하도록 부추겼을 것이다. 이 정보가 다른 곳에 있을 것이라고 생각한 것이다. 이처럼 우리는 오늘날 디지털 형태의 지식을 적절하게 보존하지 않으면서 그저 안주하고 있다. 그리고 그 안주는 정부로 하여금 자금 지원을 줄이도록 한다.

기록관원과 도서관원들은 자신들의 손으로 지식을 보호하는 전략과 기법을 개발했다. 그들은 개인으로서 기록물 파괴를 막기 위해 때로 놀라운 수준의 헌신과 용기를 보여주었다. 1940년대 빌나의 '종이부대' 남녀들이 그랬고, 1992년 사라예보에서 죽은 아이다 부투로비치가 그랬고, 2000년대 바그다드의 이라크기억재단의 카난 마키야와 그 동료들이 그랬다.

프랑스의 유명한 비평가 자크 데리다는 그의 고전적 저작《아카이브의 열병Mal d'archive》(1995)에서 "기록물을 장악하지 않으면 정치권력을 쥘 수 없다"라고 말했다.⁶ 이 메시지는 권위주의 정권들과 거대 과학기술 회사들이 배웠다. 이 전 세계의 '민간 열강'은 기록물이 디지털 영역(많은 경우 기록물이 없던 곳이었다)으로 옮겨갈 때 그 통제권을 장악했다. 사회의 안주는 유례없이 가장 강력한 지식의 집적체를 둘러싼 규제와 통제와 사생활이 없다는 의미다. 바로 내가 앞 장에서 보여주려 했던 디지털 시대의 소셜미디어 플랫폼과 광고용 과학기술 데이터세트다. 오웰이《1984》에서 경고했듯이 "과거는 지워지고, 지워진 사실은 망각되고, 거짓은 진실이 됐다".⁷

최근 수십 년 동안 도서관 업계에서는 '서비스 전환'[8]이라 불리는 것을 해왔다. 내가 처음 사서 일을 시작할 때 한 가지 변화가 일어났다. 이용자들의 필요가 도서관 직원의 우선순위 앞에 놓였다. 이는 필요한 전략이었고, 우리 일은 이로 인해 더욱 나아졌다. 그러나 그 결과로 우리는 보존에 덜 관심을 가지게 됐다. 도서관원 및 기록관원이 새로운 기술 사용에 매우 능숙해졌지만 우리는 디지털 보존에 충분한 자금을 돌리는 데 어려움을 겪어왔다.

사회가 새로운 디지털 시대를 맞이하기 시작하면서 우리는 우선순위를 다시 매겨야 할 필요가 생겼다. 보존은 사회에 대한 서비스로 보아야 했다. 결국 '기억 기관'이 정부와 기타 돈줄로부터 받는 자금은 디지털 데이터의 시대에 지식의 변화하는 본질에 적응하기 위한 '서비스로서의 보존'을 가능케 하는 가장 결정적인 요인이다.

미국의 정치 지도자들은 도서관에 대한 자금 지원을 줄였다. 그들은 흔히 온라인 정보가 있으니 도서관은 쓸모가 없어졌다고 생각한다. 현실은 정반대다. 미국에서 도서관은 이용량이 크게 늘어 도서관을 당혹스럽게 했다.[9] 지역사회에서는 선출직 관리들에게 도서관과 기록관을 중시하도록 말해야 한다. 2016년 미국 오하이오주 컬럼버스Columbus에서 유권자들이 공공도서관 시스템을 유지하기 위해 증세에 찬성 투표를 했듯이 말이다.

우리 직종의 단체들은 목소리를 더 크게 내야 하고, 지역사회들도 우리를 대신해 목소리를 높이도록 격려할 필요가 있다. 지식의 보존은 절대적으로 사람에 의존해 왔다. 그 기관들의 핵심적인 업무가 수행될 수 있도록 확실히 하려면 충원이 필수적이다. 17세기의 도서관학자 가브리엘 노데는 병사들의 무리가 군대가 아니듯이 한 무더기의 책이 도서관은 아니라고 언명했다.[10] 책 무더기를 '조직화된 지식의 집적체'로 만드는 것은 도서관 직원들이다. 그들은 진실의 수호자들이다. 아날로그 형태와 디지털 형태의 두 가지 지식을 모두 수집한다. 그것을 수집하지 않는다면 보존을 위한 직원들의 기술과 헌신과 정열이 있어도 우리는 계속해서 지식을 잃어버릴 것이다.

2018년 11월, 극빈과 인권에 관한 유엔 특별조사위원회 위원인 필립 올스턴 Philip Alston 교수는 영국 사회의 상황에 관한 강력한 성명을 발표했다.

> 디지털 원조는 공공도서관과 시민사회 조직으로 외주됐다. 공공도서관은 유니버설크레딧 Universal Credit (여섯 가지 복지 제도를 통합한 영국의 복지수당)의 권리를 주장하는 디지털 배제자와 디지털 문맹자들을 돕는 최전선에 있다.[11]

도서관들이 자금 문제와 디지털로의 변화에 대처하는 방법 가운데 하나는 협력을 강화하는 것이다. 지식의 보존은 지금 이 협력에 의존하고 있다. 도전의 크기가 너무 커서 한 기관이 홀로 할 수 있는 수준이 아니다. 여러 측면에서 이는 언제나 그랬다. 종교개혁 이후 유럽의 중세 도서관들이 가지고 있던 책들은 수백 개의 다른 도서관이 수장했다. 중세 서적 수천 권을 수장한 보들리 도서관에서부터 불과 몇 권만 보유한 슈루즈버리스쿨Shrewsbury School 도서관까지 다양하다.

분산 소장이라는 관념은 명시된 적은 없으나, 1600년에 이미 내 선배인 토머스 제임스는 옥스퍼드와 케임브리지 도서관에 있는 모든 필사본을 망라한 목록을 편찬했다. 훨씬 많은 도서를 수록한 목록은 1696년 옥스퍼드의 학자 에드워드 버나드Edward Bernard에 의해 출간됐다. 여기에는 영국의 모든 기관 및 사설 도서관에 있는 필사본들이 모두 실려 있다.[12] 학자들은 지식 보존을 분담할 필요성을 진즉에 인식했다. 비공식적인 관계망이 시간이 지나면서 확대돼 보다 공식적인 것이 됐다. 그 좋은 사례가 '영국-아일랜드 법정납본도서관'이다. 이들은 여러 층위의 협력을 통해 법정납본의 책임과 비용을 나누고 있다.

도서관들은 지식의 축적 또한 점점 더 함께하고 있다. 미국 뉴저지에 있는 거대한 시설 RECAP은 공유된 인쇄물과 기록물 창고다. 프린스턴대학, 컬럼비아대학, 뉴욕 공공도서관이 공동으로 자금을 대고 공동으로 운영한다. 이런 대형 시설을 운영하는 비용은 매우 크며, 그것을 분담할 수 있으면 모두에게 이익이다.

디지털 영역에서는 보존의 부담을 분산시키기 위해 협력 행동이 발전해 왔다. CLOCKSS 사업은 매우 전통적인 모델을 바탕으로 한 것이다. 출판계에서 유래한 것을 스탠퍼드대학 도서관 직원이 디지털 보존에 응용했다. 그들이 개발한 핵심 개념은 단순하고 매력적이

다. '많은 복본이 자료를 안전하게 지켜준다Lots of Copies Keeps Stuff Safe'
의 영문 두문자를 모은 것이 LOCKSS다. 그러나 이것은 도서관들이
컴퓨터를 가동할 때 여분의 컴퓨터 처리 능력을 자발적으로 제공하
는 데 달려 있다. 협력과 신뢰는 CLOCKSS 성공의 핵심이다. 그것은
학술지를 보존하는 데 LOCKSS 개념을 적용하며, 지금 3300만 편의
학술 논문을 보존하고 있다.[13]

지식을 보존하는 일은 비용을 들이지 않으면 안 된다. 자금 조달
은 지속적이고 성공적인 도서관 운영의 핵심에 있다. 토머스 보들리
는 16세기에 이를 인식하고 자신이 그의 새 도서관 기금에 개인적으
로 '지속적인 연례 기부'(오늘날 우리가 기부금이라 부르는 것에 해당한
다)를 제공하겠다고 제안했다. "도서 구입, … 직원 봉급, 기타 적절
한 일"에 사용되는 것이었다. 그는 중세 도서관이 파괴된 이유가 자
금 부족과 직원 부족 때문이었다고 생각했다.[14]

디지털 세계에서 지식은 태생적으로 불안정해졌으며 그것이 오래
유지되는 것은 그것을 보관하고 있는 기관에 달렸다. 영국의 도서관
과 기록관들은 2007~2008년 세계 금융 위기에 대응해 정부가 공공
부문에 부과한 '긴축' 과제에 대처하기가 어렵다는 사실을 깨달았다.
공공도서관과 지역 기록보관소를 담당하고 있는 지방 행정 당국에서
는 이들 기관에 대한 지원 자금을 학교·병원 및 가정 폐기물 수거 비
용과 쪼개 써야 했다.

남아공에서는 진실화해위원회 기록 보존 업무가 남아공 국가기록
관에 주어졌다. 그러나 그들의 작업은 자금 부족으로 중대한 차질을
빚었다. 문제는 단순했다. 그들은 그 일을 하기에 충분한 직원을 두

지 못했다. 이것이 정부 부처들로부터 기록관으로 기록을 이전하는 과정에 영향을 미쳤고, 그 결과 미처리 기록물이 적체됐다. 개인들은 이 '공유된 기억'에 접근할 수 없었고, 국민적 치유 과정은 효율성이 떨어졌다. 이는 정치적인 결정이었다. 그리고 통치의 개방성을 요구하고 시민의 권리를 뒷받침하는 법을 통과시키는 것과 자원을 배분해 그 입법을 의미 있게 하는 것은 별개의 문제였다.[15]

전 세계의 도서관과 기록관에 대한 지원은 극심한 압박을 받고 있다. 나이지리아에서는 최근 역사가들이 나이지리아 국가기록관이 "매우 우려스러운 상태"에 있으며 아프리카에서 나이지리아가 어떤 위치에 있는지를 이해하기 위해 새로운 힘을 불어넣을 필요가 있다며 주의를 환기시켰다. 그들은 연방 정부가 "나이지리아 국가기록관의 기록물과 서비스에 더욱 생기를 불어넣어야 한다"고 촉구했다.[16] 2019년 7월, 오스트레일리아 국가기록관 자문위원회는 정부의 소홀함으로 인해 그들의 기록물이 "위험에 빠져" 있다고 경고했다. 2014년 이래 예산이 매년 10퍼센트씩 줄었다는 것이다.[17] 이 자문위원회 위원장은 이렇게 말했다.

"우리나라의 디지털 기록물은 현재 수백 개의 별도 조직과 정부 기관에 나뉘어 있어 손상되고 낡아지고 잃어버릴 위험에 처해 있습니다."[18]

도서관과 기록관은 많은 물리적인 자료를 보유할 필요가 있다. 책, 필사본, 지도 같은 것들이다. 또한 급속하게 늘어가는 디지털 수장품들도 있는데, 이는 흔히 유지하는 데 비용이 많이 든다. 수장품이 '혼성'이라는 것은 적절한 기술과 경험과 마음가짐을 지닌 직원(디지털 기록관원이나 전자문서 관리자 같은)을 추가로 고용해야 한다는 의미다. 그것은 또한 산업 표준에 걸맞은 기술 체계와 작업 공정에 투자한다는 것이기도 하다. 지금으로서는 미래의 선발대는 과거를 보관하고 있는 도서관원과 기록관원이다. 그들은 여러 해 동안 소프트웨어 발전, 데이터 실무, 학술적 대화에 대해 열린 자세로 일해 왔기 때문이다.

정부가 자금 문제와 맞대결하는 한 가지 방법은 큰 과학기술 회사들에 세금을 부과하는 것이다. 초국가적인 작동 방식을 지닌 '민간 열강'은 세금을 피하는 데 빠삭하다. 나는 앞서 '기억세'가 자금 문제를 해결하는 한 가지 방법이 될 것이라고 제안했다.[19] 우리 모두에게서 엄청나게 벌어 가면서 정규 영업세는 쥐꼬리만큼 내는 과학기술 회사들에게는 그들의 영업 때문에 훼손되고 있는 바로 그 분야에 돈을 내라고 할 수 있다. 사회적 기억이라는 부분이다. 약간의 추가 부담(예컨대 그들 수익의 0.5퍼센트)만으로도 상당한 자금이 돼서 공공 기억 기관이 그들의 작업을 하는 데 뒷받침이 될 것이다.

다른 나라들도 과세 면에서 비슷한 법을 통과시킨다면 소셜미디어 회사들의 서비스에서 생겨나는 방대한 양의 지식을 갈무리하는 문제를 처리하기 위한 연결망이 형성될 수 있다. 나는 이미 도서관과 기록관들이 매우 효과적으로 협력하고 있음을 보여주었다. 그들은 더 많은 일을 할 수 있고, 특히 자금이 더 주어진다면 더욱 그렇다.

우리가 이미 보았듯이 트위터를 갈무리하는 것은 미국 의회도서관에게조차도 너무나 벅찬 과제임이 입증됐다. 그리고 페이스북, 웨이신微信(위챗), 웨이보微博, 텅쉰(텐센트)이나 기타 몇몇 다른 소셜미디어 플랫폼을 갈무리하는 것은 더욱 큰 일일 수 있다. 그렇지만 우리가 이 거대 소셜미디어 플랫폼들을 갈무리하려는 일관된 시도 없이 시간이 지나면 지날수록 우리 사회는 더 약해질 것이다. 우리는 인간의 상호작용이 풍성함을 인식하지 못할 것이며, 우리 사회가 어떻게 소셜미디어로부터 영향을 받고 침범당하는지 이해할 수 없게 될 것이다.

현대의 삶은 갈수록 단기적인 것에 집착하고 있다. 투자자들은 즉각적인 수익을 얻기를 기대하고 있고, 거래는 증권거래소에서 매 시간 수십억 회의 매매가 체결될 정도로 자동화됐다. 이렇게 단기적인 것에 고착됐음은 삶의 여러 측면에서 분명하다. 장기적인 사고는 시대에 뒤떨어진 것이 됐다. 인간의 기억과 인간이 온갖 형태로(쐐기문자 점토판에서 디지털 정보까지) 만들어낸 지식은 순전히 단기적 용도로만 쓰인 적이 없었다. 지식을 평가하고 정리하고 보존하고 이용할 수 있도록 만드는 것보다 파괴하는 것이 더 값싸고 더 편리하고 더 쉽고 더 빠르겠지만, 단기적인 편의 때문에 지식을 버리는 것은 사회의 진실 파악 능력을 약화시키는 확실한 길이다.

지식과 진실이 줄곧 공격의 목표가 되는 상황에서 우리는 계속 우리의 기록관과 도서관을 신뢰해야 한다. 보존은 사회에 대한 서비스로 보아야 한다. 그것은 온전성(장소에 대한 인식)을 뒷받침하며 사상·의견·기억의 다양성을 보장하기 때문이다. 도서관과 기록관은 일반 대중으로부터 높은 신뢰를 받고 있다. 그러나 그에 대한 자금 지원은 줄고 있다. 이런 일이 디지털 형태를 띤 지식 보존이 개방적이고 민주적인 사회를 위해 중요한 요구인 시대에 일어나고 있다.

안주하고 있을 시간이 없다. 지식에 대한 다음 공격이 벌어지려 하고 있다. 그러나 우리가 도서관과 기록관, 그리고 그곳에서 일하는 사람들에게 충분한 지원을 제공할 수 있다면 그들은 계속해서 지식을 보호하고 모든 사람이 그것을 이용할 수 있도록 만들 것이다.

슈타지 박물관의 서류 파일 선반(2013년 8월, 베를린)

결론

우리에게 늘 도서관과 기록관이 필요한 이유

나는 도서관과 기록관의 다섯 가지 기능을 강조하고 싶다. 그 기관들이 사라지거나 파괴되면 얻지 못할 것들이다. 도서관원과 기록관원은 맡은 일을 하고, 자금 지원을 주장한다. 그러나 힘은 흔히 다른 곳에 있다. 도서관과 기록관의 이 다섯 가지 기능을 들려줄 대상은 힘을 가진 사람들이다. 이것은 그 기관들이 파괴되거나 자금 부족에 시달릴 때 잃게 되는 것들이다.

- 첫째, 그들은 사회 전체 및 그 안의 특정 공동체의 교육을 지원한다.
- 둘째, 그들은 지식과 사상의 다양성을 제공한다.
- 셋째, 그들은 시민의 행복과 개방 사회의 원칙을 뒷받침한다. 핵심적인 권리를 보존하고 의사결정의 완전성을 고무함으로써다.
- 넷째, 그들은 고정된 평가 기준을 제공해 진실과 거짓이 투명성·검증·인용·재생력을 통해 판단될 수 있도록 한다.
- 다섯째, 그들은 각 사회가 그들의 문화적·역사적 정체성 속에 뿌리내리도록 돕는다. 그 사회와 문화의 문자화된 기록을 보존함으로써다.

첫째, 교육.

도서관과 기록관의 교육적 역할은 정말로 강력하다. 도서관은 비판적 사고를 할 수 있는 기회를 제공하고, 보조적인 무대에서 새로운 사상을 탐구할 수 있도록 한다. 대부분의 도서관은 이용이 무료거나 아주 적은 비용만을 지불하며, 이용자는 그들의 배경이나 공부 목적에 관계없이 동등한 대우를 받는다. 1990년대에 사라예보의 보스니아헤르체고비나 국가·대학도서관은 이 지역 중심 대학 학생이나 연구자의 교육뿐만 아니라 전체 국민의 교육을 지원했다. 그곳을 마구 공격함으로써 한 세대의 교육이 손실을 입었다.

오늘날 전 세계의 대학도서관들은 계속해서 많은 수의 학생과 연구자들에게 봉사하고 있다. 2017~2018학년도에만도 보들리 도서관 소장품은 4천만 회 이상 이용됐다. 학술 논문을 내려 받는 것에서부터 서고의 중세 필사본 열람까지 다양한 형태였다. 옥스퍼드대학의 학문 공동체에서 이 자료들을 읽는(또는 데이터를 찾아내기 위해 프로그램을 실행하는) 사람은 3만 명이 채 되지 않았다. 이 수치를 영국의 130여 개 대학이나 미국의 수천 개 대학, 그리고 전 세계로 확대해 보면 도서관의 중심적 위치와 그것이 사회 진보에 미치는 추동력을 짐작해 볼 수 있다.

공공도서관 제도와 지역 기록관은 그들이 서비스하고 있는 지역사회에 비슷하게 중요하다. 그들이 하는 일은 그들 지역사회의 필요가 변하고 확대됨에 따라 계속 늘어난다. 영국에서만도 매년 수백만 권의 책이 대출된다. 이 기관들에 대한 자금 지원의 현실은 매우 도전적이다. 영국에서는 2017~2018년에 공공도서관에 대한 자금 지원이 3천만 파운드 줄었다. 130여 개의 도서관이 문을 닫았고, 닫지 않은 500개 도서관은 전문적인 사서가 아니라 자원봉사자들이 운영하고 있다.[1]

교육에서의 공공도서관의 중요성을 감안하면 이것은 틀림없이 사회 불평등을 심화시키고 계층 이동을 제한할 것이다. 우리는 자프나의 공공도서관이, 그곳 공동체의 교육 기회를 손상시키려는 목적을 가진 공격에서 의도적인 목표물이 됐다는 것을 읽을 때 공포감을 느끼지 않을 수 없다. 그러나 우리 주변 모든 곳에서 공공도서관은 문을 닫고, 그 자금 지원은 삭감되고 있다.

'긴축 시대'에 많은 나라의 공공도서관들은 자기네 지역사회를 지원하는 최전선에 서 있음을 알게 됐다. 공공도서관들은 혁신적인 방식으로 대응했다. 뉴욕 공공도서관은 넥타이 같은 의류와 가방 '대여'를 시작했다. 취직 면접에 갈 때 보통 수준의 깔끔함도 갖출 수 없는 사람들을 위해서다. 영국에서는 정부가 그 서비스를 너무 많이 디지털 플랫폼으로 옮겨놓았기 때문에 공공도서관에서는 정보 격차로 배제된 사람들을 위한 특화된 서비스로 대응했다.

지식 보존은 중요한 교육적 역할을 할 수 있다. 기후 변화 문제는 아마도 세계가 직면하고 있는 가장 긴급한 문제일 것이고, 중요한 한 최근 연구는 이례적인 보관 기록에 있는 기후 데이터를 분석한다. 그 가운데 하나가 포도주 중심지인 부르고뉴Bourgogne 지방 본Beaune의 1354~2018년 사이의 포도 수확을 상세히 나열하고 있다. 이 기록들에는 매우 풍부한 기후 데이터세트가 있는데, 중간에 빠진 것 없이 옛날로 거슬러 올라가 유럽에서 가장 긴 기후 기록일 것이다. 기후학자들은 이 데이터를 이용해 이전 수백 년 동안 극단적인 기후가 자주 나타난 것은 예외적인 것이고 이 극단이 정상이 됐음을 보여줄 수 있었다. 1988년 이후 기후에 뚜렷한 변화가 나타났기 때문이다.[2] 이 기록들은 몇몇 세계 최대급의 포도원에서 만들어졌으나, 그것이 본래 만들어진 곳 이외의 다른 곳에 사용될 잠재력도 지니고 있다. 우리는 지식이 파괴되거나 괴멸 상태에 방치되면 반드시 그 잃어가고 있는 지식의 가치를 알지는 못한다.

둘째, 도서관과 기록관은 지식과 사상의 다양성을 제공한다.
그들은 과거에 대한 이해를 심화시킴으로써 현재와 미래를 대면할 수 있게 한다. 우리가 만나는 사상, 우리가 이해하는 역사, 우리가 관계를 맺는 문화는 우리의 현재 모습을 만드는 데 도움을 준다. 그러나 우리가 창조적이고 혁신적이기 위해서는 이 사상과 정보의 집적체를 끊임없이 새롭게 해야 한다. 이는 예컨대 미술·음악·문학 같은 창의적인 분야의 경우에 국한된 것이 아니라 보다 일반적으로도 참이다.
영국에서 우리가 누리는 민주주의는 우리의 민주적 과정에 비판 정신을 새로이 불어넣기 위한 사상의 자유로운 유포에 의존한다. 이는 부분적으로 출판의 자유를 의미하지만, 시민들은 온갖 색깔의 의견에 대한 지식에 접근할 필요가 있다. 도서관은 온갖 종류의 콘텐츠를 취득하며, 이런 자원이 우리의 견해가 도전받을 수 있게 하고 시민들이 정보를 얻을 수 있게 한다. 존 스튜어트 밀이 《자유에 관하여On Liberty》에서 주장했듯이 말이다.

오직 견해의 다양성을 통해서만 현재의 인류 지성의 상태에서 진실의 모든 측면에 공정 경쟁의 기회가 있다.[3]

1703년, 크라이스트처치의 헨리 올드리치Henry Aldrich 학장은 유명한 천문학자 에드먼드 핼리Edmond Halley가 옥스퍼드의 새블Savile 기하학교수에 임명된 뒤 그에게 고대 그리스의 과학 저작들을 연구해 달라고 부탁했다. 핼리가 시작한 일 가운데 하나는 위대한 언어학자 에드워드 버나드의 작업을 계속하는 것이었다. 버나드는 보들리 도서관에서 그리스 과학자 아폴로니우스(페르게)의 중요한 기하학 저작 《비율의 분할On the division of a ratio》의 아라비아어 필사본을 조사했다. 핼리는 1706년 버나드의 저작을 완성하면서 이 텍스트를 번역하고 출판했다.[4] 핼리의 친구이자 협력자인 아이작 뉴턴은 이런 유명한 이야기를 했다.

"내가 더 멀리 보았다면 그것은 내가 거인들의 어깨 위에 올라섰기 때문이다."

여러 세대에 걸친 도서관원과 수집가들은 대대로 이런 고대 문헌을 파괴되지 않도록 보존했고, 이에 따라 이 문헌들이 새로운 발견을 촉발할 수 있는 다양한 지식을 제공할 수 있었다.

이 다양성은 억압적 정권에 의해 거부될 수 있다. 생각과 의견을 배우고 검증할 기회가 사라지는 것이다. 터키에서는 2019년 8월 레젭 타이입 에르도안Recep Tayyip Erdoğan 정권이 정적인 펫훌라흐 귈렌Fethullah Gülen과 관련된 책들을 폐기하기 시작했다. 지금까지 30만 권의 책이 학교와 도서관에서 제거됐다. 출판사들 역시 공격당해 국제펜PEN클럽 같은 단체들로부터 비판을 불러일으켰다. 도서관에서 책을 없애는 것이 그 책을 더 보고 싶게 만드는 것 외에 무슨 효과가 있는지 도저히 모르겠다.

도서관과 기록관이 정부로부터의 간섭 없이 운영되도록 허용되지 않는다면 권위 또는 용인된 견해에 도전할 수 있는 지식에 접근할 수 있게 하는 그들의 역할은 감퇴할 것이다. 과테말라의 오랜 내부 갈등에서 시민들에 대한 국가의 억압과 인권 침해를 도와 경찰이 한 역할은 매우 큰 논란거리가 됐다. 인권 단체들은 국가 경찰의 역사적 기록물들을 파괴로부터 구해냈다. 이 기록들에 접근하면서 과테말라인들이 그들의 최근 역사를 받아들이는 데 도움이 됐지만, 2019년 3월 그 직원들이 쫓겨나고 문서를 접할 수 있는 길이 막혔다. 이후 이 기록물들이 훼손과 정치적 간섭으로부터 보호되고 사본을 만들어 스위스와 텍사스대학(오스틴) 도서관에 보관해야 한다는 요구가 일어났다.5 예멘 자이드파 도서관들의 경우와 마찬가지로 지식에 대한 공격은 다양한 견해와 생각을 근절하려고 한다. 그러나 세계 학계는 자료를 보존하기 위해 디지털 기술을 이용할 수 있다.

셋째, 도서관과 기록관은 핵심 권리를 보존하고 의사결정의 온전성을 권장함으로써 시민의 행복과 개방 사회의 원칙을 뒷받침한다.

기록관은 역사가 트레버 애스턴Trevor Aston의 말마따나 "개인의 권리를 방어하기 위한 요새"6가 될 수 있다. 이러한 권리들은 이전 유고슬라비아의 경우처럼 기록물이 사라지면 침해될 수 있다. 그곳에서는 기록물이 세르비아 민병대에 의해 파괴됐다. 이슬람교도 시민들의 권리를 박탈하고 보스니아헤르체고비나에 이슬람교도가 살았다는 기억을 박멸하려는 의도적인 시도였다.

지난 30년 동안 동독이나 남아공 같은 나라에서 자기네 나라에 무슨 일이 일어났는지를 알기 위한 시민의 권리를 뒷받침하기 위해 기록관이 한 역할은 민주주의의 재건에 결정적인 중요성을 지녔다. 베를린리히텐베르크Berlin-Lichtenberg의 슈타지 사무소에서 잘게 썰린 기록물 수천 자루가 발견됐는데, 연방 구동독국가보안기구기록물관리청(흔히 '가우크 기관'으로 불린다) 초대 청장이었던 요아힘 가우크에 따르면 이는 "그들의 활동을 기록한 증거물을 두려워한 사람들이 열심히 움직였음을 입증"하는 것이었다.[7] 슈타지 자료를 공개하는 과정은 중·동유럽의 이전 공산주의 국가들에 매우 중요한 것이었다. 국가가 통제 정권을 운영한 방식이 훤히 드러났고, 사람들이 자신에 관한 파일을 볼 수 있게까지 됐다.[8] 베를린장벽이 붕괴한 지 5년이 지난 1994년 6월 말까지 185만 명 이상이 가우크 기관에 파일을 보겠다고 신청했다.[9]

일상생활 및 기업과 정부에서 기록이 디지털 세계로 이동한 것은 복잡한 문제를 제기한다. 디지털 보존은 우리가 직면한 가장 큰 문제들 가운데 하나가 되고 있다. 우리가 지금 움직이지 않는다면 미래 세대의 우리 계승자들은 우리의 게으름을 한탄할 것이다. 웹(그리고 소셜미디어)의 갈무리는 특히 절박한 문제다. 컴퓨터과학자 헤이니 살라엘딘Hany SalahEldeen과 마이클 넬슨Michael Nelson은 2012년 주요 사건들(버락 오바마의 노벨상 수상, 마이클 잭슨의 죽음, 이집트 혁명, 시리아 봉기 같은 것들이다)에 대한 소셜미디어 게시물 표본을 광범위하게 검토했다. 그들의 연구는 놀라운 손실률을 보여주었다. 게시물의 11퍼센트가 1년 안에 사이트에서 사라졌고, 이런 손실률은 계속 이어졌다. 영국에서의 유럽연합 탈퇴 국민투표와 관련된 웹사이트의 경우, 그리고 다른 중요한 당대의 사건들에 관한 기록에서 보았듯이 이런 웹사이트를 보존하는 것은 우리의 정치·사회생활의 개방성에 점점 더 중요해질 것이다.

도서관과 기록관들은 그들의 보존 활동의 일환으로 웹 갈무리를 개발하고 있다. 때로는 법정납본 입법의 뒷받침을 받는다(영국의 경우가 그렇다). 법적으로 뒷받침되고 적절한 자금이 지원되는 국가 도메인 기반 웹 갈무리를 개발하기 위해서는 훨씬 대담한 추진이 필요하다. 인터넷아카이브는 계속해서 주도력을 발휘하고 있으며, 그것은 사회적 기억의 핵심 부분으로서 웹을 갈무리하는 일을 선도해야 할 기억 기관이다.

넷째, 도서관과 기록관은 고정된 평가 기준을 제공해 확인, 인용, 재현 가능성을 통해 진실과 거짓이 드러날 수 있도록 한다.

지식을 보존한다는 생각은 고대 세계의 세무 행정에서 시작됐겠지만, 현대 세계에서는 분명히 책무라는 관념과 연관지어져야 한다. 오웰은 《1984》에서 이렇게 썼다.

모든 기록은 파괴되거나 변조됐다. … 모든 날짜는 변경됐다. … 그리고 이 과정은 날마다 계속되고 있다. 당黨이 언제나 올바른 끝없는 현재 외에는 아무것도 존재하지 않는다.[10]

이런 상황을 피하기 위해 우리는 기록을 보존하고 그것에 접근할 수 있도록 할 필요가 있다.

2019년 여름에 홍콩 정부에 대한 대규모 저항이 있었다. 현대사에서 가장 큰 축에 속하는 비폭력 저항이었다. 간혹 폭력 행위가 오점을 남기기도 했지만 대체로 그들은 그들 사회의 독립이 중화인민공화국에 의해 위협받고 있다는 홍콩 시민들의 광범위한 우려를 보여주었다. 홍콩의 공공 기록물은 어떤 것을 보존해야 하고 시민들이 그들 자신의 역사나 시 정부의 역사에 대해 접근할 어떤 권리를 가지고 있는지를 통제하는 어떤 법의 대상으로도 되지 않고 있다.

2018년에 공식 보고는 4400미터(에베레스트산 높이의 대략 절반에 해당한다)의 기록이 정부공문서처政府檔案處에 의해 파기됐음을 시사했다. 민감한 기록들(2014년 '점거하라' 시위와 2019년 보다 광범위한 지지를 받았던 시위 처리에 관한 기록 같은 것들이다)이 파괴됐다는 우려가 있으며, 운동가들은 정부 관리들이 기록 관리에 보다 투명해지도록 통제하고 정부에 책임을 물을 수 있는 법을 만들 것을 촉구했다. 《사우스차이나 모닝포스트》의 2019년 4월(시위의 물결이 일어나기 전이다)의 한 사설은 이렇게 말한다.

> 기록을 적절하게 보관하고 거기에 공개적으로 접근할 수 있게 하는 것은 좋은 통치의 인증 마크다.[11]

기록물에 관한 법을 통과시키는 것은 홍콩이 당면하고 있는 문제를 해결하려는 것은 아니지만, 그것은 정부의 개방성과 온전성을 향해 크게 한 걸음을 내딛는 일이 될 것이다.

기록관과 도서관은 책임성을 떠받치는 기반시설을 제공함으로써 자기네 공동체를 떠받친다. 책임성은 현대 과학에서 중요해졌다. '과학의 재현 가능성'과 '연구 윤리'는 학계의 전문 용어지만, 결국은 같은 얘기다. 기반이 되는 데이터에 대중의 접근이 가능해 과학자가 주장한 것을 다른 과학자가 입증할(또는 실험 결과를 다시 만들어낼) 수 있는가? 이 과정은 데이터가 독립적으로 보관돼 공개적으로 접근할 수 있도록 하는 것을 필요로 한다. 환경물리학연구회의 EPSRC 같은 영국의 일부 연구 재단들은 지금 연구자들에게 자기네가 자금을 대는 연구와 관련된 데이터를 지정된 저장소에 공탁하도록 요구한다.

과학 논문의 수는 최근 수십 년 동안 엄청나게 늘었다. 과학자들에게 그들이 발견한 것을 빨리 발표하도록 압력이 가해지는 것이 한 이유다. 때로는 경쟁 연구 집단보다 앞서 발표하고자 하는 때문이기도 하다. 학술지들 역시 과학자들로 하여금 중요한 내용을 발표하는 눈에 띄는 논문을 만들어내는 데 일조해 왔다. 성급한 발표와 출판의 경쟁적 속성으로 인해 일부 유명한 '가짜 과학' 사례도 나타났다. 과학적 발견이 있었다고 발표됐지만 그 결과를 다른 연구자들이 반복할 수 없는 경우다. 런던 왕립학회(세계에서 가장 오래되고 가장 높이 평가되는 과학 단체 가운데 하나)가 출간한 '가짜 과학'에 관한 최근 논문은 이렇게 촉구하고 있다.

전체 과학계는 가장 높은 수준의 윤리적 행동, 정직성, 투명성을 유지하는 것이 특히 중요하다. 연구의 진실성과 입증된 정보라는 변함없는 표준을 유지한다는 목표를 가지고서 말이다.

그러나 저자들은 인정했다.

안타깝게도 여러 가지 힘이 이 열망에 어긋나게 작동하고 있다. 과학계에 있는 사람들도 개인적 야망이나 전체적인 행동을 제약하는 세속적인 압박으로부터 초연한 사람들은 아니다.[12]

이런 추세에 대응하기 위해 과학계에서는 연구 윤리에 대한 관심을 높여왔다. 이에 따라 '연구의 재현 가능성' 개념이 생겨났는데, 이는 같은 투입 데이터, 방법론, 규칙, 분석 조건을 사용해 일정한 과학적 결과를 얻을 수 있는 것을 말한다. 그리고 연구 데이터를 공개적으로 접근할 수 있는 형태로 발표하는 것은 신뢰와 투명성을 재건하는 데 도움이 될 수 있다.

도서관은 이 과정에서 핵심적인 역할을 한다. 그들은 통상 과학계를 대신해 연구 논문과 연구 데이터에 공개적으로 접근할 수 있는 저장 기관 노릇을 하기 때문이다. 직원들은 이 과정에서 연구자들을 안내해 돕는다. 연구 수행을 위한 자금 지원을 신청할 때 데이터 관리계획 초안을 지원해 주고, 메타데이터 같은 기술적인 측면에 대해 조언해 준다.

다섯째, 도서관과 기록관은 해당 사회의 문서 기록을 보존함으로써 사회가 그들의 문화적·역사적 정체성에 뿌리를 내리는 데 도움을 준다.

 이들이 공동체로 하여금 그들의 '장소 인식'과 '공통의 기억'을 인식하도록 돕는 데 핵심적인 역할을 한다는 것은 새로울 것이 없다. 나는 십대 시절에 처음 이것을 알게 됐다. 영국 동남부 딜 공공도서관에는 현지 역사 섹션이 있었는데, 야릇한 책·팸플릿·신문들(그리고 특별 색인과 목록도 있었다)로 가득 차 있었다. 딜의 수천 시민들은 여러 해에 걸쳐 장서를 이용하고 자기 집안의 역사나 마을에서 옛날에 일어난 일들에 관해, 특히 가족사에 관해 연구했다. 도서관, 기록 보관소, 지역사 연구소는 매우 많은 장서가 있었다. 때로 매우 희귀하고 알려지지 않은 자료도 입수(흔히 기증에 의해)되고 지역 '기억 기관'에 선물됐다. 이런 일들은 때로 조용히 이루어졌으며, 때로 아주 적은 돈을 들이기도 했다. 지역사에 대한 새로운 강조는 우리 공동체가 스스로 사는 곳에 대한 인식을 높여 단결을 강화하며, 우리가 누구이고 어디서 왔는지를 더욱 잘 이해하는 데 도움이 됐을 것이다.

 사람들의 문화와 정체성 인식은 때로 공격 목표가 되기도 했다. 나치스의 유대인과 '비非게르만' 문헌에 대한 공격은 '성서의 사람들'에 대한 그들의 집단학살 정책의 경고 표시였다. 보스니아에서 세르비아인들의 기록물 공격과 국가·대학도서관 파괴는 보스니아 역사와 문화에서 이슬람교도에 대한 기억을 쓸어버리려는 욕망에서 생겨난 것이었다. 우리는 모두 책에 대한 공격을, 인간에 대한 공격이 곧 다가오리라는 '조기 경보' 신호로 보아야 한다.

 지식의 의도적인 파괴가 식민주의와 제국의 통상적인 양상이라는 기술은 많다. 우리가 보았듯이 '이산되고 옮겨진 기록물'의 문제는 점점 더 뚜렷해지고 있다. 이 자료들은 최근 독립한 나라들의 역사 서술에서 중요한 역할을 한다. 특히 이 가운데 몇몇 나라들이 자기네 독립 몇십 주년을 축하하는 시기로 들어가고 있기 때문이다. 75년, 60년, 50년을 축하하는 방식 가운데는 독립한 날 이후 무언가를 이루어낸 역사를 축하하는 일이 흔히 포함될 것이다. 그러나 이는 더 옛날, 이전 식민지 시기를 반영할 수도 있다. 때로는 '지금과 그때'를 비교하고, 때로는 역사적 부당성을 이야기하며, 때로는 단순히 역사를 말할 수 있다. 이 역사에 접근하는 것은 정치적으로 민감한 일이 될 수 있다. "불탄 것은 아쉬움의 대상이 되지 않는다"라고 한 영국 관리는 1963년 북보르네오 독립 직전 이곳의 기록물에 대해 평가를 내리면서 직원들에게 말했다.[13]

지식의 반환은 사회가 세계 속에서 자기네가 차지하고 있는 위치를 이해하고 과거(특히 우리가 이라크·독일·남아공에서 보았듯이 그 과거가 어려웠을 경우)를 받아들이는 일을 도울 수 있다. 2018년 11월, 베네딕트 사부아Bénédicte Savoy와 펠윈 사르Felwine Sarr가 쓴 문화재 반환에 관한 논란 많은 보고서가 프랑스에서 발표됐다. 두 사람의 보고서는 세계 박물관계에서 식민지 시대에 취득된 수장품 처리를 둘러싼 거대한 토론을 촉발했으며, 아프리카 문화재의 완전하고 무조건적인 반환 요구가 일어났다. 보고서는 그저 이렇게 말했다.

아프리카에서는 우리를 만난 모든 사람들이 프랑스 박물관에 소장된 문화유산의 반환뿐만 아니라 기록물 문제에 대한 진지한 반성도 필요하다고 주장했다.[14]

이 다섯 가지 기능은 그것으로 전체를 포괄하겠다는 의도는 아니고, 지식 보존이 사회에 대해 지니는 가치를 강조하기 위한 한 방편일 뿐이다. 도서관과 기록관은 현재 단기적인 관점을 지니고 있는 세계에서 문명에 대한 장기적인 관점을 지닌다. 우리는 위험천만하게도 그 중요성을 무시한다.

감사의 말

이 책의 아이디어는 좀 뜬금없는 데서 나왔다. 2018년 봄,《파이낸셜 타임스》에 윈드러시 스캔들에서 기록물이 차지하는 위치에 관한 외부 기고를 한 뒤였다. 한동안 나는 지식 보존의 중요성에 대한 대중의 의식을 제고할 필요성을 느끼고 있었고, 윈드러시 문제는 지식에 대한 공격의 본질에서 바라보는 것이 이 문제에 접근하는 유용한 방법일 수 있음을 보여주었다. 나는 이 생각을 발전시키면서 나의 에이전트인 펠리시티브라이언사의 캐서린 클라크로부터 많은 도움을 받았다. 이 작업 전체에서도 많은 도움을 받았다.

나는 맨 먼저 보들리 도서관의 내 동료들에게 감사드려야겠다. 나는 이 책에 필요한 연구를 하면서 사회과학도서관, 레오폴드뮐러 기념도서관, 래드클리프 카메라, 새클러 도서관, 보들리 법학도서관, 웨스턴 도서관, 옛 보들리 도서관의 상·하 열람실 장서들을 이용했다. 또한 나는 서고나 웨스턴 도서관 서가에서 수많은 책, 문서, 지도를 청구했으며, 사진실에 문서 사진을 찍어달라고 하고 디지털 자료와 서비스도 많이 이용했다. 이 모든 노고에 대해 충실하고 헌신적인 보들리 직원들은 똑같은 감사를 받을 만하다.

차분한 로즈메리 레이가 이끄는 지칠 줄 모르고 효율적이며 쾌활한 우리 관리 팀 직원들은 내 직장 생활을 조직해 주고 이 책의 연구와 집필을 가능케 해주었다. 나는 여러 동료 큐레이터들로부터 전문적인 조언을 들었고, 특히 크리스 플레처 마틴 카우프만, 크리시 웹, 마이크 웹, 맘티민 수누오돌라, 마이 무시에, 세사르 메르찬하만에게 감사를 드리고 싶다. 당시 보들리 전속 위키미디언이었던 마틴 폴터는 위키미디어 업무에 대해 매우 잘 알려주었다.

옥스퍼드의 칼리지는 어떤 지적 작업에도 대단한 자원이 된다. 거의 모든 주제에 대해 매우 효율적으로 접근할 수 있는 다양한 관점을 제공한다. 베일리얼칼리지의 동료들은 대단히 잘 도와주고 격려가 됐다. 때로 매우 순진한 나의 질문도 참을성 있게 들어주었다. 나는 특히 존폴 고브리얼, 셰이머스 페리, 로절린드 토머스, 엔리코 프로디, 톰 멜럼, 앤디 허렐에게 감사드리고 싶다. 특히 옥스퍼드인터넷연구소 수장이었던 필 하워드가 많은 도움을 주었다.

2019년 5월 나의 연구 설명회에 참석한 베일리얼의 동료들은 귀중한 평을 해주었다. 베일리얼의 두 대학원생 아브너 오프라트(지금 브레멘대학 박사후과정에 있다)와 올리비아 톰프슨은 연구 조수로 나와 함께 이 책의 만들기 위해 일했다. 그들의 근면한 연구와 그들의 여러 중요한 통찰이 없었더라면 나는 이 책을 완성할 수 없었을 것이다.

다른 친구들과 옥스퍼드 동료들도 너그럽게 조언과 전문지식을 제공해 주었다. 조너선 베이트, 크리스천 사너, 노엘 맬컴, 제임스 윌러비, 메그 벤트, 샌디 머리, 피트 판 복설, 폴 콜린스, 앤드루 마틴, 세실 파브르, 조지 가넷, 앨런 러스브리저, 폴 슬랙, 키스 토머스, 스티브 스미스, 애덤 스미스, 나이절 새드볼트, 앤 트래페센, 줄리아 윌워스, 헨리 바우트하위선 등이다.

나는 2019년 5월 옥스퍼드에서 리처드 샤프의 영국 중세 도서관에 관한 매우 적절한 주제의 라이엘 강의를 들으면서 큰 도움을 받았다. 이 책의 원고를 정리하는 동안 그가 갑작스레 죽은 것은 내게, 그리고 중세사학계에 큰 충격이었다. 스테퍼니 댈리는 나를 여러 가지 실수로부터 건져주었다.

나는 보스니아헤르체고비나 국가박물관의 안드레아 다우토비치와 헐 역사센터의 클레어 웨더롤, 그리고 저명한 사진기자 애슐리 길벗슨으로부터 큰 도움을 받았다. 새라 백스터, 해티 쿠크, 에마 체셔는 저작권협회와 페이버사로부터 필립 라킨의 글 인용문 사용 허락을 받는 일을 도와주었다.

몇몇 친구와 동료들은 특히 너그러움을 보여주었고, 그들이 없었다면 나는 아예 이 책을 쓸 수 없었을 것이다. 이들의 명단 맨 앞에는 조세프 서순이 있고, 그는 이라크의 최근 역사에 관한 해박한 지식을 나누어주었으며 카난 마키야를 내게 소개해 주었다. 마키야는 엄청난 도움을 주었고 나와의 인터뷰를 허락해 주었으며 다시 핫산 음네임네흐, 하이다르 하디, 그리고 후버연구소의 에릭 와킨을 소개해 주었다. 나는 또한 이 책을 쓰는 데 조세프가 전반적으로 조언해 주고 지원해 준 데 대해, 그리고 그와 헬렌 잭슨이 워싱턴에서 엄청난 환대를 해준 데 대해 감사한다. 티머시 가튼 애시는 국민적 기억(그리고 망각)에서 차지하는 기록물의 역할 및 디지털 영역에서의 '민간 열강'의 위험성에 관해 장시간 토론해 주었으며, 그의 저작은 계속해서 자극의 원천이 됐다.

　미국의 기록 관리자 데이빗 페리에로와 영국 국가기록관 CEO인 제프 제임스는 모두 대서양 양쪽의 기록관들이 당면한 현실 문제에 관한 지혜의 원천이었으며, 윌리엄 와웅은 홍콩의 상황에 대해 그가 알고 있는 바를 들려주었다. 보스니아의 도서관과 기록관의 운명에 대한 언드라시 리들마이에르의 지식은 비길 데가 없었으며, 그가 너그럽게 자신의 지식을 나눠준 것은 최고의 사서의 전형이었다. 전범 법정에서의 그의 역할은 우리 업계에서도 더욱 폭넓은 찬사를 받을 만하다.

　많은 도움을 준 세계의 다른 동료들 가운데 이스마일 세라겔딘은 현대의 알렉산드리아 도서관에 대해 나와 이야기를 나누었고, 사비네 슈미트케는 자이드파에 대한 자신의 연구를 상세히 들려주었으며, 존 테일러는 브리튼 박물관의 쐐기문자 소장품에 관해 도움을 주었으며, 브리튼 도서관의 헬렌 혹스유, 브루스터 칼, 앤디 잭슨은 웹 갈무리에 관한 그들의 방대한 지식으로 내게 도움을 주었다. 존 콜과 제인 에이킨은 미국 의회도서관에서 놀라운 자료원이었으며, 특히 도서관의 역사에 관한 제인의 중요한 저작을 아직 초고 상태일 때 내가 볼 수 있도록 해주었다. 데이빗 런들은 험프리 공작 도서에 관한 자신의 연구 결과를 보여주었다. 브라이언 스킵은 미시건대학의 자료들로 나를 도와주었고, 빈트 서프는 디지털과 관련된 여러 가지 문제에서 항상 거쳐 갈 수밖에 없었다.

　존 심슨은 보스니아에서 경험한 것들을 들려주었다. 레드바이동키스 팀, 특히 제임스 사드리는 캠페인을 중단하고 나와 이야기를 해주었다. 내가 개인적으로 경험한 가장 이례적인 '발견' 가운데 하나는 뉴욕의 YIVO로 알려진 놀라운 기관이었고, 나는 그곳의 조너선 브렌트, 스테파니 핼펀, 셸리 프리먼에게 특별한 경의를 표하고 싶다. 그들은 독특하고 특별한 자기네 조직의 배경과 현재의 활동을 매우 자상하게 설명해 주었다. 그들은 또한 뉴욕 유대신학교의 데이빗 피시먼을 내게 소개해 주었고, 피시먼은 나와 '종이부대'에 관해 이야기를 나누는 데 몇 시간을 내주었다. 나는 빌나의 그 감화를 주는 인물들에 관해 데이빗의 저작에 크게 의존했다. 로버트 손더스는 공개된 지식과 민주주의의 연결에 관한 자신의 생각을 들려주었다.

피에르 델사르트와 제임스 키팅은 마지막 순간에 참고문헌을 확인해 주었다. 나의 가장 오랜 세 친구 데이빗 피어슨, 빌 작스, 마이클 수아레스 목사는 좋은 조언과 영리한 아이디어와 굳건한 지원의 원천이었다.

나는 이 책의 여러 부분의 초고에 해당하는 몇몇 부분을 발표하고 크게 개선하게 해준 데 대해 몇몇 편집자에게 감사하고 싶다. 《파이낸셜 타임스》의 라이어넬 바버와 조너선 더비셔, 《주말판 파이낸셜 타임스》의 로린 카이트, 《이코노미스트》의 켄 쿠키어, 《카네기 리포터》의 케네스 벤슨이다.

나는 담당 편집자 존 머리와 조지나 레이콕에게 큰 빚을 졌다. 그들은 보조 편집자 아비게일 스크러비와 함께 이 책을 만드는 데 중요한 일을 했다. 그들은 꼼꼼하고 상세한 편집 조언을 통해 단조로운 내 글을 변화시켰다. 마틴 브라이언트의 통찰력 있는 교열은 이 책을 크게 개선했고, 하워드 데이비스는 세심한 교정으로 중요한 발전을 이루었으며, 캐롤린 웨스트모어는 매우 기술적인 제작으로 이 책을 독자에게 선보였다. 루시 모턴은 멋진 색인 작업을 해주었다. 나는 또한 하버드대학 출판부의 샤르밀라 센이 이 작업 내내 지원해 준 데 대해 경의를 표하고 싶다.

 가장 큰 빚은 가족들에게 졌다. 딸 케이틀린과 애나, 그리고 특히 참을성이 강한 아내 린이다. 그들이 없었다면 이 책은 완성은커녕 구상조차 하지 못했을 것이다. 아내에게는 모든 것을 빚지고 있다.

2020년 6월, 옥스퍼드에서

리처드 오벤든

옮긴이의 말

지리적으로도 이미 멀지만 그 지리적 거리보다 더 멀게 느껴지는 발칸반도에서 30년 전에 일어난 전쟁. 관심이 있었을 리 없다. 그저 유고슬라비아를 구성하던 다양한 민족들이 각기 독립하는 과정에서 전쟁이 일어났었다고만 알고 있었다. 그런데 이 책을 보면서, 그렇게 별 관심이 없던 전쟁에 우리에게도 눈여겨볼 요소가 숨어 있을 수 있음을 알았다.

보스니아의 수도 사라예보를 공격하던 세르비아가, 전쟁을 취재하던 외국 기자들이 진을 치고 있는 호텔에 포격을 가했다. 화가 난 영국 기자가 세르비아 포병 사령관에게 항의하자 뜻밖에도 사령관이 사과를 했다. 그런데 변명 내용이 황당했다. 다른 곳을 폭격했는데 호텔에 잘못 떨어졌다는 것. 원래 목표했던 곳은 바로 길 건너에 있던 보스니아의 국가박물관이었다. 세르비아는 보스니아의 다른 도서관과 기록관들에도 포격을 가했다. 도시의 어떤 지역에 포격을 가하다가 부근에 있던 그곳들에 맞은 것이 아니라, 그런 곳들만 콕 집어 목표물로 삼았다. 주변의 다른 건물들에는 포격을 하지 않았다.

군과 얼핏 어울리지 않아 보이는 이런 문화 시설 겨냥 포격은 우리가 상대적으로 잘 알고 있는 이 지역의 인종 말살과 세트로 진행된 문화 말살의 일환이었다. 대량 학살을 통해 상대편 민족의 씨를 말리는 데 그치지 않고, 그들이 가지고 있는 문화재와 책과 기록물들을 없애버리고자 한 것이다. 왜? 그들이 이 지역에 살았다는 흔적까지 지우기 위해서다. 역사와 문화까지 없애버려야 말살이 완성된다고 생각했다.

이 책은 도서관·기록관과 책·기록물에 관한 이야기가 중심을 이룬다. 저자가 세계에서 가장 유서 깊은 축에 속하는 도서관 관장이라서 그렇다. 그러나 그가 풀어놓는 이야기는 일부 독자들만이 관심을 가질 도서관 자체로 한정되지 않는다. 도서관과 책 주변에서 건진 어엿한 역사 이야기다. 위의 사라예보 이야기처럼.

전쟁 때의 책과 도서관의 수난은 보스니아 전쟁에서만 있었던 것은 아니다. 미국 독립 직후의 미-영 전쟁 때는 지금 세계에서 가장 대표적인 도서관으로 성장한 미국 의회도서관의 초창기 전신이 공격을 당했고, 1차 세계대전 독일의 벨기에 침공 때는 루뱅대학 도서관이 공격당했다(두 사례 다 아예 도서관에 불을 질렀다). 대체로 비슷한 목적이었다. 전쟁의 목표 가운데 그런 것이 들어 있으리라는 생각을 해 본 적이 없기 때문에 놀라운 이야기였다. 그러나 전쟁과 책·기록물 이야기는 수난사로만 그치지 않는다. 최근에 있었던 페르시아만 전쟁 때는 미국이 방대한 이라크 후세인 통치 시절 기록물을 입수하고 미국으로 가져다가 자료화하기도 했다. 거기서 이라크 공격의 명분도 약간은 얻었던 듯하다.

문학에 관심이 있는 독자들에게는 유명 문인들의 유작 또는 기록물들의 운명이 흥미를 끌 것이다. 유명한 시인 바이런은 회고록을 써서 친구에게 맡겨놓고 죽었는데, 많은 스캔들의 주인공이었으니 당연히 별로 아름답지 못한 그의 사생활 이야기가 잔뜩 들어 있었다. 그의 평판이 손상될 것을 우려한 친구들과 출판인이 이를 불태워(그것을 출판함으로써 얻을 수 있는 자기네의 단기적인 이득을 포기했다) 그의 삶의 세세한 부분들이 영원히 묻혀버렸다. 반면에 생전에 별로 빛을 보지 못했던 작가 카프카는 친구에게 자기 작품들을 불태워 달라고 부탁하고 죽었으나, 그 친구가 유언과는 반대로 작품들을 열심히 찾아내고 정리해 발표함으로써 사후에 세계적인 명성을 얻게 만들었다. 이는 이미 선례가 있었다. 고대 로마의 시인 베르길리우스도 친구에게 자신의 작품 《아이네이스》를 불태우라고 했지만 친구가 이를 보존했다.

물론 이 책이 책과 도서관을 중심 내용으로 하는 만큼, 2천~3천 년 전 앗슈르바니팔의 도서관과 알렉산드리아 도서관부터 시작해 중세의 수도원 도서관 등 도서관의 역사도 '조금은' 짚어볼 수 있다. '지식 보존'을 키워드로 해서다. 인류가 축적해 온 지식을 보존하는 문제는 역사를 배우는 것보다 더 큰 문제다(후자가 전자의 부분집합이라는 말이다). 최근에는 보존해야 할 지식의 양이 엄청나게 늘었는데, 이 책은 세계 도서관 업계에서 페이스북 같은 소셜네트워크 자료들까지 갈무리하려는 노력이 있음을 전해 준다.

책이 의외의 즐거움을 주었지만, 아쉬운 부분도 있다. 사실 '분서焚書 Burning the Books'라는 원서 제목을 처음 보았을 때는 당연히 진시황의 분서갱유焚書坑儒가 먼저 떠올랐다. 그러나 서양 사람, 그것도 역사학자가 아니라 도서관장에게서 그런 이야기까지 바라는 것은 무리일 것이다. 누군가 이 책의 '동양편'을 써주면 근사하겠다는 생각을 해본다. 책 문화는 동양이 서양에 못지않은 깊은 전통이 있기 때문이다. 이미 그런 책이 있을지도 모르겠다.

이재황

주

서론

1 Rydell, *The Book Thieves*, p. 9, 그리고 Ritchie, 'The Nazi Book-Burning'. 성과학연구소에 관해서는 Bauer, *The Hirschfeld Archives*, pp. 78–101을 보라.
2 Orwell, *Nineteen Eighty-Four*, p. 247.
3 군중 규모에 대한 그의 처음 주장을 2017년 1월 21일 버지니아주 랭글리(Langley)에 있는 중앙정보국(CIA) 본부에서 한 연설에서 했다. 역시 1월 21일 처음으로 텔레비전으로 방송된 백악관 인터뷰에서 말했고, 이어 백악관 대변인 션 스파이서(Sean Spicer)는 이렇게 말했다. "이번이 직접 나와서, 그리고 전 세계에서 가장 많은 사람이 본 취임식이었습니다."
트럼프 취임식과 2009년 버락 오바마 취임식 동안의 내셔널몰(National Mall) 공원 사진들[사진기자 루카스 잭슨(Lucas Jackson)과 스텔리오스 바리아스(Stelios Varias)가 찍어 로이터통신이 제공한 사진 포함]을 비교해 보면 이 주장은 근거가 없다. 키스 스틸(Keith Still)은 《뉴욕타임스》를 위한 분석에서 트럼프 취임식의 군중 규모가 오바마 취임식 군중의 약 3분의 1이라고 주장했다(Tim Wallace, Karen Yourish and Troy Griggs, 'Trump's Inauguration vs. Obama's: Comparing the Crowds', *New York Times*, 20 January 2017).
수치 또한 스파이서의 말과 배치된다. 닐슨(Nielsen)은 금요일 취임식을 3060만 명이 시청해 2009년에 시청했던 3780만 명에 비해 19퍼센트 적었다고 보고했다. 취임식 시청자 수가 가장 많았던 것은 로널드 레이건 때의 4180만 명이었다. 마지막으로 워싱턴 지역 교통 당국인 워싱턴광역권교통국(WMATA)에 따르면 트럼프 취임 당일 오전 11시까지 워싱턴 도시철도 이용객은 19만 3천 명이었다. 2009년 오바마 취임식 날 같은 시간에는 51만 3천 명이었다. 오전 4시 운행 개시부터 종료까지 하루 전체의 수치는 2017년 트럼프 취임식 날이 57만 557명이고 2009년 오바마 취임식 날은 110만 명이었다.
대통령 고문 켈리앤 콘웨이는 2017년 1월 22일 NBC 척 토드(Chuck Todd)와의 《언론과의 만남(Meet the Press)》 인터뷰에서 그런 증거들을 '또 하나의 사실'이라는 말로 일축했다. 트럼프의 취임식 사진들이 그의 지시로 조작된 사실도 나중에 드러났다(Swaine, 'Trump inauguration photos were edited after he intervened', *Guardian*, 6 September 2018).
트럼프 대통령 자신은 2018년 11월 3일에도 여전히 이 문제에 집착해, 몬태나주에서 열린 한 집회에 많은 사람이 모인 모습을 찍은 지지자의 동영상을 트위터로 전하며 이런 평을 달았다. "지금 몬태나 착륙. 이제는 내 앞의 줄과 군중이 오바마의 것보다 훨씬 크다는 것을 누구나 인정할 것이다"(출처: factba.se/search%2Bin%Bmontana).
4 Gentleman, 'Home Office Destroyed Windrush Landing Cards Says Ex-Staffer'.

5 이후의 조사에서는 같은 정보 일부가 국가기록관의 다른 기록철에 보관돼 있음이 밝혀졌다. Wright, et al., 'Windrush Migrants'를 보라.
6 venden, 'The Windrush Scandal'.
7 전반적인 개괄을 위해서는 Posner, *Archives in the Ancient World* 및 Pedersén, *Archives and Libraries in the Ancient Near East*를 보라.
8 메타데이터는 다른 형태의 데이터(특히 디지털 데이터)를 설명하는 데이터를 가리키는 데 사용되는 용어다.
9 Pedersén, *Archives and Libraries in the Ancient Near East*, pp. 237-82 및 König, et al., *Ancient Libraries*에 실린 글들을 보라.
10 이 명부는 옥시린코스(Oxýrrynchos)에서 발굴된 파피루스 파편에 남아 있다. 지금은 더블린 트리니티칼리지 도서관에 있다. Hatzimachili, 'Ashes to Ashes? The Library of Alexandria after 48 bc', pp. 173-4를 보라.
11 Burke, *A Social History of Knowledge*, p.138; Weiss, 'Learning from Loss: Digitally-Reconstructing the Trésor des Chartes at the Sainte-Chapelle', pp. 5-8.
12 Naisbitt, *Megatrends*, p. 24
13 Rosenzweig, 'Scarcity or Abundance?'.
14 Winters and Prescott, 'Negotiating the Born-Digital', pp. 391-403.
15 보들리 도서관 설립에 관해서는 Clapinson, *A Brief History of the Bodleian Library*를 보라. 보들리의 수장품 개관을 위해서는 Hebron, *Marks of Genius* 및 Vaisey, *Bodleian Library Treasures*를 보라.
16 Hansard, House of Commons Debates, 13 March 1850, 109: cc838-50. Black and Hoare, *Cambridge History of Libraries*, III: Part One의 글들 및 Max, 'Tory Reaction to the Public Libraries Bill, 1850', pp. 504-24를 보라.
17 Alsop, 'Suffrage Objects'.
18 Black, 'The People's University', p. 37.
19 Travers, 'Local Government'.
20 Busby, Eleanor, 'Nearly 800 Public Libraries Closed Since Austerity Launched in 2010'.
21 Asmal, Asmal, and Roberts, *Reconciliation Through Truth*, p. 6.
22 Garton Ash, 'True Confessions', p. 1.
23 Truth and Reconciliation Commission, *Final Report*, pp. 201-43.
24 토머스 제퍼슨이 아이작 맥퍼슨(Isaac Macpherson)에게 보낸 1813년 8월 13일 자 편지. Lipscomb and Bergh (eds), *The Writings of Thomas Jefferson*, 13, pp. 333-5를 보라.

1장 둔덕 아래의 갈라진 점토
1 지금 일부 학자들은 그가 실제로 그 원정을 갔는지에 대해 의문을 제기한다.
2 Xenophon, *Anabasis*, 3.4.7-12.
3 크세노폰보다 약간 이전 사람인 헤로도토스(Heródotos)는 니네베 약탈을 언급하면서 앗시리아를 거명한다(*Histories*, 1.106). 크세노폰은 적어도 부분적으로라도 헤로도토스의 저작

에 대해 알고 있었기 때문에 그가 앗시리아를 몰랐던 일이 학자들을 당혹스럽게 했다. 그러나 공격에 대한 크세노폰의 세부 묘사는 선지자 나훔(Nahum)의 니네베 함락 묘사를 연상시킨다(Nahum 2:6-7).

또한 후대 역사가인 시칠리아의 디오도로스(Diodoros Sikeliotes)는 강이 먼저 거기에 등을 돌리지 않으면 아무도 니네베를 점령할 수 없을 것이라는 신탁의 말을 언급했다(Diodorus, 2.1.26.9). 그렇다면 그 함의는 앗시리아인들에 대한 현지의 기억이 그 적들에 의해 매우 성공적으로 말살돼 크세노폰은 앗시리아인들이 한때 거대했던 이들 도시 주민이었음을 알 수 없었다는 것이다. Haupt, 'Xenophon's Account of the Fall of Nineveh', pp. 99-107을 보라.

4 Buckingham, *Travels in Mesopotamia*, II, 211.
5 Rich, *Narrative of a Residence in Koordistan, and on the Site of Ancient Nineveh*, I, p. 2.
6 같은 책, p. xxii.
7 Lloyd, *Foundations in the Dust*, p. 9.
8 같은 책, p. 108.
9 Reade, 'Hormuzd Rassam and His Discoveries', pp. 39-62.
10 Robson, E., 'The Clay Tablet Book in Sumer, Assyria, and Babylonia', p. 74.
11 Layard, *Discoveries in the Ruins of Nineveh and Babylon*, pp. 344-5.
12 같은 책, p. 345.
13 Finkel, 'Ashurbanipal's Library'. 어빙 핑켈(Irving Finkel)은 앗슈르바니팔의 도서관의 의미를 이해하기 위한 작업을 가장 많이 했다.
14 같은 글, p. 80.
15 Robson, 'The Clay Tablet Book', pp. 75-7.
16 Finkel, 'Ashurbanipal's Library', p. 82.
17 *Cuneiform Texts from Babylonian Tablets in the British Museum* 22,1 (BM 25676 = 98-2-16, 730 and BM 25678 = 98-2-16, 732). 번역은 Finkel, 'Ashurbanipal's Library', p. 82, 및 Frame and George, 'The Royal Libraries of Nineveh', p. 281을 개작했다.
18 Frame and George, 'The Royal Libraries of Nineveh', pp. 265-83.
19 Parpola, 'Assyrian Library Records', 4ff.
20 MacGinnis, 'The Fall of Assyria and the Aftermath of the Empire', p. 282.
21 특히 위의 글을 보라.
22 Robson and Stevens, 'Scholarly Tablet Collections in First-Millennium Assyria and Babylonia, c.700-200 bce', p. 335.
23 Posner, *Archives in the Ancient World*, p. 56; Pedersén, *Archives and Libraries in the Ancient Near East*, pp. 241-4.

2장 파피루스 더미

1 Bagnall, 'Alexandria: Library of Dreams', p. 349.
2 Strabo, Geography, 17.1.8. Hatzimichali, 'Ashes to Ashes? The Library of Alexandria

after 48 bc', p. 170, n.7에서 재인용.
3   McKenzie, Gibson and Reyes, 'Reconstructing the Serapeum in Alexandria', pp. 79-81.
4   Ammianus Marcellinus, *History*, 22.16.12.
5   로저 배그널(Roger Bagnall)은 이 문제에 관해 가장 설득력 있는 주장을 했다. Bagnall, 'Alexandria: Library of Dreams', pp. 351-6, 자료에 관한 논의도 있다.
6   Rajak, *Translation and Survival*, p. 45에서 재인용. 전문 번역은 McKenzie, Gibson and Reyes, 'Reconstructing the Serapeum in Alexandria', pp. 104-5를 보라.
7   Suetonius, *Lives of the Caesars*, 8.3.20; Bagnall, 'Alexandria: Library of Dreams', p. 357
8   Ammianus Marcellinus, *History*, 22.16.13, Barnes, 'Cloistered Bookworms in the Chicken-Coop of the Muses', p. 71에서 재인용.
9   Dio Cassius, *Roman History*, 42.38, Casson, *Libraries in the Ancient World*, p. 46에서 재인용.
10 이는 Gibbon, *Decline and Fall*, III, pp. 284-5에서 가장 생생하게 전하고 있다.
11 같은 책, p. 83.
12 Bagnall, 'Cloistered Bookworms in the Chicken-Coop of the Muses', pp. 71-2; Jacob, 'Fragments of a History of Ancient Libraries', p. 65.
13 McKenzie, Gibson and Reyes, 'Reconstructing the Serapeum in Alexandria', pp. 86, 98-9. 서기 181년 화재의 시기는 히에로니무스(Hieronymus)가 에우세비우스(Eusebius) 《연대기(Chronicon)》를 재정리한 것에 들어 있다(McKenzie, Gibson and Reyes, p. 86을 보라. 참고문헌도 있다). 기독교도 작가 테르툴리아누스(Tertullianus)는 서기 197년에 쓴 글에서 세라페이온 도서관에서 70인역 성서를 보았다고 적었다(*Apologeticum*, 18.8). 이는 그곳에 있는 도서관에 대한 첫 언급이다. 그는 서기 181년 화재 이후 얼마 되지 않아 썼기 때문에 이는 그 화재로 도서관이 파괴된 것은 아님을 시사하는 것일 수 있다. 디오는 서기 217년의 화재를 이야기하고 있는데, 기적적으로 신전에 해가 미치지 않았다고 한다(*Roman History Epitome*, 79.7.3).
14 아우렐리아누스의 브루케이온(Broucheion, 왕궁 구역) 파괴는 Ammianus Marcellinus, *History*, 22.16.15에 서술돼 있다.
15 Gibbon, *Decline and Fall*, III, p. 285.
16 같은 책, pp. 284-5.
17 이 화재와 갈레노스의 기록에 관해서는 Tucci, 'Galen's Storeroom, Rome's Libraries, and the Fire of a.d. 192'를 보라.
18 Plutarch, *Aemilius Paulus* 28.6에는 도서관 점령이 기술돼 있다. Affleck, 'Priests, Patrons, and Playwrights', pp. 124-6을 보라.
19 Houston, 'The Non-Philodemus Book Collection in the Villa of the Papyri', p. 183.
20 Posner, *Archives in the Ancient World*, pp. 71-2.
21 Strabo, *Geography*, 13.1.54; Coqueugniot, 'Where Was the Royal Library of Pergamum?', p. 109.

22 Bagnall, 'Alexandria: Library of Dreams', p. 352.
23 Casson, *Libraries in the Ancient World*, pp. 52-3.
24 Hatzimichali, 'Ashes to Ashes?', p. 173.
25 MacLeod, 'Introduction: Alexandria in History and Myth', p. 4.
26 Pfeiffer, *Politics, Patronage and the Transmission of Knowledge* ; Burnett, 'The Coherence of the Arabic-Latin Translation Program in Toledo in the Twelfth Century'; Gutas, *Greek Thought, Arabic Culture*를 보라.
27 그 사진은 Clark, J. W., *The Care of Books*, p. 41에 실려 있다.
28 Reynolds and Wilson, *Scribes & Scholars*, pp. 81-3.
29 같은 책, p. 54.
30 Breay and Story (eds), *Anglo-Saxon Kingdoms*, pp. 126-9.
31 이 문제는 8장에서 더 언급하겠다. 또한 Stroumsa, 'Between "Canon" and Library in Medieval Jewish Philosophical Thought'를 보라.
32 Bloom, *Paper Before Print*, pp. 48-9.
33 같은 책, pp. 119-21.
34 Biran, 'Libraries, Books and Transmission of Knowledge in Ilkhanid Baghdad', pp. 467-8에서 재인용.
35 Hirschler, *Medieval Damascus* ; Hirschler, *The Written Word in the Medieval Arabic Lands* ; Biran, 'Libraries, Books and Transmission of Knowledge in Ilkhanid Baghdad'를 보라.
36 Thomson, 'Identifiable Books from the Pre-Conquest Library of Malmesbury Abbey'; Gameson, *The Earliest Books of Canterbury Cathedral: Manuscripts and Fragments to c.1200*; Lapidge, *The Anglo-Saxon Library*, Chapter 2, 'Vanished libraries of Anglo-Saxon England'.
37 Meehan, *The Book of Kells*, p. 20.
38 Gameson, 'From Vindolanda to Domesday', pp. 8-9.
39 Ganz, 'Anglo-Saxon England', pp. 93-108.
40 같은 글, p. 103.
41 Bodley, *The Life of Sir Thomas Bodley*, sig. A2v.

3장 책이 헐값이던 시절

1 Leland, *De uiris illustribus*, p. xxii.
2 같은 책, p. liii.
3 Harris, O., 'Motheaten', p. 472. Harrison, *The Description of Britain*(1587), p. 63. Harrison and Edelen, *The Description of England*, p. 4에서 재인용.
4 Bodleian, MS. Top. Gen. c. 3, p. 203. 릴랜드의 전체 여행은 Leland, *De uiris illustribus*, pp. lxi-xcv에 재현됐다.
5 이 중세 도서관에 대해서는 Bruce BarkerBenfield, *St Augustine's Abbey, Canterbury*에서 매우 상세하게 분석했다.

6 Leland, *De uiris illustribus*, pp. 67, 69.
7 같은 책, pp. 315, 321.
8 같은 책, p. 66.
9 같은 책, p. 386.
10 지금 보들리 도서관의 서가기호는 MS. Auct.F.4.32이다.
11 보들리 도서관의 온라인 목록 *Medieval Manuscripts in Oxford Libraries*, http://medieval.bodleian.ox.ac.uk/catalog/manuscript_675의 항목을 보라(2020. 2. 29. 접속).
12 Knowles, *The Religious Orders in England*, pp. 348-9에 감동적인 기록이 있다.
13 같은 책, p. 381.
14 Wood, *History and Antiquities of the University of Oxford*, 1, p. 141.
15 Dixon, 'Sense of the Past in Reformation Germany', pp. 184-6.
16 Leland, *The laboryouse journey*, sig. Bi.
17 Ker, *Pastedowns in Oxford Bindings* ; Pearson, *Oxford Bookbinding 1500-1640*을 보라.
18 Watson, *A Descriptive Catalogue of the Medieval Manuscripts of All Souls College Oxford*, pp. 28-30 ; Ker, *Pastedowns in Oxford Bindings*, p. xi을 보라.
19 Duffy, *The Stripping of the Altars*, pp. 181-3.
20 Carley, 'The Dispersal of the Monastic Libraries', pp. 284-7.
21 Watson, 'Thomas Allen of Oxford', p. 287.
22 Ovenden, 'The Manuscript Library of Lord William Howard of Naworth', p. 306.
23 이 필사본은 지금 브리튼 도서관에 있다(MS. Royal 1.A.xviii). *Libraries of King Henry VIII*, p. xlv를 보라.
24 이 필사본은 지금 브리튼 도서관에 있다(MS. Royal 2.C.x). *Libraries of King Henry VIII*, p. xxxix를 보라.
25 *Libraries of King Henry VIII*, pp. xliii-xlvi.
26 Leland, *The Itinerary of John Leland*, II, p. 148에서 재인용.
27 영국에서 나간 가장 큰 필사본 뭉치는 도미니코회 수도원들에서 로마의 체르비니(Cervini) 추기경에게 보내 지금 바티칸 도서관에 있는 250권의 필사본이다. Ker, 'Cardinal Cervini's Manuscripts from the Cambridge Friars' ; Carley, 'John Leland and the Contents of English Pre-Dissolution Libraries: The Cambridge Friars', pp. 90-100을 보라.
28 존 릴랜드에 대한 이 기록은 제임스 칼리(James Carley)의 엄청난 연구에 의존하고 있다. Leland, *The laboryouse journey*, sig. Biiiv.
29 Leland, *De uiris illustribus*, p. xxiv.
30 같은 책, p. xliii.
31 Wood, *The Life of Anthony à Wood from 1632 to 1672, written by himself*, p. 107.
32 가장 잘 설명된 것은 Vincent, N., *The Magna Carta*이다.
33 Ovenden, 'The Libraries of the Antiquaries', p. 528.

4장 학문을 구한 방주

1 Philip, *The Bodleian Library in the Seventeenth and Eighteenth Centuries*, pp. 2-3에서 재인용.
2 Ker, 'Oxford College Libraries before 1500', pp. 301-2.
3 Parkes, 'The Provision of Books', pp. 431-44, 456-7.
4 중세 옥스퍼드 도서관들의 역사에 대해서는 Parkes, 'The Provision of Books' and Ker, 'Oxford College Libraries before 1500'에 가장 잘 설명돼 있다.
5 Rundle, 'Habits of Manuscript-Collecting: The Dispersals of the Library of Humfrey, Duke of Gloucester', pp. 106-16; *Duke Humfrey's Library & the Divinity School, 1488-1988*, p. 46을 보라.
6 *Duke Humfrey's Library & the Divinity School, 1488-1988*을 보라.
7 데이빗 런들(David Rundle) 박사와의 개인적인 대화.
8 *Duke Humfrey's Library & the Divinity School, 1488-1988*, p. 123에서 재인용.
9 같은 책, pp. 18-49.
10 보들리의 초기 이력에 관한 가장 최근의 기술은 Goldring, *Nicholas Hilliard*, pp. 40-59.
11 Bodley, *The Life of Sir Thomas Bodley*, p. 15.
12 *Letters of Sir Thomas Bodley to the University*, pp. 4-5.
13 Peterson, *The Kelmscott Press*, pp. 45-7.
14 이는 사실상 잉글랜드에서 발행된 모든 책이 도서관에 들어온다는 얘기다. 조합이 인쇄와 출판을 거의 독점하고 있었기 때문이다. 이 문제는 Barnard, 'Politics, Profits and Idealism'에 가장 잘 설명돼 있다.
15 Clapinson, *A Brief History of the Bodleian Library*, pp. 20-2를 보라.
16 Burke, *A Social History of Knowledge*, pp. 104-5에 실려 있다.
17 Naudé, *Advice on Establishing a Library*, pp. 17, 67-8.
18 Bodley, *Reliquiae Bodleianae*, p. 61.
19 Ovenden, 'Catalogues of the Bodleian Library and Other Collections', p. 282.
20 Southern, 'From Schools to University', p. 29.
21 Slack, 'Government and Information in Seventeenth-Century England', p. 38.
22 Tyacke, 'Archives in a Wider World', p. 216.
23 Ovenden, 'Scipio le Squyer'.
24 Slack, 'Government and Information in Seventeenth-Century England', pp. 42-3에 존 그란트가 인용돼 있다.
25 Slack, *The Invention of Improvement*, pp. 116-20.
26 Buck, 'Seventeenth-Century Political Arithmetic', p. 71.
27 Pepys, *The Diary of Samuel Pepys*, 5, p. 142.
28 Webster, *The Great Instauration*, p. 194.
29 Rozenberg, 'Magna Carta in the Modern Age'.
30 Prest, *William Blackstone*, p. 165.
31 이는 자주 인용되는 구절로, 여기서는 Ovenden, 'The Libraries of the Antiquaries', p.

528에서 인용했다.
32 Bepler, 'The Herzog August Library in Wolfenbüttel', p. 18.
33 Philip, *The Bodleian Library in the Seventeenth and Eighteenth Centuries*, pp. 6-7 에서 재인용.

5장 정복자의 전리품

1 Gleig, *A Narrative of the Campaigns of the British Army at Washington and New Orleans*, p. 128.
2 같은 책, pp. 127, 134.
3 Madison, *The Papers of James Madison*, 1, p. 269.
4 Ostrowski, *Books, Maps, and Politics*, pp. 39-72.
5 같은 책, pp. 12-14.
6 Beales and Green, 'Libraries and Their Users'; Carpenter, 'Libraries'; Ostrowski, *Books, Maps, and Politics*, pp. 14-19를 보라.
7 Johnston, History of the Library of Congress, p. 23에서 재인용.
8 같은 책, p. 19.
9 McKitterick, *Cambridge University Library*, pp. 418-19; Ostrowski, *Books, Maps, and Politics*, pp. 44-5.
10 Johnston, *History of the Library of Congress*, p. 38에서 재인용.
11 같은 책, p. 517.
12 Fleming, et al., *History of the Book in Canada*, p. 313.
13 Vogel, '"Mr Madison Will Have to Put on His Armor"', pp. 144-5.
14 이 이야기는 Johnston, *History of the Library of Congress*, pp. 65-6에 나온다. 콜드웰에 관해서는 Allen C. Clark, 'Sketch of Elias Boudinot Caldwell', p. 208을 보라.
15 Gleig, *A Narrative of the Campaigns of the British Army at Washington and New Orleans*, p. 129.
16 존 콜(John Y. Cole)의 제안 덕분에 제인 에이킨은 매우 너그럽게도 자신이 새로 쓰고 있는 미국 의회도서관의 역사에 관한 책 초고를 내게 보여주었다.
17 Gleig, *A Narrative of the Campaigns of the British Army at Washington and New Orleans*, p. 132.
18 같은 책, p. 124. 로젠바크의 기증은 *Annual Report of the Librarian of Congress for the fiscal year ended June 30, 1940*, p. 202에 기록돼 있다. 로젠바크 자신은 이 책 이야기를 *A Book Hunter's Holiday*, pp. 145-6에서 말하고 있다.
19 Johnston, *History of the Library of Congress*, pp. 69-71에서 재인용.
20 같은 책, p. 71.
21 Ostrowski, *Books, Maps, and Politics*, pp. 74-8.
22 같은 책, p. 75.
23 Johnston, *History of the Library of Congress*, pp. 86, 90에서 재인용.
24 같은 책, p. 97.

25 같은 책, p. 168.
26 Fox, *Trinity College Library Dublin*, pp. 90, 121; McKitterick, *Cambridge University Library*, p. 152; Harris, P. R., *A History of the British Museum Library*, p. 47.
27 Ostrowski, *Books, Maps, and Politics*, pp. 81–3.
28 Johnston, *History of the Library of Congress*, p. 154.
29 Conaway, *America's Library*, p. 68.

6장 카프카 거스르기

1 MacCulloch, *Thomas Cromwell*, pp. 1–3.
2 Krevans, 'Bookburning and the Poetic Deathbed: The Legacy of Virgil', p. 198에서 재인용.
3 토머스 러브 피콕(Thomas Love Peacock)에게 보낸 1821년 8월 10일 자 편지. *Letters of Percy Bysshe Shelley* (ed. F. L. Jones), II, p. 330.
4 Frederick Locker-Lampson, 'Tennyson on the Romantic Poets', pp. 175–6.
5 출판사 존머리에 대한 가장 훌륭한 개관으로는 유명한 Humphrey Carpenter, *The Seven Lives of John Murray*가 있다.
6 Carpenter, *Seven Lives*, pp. 128–9.
7 Carpenter, *Seven Lives*, p. 134에서 재인용.
8 홉하우스의 일기, British Library Add. MS 56548 ff. 73v-87v, 피터 코크런(Peter Cochran)이 옮겨 적은 것을 같은 책, p. 132에서 재인용.
9 원고를 태운 것에 관한 나의 기술은 카펜터(Carpenter)가 여러 자료를 종합해 *Seven Lives*, pp. 128–48에 실은 것 및 Fiona MacCarthy, *Byron: Life and Legend*, pp. 539–43에서 가져왔다.
10 Balint, *Kafka's Last Trial*, p. 128에서 재인용.
11 Stach, *Kafka*, pp. 542–3.
12 같은 책, p. 642.
13 같은 책, pp. 402–3.
14 같은 책, pp. 475–6.
15 Murray, *Kafka*, pp. 39–43.
16 Balint, *Kafka's Last Trial*, p. 135.

7장 두 번 불탄 도서관

1 Coppens, et al., *Leuven University Library 1425–2000*, p. 160. 그는 이 메모를 썼다는 이유로 독일 사살대에 의해 처형됐다.
2 J. de le Court, *Recueil des ordonnances des Pays-Bas autrichiens. Troisième série: 1700–1794*, pp. 276–7.
3 Coppens, et al., *Leuven University Library 1425–2000*, pp. 52–5, 73–4.
4 이 도서관에 관한 가장 좋은 설명은 *Leuven University Library 1425–2000*에서 볼 수 있다.

5   'A Crime Against the World', *Daily Mail*, 31 August 1914, p. 4.
6   Toynbee, *The German Terror in Belgium*, p. 116; *La Croix*, 30 August 1914.
7   Schivelbusch, *Die Bibliothek von Löwen*, pp. 27–31.
8   같은 책, pp. 27–8.
9   같은 책, pp. 36–9.
10 Coppens, et al., *Leuven University Library 1425–2000*, p. 190.
11 'Cardinal Mercier in Ann Arbor', p. 65.
12 *Illustrated London News*, 30 July 1921.
13 Guppy, *The Reconstitution of the Library of the University of Louvain*, p. 19.
14 Proctor, 'The Louvain Library', pp. 156–63.
15 같은 글, pp. 163–6.
16 'Nazis Charge, British Set Fire to Library', *New York Times*, 27 June 1940, p. 12.
17 'Librarian of Louvain Tells of War Losses', *New York Times*, 17 April 1941, p. 1.
18 Jones, 'Ordeal by Fire', p. 2.
19 Schivelbusch, *Die Bibliothek von Löwen*, p. 19.

8장 종이부대

1   Rose, 'Introduction', p. 1.
2   카이로 게니자 이야기는 아디나 호프먼(Adina Hoffman)과 피터 콜(Peter Cole)의 *Sacred Trash*에 잘 정리돼 있다. 게니자에 대한 보다 일반적인 설명은 pp. 12–16을 보라.
3   이 편지의 원문은 미국시각장애인재단(AFB)이 보유하고 있는 헬렌 켈러 아카이브(Helen Keller Archive)에 들어 있다. 온라인 접속은 https://www.afb.org/HelenKellerArchive?a=d&d=A-HK02-B210-F03-001&e=-------en-20—1—txt--------3-7-6-5-3--------------0-1 (2020. 4. 10. 접속)
4   'Mr H. G. Wells on Germany', *The Times*, 22 September 1933, p. 14.
5   von Merveldt, 'Books Cannot Be Killed By Fire', pp. 523–7.
6   같은 글, p. 528. 미국 금서도서관 장서들은 지금 뉴욕의 유대신학교 도서관에 보존돼 있다.
7   Hill, 'The Nazi Attack on "Un-German Literature"'.
8   같은 글, p. 32.
9   같은 글, pp. 12–14.
10 Lustig, 'Who Are to Be the Successors of European Jewry?', p. 523.
11 Piper, *Alfred Rosenberg*, pp. 462–508.
12 Sutter, 'The Lost Jewish Libraries of Vilna', pp. 220–3.
13 Hill, 'The Nazi Attack on "Un-German Literature"', pp. 29–32.
14 Steinweis, *Studying the Jew*, pp. 115–16.
15 같은 책, p. 117.
16 Matthäus, 'Nazi Genocides', pp. 167–73.
17 van Boxel, 'Robert Bellarmine Reads Rashi: Rabbinic Bible Commentaries and the Burning of the Talmud', pp. 121–3.

18 Grendler, *The Roman Inquisition and the Venetian Press, 1540– 1605*, pp. 93–102.
19 Beit-Arié, *Hebrew Manuscripts of East and West*, pp. 9–10.
20 Shamir, 'Johannes Pfefferkorn and the Dual Form of the Confiscation Campaign'.
21 Goodman, *A History of Judaism*, p. 440.
22 Kuznitz, *YIVO and the Making of Modern Jewish Culture*, p. 3.
23 같은 책, p. 18; Fishman, 'Embers Plucked from the Fire', pp. 66–8.
24 Kuznitz, *YIVO and the Making of Modern Jewish Culture*, p. 51.
25 Goodman, *A History of Judaism*, pp. 387–9.
26 빌나의 '종이부대'에 대한 나의 기술은 데이빗 피시먼(David Fishman)의 연구와 후의와 조언에 의존했다. Fishman, *The Book Smugglers*, pp. 13–22.
27 같은 책, p. 17.
28 스트라순 도서관의 역사는 Dan Rabinowitz, *The Lost Library*에 잘 정리돼 있다.
29 Sutter, 'The Lost Jewish Libraries of Vilna', p. 224.
30 Fishman, *The Book Smugglers*, p. 21.
31 Kuznitz, *YIVO and the Making of Modern Jewish Culture*, pp. 73–6.
32 같은 책, pp. 182–5.
33 이에 대해서는 Sutter, 'The Lost Jewish Libraries of Vilna', pp. 224–5 및 Fishman, *The Book Smugglers*, pp. 25–30에 상세히 기술돼 있다.
34 Fishman, *The Book Smugglers*, pp. 55, 61–3, 71.
35 Fishman, 'Embers Plucked from the Fire', pp. 69–70.
36 같은 글, p. 69.
37 Sutter, 'The Lost Jewish Libraries of Vilna', p. 228.
38 Fishman, 'Embers Plucked from the Fire', p. 70.
39 같은 글, p. 71; Fishman, The Book Smugglers, p. 97.
40 Fishman, *The Book Smugglers*, p. 114.
41 빌나 게토 도서관의 역사에 대해서는 디나 아브라모비치(Dina Abramowicz)가 직접 쓴 'The Library in the Vilna Ghetto' 및 Herman Kruk, 'Library and Reading Room in the Vilna Ghetto, Strashun Street 6'을 보라.
42 뉴욕에서는 YIVO가, 진행되고 있는 비극에 대해 초기에 미국 대중에게 소식을 전한 조직 가운데 하나였다. 1940년 바르샤바 게토에 관한 기록을 출판했고, 4년 뒤 게토의 봉기에 관한 소책자를 펴냈다.
43 Roskies (ed.), *Voices from the Warsaw Ghetto*, pp. 62–3.
44 같은 책, p. xxv.
45 Fishman, The Book Smugglers, pp. 138–9에서 재인용.
46 같은 책, pp. 65 (상세한 전기), 140.
47 같은 책, pp. 145–52; Fishman, 'Embers Plucked from the Fire', p. 73.
48 영어로 된 가장 좋은 설명은 Fishman, *The Book Smugglers*, pp. 244–8을 보라. 그러나 이 이야기는 더 깊이 논의할 필요가 있다.
49 Goodman, *A History of Judaism*, pp. 387–9.

50 https://vilnacollections.yivo.org/Discovery-Press-Release
51 약탈된 책과 문서를 돌려주는 과정은 광범위하게 연구됐다. 가장 눈에 띄는 것이 하버드대학 연구자 페트리시아 케네디 그림스테드(Patricia Kennedy Grimsted)의 연구이며, 그의 'The Postwar Fate of Einsatztab Reichsleiter Rosenberg Archival and Library Plunder, and the Dispersal of ERR Records'는 좋은 출발점이다.
52 방문자는 루시 다비도비치(Lucy Dawidowicz)였다. Gallas, 'Das Leichenhaus der Bücher': Kulturrestitution und jüdisches Geschichtsdenken nach 1945, pp. 11-14에서 재인용.
53 같은 책, pp. 60-4; Lustig, 'Who Are to Be the Successors of European Jewry?', p. 537.
54 Esterow, 'The Hunt for the Nazi Loot Still Sitting on Library Shelves'.
55 Trial of the Major War Criminals Before the International Military Tribunal, Nuremberg, 14 November 1945-1 October 1946, 1, pp. 293-6, 11, pp. 493, 585.

9장 태워서 못 읽게 해줘

1 Larkin, *Letters to Monica* (22 May 1964), p. 335.
2 Larkin, 'A Neglected Responsibility', p. 99.
3 Motion, *Philip Larkin*, pp. xv-xviii.
4 같은 책, p. 522.
5 같은 책, pp. 522, 552.
6 Larkin, *Letters to Monica*, pp. 278-83.
7 Larkin, *Selected Letters of Philip Larkin*, p. 600.
8 거기서 추린 것이 Philip Larkin, *Letters Home 1936-1977*로 출간됐다.
9 Bate, *Ted Hughes*, p. 385.
10 Brain, 'Sylvia Plath's Letters and Journals', p. 141. 실비아 플라스의 기록물은 지금 북아메리카의 몇 군데 보관소에 분산돼 있다. 플라스의 모교인 스미스칼리지 닐슨(Neilsen) 도서관의 모티머레어(Mortimer Rare) 장서, 블루밍턴(Bloomington)의 인디애나대학 릴리도서관(특수 장서 도서관이다), 그리고 일부 자료는 조지아주 애틀랜타 에모리대학의 스튜어트로즈(Stuart A. Rose) 필사본·기록물·희귀본도서관에 있는 '테드휴즈 아카이브'에 들어 있다. 플라스의 일기 대부분은 스미스칼리지의 '플라스 문서' 속에 들어 있고, 그것은 전 스미스칼리지 기록관리자 캐런 쿠킬(Karen Kukil)이 꼼꼼하게 편집했다.
11 플라스의 작품집《에리얼》복원판(2004)에 실린 프리다 휴스의 서문을 보라. 앤드루 모션에게 보낸 한 편지에서 테드 휴스는 이렇게 썼다. "S.P.(실비아 플라스)의 전기를 쓰는 사람들에게 가장 큰 문제는 그들이 … S.P.의 일생 중에서 가장 흥미롭고 극적인 부분은 반쪽 S.P.일 뿐임을 인식하지 못한다는 것이다. 나머지 반쪽은 나다. 그들은 자기네의 어리석은 환상 속의 모습으로 S.P.를 우스꽝스럽게 그리고 고쳐 만들고는 그것으로 때울 수 있다. 그리고 그들의 멍청한 방식으로 똑같이 나를 대해도 아무 문제가 없다고 생각한다. 분명히 내가 여전히 여기 있어 점검을 하고, 나는 그들의 먹이가 되고 그들의 작품에 따를 생각이 없다는 것을 잊고 있는 것이다. 할 수 있는 한 말이다." (Malcolm, *The Silent Woman*, p. 201에서 재인용.)

12 Plath, *Journals of Sylvia Plath*, p. xi.
13 Brain, 'Sylvia Plath's Letters and Journals', p. 144. 이 일기들은 2000년 캐런 쿠킬이 편집한 *The Unabridged Journals of Sylvia Plath: 1950–1962*로 출간됐다. 이는 놀라운 학문적 위업이었다. 일기 자체가 매우 잡다한 것이었기 때문이다. 일부는 제본이 된 노트 또는 스프링노트 형태였고, 일부는 타자로 치고 어떤 것은 낱장 종이에 쓴 것도 있었다. 그 가운데 일부는 단편적이었고, 날짜를 알 수 없는 것도 많았다.
14 Ted Hughes, *Winter Pollen*.
15 Erica Wagner, 'Ted Hughes Archive Opened at Emory University', *The Times*, 10 April 2000. 인터넷 사이트 http://ericawagner.co.uk/ted-hughess-archive-opened-at-emory-university/(2019. 11. 10 검색)을 참고했다.
16 Brain, 'Sylvia Plath's Letters and Journals', p. 154에서 재인용.
17 Bate, *Ted Hughes*, pp. 305–6.
18 Read, *Letters of Ted Hughes*, pp. 366–7.
19 Brain, 'Sylvia Plath's Letters and Journals', p. 152.

10장 내 사랑 사라예보

1 Kalender, 'In Memoriam: Aida (Fadila) Buturovic (1959–1992)', p. 73.
2 Riedlmayer, '*Convivencia* Under Fire', p. 274.
3 Huseinovic and Arbutina, 'Burned Library Symbolizes Multiethnic Sarajevo'에서 재인용.
4 Donia, *Sarajevo*, pp. 72, 314.
5 이 장에서 이야기하고 있는 사건들의 정치·종교·문화적 배경에 대한 가장 훌륭한 요약은 Noel Malcolm, *Bosnia*, pp. 213–33에서 찾아볼 수 있다.
6 Dunford, *Yugoslavia: The Rough Guide*, p. vii.
7 같은 책, p. 257에서 재인용.
8 보스니아에 도서관과 기록관이 많았다는 사실에 대한 개관을 위해서는 Riedlmayer, 'Convivencia Under Fire'; Riedlmayer, 'The Bosnian Manuscript Ingathering Project'; Stipčević, 'The Oriental Books and Libraries in Bosnia during the War, 1992–1994'를 보라.
9 Schork, 'Jewel of a City Destroyed by Fire', p. 10.
10 Kurt Schork, 'Jewel of a City Destroyed by Fire'라는 제목의 기사가 *The Times* 8월 27일 자에 실렸지만, 신문의 10면에 배치됐다. 로저 보이어스(Roger Boyes)의 좀 더 크게 다룬 기사 'This is Cultural Genocide'가 8월 28일 자에 실려 마침내 이 공격의 더욱 광범위한 영향을 드러냈다.
11 Riedlmayer, '*Convivencia* Under Fire', pp. 289–90.
12 Malcolm, 'Preface', in Koller and Karpat (eds), *Ottoman Bosnia*, p. vii.
13 Riedlmayer, *Destruction of Cultural Heritage in Bosnia-Herzegovina, 1992–1996*, p. 18.
14 Riedlmayer, '*Convivencia* Under Fire', p. 274.

15 Riedlmayer, 'Crimes of War, Crimes of Peace', p. 114.
16 Riedlmayer, '*Convivencia* Under Fire', p. 276.
17 Walasek, 'Domains of Restoration', p. 72.
18 같은 글, p. 212.
19 Riedlmayer, '*Convivencia* Under Fire', p. 274.
20 Riedlmayer, 'Foundations of the Ottoman Period in the Balkan Wars of the 1990s', p. 91.
21 Walasek, 'Cultural Heritage, the Search for Justice, and Human Rights', p. 313.
22 2019년 8월의 개인적인 연락에서.
23 Walasek, 'Cultural Heritage, the Search for Justice, and Human Rights'를 보라.
24 *The Prosecutor vs. Ratko Mladić*: 'Prosecution Submission of the Fourth Amended Indictment and Schedule of Incidents'.
25 Riedlmayer, 'Convivencia Under Fire', p. 274에서 재인용.
26 같은 글, p. 276.
27 같은 글, p. 288.
28 Sambandan, 'The Story of the Jaffna Public Library'.
29 Wheen, 'The Burning of Paradise'.
30 Moldrich, 'Tamils Accuse Police of Cultural Genocide'.
31 Sahner, 'Yemen's Threatened Cultural Heritage'.
32 Riedlmayer, 'The Bosnian Manuscript Ingathering Project'.
33 Ahmed, 'Saving Yemen's Heritage'; Schmidtke, 'The History of Zaydī Studies', p. 189.

11장 제국의 불꽃

1 특히 Savoy and Sarr, *Report on the Restitution of African Cultural Heritage*를 보라.
2 가장 좋은 설명은 Purcell, 'Warfare and Collection-Building' 및 Pogson, 'A Grand Inquisitor and His Books'.
3 Philip, *The Bodleian Library in the Seventeenth and Eighteenth Centuries*, pp. 9–10.
4 Ovenden, 'Catalogues of the Bodleian Library and Other Collections', p. 283.
5 Mittler (ed.), *Bibliotheca Palatina*, p. 459.
6 Engelhart, 'How Britain Might Have Deliberately Concealed Evidence of Imperial Crimes'.
7 Banton, 'Record-Keeping for Good Governance and Accountability in the Colonial Office', pp. 76–81을 보라.
8 Hampshire, '"Apply the Flame More Searingly"', p. 337.
9 W. J. Watts, Ministry of External Defence, to Private Secretary to High Commissioner, July 1956, folio 2, FCO 141/7524, National Archives. Hampshire, p. 337을 보라.
10 Hampshire, '"Apply the Flame More Searingly"', p. 340.
11 같은 글, p. 341.

12 Anderson, 'Deceit, Denial, and the Discovery of Kenya's "Migrated Archive"', p. 143.
13 같은 글, p. 146.
14 Karabinos, 'Displaced Archives, Displaced History', p. 279.
15 Archives nationales d'outre-mer: History, http://archivesnationales.culture.gouv.fr/anom/en/Presentation/Historique.html(2020. 2. 28 접속)
16 Shepard, '"Of Sovereignty"', pp. 871-2.
17 McDougall, *A History of Algeria*, pp. 224-31.
18 Shepard, '"Of Sovereignty"', pp. 875-6.
19 같은 글, p. 873.
20 Chifamba, 'Rhodesian Army Secrets Kept Safe in the UK'.
21 Matthies, *The Siege of Magdala*, p. 129.
22 이 팀은 지금 보들리 도서관의 대중참여부장인 마이 무시에(Mai Musié) 박사가 이끌었다.
23 Gnisci (ed.), *Treasures of Ethiopia and Eritrea in the Bodleian Library*.

12장 기록물에 대한 집착

1 Große and Sengewald, 'Der chronologische Ablauf der Ereignisse am 4. Dezember 1989'.
2 이 서술은 조세프 서순(Joseph Sassoon)의 연구, 특히 그의 권위 있는 *Saddam Hussein's Ba'ath Party*에 대부분 의존했다.
3 Sassoon, 'The East German Ministry for State Security and Iraq, 1968-1989', 및 Dimitrov and Sassoon, 'State Security, Information, and Repression'을 보라.
4 Sassoon, 'The East German Ministry for State Security and Iraq, 1968-1989', p. 7.
5 Tripp, *A History of Iraq*, pp. 239-45.
6 Hoover Institution Archival Finding Aid, Register of the Hiz.b al-Ba'th al-'Arabī al-Ishtirākī in Iraq (Ba'th Arab Socialist Party of Iraq) Records, http://oac.cdlib.org/findaid/ark:/13030/c84j0cg3(2019. 6. 3. 접속)을 보라.
7 Makiya, *Republic of Fear*, p. 22에서 재인용.
8 오랜 시간 인터뷰에 응해 준 카난 마키야에게 감사드린다.
9 Filkins, 'Regrets Only?'.
10 로버츠(Roberts)는 한 인터뷰에서 이 시기와 기록물의 발견에 대해 설명한다. Stephen Talbot, 'Saddam's Road to Hell', 24 January 2006, https://www.pbs.org/frontlineworld/stories/iraq501/audio_index.html(2019. 11. 24. 접속)
11 Gellman and Randal, 'U.S. to Airlift Archive of Atrocities out of Iraq'.
12 Montgomery, 'The Iraqi Secret Police Files', pp. 77-9를 보라.
13 카난 마키야 인터뷰 녹취록. Bill Moyers, *PBS: Now Special Edition*, 17 March 2003, https://www.pbs.org/now/transcript/transcript031703_full.html(2019. 3. 17. 접속). 또한 Filkins, 'Regrets Only?'를 보라.
14 Gravois, 'A Tug of War for Iraq's Memory'.
15 Burkeman, 'Ancient Archive Lost in Baghdad Library Blaze', *Guardian*, 15 April

2003.
16 *Salam Pax: The Baghdad Blogger*, 19 March 2003, https://salampax.wordpress.com/page/22/(2019. 3. 17. 접속); Tripp, *A History of Iraq*, pp. 267–76.
17 Makiya, 'A Model for Post-Saddam Iraq', p. 5.
18 Gravois, 'A Tug of War for Iraq's Memory'.
19 기록물의 정확한 규모는 기록마다 다른데, 미국기록관협회(SAA)는 2008년 4월 IMF 웹사이트를 인용해 기록물이 300만 쪽이라고 말하고 있다. https://www2.archivists.org/statements/acasaa-joint-statement-oniraqi-records(2020. 2. 28. 접속)
20 Montgomery, 'Immortality in the Secret Police Files', pp. 316–17.
21 Caswell, '"Thank You Very Much, Now Give Them Back"', p. 231에서 재인용.
22 Montgomery, 'The Iraqi Secret Police Files', pp. 69–99.
23 Montgomery and Brill, 'The Ghosts of Past Wars Live on in a Critical Archive'.
24 카난 마키야와의 인터뷰(2019년 6월).
25 Makiya, 'A Personal Note', p. 317.
26 Garton Ash, 'Trials, Purges and History Lessons', in *History of the Present*, p. 294.
27 Gauck, 'State Security Files', p. 72.
28 Tucker and Brand, 'Acquisition and Unethical Use of Documents Removed from Iraq by *New York Times* Journalist Rukmini Callimachi'.

13장 디지털 홍수

1 Rosenzweig, 'Scarcity or Abundance?'.
2 Desjardins, 'What Happens in an Internet Minute in 2019'.
3 Halvarsson, 'Over 20 Years of Digitization at the Bodleian Libraries'.
4 Binns, et al., 'Third Party Tracking in the Mobile Ecosystem'을 보라.
5 Garton Ash, *Free Speech*, p. 47.
6 특히 Zuboff, *The Age of Surveillance Capitalism*을 보라.
7 Hern, 'Flickr to Delete Millions of Photos as it Reduces Allowance for Free Users'.
8 Hill, E., 'Silicon Valley Can't Be Trusted with Our History'.
9 추가적인 사례는 SalahEldeen and Nelson, 'Losing My Revolution'을 보라.
10 Bruns, 'The Library of Congress Twitter Archive'.
11 여기에는 보들리 도서관, 브리튼 도서관, 스코틀랜드 국가도서관, 웨일스 국가도서관, 케임브리지대학 도서관, 트리니티칼리지(더블린) 도서관이 들어 있다.
12 Feather, *Publishing, Piracy and Politics*를 보라.
13 전면 공개 정신에 따라 나는 내가 보들리 도서관 사서로서 이 전체 구조의 관리 조직의 일원임을 밝혀야겠다. 나는 법정납본처관장회의와 법정납본합동위원회에 (다른 도서관 관장들 및 출판산업 대표들과 함께) 참여하고 있다. 나는 또한 2014년부터 디지털 법정납본의 전체 시스템의 시행을 담당한 조직을 주재하고 있다.
14 나는 특히 브리튼 도서관의 앤디 잭슨(Andy Jackson)이 웹 기록 보관에 관한 지식과 전문기술을 내게 알려준 데 대해 감사한다.

15 Zittrain, Albert and Lessig, 'Perma', pp. 88–99.
16 'Internet Archive is Suffering from a DDoS attack'; Jeong, 'Anti-ISIS Hacktivists are Attacking the Internet Archive'.
17 https://factba.se/trump(2020. 2. 28. 접속)에서 재인용.
18 'The White House, Memorandum for All Personnel…'.
19 McClanahan, 'Trump and the Demise of the Presidential Records Honor System'.
20 관련 웹사이트는 https://factba.se/ and http://trumptwitterarchive.com/에서 찾을 수 있다.
21 Sherwood, 'Led By Donkeys Reveal Their Faces at Last'.
22 Wright, O., 'Lobbying Company Tried to Wipe Out "Wife Beater" Beer References'.
23 Riley-Smith, 'Expenses and Sex Scandal Deleted from MPs' Wikipedia Pages by Computers Inside Parliament'.
24 Woodward, 'Huge Number of Maine Public Records Have Likely Been Destroyed'.
25 Murgia, 'Microsoft Quietly Deletes Largest Public Face Recognition Data Set'.
26 Harvey, https://megapixels.cc/; Vincent, 'Transgender YouTubers had Their Videos Grabbed to Train Facial Recognition Software'.
27 Coulter and Shubber, 'Equifax to Pay almost $800m in US Settlement Over Data Breach'.
28 https://twitter.com/carolecadwalla/status/1166486817882947586?s=20(2019. 8. 28. 접속)
29 Moran, 'Is Your Facebook Account an Archive of the Future?'.
30 Zuboff, *The Age of Surveillance Capitalism*, p. 191에서 재인용.
31 같은 책, pp. 351–2.
32 https://www.pewresearch.org/fact-tank/2017/08/30/most-americans-especially-millennials-say-libraries-can-help-themfind-reliable-trustworthy-information/(2020. 2. 29. 접속)
33 아마도 (영국에서는) 1958년의 공공기록물법이나 1964년의 공공도서관박물관법 같은 것을 수정하면 될 것이다.
34 Ovenden, 'Virtual Memory'.
35 나이절 섀드볼트(Nigel Shadbolt)는 다른 곳에서 웹거버넌스(web governance)에 대한 다른 접근법을 주장했고, 그것을 '자율을 위한 구조(Architectures for Autonomy)'라고 묘사했다.
36 이 제안과 관련해 나이절 섀드볼트에게 감사한다.

14장 낙원을 살리려면

1 Wood, *Life and Times of Anthony Wood, Antiquary, of Oxford, 1632-1695*, I, p. 319 를 보라.
2 Philip, *The Bodleian Library*, pp. 42–3.
3 이 요청은 아직도 보관돼 있다. MS. Clarendon 91, fol. 18.

4 이 저항 행위는 나중에 필립 풀먼(Philip Pullman)의 소설 《아름다운 야생(La Belle Sauvage)》(2017)의 감동적인 구절을 탄생시킨다. 소설에서 풀먼의 허구 세계의 보들리 도서관장은 알레시오미터(Alethiometer, 진리계)를 교육감독법정에 넘기기를 거부하고 총살대 앞에 선다. "관장은 거부하고 말했다. 자신은 도서관 소장품을 내주기 위해 그 자리를 맡은 것이 아니며, 자신은 학문을 위해 그것을 보존하고 보호할 성스러운 의무가 있다고." Pullman, *La Belle Sauvage*, pp. 62–3.

5 밀턴의 라우스에 대한 개인적인 헌정사가 있는 《시》 1645년판 특별본은 지금 서가기호가 Arch.G.e.44(1)이다. 또한 Achinstein, *Citizen Milton*, pp. 5–7을 보라.

6 Derrida, *Archive Fever*, p. 4.

7 Orwell, *Nineteen Eighty-Four*, p. 68.

8 이 말은 스콧 월터(Scott Walter)가 만들었고 로컨 뎀프시(Lorcan Dempsey)에 의해 도서관 업계에서 더욱 대중화했다. 'The Service Turn…' http://orweblog.oclc.org/The-service-turn/(2020. 1. 5. 접속)

9 Klinenberg, *Palaces for the People*, p. 32.

10 Naudé, *Advice on Establishing a Library*, p. 63.

11 Alston, 'Statement on Visit to the United Kingdom'.

12 Ovenden, 'Catalogues of the Bodleian Library'를 보라.

13 추가 정보는 https://www.clockss.org를 보라.

14 *Letters of Sir Thomas Bodley to the University of Oxford 1598–1611*, p. 4.

15 Kenosi, 'Preserving and Accessing the South African Truth and Reconciliation Commission Records'.

16 Ojo, 'National Archives in a "Very Sorry State"'.

17 Koslowski, 'National Archives May Not Survive Unless Funding Doubles, Warns Council'.

18 같은 글.

19 Ovenden, 'Virtual Memory' and 'We Must Fight to Preserve Digital Information'을 보라.

결론

1 *CIPFA Annual Library Survey*, 2017–18.

2 Labbé, et al., 'The Longest Homogeneous Series of Grape Harvest Dates'.

3 Mill, *On Liberty*, p. 47.

4 Hamilton, 'The Learned Press', pp. 406–7; Carter, *A History of the Oxford University Press*, pp. 240–3.

5 Doyle, 'Imminent Threat to Guatemala's Historical Archive of the National Police'.

6 Aston, 'Muniment Rooms', p. 235.

7 Gauck and Fry, 'Dealing with a Stasi Past', pp. 279–80; Maddrell, 'The Revolution Made Law', p. 153.

8 외무부 파일은 예외였다. 가튼 애시는 이에 대해, 그것이 동·서독 지도자 사이의 "굽신거리

는 대화"를 드러낼 것이기 때문이며, 그 결과로 "서독 정치인들은 두려움 없이 누구도(자신들만 빼고) 용서하지 않았다"라고 주장했다. Garton Ash, 'Trials, Purges and History Lessons', in *History of the Present*, p. 309.

9 Gauck and Fry, 'Dealing with a Stasi Past', p. 281.
10 Orwell, *Nineteen Eighty-Four*, p. 178.
11 'Time to Press Ahead with Archive Law'.
12 Hopf, et al., 'Fake Science and the Knowledge Crisis', p. 4.
13 Hampshire, '"Apply the Flame More Searingly"', p. 343에서 재인용.
14 Savoy and Sarr, *Report on the Restitution of African Cultural Heritage*, pp. 42–3.

참고문헌

Abramowicz, Dina, 'The Library in the Vilna Ghetto', in Jonathan Rose (ed.), *The Holocaust and the Book: Destruction and Preservation* (Amherst, MA: University of Massachusetts Press, 2001), pp. 165-70

Achinstein, Sharon, *Citizen Milton* (Oxford: Bodleian Library, 2007)

Affleck, Michael, 'Priests, Patrons, and Playwrights: Libraries in Rome Before 168 BC', in Jason König, Katerina Oikonomopolou and Greg Woolf (eds), *Ancient Libraries* (Cambridge: Cambridge University Press, 2013), pp. 124-36

Ahmed, Amel, 'Saving Yemen's Heritage, "Heart and Soul of Classical Islamic Tradition"', *Al Jazeera America*, 5 February 2016, http://america.aljazeera.com/articles/2016/2/5/american-professor-in-race-to-save-yemens-cultural-heritage.html (Accessed: 17 November 2019)

Allen, P. S., 'Books Brought from Spain in 1596', *English Historical Review*, 31 (1916), pp. 606-8

Alsop, Ben, 'Suffrage Objects in the British Museum', *British Museum Blog*, 23 February 2018, https://blog.britishmuseum.org/suffrage-objects-in-the-british-museum/ (Accessed: 17 September 2019)

Alston, Philip, 'Statement on Visit to the United Kingdom, by Professor Philip Alston, United Nations Special Rapporteur on Extreme Poverty and Human Rights', 17 November 2018, https://www.ohchr.org/Documents/Issues/Poverty/EOM_GB_16Nov2018.pdf (Accessed: 3 September 2019)

Ammianus Marcellinus, *History*, (ed.) John Carew Rolfe, 3 vols (Harvard, MA: Harvard University Press, 1986)

Anderson, David M., 'Deceit, Denial, and the Discovery of Kenya's "Migrated Archive"', *History Workshop Journal*, 80 (2015), pp. 142-60

Annual Report of the Librarian of Congress for the Fiscal Year Ended June 30, 1940 (Washington: United States Government Printing Office, 1941)

Archi, Alfonso, 'Archival Record-Keeping at Ebla 2400-2350 BC', in Maria Brosius (ed.), *Ancient Archives and Archival Traditions: Concepts of Record-Keeping in the Ancient World* (Oxford: Oxford University Press, 2003), pp. 17-26

Asher-Schapiro, Avi, 'Who gets to tell Iraq's history?', *LRB Blog*, 15 June 2018, https://www.lrb.co.uk/blog/2018/06/15/avi-asher-schapiro/who-gets-to-tell-iraqs-history/

Asmal, Kaider, Asmal, Louise, and Roberts, Ronald Suresh, *Reconciliation Through Truth: A Reckoning of Apartheid's Criminal Governance*, 2nd edn (Cape Town: David Philip Publishers, 1997)

Aston, Trevor, 'Muniment Rooms and Their Fittings in Medieval and Early Modern England', in Ralph Evans (ed.), *Lordship and Learning: Studies in Memory of Trevor Aston* (Woodbridge: Boydell Press, 2004), pp. 235–47

Al-Tikriti, Nabil, '"Stuff Happens": A Brief Overview of the 2003 Destruction of Iraqi Manuscript Collections, Archives and Libraries', *Library Trends* (2007), pp. 730–45

Bagnall, Roger S., 'Alexandria: Library of Dreams', *Proceedings of the American Philosophical Society*, 146 (2002), pp. 348–62

Balint, Benjamin, *Kafka's Last Trial: The Case of a Literary Legacy* (London: Picador, 2018)

Banton, Mandy, '"Destroy? Migrate? Conceal?" British Strategies for the Disposal of Sensitive Records of Colonial Administrations at Independence', *Journal of Imperial and Commonwealth History*, 40 (2012), pp. 321–35

_____, 'Record-Keeping for Good Governance and Accountability in the Colonial Office: An Historical Sketch', in James Lowry and Justus Wamukoya (eds), *Integrity in Government Through Records Management: Essays in Honour of Anne Thurston* (Farnham: Ashgate, 2014), pp. 73–84

Barker-Benfield, B. C. (ed.), *St Augustine's Abbey, Canterbury* (*Corpus of British Medieval Library Catalogues 13*), 3 vols (London: British Library in association with the British Academy, 2008)

Barnard, John, 'Politics, Profits and Idealism: John Norton, the Stationers' Company and Sir Thomas Bodley', *Bodleian Library Record*, 17 (2002), pp. 385–408

Barnes, Robert, 'Cloistered Bookworms in the Chicken-Coop of the Muses: The Ancient Library of Alexandria', in Roy MacLeod (ed.), *The Library of Alexandria: Centre of Learning in the Ancient World* (London: I. B. Tauris, 2000), pp. 61–77

Bate, Jonathan, *Ted Hughes: The Unauthorised Life* (London: William Collins, 2015)

Bauer, Heiker, *The Hirschfeld Archives: Violence, Death and Modern Queer Culture* (Philadelphia, PA: Temple University Press, 2017)

Beales, Ross W., and Green, James N., 'Libraries and Their Users', in Hugh Amory and David D. Hall (eds), *A History of the Book in America, 1: The Colonial Book in the Atlantic World* (Cambridge: Cambridge University Press/American Antiquarian Society, 2000), pp. 399–403

Beit-Arié, Malachi, *Hebrew Manuscripts of East and West: Towards a Comparative Codicology* (London: British Library, 1993)

Belgium, Ministry of Justice, *War Crimes Committed During the Invasion of the National Territory, May, 1940: The Destruction of the Library of the University of Louvain* (Liège: [Ministère de la justice] 1946)

Bélis, Mireille, 'In search of the Qumran Library', *Near Eastern Archaeology*, 63 (2000), pp. 121-3

Bepler, Jill, 'The Herzog August Library in Wolfenbüttel: Foundations for the Future', in *A Treasure House of Books: The Library of Duke August of Brunswick-Wolfenbüttel* (Wiesbaden: Harrasowitz, 1998), pp. 17-28

_____, 'Vicissitudo Temporum: Some Sidelights on Book Collecting in the Thirty Years War', *Sixteenth Century Journal*, 32 (2001), pp. 953-68

La bibliothèque de Louvain: séance commémorative du 4ᵉ anniversaire de l'incendie (Paris: Librairie académique, 1919)

Binns, Reuben, Lyngs, Ulrik, van Kleek, Max, Jun Zhao, Libert, Timothy, and Shadbolt, Nigel, 'Third Party Tracking in the Mobile Ecosystem', *WebSci '18: Proceedings of the 10th ACM Conference on Web Science*, May 2018, pp. 23-31, https://doi.org/10.1145/3201064.3201089

Biran, Michal, 'Libraries, Books and Transmission of Knowledge in Ilkhanid Baghdad', *Journal of the Economic and Social History of the Orient*, 62 (2019), pp. 464-502

Black, Alistair, 'The People's University: Models of Public Library History', in Alistair Black and Peter Hoare (eds), *The Cambridge History of Libraries in Britain and Ireland, III: 1850-2000* (Cambridge: Cambridge University Press, 2006), pp. 24-39

_____, and Hoare, Peter (eds), *The Cambridge History of Libraries in Britain and Ireland, III: 1850-2000* (Cambridge: Cambridge University Press, 2006)

Bloom, Jonathan M., *Paper Before Print: The History and Impact of Paper in the Islamic World* (New Haven, CT: Yale University Press, 2001)

Bodley, Sir Thomas, *The Life of Sir Thomas Bodley, The Honourable Founder of the Publique Library in the University of Oxford* (Oxford: Printed by Henry Hall, 1647)

_____, *Reliquiae Bodleianae* (London: John Hartley, 1703)

Bond, W. H., and Amory, Hugh (eds), *The Printed Catalogues of the Harvard College Library 1723-1790* (Boston, MA: Colonial Society of Massachusetts, 1996)

Boraine, Alex, 'Truth and Reconciliation Commission in South Africa Amnesty: The Price of Peace', in Jon Elster (ed.), *Retribution and Repatriation in the Transition to Democracy* (Cambridge: Cambridge University Press, 2006), pp. 299-316

Boxel, Piet van, 'Robert Bellarmine Reads Rashi: Rabbinic Bible Commentaries and the Burning of the Talmud', in Joseph R. Hacker and Adam Shear (eds), *The Hebrew Book in Early Modern Italy* (Philadelphia, PA: University of Pennsylvania Press, 2011), pp. 121-32

Boyes, Roger, 'This is Cultural Genocide', *The Times*, 28 August 1992, p.12

Brain, Tracy, 'Sylvia Plath's Letters and Journals', in Jo Gill (ed.), *Cambridge Companion to Sylvia Plath* (Cambridge: Cambridge University Press, 2006), pp. 139-55

Brammertz, S., et al., 'Attacks on Cultural Heritage as a Weapon of War', *Journal of International Criminal Justice*, 14 (2016), pp. 1143-74

Breay, Claire, and Harrison, Julian (eds), *Magna Carta: Law, Liberty, Legacy* (London: British Library, 2015)

Breay, Claire, and Story, Joanna (eds), *Anglo-Saxon Kingdoms: Art, Word, War* (London: British Library, 2018)

Brent, Jonathan, 'The Last Books', *Jewish Ideas Daily*, 1 May 2013, http://www.jewishideasdaily.com/6413/features/the-last-books/

Brosius, Maria (ed.), *Ancient Archives and Archival Traditions: Concepts of Record-Keeping in the Ancient World* (Oxford: Oxford University Press, 2003)

Bruns, Axel, 'The Library of Congress Twitter Archive: A Failure of Historic Proportions', *Medium.com*, 2 January 2018, https://medium.com/dmrc-at-large/the-library-of-congress-twitter-archive-a-failure-of-historic-proportions-6dc1c3bc9e2c (Accessed: 2 September 2019)

Bryce, Trevor, *Life and Society in the Hittite World* (Oxford: Oxford University Press, 2002)

Buck, Peter, 'Seventeenth-Century Political Arithmetic: Civil Strife and Vital Statistics', *Isis*, 68 (1977), pp. 67-84

Buckingham, James Silk, *Travels in Mesopotamia*, 2 vols (London: Henry Colburn, 1827)

Burke, Peter, *A Social History of Knowledge II: From the Encyclopédie to Wikipedia* (Cambridge: Polity, 2012)

Burkeman, Oliver, 'Ancient Archive Lost in Baghdad Library Blaze', *Guardian*, 15 April 2003, https://www.theguardian.com/world/2003/apr/15/education.books (Accessed: 12 June 2019)

Burnett, Charles, 'The Coherence of the Arabic-Latin Translation Program in Toledo in the Twelfth Century', *Science in Context*, 14 (2001), pp. 249-88

Busby, Eleanor, 'Nearly 800 Public Libraries Closed Since Austerity Launched in 2010', *Independent*, 6 December 2019, https://www.independent.co.uk/news/uk/home-news/library-closure-austerity-funding-cuts-conservative-government-a9235561.html (Accessed: 4 April 2020)

'Cardinal Mercier in Ann Arbor', *Michigan Alumnus* (November 1919), pp. 64-6

Carley, James P., 'John Leland and the Contents of English Pre-Dissolution Libraries: The Cambridge Friars', *Transactions of the Cambridge Bibliographical Society*, 9 (1986), pp. 90-100

_____, 'John Leland and the Contents of English Pre-Dissolution Libraries: Glastonbury Abbey', *Scriptorium*, 40 (1986), pp. 107-20

_____, 'The Dispersal of the Monastic Libraries and the Salvaging of the Spoils', in Elisabeth Leedham-Green and Teresa Webber (eds), *The Cambridge History of Libraries in Britain and Ireland, 1: To 1640* (Cambridge: Cambridge University Press, 2006), pp. 265-91

Carpenter, Humphrey, *The Seven Lives of John Murray: The Story of a Publishing Dynasty 1768-2002* (London: John Murray, 2008)

Carpenter, Kenneth E., 'Libraries', in *A History of the Book in America, 2: Print, Culture, and Society in the New Nation, 1790-1840* (Chapel Hill, NC: University of North Carolina Press in association with the American Antiquarian Society, 2010), pp. 273-86

Carter, Harry, *A History of the Oxford University Press, 1: To the year 1780* (Oxford: Clarendon Press, 1975)

Casson, Lionel, *Libraries in the Ancient World* (New Haven, CT: Yale University Press, 2001)

Caswell, Michelle, '"Thank You Very Much, Now Give them Back": Cultural Property and the Fight over the Iraqi Baath Party Records', *American Archivist*, 74 (2011), pp. 211-40

Chifamba, Sarudzayi, 'Rhodesian Army Secrets Kept Safe in the UK', *Patriot*, 5 December 2013, https://www.thepatriot.co.zw/old_posts/rhodesian- army-secrets-kept-safe-in-the-uk/ (Accessed: 8 February 2020)

Choi, David, 'Trump Deletes Tweet after Flubbing Congressional Procedure After Disaster Relief Bill Passes in the House', *Business Insider*, 4 June 2019, https://www.businessinsider.com/trump-mistakes-congress-disaster-aid-bill-tweet-2019-6?r=US&IR=T (Accessed: 9 September 2019)

Clapinson, Mary, *A Brief History of the Bodleian Library* (Oxford: Bodleian Library, 2015)

Clark, Allen C., 'Sketch of Elias Boudinot Caldwell', *Records of the Columbia Historical Society, Washington, D.C.*, 24 (1992), pp. 204-13

Clark, John Willis, *The Care of Books: An Essay on the Development of Libraries and Their Fittings, From the Earliest Times to the End of the Eighteenth Century* (Cambridge: Cambridge University Press, 1909)

Clennell, William, 'The Bodleian Declaration: A History', *Bodleian Library Record*, 20 (2007), pp. 47-60

Conaway, James, *America's Library: The Story of the Library of Congress 1800-2000* (New Haven, CT: Yale University Press, 2000)

Conway, Paul, 'Preserving Imperfection: Assessing the Incidence of Digital Imaging Error in HathiTrust', *Digital Technology and Culture*, 42 (2013), pp. 17-30, https://deepblue.lib.umich.edu/bitstream/handle/2027.42/ 99522/J23%20Conway%20Preserving%20Imperfection%202013.pdf; sequence=1 (Accessed: 3 September 2019)

Coppens, Chris, Derez, Mark, and Roegiers, Jan (eds), *Leuven University Library 1425-2000* (Leuven: Leuven University Press, 2005)

Coqueugniot, Gaëlle, 'Where was the Royal Library of Pergamum?: An Institution Lost and Found Again', in Jason König, Katerina Oikonomopolou and Greg Woolf (eds), *Ancient Libraries* (Cambridge: Cambridge University Press, 2013), pp. 109-23

Coulter, Martin, and Shubber, Kadhim, 'Equifax to Pay almost $800m in US Settlement Over Data Breach', *Financial Times*, 22 July 2019, https:// www.ft.com/content/dd9 8b94e-ac62-11e9-8030-530adfa879c2 (Accessed: 15 April 2020)

Cox, Joseph, 'These Bots Tweet When Government Officials Edit Wikipedia', *Vice.com*, 10 July 2014, https://www.vice.com/en_us/ article/pgaka8/these-bots-tweet-when-government-officials-edit- wikipedia (Accessed 30: August 2019)

Craig, Barbara, *Archival Appraisal: Theory and Practice* (Munich: K. G. Sauer, 2014)

Cuneiform Texts from Babylonian Tablets &c., in the British Museum (London: British Museum, 1896-)

Darnton, Robert, 'The Great Book Massacre', *New York Review of Books*, 26 April 2001, pp. 16-19

Davison, Phil, 'Ancient treasures destroyed', *Independent*, 27 August 1992, https:// www.independent.co.uk/news/world/europe/ancient-treasures-destroyed-154265 0.html (Accessed: 18 February 2020)

de le Court, J. (ed.), *Recueil des ordonnances des Pays-Bas autrichiens. Troisième série: 1700-1794* (Brussels, 1894)

Deguara, Brittney, 'National Library Creates Facebook Time Capsule to Document New Zealand's History', *stuff.co.nz*, 5 September 2019, https://www.stuff.co.nz/ national/115494638/national-library-creates-facebook-time-capsule-to-document-new-zealands-history (Accessed: 6 September 2019)

Derrida, Jacques, *Archive Fever: A Freudian Impression* (Chicago: University of Chicago Press, 1998)

Desjardins, Jeff, 'What Happens in an Internet Minute in 2019', *Visualcapitalist.com*, 13 March 2019, https://www.visualcapitalist.com/ what-happens-in-an-internet-min ute-in-2019/ (Accessed: 5 June 2019)

Dimitrov, Martin K., and Sassoon, Joseph, 'State Security, Information, and Repression: A Comparison of Communist Bulgaria and Ba'thist Iraq', *Journal of Cold War Studies*, 16 (2014), pp. 3-31

Dixon, C. Scott, 'The Sense of the Past in Reformation Germany: Part II', *German History*, 30 (2012), pp. 175-98

Dolsten, Josefin, '5 Amazing Discoveries from a Hidden Trove', *Washington Jewish Week*, 30 November 2017, pp. 10-11

Donia, Robert J., *Sarajevo: A Biography* (London: Hurst & Co., 2006)

Doyle, Kate (ed.), 'Imminent Threat to Guatemala's Historical Archive of the National Police (AHPN)', *National Security Archive*, 30 May 2019, https://nsarchive.gwu.edu/ news/guatemala/2019-05-30/imminent-threat-guatemalas-historical-archive-natio nal-police-ahpn (Accessed: 2 June 2019)

Duffy, Eamon, *The Stripping of the Altars: Traditional Religion in England c.1400-c.1580* (New Haven, CT: Yale University Press, 1992)

Duke Humfrey's Library & the Divinity School, 1488-1988: An Exhibition at the Bodleian Library June-August 1988 (Oxford: Bodleian Library, 1988)

Dunford, Martin, *Yugoslavia: The Rough Guide* (London: Harrop Columbus, 1990)

Engelhart, Katie, 'How Britain Might Have Deliberately Concealed Evidence of Imperial Crimes', *Vice.com*, 6 September 2014, https://www.vice.com/en_us/article/kz55yv/how-britain-might-have-deliberately-concealed-evidence-of-imperial-crimes (Accessed: 28 February 2020)

Esterow, Milton, 'The Hunt for the Nazi Loot Still Sitting on Library Shelves', *New York Times*, 14 January 2019, https://www.nytimes.com/2019/01/14/arts/nazi-loot-on-library-shelves.html (Accessed: 12 February 2020)

Feather, John, *Publishing, Piracy and Politics: An Historical Study of Copyright in Britain* (London: Mansell, 1994)

Feingold, Mordechai, 'Oriental Studies', in Nicholas Tyacke (ed.), *The History of the University of Oxford, 4: Seventeenth-Century Oxford* (Oxford: Clarendon Press, 1997), pp. 449-504

Filkins, Dexter, 'Regrets Only?', *New York Times Magazine*, 7 October 2007, https://www.nytimes.com/2007/10/07/magazine/07MAKIYA-t.html (Accessed: 16 April 2019)

Finkel, Irving, 'Ashurbanipal's Library: Contents and Significance', in Gareth Brereton (ed.), *I am Ashurbanipal King of the World, King of Assyria* (London: Thames & Hudson/British Museum, 2018), pp. 88-97

Fishman, David E., 'Embers Plucked from the Fire: The Rescue of Jewish Cultural Treasures at Vilna', in Jonathan Rose (ed.), *The Holocaust and the Book: Destruction and Preservation* (Amherst, MA: University of Massachusetts Press, 2001), pp. 66-78

_____, *The Book Smugglers: Partisans, Poets, and the Race to Save Jewish Treasures from the Nazis* (New York: Foredge, 2017)

Fleming, Patricia, Gallichan, Gilles, and Lamonde, Yves (eds), *History of the Book in Canada, 1: Beginnings to 1840* (Toronto: University of Toronto Press, 2004)

Flood, Alison, 'Turkish Government Destroys More Than 300,000 books', *Guardian*, 6 August 2019

Fox, Peter, *Trinity College Library Dublin: A History* (Cambridge: Cambridge University Press, 2014)

Frame, Grant, and George, A. R., 'The Royal Libraries of Nineveh: New Evidence for King Ashurbanipal's Tablet Collecting', *Iraq*, 67 (2005), pp. 265-84

Gallas, Elisabeth, *'Das Leichenhaus der Bücher': Kulturrestitution und jüdisches Geschichtsdenken nach 1945* (Göttingen: Vandenhoeck & Ruprecht, 2016)

Gameson, Richard, *The Earliest Books of Canterbury Cathedral: Manuscripts and*

Fragments to c.1200 (London: Bibliographical Society/ British Library/ Dean and Chapter of Canterbury, 2008)

_____, 'From Vindolanda to Domesday: The Book in Britain from the Romans to the Normans', in Richard Gameson (ed.), *The Cambridge History of the Book in Britain, 1: c.400-1100* (Cambridge: Cambridge University Press, 2012), pp. 1–12

Ganz, David, 'Anglo-Saxon England', in Elisabeth Leedham-Green and Teresa Webber (eds), *The Cambridge History of Libraries in Britain and Ireland, 1: To 1640* (Cambridge: Cambridge University Press, 2006), pp. 91–108

García-Arenal, Mercedes, and Rodríguez Mediano, Fernando, 'Sacred History, Sacred Languages: The Question of Arabic in Early Modern Spain', in Jan Loop, et al. (eds), *The Teaching and Learning of Arabic in Early Modern Europe* (Leiden: Brill, 2017), pp. 133–62

Garton Ash, Timothy, *The File* (London: Atlantic Books, 1997)

_____, 'True Confessions', *New York Review of Books*, 17 July 1997

_____, *History of the Present: Essays, Sketches and Dispatches from Europe in the 1990s* (London: Allen Lane, 1999)

_____, *Free Speech: Ten Principles for a Connected World* (London: Atlantic Books, 2016)

Gauck, Joachim, 'State Security Files', in Alex Boraine, Janet Levy and Ronel Sheffer (eds), *Dealing with the Past: Truth and Reconciliation in South Africa* (Cape Town: Institute for Democracy in South Africa, 1994), pp. 71–5

_____, and Fry, Martin, 'Dealing with a Stasi Past', *Daedalus*, 123 (1994), pp. 277–84

Gellman, Barton, and Randal, Jonathan C., 'U.S. to Airlift Archive of Atrocities out of Iraq', *Washington Post*, 19 May 1992, p. A12

Gentleman, Amelia, 'Home Office Destroyed Windrush Landing Cards Says Ex-Staffer', *Guardian*, 17 April 2018, https://www.theguardian.com/uk-news/2018/apr/17/home-office-destroyed-windrush-landing-cards-says-ex-staffer (Accessed: 3 September 2019)

Gibbon, Edward, *The History of the Decline and Fall of the Roman Empire*, (ed.) David Womersely, 3 vols (London: Penguin Books, 1994–5)

Gleig, George Robert, *A Narrative of the Campaigns of the British Army at Washington and New Orleans, Under Generals Ross, Pakenham, and Lambert, in 1814 and 1815* (London: John Murray, 1821)

Gnisci, Jacopo (ed.), *Treasures of Ethiopia and Eritrea in the Bodleian Library, Oxford* (Oxford: Mana al-Athar, 2019)

Goldring, Elizabeth, *Nicholas Hilliard: Life of an Artist* (New Haven, CT: Published by the Paul Mellon Center for British Art by Yale University Press, 2019)

Goodman, Martin, *A History of Judaism* (London: Allen Lane, 2017)

Gordon, Martin K., 'Patrick Magruder: Citizen, Congressman, Librarian of Congress', *Quarterly Journal of the Library of Congress*, 32 (1975), pp. 153-71

Gravois, John, 'A Tug of War for Iraq's Memory', *Chronicle of Higher Education*, 54 (8 February 2008), pp. 7-10

Grendler, Paul F., *The Roman Inquisition and the Venetian Press, 1540-1605* (Princeton, NJ: Princeton University Press, 1977)

_____, 'The Destruction of Hebrew Books in Venice in 1568', *Proceedings of the American Academy for Jewish Research*, 45 (1978), pp. 103-30

Grierson, Jamie, and Marsh, Sarah, 'Vital Immigration Papers Lost by UK Home Office', *Guardian*, 31 May 2018, https://www.theguardian.com/uk-news/2018/may/31/vital-immigration-papers-lost-by-uk-home-office (Accessed: 31 May 2018)

Grimsted, Patricia Kennedy, 'Displaced Archives and Restitution Problems on the Eastern Front in the Aftermath of the Second World War', *Contemporary European History*, 6 (1997), pp. 27-74

_____, *Trophies of War and Empire: The Archival Heritage of Ukraine, World War II and the International Politics of Restitution* (Cambridge, MA: Harvard Ukrainian Research Institute, 2001)

_____, 'The Postwar Fate of Einsatzstab Reichsleiter Rosenberg Archival and Library Plunder, and the Dispersal of ERR Records', *Holocaust and Genocide Studies*, 20, 2 (2006), pp. 278-308

Gross, Robert, and Kelley, Mary (eds), *A History of the Book in America, 2: An Extensive Republic: Print, Culture & Society in the New Nation 1790-1840* (Chapel Hill, NC: American Antiquarian Society and the University of North Carolina Press, 2010)

Große, Peter, and Sengewald, Barbara and Matthias, 'Der chronologische Ablauf der Ereignisse am 4. Dezember 1989', *Gesellschaft für Zeitgeschichte: Stasi-Besetzung*, 4.12.1989, http://www.gesellschaft-zeitgeschichte.de/geschichte/1-stasi-besetzung-1989-in-erfurt/der-4-dezember-1989-in-erfurt/ (Accessed: 6 June 2020)

Guppy, Henry, *The Reconstitution of the Library of the University of Louvain: Great Britain's Contribution 1914-1925* (Manchester: Manchester University Press, 1926)

Gutas, Dimitri, *Greek Thought, Arabic Culture: The Graeco-Arabic Translation Movement in Baghdad and Early Abbasid Society* (2nd-4th/8th-10th centuries) (London: Routledge, 2012)

Hacker, Joseph R., 'Sixteenth-Century Jewish Internal Censorship of Hebrew Books', in Joseph R. Hacker and Adam Shear (eds), *The Hebrew Book in Early Modern Italy* (Philadelphia, PA: University of Pennsylvania Press, 2011), pp. 109-20

Halvarsson, Edith, 'Over 20 Years of Digitization at the Bodleian Libraries', *Digital Preservation at Oxford and Cambridge*, 9 May 2017, http://www.dpoc.ac.uk/2017/05/09/over-20-years-of-digitization-at-the-bodleian-libraries/ (Accessed: 21 December 2019)

Hamel, Christopher de, *Syon Abbey: The Library of the Bridgettine Nuns and Their Peregrinations After the Reformation* (Otley: Printed for the Roxburghe Club, 1991)

_____, 'The Dispersal of the Library of Christ Church Canterbury from the Fourteenth to the Sixteenth Century', in James P. Carley and Colin C. G. Tite (eds), *Books and Collectors 1200-1700: Essays Presented to Andrew Watson* (London: British Library, 1997), pp. 263-79

Hamilton, Alastair, 'The Learned Press: Oriental Languages', in Ian Gadd (ed.), *The History of Oxford University Press, 1: Beginnings to 1780* (Oxford: Oxford University Press, 2013), pp. 399-417

Hampshire, Edward, '"Apply the Flame More Searingly"': The Destruction and Migration of the Archives of British Colonial Administration: A Southeast Asia Case Study', *Journal of Imperial and Contemporary History*, 41 (2013), pp. 334-52

Handis, Michael W., 'Myth and History: Galen and the Alexandrian Library', in Jason König, Katerina Oikonomopolou and Greg Woolf (eds), *Ancient Libraries* (Cambridge: Cambridge University Press, 2013), pp. 364-76

Harris, Oliver, 'Motheaten, Mouldye, and Rotten: The Early Custodial History and Dissemination of John Leland's Manuscript Remains', *Bodleian Library Record*, 18 (2005), pp. 460-501

Harris, P. R., *A History of the British Museum Library 1753-1973* (London: British Library, 1998)

Harrison, William, and Edelen, George, *The Description of England: The Classic Contemporary Account of Tudor Social Life* (Washington, DC: Folger Library and Dover Publications, 1994)

Harvey, Adam, *MegaPixels*: https://megapixels.cc/ (Accessed: 2 September 2019)

Hatzimachili, Myrto, 'Ashes to Ashes? The Library of Alexandria after 48 BC', in Jason König, Katerina Oikonomopolou and Greg Woolf (eds), *Ancient Libraries* (Cambridge: Cambridge University Press, 2013), pp. 167-82

Haupt, P., 'Xenophon's Account of the Fall of Nineveh', *Journal of the American Oriental Society*, 28 (1907), pp. 99-107

Hayner, Priscilla B., *Unspeakable Truths: Transitional Justice and the Challenge of Truth Commissions*, 2nd edn (New York: Routledge, 2011)

Hebron, Stephen, *Marks of Genius: Masterpieces from the Collections of the Bodleian Libraries* (Oxford: Bodleian Library, 2014)

_____, and Denliger, Elizabeth C., *Shelley's Ghost: Reshaping the Image of a Literary Family* (Oxford: Bodleian Library, 2010)

Hern, Alex, 'Flickr to Delete Millions of Photos as it Reduces Allowance for Free Users', *Guardian*, 18 November 2018, https://www.theguardian.com/technology/2018/nov/02/flickr-delete-millions-photos-reduce-allowance-free-users (Accessed: 2 June 2019)

Hill, Evan, 'Silicon Valley Can't Be Trusted with Our History', *Buzzfeednews.com*, 29 April 2018, https://www.buzzfeednews.com/article/evanhill/silicon-valley-cant-be-trusted-with-our-history (Accessed 1 July 2019)

Hill, Leonidas E., 'The Nazi Attack on "Un-German" Literature, 1933–1945', in Jonathan Rose (ed.), *The Holocaust and the Book: Destruction and Preservation* (Amherst, MA: University of Massachusetts Press, 2001), pp. 9–46

Hirschler, Konrad, *The Written Word in the Medieval Arabic Lands: A Social and Cultural History of Reading Practices* (Edinburgh: Edinburgh University Press, 2012)

_____, *Medieval Damascus: Plurality and Diversity in an Arabic Library: The Ashrafiyya Library Catalogue* (Edinburgh: Edinburgh University Press, 2016)

Hoffman, Adina, and Cole, Peter, *Sacred Trash: The Lost and Found World of the Cairo Genizah* (New York: Schocken, 2011)

Hopf, Henning, Krief, Alain, Mehta, Goverdhan, and Matlin, Stephen A., 'Fake Science and the Knowledge Crisis: Ignorance Can Be Fatal', *Royal Society Open Science*, 6 (2019), 1–7, https://doi.org/10.1098/rsos.190161

Horrigan, John B., *Libraries 2016*, Pew Research Center, Washington, DC, September 2016, https://www.pewinternet.org/2016/09/09/libraries-2016/ (Accessed: 8 September 2019)

Houston, George W., 'The Non-Philodemus Book Collection in the Villa of the Papyri', in Jason König, Katerina Oikonomopolou and Greg Woolf (eds), *Ancient Libraries* (Cambridge: Cambridge University Press, 2013), pp. 183–208

Hughes, Ted, *Winter Pollen: Occasional Prose*, (ed.) *William Scammell* (London: Faber & Faber, 1994)

Hunt, R. W. (ed.), *A Summary Catalogue of Western Manuscripts in the Bodleian Library at Oxford, 1: Historical Introduction and Conspectus of Shelf-Marks* (Oxford: Clarendon Press, 1953)

Huseinovic, Samir, and Arbutina, Zoran, 'Burned Library Symbolizes Multiethnic Sarajevo', *dw.com*, 25 August 2012, https://p.dw.com/p/15wWr (Accessed: 18 February 2020)

International Tribunal for the Prosecution of Persons Responsible for Serious Violations of International Humanitarian Law Committed in the Territory of the Former Yugoslavia Since 1991, *The Prosecutor vs. Ratko Mladić: 'Prosecution Submission of the Fourth Amended Indictment and Schedules of Incidents'*, Case Number: IT-09-92-PT, 16 December 2011, https://heritage.sense-agency.com/assets/sarajevo-national-library/sg-3-02-mladic-indictment-g-en.pdf (Accessed: 17 February 2020)

'Internet Archive is Suffering from a DDoS Attack', *Hacker News*, 15 June 2016, https://news.ycombinator.com/item?id=11911926 (Accessed: 2 June 2019)

'The Irish Times View: Neglect of the National Archives', *Irish Times*, 31 December

2019, https://www.irishtimes.com/opinion/editorial/the-irish-times-view-neglect-of-the-national-archives-1.4127639 (Accessed: 31 December 2019)

Jacob, Christian, 'Fragments of a History of Ancient Libraries', in Jason König, Katerina Oikonomopolou and Greg Woolf (eds), *Ancient Libraries* (Cambridge: Cambridge University Press, 2013), pp. 57-81

Jefferson, Thomas to Isaac Macpherson, 13 August 1813. Document 12 in Andrew A. Lipscomb and Albert Ellery Bergh (eds), *The Writings of Thomas Jefferson*, 13 (Washington, DC: Thomas Jefferson Memorial Association, 1905), pp. 333-5

Jenkinson, Hilary, and Bell, H. E., *Italian Archives During the War and at its Close* (London: HM Stationery Office, 1947)

Jeong, Sarah, 'Anti-ISIS Hacktivists are Attacking the Internet Archive', *Tech by Vice: Motherboard*, 15 June 2016, https://web.archive.org/web/20190523193053/https://www.vice.com/en_us/article/3davzn/anti-isis-hacktivists-are-attacking-the-internet-archive (Accessed: 1 September 2019)

Johnston, William Dawson, *History of the Library of Congress, 1: 1800-1864* (Washington, DC: Government Printing Office, 1904)

Jones, Emrys, 'Ordeal by Fire', *Daily Mail*, 31 December 1940, p. 2

Jones, Meg Leta, *Ctrl +Z: The Right to be Forgotten* (New York: New York University Press, 2016)

Kalender, Fahrudin, 'In Memoriam: Aida (Fadila) Buturovic (1959-1992)', *Bibliotekarstvo: godišnjak Društva bibliotekara Bosne i Hercegovine*, 37-41 (1992-6), p. 73

Karabinos, Michael Joseph, 'Displaced Archives, Displaced History: Recovering the Seized Archives of Indonesia', *Bijdragen tot de Taal-, Land-en Volkenkunde*, 169 (2013), pp. 279-94

Kenosi, Lekoko, 'Preserving and Accessing the South African Truth and Reconciliation Commission Records', in James Lowry and Justus Wamukoya (eds), *Integrity in Government Through Records Management: Essays in Honour of Anne Thurston* (Farnham: Ashgate, 2014), pp. 111-23

Ker, Neil R., *Pastedowns in Oxford Bindings With a Survey of Oxford Binding c.1515-1620* (Oxford: Oxford Bibliographical Society publications, new series 5, 1954)

_____, 'Cardinal Cervini's Manuscripts from the Cambridge Friars', in Andrew G. Watson (ed.), *Books, Collectors and Libraries: Studies in the Medieval Heritage* (London: Hambledon Press, 1985), pp. 437-58

_____, 'Oxford College Libraries before 1500', in Andrew G. Watson (ed.), *Books, Collectors and Libraries: Studies in the Medieval Heritage* (London: Hambledon Press, 1985), pp. 301-20

Klinenberg, Eric, *Palaces for the People: How to Build a More Equal and United Society* (London: Bodley Head, 2018)

Knowles, David, *The Religious Orders in England, 3: The Tudor Age* (Cambridge:

Cambridge University Press, 1959)
Knuth, Rebecca, *Libricide: The Regime - Sponsored Destruction of Books and Libraries in the Twentieth Century* (Westport, CT: Praeger, 2003)
_____, *Burning Books and Levelling Libraries: Extremist Violence and Cultural Destruction* (Westport, CT: Praeger, 2006)
Koller, Markus, and Karpat, Kemal H. (eds), *Ottoman Bosnia: A History in Peril* (Madison, WI: Publication of the Center for Turkish Studies, University of Wisconsin Press, 2004)
Kominko, Maja (ed.), *From Dust to Digital: Ten Years of the Endangered Archives Programme* (Cambridge: Open Book Publishers, 2015)
König, Jason, Oikonomopolou, Katarina, and Woolf, Greg (eds), *Ancient Libraries* (Cambridge: Cambridge University Press, 2013)
Koslowski, Max, 'National Archives May Not Survive Unless Funding Doubles, Warns Council', *Canberra Times*, 18 July 2019, https://www.canberratimes.com.au/story/6279683/archives-may-not-survive-unless-funding-doubles-warns-council/?cs=14350 (Accessed: 11 September 2019)
Krevans, Nita, 'Bookburning and the Poetic Deathbed: The Legacy of Virgil', in Philip Hardie and Helen Moore (eds), *Classical Literary Careers and Their Reception* (Cambridge: Cambridge University Press, 2010), pp. 197-208
Kruk, Herman, 'Library and Reading Room in the Vilna Ghetto, Strashun Street 6', in Jonathan Rose (ed.), *The Holocaust and the Book: Destruction and Preservation* (Amherst, MA: University of Massachusetts Press, 2001), pp. 171-200
Kuznitz, Cecile Esther, *YIVO and the Making of Modern Jewish Culture: Scholarship for the Yiddish Nation* (Cambridge: Cambridge University Press, 2014)
Labbé, Thomas, et al., 'The Longest Homogeneous Series of Grape Harvest Dates, Beaune 1354-2018, and its Significance for the Understanding of Past and Present Climate', *Climate of the Past*, 15 (2019), pp. 1485-1501, https://doi.org/10.5194/cp-15-1485-2019
Lapidge, Michael, *The Anglo - Saxon Library* (Oxford: Oxford University Press, 2008)
Larkin, Philip, 'A Neglected Responsibility: Contemporary Literary Manuscripts', in *Required Writing: Miscellaneous Pieces 1955-1982* (London: Faber & Faber, 1983), pp. 98-108
_____, *Selected Letters of Philip Larkin 1940-1985*, (ed.) Anthony Thwaite (London: Faber & Faber, 1992)
_____, *Letters to Monica*, (ed.) Anthony Thwaite (London: Faber & Faber in association with the Bodleian Library, 2010)
_____, *Complete Poems*, (ed.) Archie Burnett (New York: Farrar, Straus & Giroux, 2012)
_____, *Letters Home 1936-1977*, (ed.) James Booth (London: Faber & Faber, 2018)

Layard, Austen H., *Discoveries in the Ruins of Nineveh and Babylon* (London: John Murray, 1853)

Led By Donkeys: How Four Friends with a Ladder Took on Brexit (London: Atlantic Books, 2019)

Leland, John, *The laboryouse journey & serche . . . for Englandes antiquitees . . .*, (ed.) John Bale (London: S. Mierdman, 1549)

_____, *The Itinerary of John Leland*, (ed.) Lucy Toulmin Smith, 5 vols (London: Centaur Press, 1964)

_____, *De uiris illustribus. On famous men*, (ed.) James P. Carley (Toronto: Pontifical Institute of Medieval Studies/Oxford: Bodleian Library, 2010)

Letters of Sir Thomas Bodley to the University of Oxford 1598-1611, (ed.) G. W. Wheeler (Oxford: Printed for private circulation at Oxford University Press, 1927)

'Librarian of Louvain Tells of War Losses', *New York Times*, 17 April 1941, p. 1

Libraries Connected, 'Value of Libraries', https://www.librariesconnected.org.uk/page/value-of-libraries (Accessed: 25 August 2019)

The Libraries of King Henry VIII, (ed.) James P. Carley (*Corpus of British Medieval Library Catalogues* 7) (London: British Library in association with the British Academy, 2000)

Lieberman, S. J., 'Canonical and Official Cuneiform Texts: Towards an Understanding of Assurbanipal's Personal Tablet Collection', in Tzvi Abusch, John Huehnergard and Piotr Steinkeller (eds), *Lingering Over Words: Studies in Ancient Near Eastern Literature in Honor of William L. Moran* (Atlanta, GA: Scholars' Press, 1990), pp. 310-11

Lipstadt, Deborah, *Denying the Holocaust: The Growing Assault on Truth and Memory* (New York: Free Press, 1993)

Lloyd, Seton, *Foundations in the Dust: The Story of Mesopotamian Exploration* (London: Thames & Hudson, 1980)

Locker-Lampson, Frederick, 'Tennyson on the Romantic Poets', in Norman Page (ed.), *Tennyson: Interviews and Recollections* (Basingstoke: Macmillan, 1983)

Lor, Peter, 'Burning Libraries for the People: Questions and Challenges for the Library Profession in South Africa', *Libri* (2013), pp. 359-72

The Lorsch Gospels-Introduction by Wolfgang Braunfels (New York: George Braziller, 1967)

Lowndes, Susan, *Portugal: A Traveller's Guide* (London: Thornton Cox, 1989)

Lowry, James (ed.), *Displaced Archives* (London: Routledge, 2014)

Lustig, Jason, 'Who Are to Be the Successors of European Jewry? The Restitution of German Jewish Communal and Cultural Property', *Journal of Contemporary History*, 52 (2017), pp. 519-45

MacCarthy, Fiona, *Byron: Life and Legend* (London: John Murray, 2002)

McClanahan, Kel, 'Trump and the Demise of the Presidential Records Honor System', *JustSecurity*, 22 March 2019, https://www.justsecurity.org/63348/trump-and-the-demise-of-the-presidential-records-honor-system/(Accessed: 13 August 2019)

McConica, James (ed.), *The History of the University of Oxford, III: The Collegiate University* (Oxford: Oxford University Press, 1986)

MacCulloch, Diarmaid, *Thomas Cromwell: A Life* (London: Allen Lane, 2018)

McDougall, James, *A History of Algeria* (Cambridge: Cambridge University Press, 2017)

MacGinnis, John, 'The Fall of Assyria and the Aftermath of the Empire', in Gareth Brereton (ed.), *I am Ashurbanipal King of the World, King of Assyria* (London: Thames & Hudson/British Museum, 2018), pp. 276-85

McKenzie, Judith S., Gibson, Sheila, and Reyes, A. T., 'Reconstructing the Serapeum in Alexandria from the Archaeological Evidence', *Journal of Roman Studies*, 94 (2004), pp. 73-121

McKitterick, David, *Cambridge University Library, A History: The Eighteenth and Nineteenth Centuries* (Cambridge: Cambridge University Press, 1986)

MacLeod, Roy, 'Introduction: Alexandria in History and Myth', in Roy MacLeod (ed.), *The Library of Alexandria: Centre of Learning in the Ancient World* (London: I. B. Tauris, 2000), pp. 1-15

MacMillan, Margaret, *The War That Ended Peace: How Europe Abandoned Peace for the First World War* (London: Profile, 2013)

Macray, William Dunn, *Annals of the Bodleian Library Oxford*, 2nd edn, Enlarged and Continued from 1868 to 1880 (Oxford: Clarendon Press, 1890)

Maddrell, Paul, 'The Revolution Made Law: The Work Since 2001 of the Federal Commissioner for the Records of the State Security Service of the Former German Democratic Republic', *Cold War History*, 4 (2004), pp. 153-62

Madison, James, *The Papers of James Madison*, (ed.) Henry Gilpin, 4 vols (New York: J. & H. G. Langley, 1841)

Makiya, Kanan, *Republic of Fear: The Politics of Modern Iraq* (Berkeley, CA: University of California Press, 1998)

_____, 'A Model for Post-Saddam Iraq', *Journal of Democracy*, 14 (2003), pp. 5-12

_____, 'A Personal Note', in *The Rope* (New York: Pantheon, 2016), pp. 297-319

Malcolm, Janet, *The Silent Woman: Sylvia Plath and Ted Hughes* (New York: Knopf, 1994)

Malcolm, Noel, *Bosnia: A Short History* (London: Macmillan, 1994)

_____, 'Preface', in Markus Koller and Kemal H. Karpat (eds), *Ottoman Bosnia: A History in Peril* (Madison, WI: Publication of the Center for Turkish Studies, University of Wisconsin, 2004), pp. vii-viii

Matthäus, Jürgen, 'Nazi Genocides', in Richard J. Bosworth and Joseph A. Maiolo (eds), *The Cambridge History of the Second World War, 2: Politics and Ideology* (Cambridge: Cambridge University Press, 2015), pp. 162-80

Matthies, Volker, *The Siege of Magdala: The British Empire Against the Emperor of Ethiopia* (Princeton, NJ: Markus Wiener, 2012)

Max, Stanley M., 'Tory Reaction to the Public Libraries Bill, 1850', *Journal of Library History*, 19 (1974-87), pp. 504-24

Mayer-Schönberger, Viktor, *Delete: The Virtue of Forgetting in the Digital Age* (Princeton, NJ: Princeton University Press, 2009)

Meehan, Bernard, *The Book of Kells* (London: Thames & Hudson, 2012)

Mercier, Désiré-Félicien-François-Joseph, *Pastoral Letter of his Eminence Cardinal Mercier Archbishop of Malines Primate of Belgium Christmas 1914* (London: Burns & Oates Ltd, 1914)

Mill, John Stuart, *On Liberty, Utilitarianism, and Other Essays*, (eds) Mark Philp and Frederick Rosen (Oxford: Oxford University Press, 2015)

Mittler, Elmar (ed.), *Bibliotheca Palatina: Katalog zur Ausstellung vom. 8 Juli bis 2. Nov 1986, Heideliggeitskirche Heidelberg* (Heidelberg: Braus, 1986)

Moldrich, Donovan, 'Tamils Accuse Police of Cultural Genocide', *The Times*, 8 September 1984, p. 4

Montagne, Renée, 'Iraq's Memory Foundation: Context in Culture', *Morning Edition* (NPR), 22 March 2005, https://www.npr.org/templates/story/story.php?storyId=4554528 (Accessed: 16 April 2019)

Montgomery, Bruce P., 'The Iraqi Secret Police Files: A Documentary Record of the Anfal Genocide', *Archivaria*, 52 (2001), pp. 69-99

_____, 'Immortality in the Secret Police Files: The Iraq Memory Foundation and the Baath Party Archive', *International Journal of Cultural Property*, 18 (2011), pp. 309-36

_____, 'US Seizure, Exploitation, and Restitution of Saddam Hussein's Archive of Atrocity', *Journal of American Studies*, 48 (2014), pp. 559-93

_____, and Brill, Michael P., 'The Ghosts of Past Wars Live on in a Critical Archive', *War on the Rocks*, 11 September 2019, https://warontherocks.com/2019/09/the-ghosts-of-past-wars-live-on-in-a-critical-archive/(Accessed: 3 October 2019)

Moran, Jessica, 'Is Your Facebook Account an Archive of the Future?', *National Library of New Zealand Blog*, 30 August 2019, https://natlib.govt.nz/blog/posts/is-your-facebook-account-an-archive-of-the-future (Accessed: 6 September 2019)

Motion, Andrew, *Philip Larkin: A Writer's Life* (London: Faber & Faber, 1993)

Murgia, Madhumita, 'Microsoft Quietly Deletes Largest Public Face Recognition Data Set', *Financial Times*, 6 June 2019, https://www.ft.com/content/7d3e0d6a-87a0-11e9-a028-86cea8523dc2 (Accessed: 2 September 2019)

Murray, Nicholas, *Kafka* (London: Little Brown, 2004)

Myres, J. N. L., 'Recent Discoveries in the Bodleian Library', *Archaeologia*, 101 (1967), pp. 151-68

Naisbitt, John, *Megatrends* (London: Futura, 1984)

Naudé, Gabriel, *Advice on Establishing a Library*, with an Introduction by Archer Taylor (Berkeley, CA: University of California Press, 1950)

'Nazis Charge, British Set Fire to Library', *New York Times*, 27 June 1940, p. 12

'News Reel Shows Nazi Bombing', *Daily Mail*, 28 May 1940, p. 3

Now Special Edition, 17 March 2003, transcript, https://www.pbs.org/now/transcript/transcript031703_full.html (Accessed: 17 March 2019)

Oates, Joan, and Oates, David, *Nimrud: An Assyrian Imperial City Revealed* (London: British School of Archaeology in Iraq, 2001)

O'Brien, Hettie, 'Spy Stories: How Privacy is Informed by the Past', *Times Literary Supplement*, 16 August 2019, p. 11

O'Dell, Eoin, 'Not Archiving the .ie Domain, and the Death of New Politics', *Cearta.ie: the Irish for Rights*, 17 May 2019, http://www.cearta.ie/2019/05/not-archiving-the-ie-domain-and-the-death-of-new-politics/ (Accessed: 18 May 2019)

Ojo, Oluseye, 'National Archives "in a Very Sorry State", Historians Warn', *Sunnewsonline*, 1 September 2019, https://www.sunnewsonline.com/national-archives-in-very-sorry-state-historians-warn/ (Accessed: 10 September 2019)

Orwell, George, *Nineteen Eighty-Four* (London: Penguin, 1989)

Ostrowski, Carl, *Books, Maps, and Politics: A Cultural History of the Library of Congress 1783-1861* (Amherst, MA: University of Massachusetts Press, 2004)

Ovenden, Richard, 'Scipio le Squyer and the Fate of Monastic Cartularies in the Early Seventeenth Century', *The Library*, 6th series, 13 (1991), pp. 323-37

_____, 'The Libraries of the Antiquaries, 1580-1640 and the Idea of a National Collection', in Elisabeth Leedham-Green and Teresa Webber (eds), *The Cambridge History of Libraries in Britain and Ireland, 1: To 1640* (Cambridge: Cambridge University Press, 2006), pp. 527-61

_____, 'Catalogues of the Bodleian Library and Other Collections', in Ian Gadd (ed.), *The History of Oxford University Press, 1: Beginnings to 1780* (Oxford: Oxford University Press, 2013), pp. 278-92

_____, 'Virtual Memory: The Race to Save the Information Age', *Financial Times Weekend*, 21-22 May 2016, https://www.ft.com/content/907fe3a6-1ce3-11e6-b286-cddde55ca122 (Accessed: 22 November 2018)

_____, 'The Manuscript Library of Lord William Howard of Naworth (1563-1640)', in James Willoughby and Jeremy Catto (eds), *Books and Bookmen in Early Modern Britain: Essays Presented to James P. Carley* (Toronto: Pontifical Institute of Medieval Studies, 2018), pp. 278-318

_____, 'The Windrush Scandal Reminds Us of the Value of Archives', *Financial*

Times, 25 April 2018, https://www.ft.com/content/5cc54f2a-4882-11e8-8c77-ff51c aedcde6 (Accessed: 22 November 2018)

_____, 'We Must Fight to Preserve Digital Information', *The Economist*, 21 February 2019, https://www.economist.com/open-future/2019/02/21/we-must-fight-to-preserve-digital-information

Pankhurst, Richard, 'The Removal and Restitution of the Third World's Historical and Cultural Objects: The Case of Ethiopia', *Development Dialogue*, 1-2 (1982), pp. 134-40

Pankhurst, Rita, 'The Library of Emperor Tewodros II at Maqdala', *Bulletin of the School of Oriental and African Studies*, 36 (1973), pp. 14-42

Parkes, M. B., 'The Provision of Books', in J. I. Catto and Ralph Evans (eds), *A History of the University of Oxford, 2: Late Medieval Oxford* (Oxford: Clarendon Press, 1992), pp. 407-84

Parpola, Simo, 'Assyrian Library Records', *Journal of Near Eastern Studies*, 42 (1983), pp. 1-23

_____, 'Library of Assurbanipal', in Roger S. Bagnall, et al. (eds), *The Encyclopedia of Ancient History* (Oxford: Wiley-Blackwell, 2010)

Pearson, David, *Oxford Bookbinding 1500-1640* (Oxford: Oxford Bibliographical Society Publications, 3rd series, 3, 2000)

Pedersén, Olof, *Archives and Libraries in the Ancient Near East 1500-300 BC* (Bethesda, MD: CDL Press, 1998)

Pepys, Samuel, *The Diary of Samuel Pepys*, (eds) Robert Latham and William Matthews, 11 vols (London: G. Bell & Sons, 1970-83)

Peterson, William S., *The Kelmscott Press: A History of William Morris's Typographical Adventure* (Oxford: Oxford University Press, 1991)

Pfeiffer, Judith (ed.), *Politics, Patronage and the Transmission of Knowledge in 13th-15th Century Tabriz* (Leiden: Brill, 2013)

Philip, Ian, *The Bodleian Library in the Seventeenth and Eighteenth Centuries* (Oxford: Clarendon Press, 1983)

Piper, Ernst, *Alfred Rosenberg: Hitler's Chefideologe* (Munich: Karl Blessing Verlag, 2005)

Plath, Sylvia, *The Journals of Sylvia Plath*, Foreword by Ted Hughes (New York: Ballantyne Books, 1983)

_____, *The Unabridged Journals of Sylvia Plath: 1950-1962*, (ed.) Karen V. Kukil (New York: Anchor, 2000)

Pogson, K. M., 'A Grand Inquisitor and His Books', *Bodleian Quarterly Record*, 3 (1920), pp. 239-44

Poole, Reginald Lane, *A Lecture on the History of the University Archives* (Oxford: Clarendon Press, 1912)

Posner, Ernst, 'The Effect of Changes in Sovereignty on Archives', *American Archivist*, 5 (1942), pp. 141-55

_____, *Archives & the Public Interest: Selected essays by Ernst Posner*, (ed.) Ken Munden (Washington, DC: Public Affairs, 1967)

_____, *Archives in the Ancient World* (Cambridge, MA: Harvard University Press, 1972)

Potts, D. T., 'Before Alexandria: Libraries in the Ancient Near East', in Roy MacLeod (ed.), *The Library of Alexandria: Centre of Learning in the Ancient World* (London: I. B. Tauris, 2000), pp. 19-33

Prest, Wilfred, *William Blackstone: Law and Letters in the Eighteenth Century* (Oxford: Oxford University Press, 2008)

Price, David H., *Johannes Reuchlin and the Campaign to Destroy Jewish Books* (Oxford: Oxford University Press, 2010)

Proctor, Tammy M., 'The Louvain Library and US Ambition in Interwar Belgium', *Journal of Contemporary History*, 50 (2015), pp. 147-67

Pullman, Philip, *The Book of Dust, 1: La Belle Sauvage* (London: David Fickling in association with Penguin, 2017)

Purcell, Mark, 'Warfare and Collection-Building: The Faro Raid of 1596', *Library History*, 18 (2013), pp. 17-24

Rabinowitz, Dan, *The Lost Library: The Legacy of Vilna's Strashun Library in the Aftermath of the Holocaust* (Waltham, MA: Brandeis University Press, 2019)

Rajak, Tessa, *Translation and Survival: The Greek Bible of the Ancient Jewish Diaspora* (Oxford: Oxford University Press, 2009)

Rankovic, Didi, 'The Internet Archive Risks Being Blocked in Russia Over Copyright Suits', *Reclaimthenet.org*, 24 August 2019, https://reclaimthenet.org/the-internet-archive-risks-blocked-isps/ (Accessed: 30 August 2019)

Raven, James (ed.), *Lost Libraries: The Destruction of Great Book Collections Since Antiquity* (London: Palgrave Macmillan, 2004)

_____, 'The Resonances of Loss', in James Raven (ed.), *Lost Libraries: The Destruction of Great Book Collections Since Antiquity* (London: Palgrave Macmillan, 2004), pp. 1-40

Read, Christopher (ed.), *Letters of Ted Hughes* (London: Faber & Faber, 2007)

Reade, Julian, 'Archaeology and the Kuyunjik Archives', in Klaas R. Veenhof (ed.), *Cuneiform Archives and Libraries: Papers Read at the 30e Rencontre assyriologique internationale, Leiden, 3-8 July 1983* (Istanbul: Nederlands Historisch-Archaeologisch Instituut te Istanbul, 1986), pp. 213-22

_____, 'Hormuzd Rassam and His Discoveries', Iraq, 55 (1993), pp. 39-62

Reynolds, L. D., and Wilson, N. G., *Scribes & Scholars: A Guide to the Transmission of the Greek & Latin Literature*, 3rd edn (Oxford: Clarendon Press, 1991)

Rich, Claudius James, *Narrative of a Residence in Koordistan, and on the Site of Ancient Nineveh* (London: James Duncan, 1836)

Riedlmayer, András, 'Convivencia Under Fire: Genocide and Book Burning in Bosnia', in Jonathan Rose (ed.), *The Holocaust and the Book: Destruction and Preservation* (Amherst, MA: University of Massachusetts Press, 2001), pp. 266-91

_____, 'The Bosnian Manuscript Ingathering Project', in Markus Koller and Kemal Karpat (eds), *Ottoman Bosnia: A History in Peril* (Madison, WI: Publication of the Center for Turkish Studies, University of Wisconsin Press, 2004), pp. 27-38

_____, *Destruction of Cultural Heritage in Bosnia - Herzegovina, 1992-1996: A Post - War Survey of Selected Municipalities* (Milosevic Case No. IT-02-54, Exhibit P486, Date 08/-7/2003 and Krajisnik Case No. IT-00-39, Exhibit P732, Date: 23/05/2005)

_____, 'Crimes of War, Crimes of Peace: Destruction of Libraries During and After the Balkan Wars of the 1990s', in Michèle Cloonan and Ross Harvey (eds), *Preserving Cultural Heritage, Library Trends,* 56 (2007), pp. 107-32

_____, 'Foundations of the Ottoman Period in the Balkan Wars of the 1990s', in Mehmet Kurtoğlu (ed.), *Balkan'larda Osmanlı Vakıfları ve Eserleri Uluslararası Sempozyumu, İstanbul-Edirne 9-10-11 Mayıs 2012* (Ankara: T. C. Başbakanlık Vakıflar Genel Müdürlüğü, 2012), pp. 89-110

Riley-Smith, Ben, 'Expenses and Sex Scandal Deleted from MPs' Wikipedia Pages by Computers Inside Parliament', *Daily Telegraph*, 26 May 2015, https://www.telegraph.co.uk/news/general-election-2015/11574217/Expenses-and-sex-scandal-deleted-from-MPs-Wikipedia-pages-by-computers-inside-Parliament.html (Accessed: 29 August 2019)

Ritchie, J. C., 'The Nazi Book-Burning', *Modern Language Review*, 83 (1988), pp. 627-43

Robertson, J. C., 'Reckoning with London: Interpreting the *Bills of Mortality* Before John Graunt', *Urban History*, 23 (1996), pp. 325-50

Robson, Ann, 'The Intellectual Background to the Public Library Movement in Britain', *Journal of Library History*, 11 (1976), pp. 187-205

Robson, Eleanor, 'The Clay Tablet Book in Sumer, Assyria, and Babylonia', in Simon Eliot and Jonathan Rose (eds), *A Companion to the History of the Book* (Malden, MA: Blackwell Publishing, 2009), pp. 67-83

_____, and Stevens, K., 'Scholarly Tablet Collections in First-Millennium Assyria and Babylonia, c.700-200 bce', in Gojko Barjamovic and Kim Ryholt (eds), *Libraries Before Alexandria: Near Eastern Traditions* (Oxford: Oxford University Press, 2019), pp. 319-66

Rose, Jonathan, 'Introduction', in Jonathan Rose (ed.), *The Holocaust and the Book: Destruction and Preservation* (Amherst, MA: University of Massachusetts Press,

2001), pp. 1-6

Rosenbach, A. S. W., *A Book Hunter's Holiday: Adventures With Books and Manuscripts* (Boston: Houghton Mifflin, 1936)

Rosenzweig, Roy, 'Scarcity or Abundance? Preserving the Past in a Digital Era', *American Historical Review*, 108 (2003), pp. 735-62

Roskies, David G. (ed.), *Voices from the Warsaw Ghetto: Writing Our History* (New Haven, CT: Yale University Press, 2019)

Rossi, Valentina Sagaria, and Schmidtke, Sabine, 'The Zaydi Manuscript Tradition (ZMT) Project: Digitizing the Collections of Yemeni Manuscripts in Italian Libraries', *COMSt Bulletin*, 5/1 (2019), pp. 43-59

Rozenberg, Joshua, 'Magna Carta in the Modern Age', in Claire Breay and Julian Harrison (eds), *Magna Carta: Law, Liberty, Legacy* (London: British Library, 2015), pp. 209-57

Rundle, David, 'Habits of Manuscript-Collecting: The Dispersals of the Library of Humfrey, Duke of Gloucester', in James Raven (ed.), *Lost Libraries: The Destruction of Great Book Collections Since Antiquity* (London: Palgrave Macmillan, 2004), pp. 106-24

Rydell, Anders, *The Book Thieves: The Nazi Looting of Europe's Libraries and the Race to Return a Literary Inheritance* (New York: Viking, 2017)

Sahner, Christian C., 'Yemen's Threatened Cultural Heritage', *Wall Street Journal*, 26 December 2018, https://www.wsj.com/articles/yemens-threatened-cultural-heritage-11545739200 (Accessed: 4 January 2019)

SalahEldeen, Hany M., and Nelson, Michael L., 'Losing My Revolution: How Many Resources Shared on Social Media Have Been Lost?', in Panayiotis Zaphiris, George Buchanan, Edie Rasmussen and Fernando Loizides (eds), *Theory and Practice of Digital Libraries: Second International Conference, TPDL 2012, Paphos, Cyprus, September 23-27, 2012. Proceedings* (Berlin: Springer, 2012), pp. 125-37

Saleh, Maryam, 'Protection or Plunder: A U.S. Journalist Took Thousands of ISIS Files Out of Iraq, Reigniting a Bitter Dispute Over the Theft of Iraqi History', *Intercept*, 23 May 2018, https://theintercept.com/2018/05/23/isis-files-podcast-new-york-times-iraq/

Sambandan, V. S., 'The Story of the Jaffna Public Library', *Frontline*, 20, 15-28 March 2003, https://frontline.thehindu.com/magazine/archive (Accessed: 13 April 2019)

Sassoon, Joseph, *Saddam Hussein's Ba'ath Party: Inside an Authoritarian Regime* (Cambridge: Cambridge University Press, 2012)

_____, 'The East German Ministry for State Security and Iraq, 1968-1989', *Journal of Cold War Studies*, 16 (2014), pp. 4-23

_____, *Anatomy of Authoritarianism in the Arab Republics* (Cambridge: Cambridge University Press, 2016)

Savoy, Bénédicte, and Sarr, Felwine, *Report on the Restitution of African Cultural Heritage, Toward a New Relational Ethics* (Paris: Ministère de la Culture/CRNS-ENS Paris Saclay Université Paris Nanterre, 2018), http://restitutionreport2018.com/sarr_savoy_en.pdf (Accessed: 12 January 2019)

Schipper, Friedrich T., and Frank, Erich, 'A Concise Legal History of the Protection of Cultural Property in the Event of Armed Conflict and a Comparative Analysis of the 1935 Roerich Pact and the 1954 Hague Convention in the Context of the Law of War', *Archaeologies: Journal of the World Archaeological Congress*, 9 (2013), pp. 13-28

Schivelbusch, Wolfgang, *Die Bibliothek von Löwen: eine Episode aus der Zeit der Weltkriege* (Munich: Carl Henser Verlag, 1988)

Schmidt-Glintzer, Helwig, and Arnold, Helwig (eds), *A Treasure House of Books: The Library of Duke August of Brunswick-Wolfenbüttel* (Wiesbaden: Harrassowitz, 1998)

Schmidtke, Sabine, 'The History of Zaydī Studies: An Introduction', *Arabica*, 59 (2012), pp. 85-199

―――, 'The Zaydi Manuscript Tradition: Preserving, Studying, and Democratizing Access to the World Heritage of Islamic Manuscripts', *IAS The Institute Letter* (Spring 2017), pp. 14-15

Schork, Kurt, 'Jewel of a City Destroyed by Fire', *The Times*, 27 August 1992, p. 10

Shamir, Avner, 'Johannes Pfefferkorn and the Dual Form of the Confiscation Campaign', in Jonathan Adams and Cordelia Heß (eds), *Revealing the Secrets of the Jews: Johannes Pfefferkorn and Christian Writings About Jewish Life and Literature in Early Modern Europe* (Munich: de Gruyter, 2017), pp. 61-76

Shelley, Percy Bysshe, *Letters of Percy Bysshe Shelley*, (ed.) F. L. Jones, 2 vols (Oxford: Clarendon Press, 1964)

Shepard, Todd, '"Of Sovereignty": Disputed Archives, "Wholly Modern" Archives, and the Post-Decolonisation French and Algerian Republics, 1962-2012', *American Historical Review* (2015), pp. 869-83

Sherwood, Harriet, 'Led by Donkeys Reveal Their Faces at Last: "No One Knew It Was Us"', *Observer*, 25 May 2019, https://www.theguardian.com/politics/2019/may/25/led-by-donkeys-reveal-identities-brexit-billboards-posters

Sider, Sandra, 'Herculaneum's Library in AD 79: The Villa of the Papyri', *Libraries & Culture* (1990), pp. 534-42

Slack, Paul, 'Government and Information in Seventeenth-Century England', *Past & Present*, 184 (2004), pp. 33-68

―――, *The Invention of Improvement: Information and Material Progress in Seventeenth-Century England* (Oxford: Oxford University Press, 2015)

Southern, R. W., 'From Schools to University', in J. I. Catto (ed.), *The History of the University of Oxford, 1: The Early Oxford Schools* (Oxford: Clarendon Press, 1984), pp. 1-36

Sroka, Marek, 'The Destruction of Jewish Libraries and Archives in Cracow During World War II', *Libraries & Culture*, 28 (2003), pp. 147-65

Stach, Reiner, *Kafka: The Years of Insight* (Princeton, NJ: Princeton University Press, 2008)

Steinweis, Alan E., *Studying the Jew: Scholarly Antisemitism in Nazi Germany* (Cambridge, MA: Harvard University Press, 2006)

Stevenson, Tom, 'How to Run a Caliphate', *London Review of Books*, 20 June 2019, pp. 9-10

Stipčević, Aleksandar, 'The Oriental Books and Libraries in Bosnia during the War, 1992-1994', *Libraries & Culture*, 33 (1998), pp. 277-82

Stroumsa, Sarah, 'Between "Canon" and Library in Medieval Jewish Philosophical Thought', *Intellectual History of the Islamicate World*, 5 (2017), pp. 28-54

Suetonius, *Lives of the Caesars*, (ed.) John Carew Rolfe, 2 vols (Cambridge, MA: Harvard University Press, 2014)

Sutter, Sem C., 'The Lost Jewish Libraries of Vilna and the Frankfurt Institut zur Erforschung der Judenfrage', in James Raven (ed.), *Lost Libraries: The Destruction of Great Book Collections Since Antiquity* (London: Palgrave MacMillan, 2004), pp. 219-35

Swaine, John, 'Trump Inauguration Crowd Photos Were Edited After He Intervened', *Guardian*, 6 September 2018, https://www.theguardian.com/world/2018/sep/06/donald-trump-inauguration-crowd-size-pho-tos-edited (Accessed: 14 January 2020)

Sweney, Mark, 'Amazon Halved Corporation Tax Bill Despite UK Profits Tripling', *Guardian*, 3 August 2018, https://www.theguardian.com/technology/2018/aug/02/amazon-halved-uk-corporation-tax-bill-to-45m-last-year (Accessed: 11 September 2019)

Talbot, Stephen, 'Saddam's Road to Hell: Interview with the Filmmaker', *pbs.org*, 24 January 2006, https://www.pbs.org/frontlineworld/stories/iraq501/audio_index.html (Accessed: 24 November 2019)

Thielman, Sam, 'You Are Not What You Read: Librarians Purge User Data to Protect Privacy', *Guardian*, 13 January 2016, https://www.theguardian.com/us-news/2016/jan/13/us-library-records-purged-data-privacy (Accessed: 21 December 2019)

Thomson, Rodney, 'Identifiable Books from the Pre-Conquest Library of Malmesbury Abbey', *Anglo-Saxon England*, 10 (1981), pp. 1-19

'Time to Press Ahead with Archive Law', *South China Morning Post*, 30 April 2019, https://www.scmp.com/comment/insight-opinion/article/3008341/time-press-ahead-archive-law (Accessed: 12 July 2019)

'To Repair a War Crime: Louvain's Future Library', *Illustrated London News*, 30 July

1921, pp. 145-6

Toynbee, Arnold J., *The German Terror in Belgium* (London: Hodder & Stoughton, 1917)

Travers, Tony, 'Local Government: Margaret Thatcher's 11 Year War', *Guardian*, 9 April 2013, https://www.theguardian.com/local-government-network/2013/apr/09/local-government-margaret-thatcher-war-politics (Accessed: 18 January 2020)

Trecentale Bodleianum: A Memorial Volume for the Three Hundredth Anniversary of the Public Funeral of Sir Thomas Bodley March 29 1613 (Oxford: Clarendon Press, 1913)

Trial of the Major War Criminals Before the International Military Tribunal, Nuremberg, 14 November 1945-1 October 1946, 42 vols (Nuremberg: International Military Tribunal, 1947-9)

Tripp, Charles, *A History of Iraq*, 3rd edn (Cambridge: Cambridge University Press, 2007)

Truth and Reconciliation Commission of South Africa, *Final Report* (1998), http://www.justice.gov.za/trc/report/finalreport/Volume%201.pdf (Accessed: 21 September, 2019)

Tucci, Pier Luigi, 'Galen's Storeroom, Rome's Libraries, and the Fire of A.D. 192', *Journal of Roman Archaeology*, 21 (2008), pp. 133-49

Tucker, Judith E., and Brand, Laurie A., 'Acquisition and Unethical Use of Documents Removed from Iraq by *New York Times* Journalist Rukmini Callimachi', Communication from Academic Freedom Committee of the Middle Eastern Studies Association of North America, 2 May 2018, https://mesana.org/advocacy/committee-on-academic-freedom/2018/05/02/acquisition-and-unethical-use-of-documents-removed-from-iraq-by-rukmini-callimachi (Accessed: 17 March 2019)

Tyacke, Sarah, 'Archives in a Wider World: The Culture and Politics of Archives', in Wallace Kirsop (ed.), *The Commonwealth of Books: Essays and Studies in Honour of Ian Willison* (Monash: Centre for the Book, 2007), pp. 209-26

Vaisey, David, *Bodleian Library Treasures* (Oxford: Bodleian Library, 2015)

Vincent, James, 'Transgender YouTubers had Their Videos Grabbed to Train Facial Recognition Software', *Verge*, 22 August 2017, https://www.theverge.com/2017/8/22/16180080/transgender-youtubers-ai-facial-recognition-dataset (Accessed: 28 February 2020)

Vincent, Nicholas, *The Magna Carta* (New York, Sotheby's: 18 December 2007)

Vogel, Steve, '"Mr Madison Will Have to Put on His Armor": Cockburn and the Capture of Washington', in *America Under Fire: Mr Madison's War & the Burning of Washington City* (Washington, DC: David M. Rubinstein National Center for White House History, 2014), pp. 137-46

von Merveldt, Nikola, 'Books Cannot Be Killed By Fire: The German Freedom Library and the American Library of Nazi-Banned Books as Agents of Cultural Memory', *Library Trends*, 55 (2007), pp. 523-35

Walasek, Helen, 'Cultural Heritage, the Search for Justice, and Human Rights', in Helen Walasek (ed.), *Bosnia and the Destruction of Cultural Heritage* (Farnham: Ashgate, 2015), pp. 307-22

_____, 'Domains of Restoration: Actors and Agendas in Post-Conflict Bosnia-Herzegovina', in Helen Walasek (ed), *Bosnia and the Destruction of Cultural Heritage* (Farnham: Ashgate, 2015), pp. 205-58

Watson, Andrew G., 'Thomas Allen of Oxford and His Manuscripts', in M. B. Parkes and Andrew G. Watson (eds), *Medieval Scribes, Manuscripts & Libraries: Essays Presented to N. R. Ker* (London: Scolar Press, 1978), pp. 279-313

_____, *A Descriptive Catalogue of the Medieval Manuscripts of All Souls College Oxford* (Oxford: Oxford University Press, 1997)

Webster, Charles, *The Great Instauration: Science, Medicine, and Reform 1626-1660*, 2nd edn (Oxford: Peter Lang, 2002)

Weiss, Rachel, 'Learning From Loss: Digitally-Reconstructing the Trésor des Chartes at the Sainte-Chapelle', MA Dissertation, University of California, Los Angeles, 2016 (Ann Arbor, MI: Proquest Dissertations Publishing, 2016)

Wheen, Francis, 'The Burning of Paradise', *New Statesman*, 102, 17 July 1981, p. 13

'The White House. Memorandum for All Personnel, Through Donald F. McGahan II. . . Subject: Presidential Records Act Obligations', 22 February 2017, https://www.archives.gov/files/foia/Memo%20to%20WH%20Staff%20Re%20Presidential%20Records%20Act%20(Trump,%2002-22-17)_redacted%20(1).pdf (Accessed: 15 February 2020)

Winters, Jane, and Prescott, Andrew, 'Negotiating the Born-Digital: A Problem of Search', *Archives and Manuscripts*, 47 (2019), pp. 391-403

Wood, Anthony, *The Life of Anthony à Wood from 1632 to 1672, written by himself* (Oxford: Clarendon Press, 1772)

_____, *The History and Antiquities of the University of Oxford*, (ed.) John Gutch, 2 vols (Oxford: Printed for the Editor, 1792-96)

_____, *The Life and Times of Anthony Wood, Antiquary, of Oxford, 1632-1695 Described by Himself*, (ed.) Andrew Clark, 5 vols (Oxford: Oxford Historical Society, 1891-1900)

_____, *The Life and Times of Anthony Wood in His Own Words*, (ed.) Nicolas K. Kiessling (Oxford: Bodleian Library, 2009)

Woodward, Colin, 'Huge Number of Maine Public Records Have Likely Been Destroyed', *Pressandherald.com*, 30 December 2018, https://www.pressherald.com/2018/12/30/huge-number-of-maine-public-records-have-likely-been-destroyed/ (Accessed: 17 September 2019)

Wright, C. E., 'The Dispersal of the Libraries in the Sixteenth Century', in Francis Wormald and C. E. Wright (eds), *The English Library Before 1700* (London: Athlone Press, 1958), pp. 148-75

Wright, Oliver, 'Lobbying Company Tried to Wipe Out "Wife Beater" Beer References', *Independent*, 4 January 2012, https://www.independent.co.uk/news/uk/politics/lobbying-company-tried-to-wipe-out-wife-beater-beer-references-6284622.html (Accessed 29 August 2019)

Wright, Robert, Cocco, Federica, and Ford, Jonathan, 'Windrush Migrants' Cases Backed by Records in National Archives', *Financial Times Weekend*, 21-2 April 2018, p. 1

Xenophon, *Anabasis*, (eds) Carleton L. Brownson and John Dillery (Cambridge, MA: Harvard University Press, 2001)

Zgonjanin, Sanja, 'The Prosecution of War Crimes for the Destruction of Libraries and Archives During Times of Armed Conflict', *Libraries & Culture* (2005), pp. 128-87

Zittrain, Jonathan, Albert, Kendra, and Lessig, Lawrence, 'Perma: Scoping and Addressing the Problem of Link and Reference Rot in Legal Citations', *Legal Information Management*, 88 (2014), pp. 88-99

Zuboff, Shoshana, *The Age of Surveillance Capitalism: The Fight for the Future at the New Frontier of Power* (London: Profile, 2019)

도판 출처

서론 1933년 5월 10일, 나치스의 베를린 분서: Scherl/Süddeutsche Zeitung Photo/Alamy Stock Photo

1장 님루드에서 스케치하는 오스틴 헨리 레어드: From *Discoveries Among the Ruins of Nineveh and Babylon* (New York, 1859), Getty Institute, 84-B9374. Reproduced by Permission of the Getty Institute

2장 시인 베르길리우스가 두루마리를 들고 글을 쓰기 위한 서대와 두루마리를 보관하는 캅사 사이에 앉아 있는 5세기 초 그림: Bibliotheca Apostolica Vaticana, MS. Vat. Lat 3225, fol. 14r. De Agostini Picture Library/Bridgeman Images

3장 《던스턴 성인의 교과서》(10세기 말)에 나오는, 예수의 발아래 무릎을 꿇고 있는 던스턴 성인 그림: Bodleian Library, MS. Auct F.4.32 fol. 1 recto. Reproduced by Permission, Bodleian Libraries, University of Oxford

4장 1590년대 무렵 미상의 화가가 그린 토머스 보들리 초상화: Bodleian Library, LP 71. Reproduced by Permission, Bodleian Libraries, University of Oxford

5장 워싱턴을 불태운 조지 콕번 해군 소장(John James Halls 그림, C. Turner 판각, 1819년 작): Library of Congress, PGA-Turner-Sir George Cockburn. (D size) [P&P]. Reproduced courtesy of the Library of Congress

6장 프란츠 카프카(Atelier Jacobi 촬영, 1906년, 프라하): Bodleian Library, MS. Kafka 55, fol 4r. Reproduced by Permission, Bodleian Libraries, University of Oxford

7장 1914년 화재 이전의 루뱅대학 도서관: Karel Sluyterman, From *La Belgique monumentale: 100 planches en phototypie tirées. Intérieurs anciens en Belgique* (Le Haye: Martin Nijhoff, 1915). Chronicle/Alamy Stock Photo

8장 1947년 뉴욕에 하역된 YIVO 자료들: From the Archives of the YIVO Institute for Jewish Research, New York

9장 1970년 올솔스칼리지에서의 필립 라킨: Hull History Centre, Larkin Photographs, U DLV/3/190(7)

10장 《사라예보 학가다흐》(1350년경)에 실린 〈사냥에서 돌아온 에서〉와 〈야곱의 사다리〉: Courtesy of the National Museum of Bosnia Herzegovina

11장 보들리에 소장된 에티오피아 필사본 중 하나와 영국의 에티오피아 및 에리트레아 출신자들 (2019년 8월): MS. Aeth.c.2, Gospels, fifteenth century. Ian Wallman 촬영

12장 이라크기념재단에서 바아스당 파일을 살펴보고 있는 카난 마키야와 핫산 음네임네호(2003년 11월, 바그다드): Ashley Gilbertson/VII/Redux/eyevine

13장 브렉시트 반대 행진 도중의 '레드바이동키스' 플래카드 항공사진(2019년 4월, 런던): By permission of Led by Donkeys

14장 21세 때의 존 밀턴(William Marshall 그림): *Poems of Mr John Milton, Both English and Latin* (London, 1645)의 권두 삽화. Bodleian Library, Arch.g.f.17. Reproduced by Permission, Bodleian Libraries, University of Oxford

결론 슈타지 박물관의 서류 파일 선반(2013년 8월, 베를린): Jason Langer/Glasshouse Images/Alamy Stock Photo

찾아보기

CLOCKSS 344~345 (다음도 참조: LOCKSS)
LOCKSS (Lots of Copies Keeps Stuff Safe) 345
UK 웹아카이브 315~317
YIVO (이디시과학연구소), 빌나 및 뉴욕 201~205, 207~208, 211~217, 221

ㄱ

《가디언》 296, 331
가우크(Gauck) 기관, 독일 302, 357
가우크, 요아힘(Joachim Gauck) 302, 357
가족 기록물 → 개인 기록물
가지 휘스레브 베이(Gazi Hüsrev Bey) 도서관, 사라예보 250
'가짜 뉴스' 315, 320 (다음도 참조: '또 하나의 사실')
가톨릭 교회 80~81, 94, 253, 312
　《금지 도서 목록》 270~271
　종교재판 270
갈레노스, 클라우디오스(Klávdios Galinós) 60
갈리치, 스타니슬라브(Stanislav Galić) 258
개방 사회 11~12, 17, 314, 350, 356
거피, 헨리(Henry Guppy) 180, 183
게르샤테르, 아키바(Akiva Gershater) 211
게슈타포(Gestapo), 독일 163, 196, 204, 206, 208
겔리우스, 아울루스(Aulus Gellius):《아티카의 밤》 53
고골리, 니콜라이(Nikolai Gogol) 22
고르바초프, 미하일(Mikhail Gorbachev) 215
고리키, 막심(Maxim Gorky) 208
고트하르트, 헤르베르트(Herbert Gotthardt) 203
공공도서관·박물관법(1964) 24
공공도서관법(1850) 23
과테말라: 국가경찰의 역사 기록물 356
괴벨스, 요제프(Joseph Goebbels) 9, 195
구글 11, 312, 314, 326
국가기록관 → 개별 국가기록관
국가도서관 → 개별 국가도서관
국가지도자 로젠베르크 기동대(ERR) 196
국제연합 290
굿윈, 존(John Goodwin) 339
귈렌, 펫훌라흐(Fethullah Gülen) 355
그란트, 존(John Graunt):《사망 통계표의 자연과학적·정치적 관찰》 121
그레고리우스(Gregorius) 1세, 대교황 75
그레고리우스 7세, 교황 69
그레고리우스 15세, 교황 272
그레셤칼리지(Gresham College), 런던 121
그로세르(Grosser) 도서관, 바르샤바 205
글라스노스트, 소련 215
글래스턴베리(Glastonbury) 대수도원 85~91, 96~97
　-파괴 89, 90
　-도서관 86, 91
　(다음도 참조:《마그나 타불라》;《던스턴 성인의 교과서》)
글레이그, 조지(George Gleig) 129~130, 136~138, 173
《금지 도서 목록(Index Librorum Prohibitorum)》 270~271

《기록말살형 저자 색인(Index Auctorum Damnatae Memoriae)》 270
기록물 보전(archival integrity) 237, 274
기번, 에드워드(Edward Gibbon) 56, 59, 66, 132
　《로마 제국 쇠망사》 56
기억세: -의 개념 335
기퍼드, 윌리엄(William Gifford) 159
기후 변화 데이터 352
《길가메시(Gilgamesh) 서사시》 41, 46

ㄴ

나워스(Naworth) 성 97
나이지리아 국가기록관 346
나치스 정권, 독일 10, 168, 188, 191~197, 203, 205~220, 246~247, 260, 287, 362
　도서관 공격 187
　분서(焚書) 193~194
　유대 기록물 몰수 및 파괴 192, 195, 206
　수정의 밤(Kristallnacht) 195
　(다음도 참조: 홀로코스트)
남아프리카공화국 24, 305, 345
　아파르트헤이트 기록물 파괴 25
　아파르트헤이트 정권 25
　국가기록관 25, 345
　진실화해위원회 25, 305, 345
《내셔널 인텔리전서》 134, 139, 143
네이스비트, 존(John Naisbitt): 《메가트렌드》 20
넬슨, 마이클(Michael Nelson) 357
노데, 가브리엘(Gabriel Naudé) 116, 343
노리치, 새뮤얼(Samuel Norich) 215
녹스, 존(John Knox) 339
뉴스코프(Newscorp) 322
뉴욕 공공도서관 344, 353
《뉴욕타임스》 184, 186, 303
뉴질랜드 국가도서관 332~333
뉴턴, 아이작(Isaac Newton) 355

《니네베의 유적》(보타와 플랑댕) 35

ㄷ

'다르 알일름(Dar al-'Ilm)'(지식의 집), 바그다드 72
달랑베르(Jean-Baptiste le Rond d'Alembert) 131, 143
　책 분류 체계 143
　《방법론적 백과사전》(디드로와 함께) 131
대영제국·자치령 박물관 282
〈대헌장(Magna Carta)〉 101~102, 116, 122~123
더럴, 로런스(Lawrence Durrell) 249
더럼(Durham) 대성당 도서관 70
더크레머, 헤라르트(Gerard de Kremer, 게라르두스 메르카토르) 174
더호르트, 휘호(그로티우스, Hugo de Groot) 131
던스턴(Dunstan) 성인 88 (다음도 참조: 《던스턴 성인의 교과서》)
《던스턴 성인의 교과서(St. Dunstan's Classbook)》 87, 96, 114
데리다, 자크(Jacques Derrida): 《아카이브의 열병》 341
데버루, 로버트(Robert Devereux), 에식스 백작 267, 269~270
(데)베스트팔리아, 요하네스(Johannes de Westfalia): 보이티우스 인쿠나불라 182
데이터 → 디지털 정보
《데일리 메일》 177, 186
《데일리 텔리그래프》 325
도나투스(Aelius Donatus) 153
도무스 티베리아나(Domus Tiberiana), 로마 60
도미닉 피나트(Dominic Pinart) 94
도밍구스, 페드루(Pedro Domingos) 334
도일, 프랭크(Frank Doyle) 160
독서회 23
독실교구서기협회: 기록관 121

독일문학기록관(DLA), 마르바흐 168
독일분서도서관 → 독일자유도서관
독일자유도서관 193
동방연구소, 사라예보 250, 254~255, 263
　아자미이스키(Adžamijski) 문서 250
동인도상사, 영국 33
두브노프, 시몬(Simon Dubnow) 199~
　200, 216
뒤부아, 프랑수아(François Du Bois) 80
뒤피에로, 외젠(Eugène Dupiéreux) 173
드러먼드, 윌리엄(William Drummond of
　Hawthornden) 118
드레이크, 프랜시스(Francis Drake) 269
(드)바텔, 에메르(Emer de Vattel):《국제법》
　133
드클라망주, 니콜라(Nicolas de Clamanges)
　109, 111
드투, 자크오귀스트(Jacques-Auguste de
　Thou) 118
들라누아, 폴(Paul Delannoy) 176
디드로, 드니(Denis Diderot):《방법론적 백
　과사전》 131
디아만트, 도라(Dora Diamant) 162~163
디지털보존연합(DPC) 335
디지털 정보 19~21, 309, 314~315, 318,
　326~328, 348
　인터넷 갈무리 → 웹 갈무리
　생체 정보 328
　봇(bot) 310, 325~326
　분산형서비스거부(DDoS) 공격
　　310~311, 318
　정보 격차 353
　암호화 정보 322
　링크로트 317
　공개적 기록 보관 320, 324
　감시자본주의 312, 334
　웹 갈무리 315~318, 322, 330~333,
　　336, 347~348, 357~358
　(다음도 참조: '또 하나의 사실'; '가짜 뉴

　스'; 페이스북; 구글; 정보보호일반규정
　(GDPR); 인터넷아카이브; 위키백과)
딜(Deal) 공공도서관 22, 362
'또 하나의 사실(alternative fact)' 11~12,
　315 (다음도 참조: '가짜 뉴스')

ㄹ

(라)베네볼렌치야(La Benevolencija) 도서
　관, 사라예보 250
라벤나(Ravenna), 갈라 플라키디아 황후 무
　덤 67
라우스, 존(John Rous), 보들리 사서 122,
　339
라이젠, 찰만(Zalman Reisen) 200~202
라일리스미스, 벤(Ben Riley-Smith) 325
《라크루아(La Croix)》 178
라킨, 필립(Philip Larkin) 153, 166, 225~
　233, 241
　일기 파기 228
　편지 보존 231
란토니(Llanthony) 소수도원 98
랏삼, 호르무즈드(Hormuzd Rassam) 35~
　36, 41
랑거, 게오르크(Georg Langer) 167
랜워스(Ranworth) 교구교회 94~95
램, 캐럴라인(Caroline Lamb) 155, 158
러브레이스, 오거스타 에이다(Augusta Ada
　Lovelace) 여백작, 바이런의 딸 155
러셀, 버트런드(Bertrand Russell) 193
러트렐, 헨리(Henry Luttrell) 158, 160
런던호고가협회(SAL) 103
레드바이동키스(Led By Donkeys) 323~
　324
레어드, 오스틴 헨리(Austen Henry Layard)
　35~41, 44
레이던(Leiden)대학 도서관 116
레츠너, 요하네스(Johannes Letzner) 91~
　92
로디지아 기록물 → 짐바브웨

찾아보기 425

로런스, D. H.(David Herbert Lawrence) 22
《로르시 복음서(Lorscher Evangeliar)》 → 《아우레우스 사본》
로렌초(Lorenzo) 도서관, 피렌체 70
로스, 로버트(Robert Ross) 129
로스, 세실(Cecil Roth) 217
로젠바크(A. S. W. Rosenbach) 137
로젠베르크, 알프레트(Alfred Rosenberg) 195~196, 219 (다음도 참조: 국가지도자 로젠베르크 기동대)
로크, 존(John Locke) 132, 141
록펠러, 존 D.(John Davison Rockefeller) 2세 184
롤랑, 로맹(Romain Rolland) 178
롤프스, 게르하르트(Gerhart Rohlfs) 283
루뱅(Louvain) 가톨릭대학 → 루뱅대학 도서관
루뱅대학 도서관 173~177, 180~183, 186, 246
  폭격에 의한 파괴 177
  화재에 의한 파괴 177, 181
  존라일랜즈 도서관의 기증 180
  베르사유조약 복구 조항 177, 181
루이스, C. S.(Clive Staples Lewis) 153
루터, 마르틴(Martin Luther) 81
룬스키, 카이클(Chaikl Lunski) 204~205
르귄, 어슐라 K.(Ursula Kroeber Le Guin) 22
르스퀴어, 스키피오(Scipio le Squyer) 120
리, 오거스타(Augusta Leigh) 155, 160
리도스, 요안네스(Ioánnis Lydós) 68
리들마이어, 언드라시(András Riedlmayer) 257, 263
리베르만, 막스(Max Liebermann) 178
리치, 클로디어스 제임스(Claudius James Rich) 33~34
리투아니아 국가도서관 216~217, 221
《린디스판 복음서(Lindisfarne Gospels)》 73

린디스판(Lindisfarne): 커스버트 성인 유물 73
릴랜드, 존(John Leland) 79~92, 97~100, 103, 123
  《명사들》 86
  정신 이상 99
  《힘든 여정》 92, 97
  노트 및 필기물 83
릴리(Lilly) 도서관, 인디애나대학 234, 237
  플래스 기록물 234, 237
립시우스, 유스투스(Justus Lipsius) 174
링겔블룸, 에마누엘(Emanuel Ringelblum) 210, 220

□

《마그나 타불라(Magna Tabula)》, 글래스턴베리 대수도원 97
마르켈레스, 노이미(Noime Markeles) 211
마르티나스 마주비다스(Martynas Mažvydas) 도서관 → 리투아니아 국가도서관
마르티뇨(Martinho de Braga) 68
마르티알리스(Marcus Valerius Martialis) 70
마스카레냐스, 페르난두 마르틴스(Fernando Martins Mascarenhas), 주교 270~271
마이크로소프트: 얼굴 인식 데이터세트 329
마자린(Mazarine) 도서관, 파리 175
마키야, 카난(Kanan Makiya) 291~301, 305, 341
  《공포의 공화국》(필명 사미르 알할릴) 292
막시밀리안(Maximilian) 1세, 바이에른, 팔츠 선제후 272
만, 하인리히(Heinrich Mann) 193
말레이시아: 식민지 기록물 277~278
맘스베리(Malmesbury) 수도원 73
매그루더, 조지(George Magruder) 135
매그루더, 패트릭(Patrick Magruder) 134~135

매디슨, 제임스(James Madison) 131, 133, 142
매커레스, 베티(Betty Mackereth) 228~229
맨틀, 힐러리(Hilary Mantel) 169
맬컴, 노엘(Noel Malcolm) 253
머갠, 도널드 F.(Donald Francis McGahn) 321
머들린칼리지(Magdalen College), 옥스퍼드 111
머리, 존(John Murray) 2세 157~161
멍크, 레비너스(Levinus Monk) 120
메르시에, 데지레조제프(Désiré-Joseph Mercier), 총주교 181, 183
메리(Mary) 1세, 잉글랜드 여왕 95, 111
메소포타미아 15, 31, 34, 37~41, 45~46, 51, 287
   신전의 기록물들 15
   보르십파(Borsippa) 42~43
   젬뎃나스르(Jemdet-Nasr) 37
   호르사바드(Khorsabad), 신전 45
   쿠윤직(Kouyunjik) 둔덕 34~35
   님루드(Nimrud) 31, 44
   니네베(Nineveh) 31~32, 34, 40~45, 65
   십파르(Sippar), 신전 45
   우루크(Uruk) 도서관 45
   (다음도 참조: 앗슈르바니팔; 앗시리아 제국; 이라크; 앗슈르바니팔 왕립도서관)
메이, 테리사(Theresa May) 13
메인(Maine)주 정부: 기록 정보 상실 326
메피체 하스칼라(Mefitse Haskala) 도서관, 빌나 201, 205
'멕델라(Mekdela) 보물', 에티오피아 282~283
모란, 제시카(Jessica Moran) 332
모리스, 윌리엄(William Morris) 113~114
모션, 앤드루(Andrew Motion) 227~228, 232
모어, 토머스(Thomas More) 80

《유토피아》 80
모이어스, 빌리(Billy Don Moyers) 295
모차르트, 볼프강 아마데우스(Wolfgang Amadeus Mozart) 22
목록 (다음도 참조: 도서관: 목록 작업; 《기록 말살형 저자 색인》; 《금지 도서 목록》)
목록 작업 → 도서관
몰, 율리우스(Julius Mohl) 34
몽거머리, 브루스(Bruce Montgomery) 230~231, 241
몽크브레턴(Monk Bretton) 수도원 도서관 95
몽크웨어마우스재로(Monkwearmouth - Jarrow) 수도원 70, 73
몽테스키외(Charles-Louis de Secondat Montesquieu) 132
무어, 존(John Moore), 주교: 장서 143
무어, 토머스(Thomas Moore) 158
무함메드 엣디브(Muhammed edh-Dhib) 65
'문서 보고(Trésor des Chartes)' 15
문학 기록물 → 기록관: 문학-
문화 말살 247, 257, 260~261
뮤어, 에드윈(Edwin Muir) 168
뮤어, 윌라(Willa Muir) 168
믈라디치, 라트코(Ratko Mladić) 257~258
미국 국가기록관 293
   대통령기록물법 320~322
미국 국방정보국(DIA) 293
미국 나치스금서(禁書)도서관 194
미국철학회(APS) 23
미국홀로코스트기념박물관(USHMM), 워싱턴 211
미시건(Michigan)대학 181
밀, 존 스튜어트(John Stuart Mill): 《자유에 관하여》 354
밀로셰비치, 슬로보단(Slobodan Milošević) 245, 256~258
밀카우, 프리츠(Fritz Milkau) 179

밀턴, 존(John Milton) 339
《아레오파지티카》 339
《시》 339
밋퍼드, 에드워드(Edward Mitford) 35

ㅂ

바그다드 → '바아스당 지역본부 수집품
(BRCC)'; '다르 알일름'; '바이트 알히크
마'; 이라크 국가도서·기록관
'바그다드의 블로거' → 압둘무넴, 살람
바르샤바 게토 → 오이네그 샤보스
바리우스(Lucius Varius Rufus) 153, 162
바아스(Ba'ath)당, 이라크 289~290, 295,
297, 299~301, 305
기록물 289~290, 297, 300~301,
304~305
'바아스당 지역본부 수집품(BRCC)' 298
(다음도 참조: 이라크)
바워크, 리처드(Richard Barwicke) 95
바이런, 애너벨라(Annabella Byron)(앤 이
사벨라 밀뱅크) 155
바이런, 조지 고든(George Gordon Byron)
154~161, 169, 233, 240~241
《차일드 해럴드의 순례》 155
《돈 후안》 155
《잉글랜드 음유시인과 스코틀랜드 비평
가》 154
'바이트 알히크마(Bayt al-Hikma)'(지혜의
집), 바그다드 72
바인라이히, 막스(Max Weinreich) 200~
203
바티칸 기록관 120
바티칸 도서관 → 바티칸 사도도서관
바티칸 사도도서관(Bibliotheca Apostolica
Vaticana) 272~273
《아우레우스 사본》 272~273
팔츠 선제후국 도서관에서 온 필사본들
272~273
발로, 토머스(Thomas Barlow), 보들리 사서
122
백, 레오(Leo Baeck) 217
백스터, 리처드(Richard Baxter) 339
백악관, 워싱턴 시 129, 295
도서관 파괴 129
버나드, 에드워드(Edward Bernard) 344,
355
버치, 새뮤얼(Samuel Burch) 135~136
버틀러, 니컬러스 머리(Nicholas Murray
Butler) 181, 184~186
번존스, 에드워드(Edward Burne-Jones)
113~114
법정납본 도서관 174, 176, 315~316, 335,
344
저작권법, 미국 145
저작권법, 영국 315
베다(Beda), '가경자(可敬者)' 75, 84~85
베로나(Verona), 카피툴라르 도서관 67, 75
베르길리우스(Publius Vergilius Maro) 15,
153~154, 162
《아이네이스》 15, 153
베른슈타인, 레온(Leon Bernstein) 211
베를린 국가도서관 179, 197
베를린 국립가극장 9
베를린장벽 302, 357
베를린중외(中外)도서관(ZLB) 219
베리세인트에드먼즈(Bury St. Edmunds) 대
수도원 도서관 98
베이컨, 프랜시스(Francis Bacon) 107, 143
베이트, 조너선(Jonathan Bate) 237
베일, 존(John Bale) 92, 98~99
베처먼, 존(John Betjeman) 225
베켓, 토머스(Thomas Becket) 95
베토벤, 루트비히 판(Ludwig van
Beethoven) 22
벤야민, 발터(Walter Benjamin) 168
벤에즈라(Ben Ezra) 회당, 카이로 192 (다음
도 참조: 카이로 게니자)
벨라르미노, 로베르토(Roberto Bellarmino)

174
변화를 위한 여성(Frauen für Vertrauen) 288
보들리(Bodley) 도서관 19, 21, 65, 74, 83, 87, 97, 102, 111~125, 152, 155, 168, 192, 220, 227, 230, 241, 267~268, 271, 282~283, 310~311, 339~340, 344, 352, 355
 코펜하겐 수집품 220
 '험프리 공작 도서' 110, 117
 에티오피아 및 에리트레아 수집품 282
 카프카 기록물 239
 라킨 문서 228
 러브레이스 문서 155
 마스카레냐스 장서 270
 몽거머리 문서 230
 웨스턴(Weston) 도서관 111, 267
 (다음도 참조: 보들리 도서관 사서; 카이로 게니자; 《시나이 사본》; '멕델라 보물'; 〈대헌장〉; 《마그나 타불라》; 《던스턴 성인의 교과서》)
보들리 도서관 사서(도서관장) 125, 339
보들리, 로런스(Lawrence Bodley) 114
보들리, 토머스(Thomas Bodley) 107, 111~116, 125
 《토머스 보들리 경의 생애》 76
보르헤스, 호르헤 루이스(Jorge Luis Borges) 225
보름스(Worms): '작은 예루살렘' 218
보스니아 245, 248~259, 263, 362
 기록물 파괴 245~246, 252~255
 스타리모스트 다리 파괴 256
 (다음도 참조: 문화 말살; 사라예보)
보스니아 국가박물관 260
 《사라예보 학가다흐(Sarajevo Haggadah)》 250, 259~260
'보스니아 필사본수집계획' 263
보스니아헤르체고비나 국가·대학도서관 245, 251, 352

보이티우스(Boethius): 《철학의 위안》 182
보타, 폴에밀(Paul-Émile Botta) 34~35
볼다치, 존(John Baldacci) 326
볼테르(Voltaire) 141
볼펜뷔텔(Wolfenbüttel) → 아우구스트공작 도서관
볼프, 쿠르트(Kurt Wolff) 162, 167
부셰나키, 무니르(Mounir Bouchenaki) 296
부시, 조지(George W. Bush), 대통령 296, 301
부아예, 피에르(Pierre Boyer) 280~281
부투로비치, 아이다(Aida Buturović) 245, 341
분서(焚書) → 불
불
 알렉산드리아 도서관 파괴 62, 66, 187
 바그다드 국가도서관 파괴 296
 보들리 도서관: 불꽃 반입 금지 19
 바이런 회고록: 소각 161, 233
 도무스 티베리아나의- 60
 섭씨 233도 246
 자프나 도서관 파괴 261
 제퍼슨 장서의- 144~145
 의회도서관 파괴 145, 173
 루뱅 도서관 파괴 177, 181
 나치스의 분서 193~194
 《탈무드》: 교황의 소각 명령 198
 요크(토론토) 도서관의- 135
불린, 앤(Anne Boleyn) 81~82
뷔데, 기욤(Guillaume Budé) 80
브라운, 윌리엄(William Browne), 수도사 95
브라흐마굽타(Brahmagupta) 72
브랫버리, 레이(Ray Bradbury) 246
브레넌, 매이브(Maeve Brennan) 228, 231
브레머, 폴(Paul Bremer) 299
브레인, 트레이시(Tracy Brain) 239
브레히트, 베르톨트(Berthold Brecht) 168
브렉시트(Brexit) 317

브로트, 막스(Max Brod) 162~169, 240~241
  카프카 전기 167
  카프카 기록물 보존 166, 168
브루니, 레오나르도(Leonardo Bruni) 109
브루블렙스키(Wróblewski) 도서관, 빌나 216
브뤼셀 왕립도서관 174
브리튼 도서관 73, 98, 150, 232, 283, 292, 315, 335
브리튼 박물관 23, 34, 36, 39, 42, 143, 225, 283
브린모어존스(Brynmor Jones) 도서관, 헐대학 227~228, 232
  라킨 기록물 227~228
블랙스톤, 윌리엄(William Blackstone) 123, 132~133
  《영국법 해설》 123, 132~133
  《대헌장과 숲의 헌장》 123, 132
비밀군사기구(OAS) 281
비알릭, 하임(Hayim Bialik) 208
비치에리, 구알라(Guala Bicchieri), 추기경 119
빌나(Vilna, 빌뉴스) 200~217, 221, 341
  성 게오르기우스 교회 213
  유대 기록물 파기 204, 206
  (다음도 참조: 서적실; 국가지도자 로젠베르크 기동대; 리투아니아 국가도서관; '종이부대'; YIVO)
빌뉴스(Vilnius) → 빌나

ㅅ

사나(Sanā) 이슬람 사원 도서관 264
사라예보(Sarajevo) 245, 249~263, 341
사라예보대학 254
사부르 이븐아르다시르(Sabur ibn Ardashir) 72
사해사본(死海寫本) 66
살라엘딘, 헤이니(Hany SalahEldeen) 357

삽포(Sapphō) 68~69, 240
《새 용어 사전: 변말의 어제와 오늘》 124
새빌, 헨리(Henry Savile) 111
색스턴, 크리스토퍼(Christopher Saxton) 83
생트샤펠(Sainte-Chapelle) 성당, 파리 16
샤갈, 마르크(Marc Chagall) 208
샤마, 사이먼(Simon Schama) 295
서적실 장서, 빌나 213, 215
서적출판업조합, 런던 114
서튼, 제임스(James Sutton) 231
성 아우구스티누스 대수도원, 캔터베리 84, 98
성과학연구소, 베를린 9
'성서의 사람들(Am HaSefer)', -로서의 유대인 191, 221, 362
성 카타리나 수도원, 시나이 75
세계은행 256
세네카(Lucius Annaeus Seneca, 아버지) 61, 68
《역사》 61
세인트메리(St. Mary) 대수도원, 켈스 96
세인트프라이데스와이드(St. Frideswide) 수도원 100, 107 (다음도 참조: 크라이스트처치)
셸리, 메리(Mary Shelley) 152, 155~156, 158
《프랑켄슈타인》 155
셸리, 퍼시(Percy Bysshe Shelley) 152, 156
소크라테스(Socrates) 240
숄렘, 게르숌(Gershom Scholem) 217
수에토니우스(Suetonius) 54, 68
수츠케베르, 아브라함(Abraham Sutzkever) 205, 208, 211~213, 217, 220~221
슈루즈버리스쿨(Shrewsbury School) 도서관 344
슈타지(Stasi, MfS, 국가보안부), 동독 287~290, 357
  기록물 288, 293, 302, 305

바우스당 감시 훈련 289~290
가우크 기관 357
슈타지기록물법 288
스리랑카 → 실론: 식민지 기록물; 자프나, 실
 론
스미스, 애덤(Adam Smith) 132
《나라의 부의 본질과 원인에 관한 연구》
 (《국부론》) 132
스미스, 새뮤얼 해리슨(Samuel Harrison
 Smith) 139, 141
스미스칼리지(Smith College), 미국 매사추
 세츠주: 플래스 기록물 234~237
스밋슨(Smithson)협회 장서 145
스웨이트, 앤서니(Anthony Thwaite)
 231~232
스탠퍼드(Stanford)대학 도서관 344
스트라본(Strábôn) 52, 58, 62~63
스트라슌(Strashun) 도서관, 빌나 201,
 204~205
스트라슌, 마티타야후(Mattityahu Strashun)
 201
스포퍼드, 에인스워스 랜드(Ainsworth Rand
 Spofford) 145
슬리니치, 케난(Kenan Slinić) 259
《시나이 사본(Codex Sinaiticus)》 68
시미언(Symeon), 더럼의 74
시야리치, 리조(Rizo Sijarić) 259
실론: 식민지 기록물 276
십소프, 찰스(Charles Sibthorp) 23
싱켈, 카를 프리드리히(Karl Friedrich
 Schinkel) 9
싱클레어, 업튼(Upton Sinclair) 194

ㅇ
아데나워, 콘라트(Konrad Adenauer), 총리
 218
아레타스(Arethas), 파트라의, 주교 74
아르키메데스(Archimedes) 52, 64
아르헨티나 국가도서관 225

아리스타르코스, 사모트라케의(Aristarchos o
 Samothrax) 63~64
〈아리스테아스(Aristeas)의 편지〉 53
아리스토텔레스(Aristotéles) 72, 84, 109,
 117
아리스토파네스, 비잔티온의(Aristofánis o
 Vyzántios) 15, 64
아마존 312
《아미아타 사본(Codex Amiatinus)》 70
아브라모비치, 게르숀(Gershon Abramovitsh)
 208, 212
아브라모비치, 디나(Dina Abramowicz)
 205, 211, 221
아브라모비치, 모셰(Moshe Abramowicz)
 205
아서(Arthur), 왕 81
아시모프, 아이작(Isaac Asimov) 22
아우구스트(August) 2세, 브라운슈바이크볼
 펜뷔텔 군주 124
아우구스트공작도서관, 볼펜뷔텔 125
아우구스티누스 수도원 → 캔터베리
아우구스티누스, 캔터베리의(Augustinus
 Cantuariensis) 75
아우구스티누스, 힙포의(Aurelius Augustinus
 Hipponensis) 85
《아우레우스 사본(Codex Aureus)》(《로르시
 복음서(Lorscher Evangeliar)》) 272
아우렐리아누스(Aurelianus), 황제 58
아이오나(Iona) 필사실 73 (다음도 참조: 《켈
 스 사본(Book of Kells)》)
아이작슨, 월터(Walter Isaacson) 295
아인슈타인, 알베르트(Albert Einstein) 194
아폴로니오스, 로도스의(Apollónios
 Rhódios) 15
《아르고나우티카(Argonautica)》 64
아폴로니오스, 페르게의(Apollonius Pergaeus)
 64
아프토니오스, 안티오키아의(Afthónios
 Antiochéfs) 54

안티콰리우스(antiquarius) 82, 124 (다음도 참조: 런던호고가협회)
알렉산드리아(Alexandria) 도서관/대도서관 15, 51~76, 115, 144, 173, 187, 240, 340
　무세이온(Mouseion) 51~55, 58, 64, 75
　세라페이온(Serapeion) 51~53, 56~58
　시노도스(synodos) 63
알렉산더턴불(Alexander Turnbull) 도서관, 웰링턴 332
알렉산드로스 대왕: 《알렉산드로스 로망스》 22, 113
(알)마문(al-Maʾmūn), 칼리파 72
(알)만수르 압둘라흐(Al-Manṣūr ʿAbdallāh), 이맘 72, 264
알제리: 기록물 파괴 280~281
알제리대학 도서관: 화재로 인한 파괴 281
(알)칼카샨디(al-Qalqashandī) 72
(알)하마위, 야쿠트(Yāqūt al-Hamawī) 71
(알)할릴, 사미르(Samir al-Khalil) → 마키야, 카난
암미아누스 마르켈리누스(Ammianus Marcellinus) 53, 55
　《역사》 55
암브로시우스(Ambrosius) 도서관, 밀라노 117
압둘무넴, 살람(Salam Abdulmunem), '바그다드의 블로거' 297
앗슈르바니팔(Assurbanipal), 앗시리아 왕 32, 40~46
앗슈르바니팔 왕립도서관 39~40
앗시리아(Assyria) 제국 31, 33, 36, 42, 45
애덤스, 존(John Adams), 대통령 133
애슈몰(Ashmole) 박물관, 옥스퍼드 37
애스턴, 트레버(Trevor Aston) 356
애시, 티머시 가튼(Timothy Garton Ash) 312
앨런, 토머스(Thomas Allen) 96, 114
야기에워(Jagiełło)대학 도서관, 크라쿠프 215
양피지 16, 61~62, 66, 69, 71, 87, 92~94, 97, 192
　주교 모자에 재활용 93
　토라 두루마리 191~192
　취약성 16
　(다음도 참조: 종이; 파피루스)
어부 독서실 23
어빙, 워싱턴(Washington Irving) 158
어셔, 제임스(James Ussher), 대주교 97
얼, 존(John Earle) 103
에거튼, 주디스(Judith Egerton) 230~231
에라스뮈스(Desiderius Erasmus) 198
에라토스테네스(Eratosthénēs) 52, 64
에르도안, 레젭 타이입(Recep Tayyip Erdoğan) 355
에모리(Emory)대학, 미국 애틀랜타: 테드휴스 아카이브 237
에셀월드(Aethelwold), 윈체스터 주교 75
에스칸데르, 사아드(Saad Eskander) 300
에실월드(Aethilwald), 린디스판 주교 74
에우클레이데스(Eukleídēs) 52, 64, 72, 74
　《기하학 원론》 64, 74
에이디, 케이트(Kate Adie) 255
에이미스, 킹슬리(Kingsley Amis) 231
에이킨, 제인(Jane Aikin) 136
에티오피아: '멕델라 보물' 약탈 282~283
엔론(Enron): 데이터 삭제 327
엘리자베스(Elizabeth) 1세, 여왕 111, 268~269
연방 구동독국가보안기구기록물관리청 → 가우크 기관
영국 국가기록관 150, 275
영국 국적법(1948) 12
영국 왕립과학원(RI) 23
영국문화원 215
예멘 262~263, 356
　자이드(Zaid)파 기록물 파괴 262
　자이드파 문화 디지털화 263

오든, W. H.(Wystan Hugh Auden) 153,
  168
오바마, 버락(Barack Obama) 12, 358
오비디우스(Publius Ovidius Naso) 69, 88
  《사랑의 기술》 88
오스트레일리아: 국가기록관 346
오스틴, 제인(Jane Austen) 158
오웰, 조지(George Orwell) 11, 341, 358
  《1984》 11, 341, 358
오이네그 샤보스(Oyneg Shabbos), 바르샤
  바 게토 210, 221
  지하 기록관 210
오즈니(Osney) 대수도원, 옥스퍼드 100,
  102, 107 (다음도 참조: 크라이스트처치)
옥스퍼드대학 80, 109, 145, 168, 352
  중세 도서관 파괴 145, 340
  학생 도서관(libraria studencium) 대 수
  녀원 도서관(libraria conventus) 108
  교직원회 등록부 119
  입학 허가 등록부 119
  (다음도 참조: 개별 칼리지; 애슈몰 박물
  관; 보들리 도서관)
옥스퍼드 유니언(Oxford Union) 도서관
  113
옥시린코스(Oxýrrhynchos), 이집트 61, 69
올드레드(Aldred) 74
올드리치, 헨리(Henry Aldrich) 355
올디스, 브라이언(Brian Aldiss) 22
올솔스칼리지(All Souls College), 옥스퍼드
  80, 93, 227
  플랑탱(Plantin) 성서 94
올스턴, 필립(Philip Alston) 343
와그너, 에리카(Erica Wagner) 237
와이드너(Widener) 도서관, 하버드대학 292
  (다음도 참조: 하버드대학 도서관)
와이팅, 리처드(Richard Whiting), 대수도원
  장 86, 89~90
왕립학회, 런던 121, 360
왕실 소장품 98 (다음도 참조: 브리튼 도서관)

윌러, 리히아르트(Richard Oehler) 179
요크(York) 대수도원 도서관 73
우드, 앤서니(Anthony Wood) 91,
  101~102, 110, 339
  《옥스퍼드대학의 역사와 유물》 110
우마르('Umar ibn al-Khattāb), 칼리파 56,
  59, 173
울지, 토머스(Thomas Wolsey), 추기경 80,
  100, 119
  《교회 평가》 119
울피스, 안타나스(Antanas Ulpis) 213~214,
  216, 221
워, 에블린(Evelyn Waugh) 225
워런, 위트니(Whitney Warren) 184~185
워싱턴, 조지(George Washington), 대통령
  130
워터스턴, 조지(George Watterston) 143
웨빌, 아시아(Assia Wevill) 234
웰스, H. G.(Herbert George Wells) 193
  서적 소각 193
웹스터, 찰스(Charles Webster) 122
위키백과 324~326
  스텔라 아르투아(Stella Artois) 내용 삭제
  324
윈드러시(Windrush) 12, 341 (다음도 참조:
  기록물 보전)
'윈드러시(Windrush) 세대': 기록물 파기 12
윈체스터칼리지(Winchester College) 94
윌리엄, 맘즈베리의(William of
  Malmesbury) 85
윌리엄스, 본(Vaughan Williams) 22
윌모트호튼, 로버트(Robert Wilmot-Horton)
  160
윌슨, 토머스(Thomas Wilson) 120
유네스코(UNESCO, 국제연합 교육과학문화
  기구) 256, 260, 296
  세계기록유산 260
유니버시티칼리지(University College), 옥
  스퍼드 108

찾아보기 433

유대 기록물 214, 218, 220 (다음도 참조: 오이네그 샤보스; 종이부대; 빌나; YIVO)
유대문제연구소, 프랑크푸르트 196~197, 217 (다음도 참조: 국가지도자 로젠베르크 기동대)
유대문화예술박물관, 빌나 212
유대역사연구소(ZIH), 바르샤바 211
유럽연합 256, 317, 336, 358
유튜브 314, 322, 329
이드프리스(Eadfrith), 린디스판 주교 74
이디시언어학자협회 200
    이라크 289~305
    안팔(Anfal) 집단학살 291
    제1차 페르시아만 전쟁 291
    제2차 페르시아만 전쟁 294~297, 300~301, 304
    ISIS 파일 303
    기록물의 미국 이전 299~300
    비밀경찰 기록물 288
    (다음도 참조: 바아스당; 메소포타미아)
이라크 국가도서·기록관 300
이라크기억재단(IMF) 299, 341
이라크연구문서화프로젝트(IRDP), 하버드대학 294
이비섐(Evesham) 수도원: 도서관 95
이스라엘 국가도서관 168, 221
    수츠케베르(Sutzkever) 기록물 221
이페메라(ephemera) 21
인구조사 데이터 248
인도: 식민지 기록물 276
인쿠나불라(incunabula) 175~176, 181~182, 186, 251
인터넷아카이브 318~320, 358
    웨이백머신 318~319
일레르트, 프리드리히(Friedrich Illert) 218
의회도서관, 워싱턴 129~138, 142~145
    장서 목록 131~132
    -의 제퍼슨 장서 138, 140~144
    -의 스밋슨협회 장서 145

ㅈ

자이드(Zayd)과 문화 → 예멘
자프나(Jaffna), 스리랑카 260~261, 353
    공공도서관 소각 261
    타밀(Tamil) 문화 말살 261
장서/수집품 → 기록물; 책과 필사본; 인구조사 데이터; 이페메라; 지도
잭슨, 마이클(Michael Jackson) 358
저작권 → 법정납본
정보보호일반규정(GDPR), 유럽연합 336
제노도토스(Zenodotos) 64
제럴드, 웨일스의(Gerald of Wales) 85
제말리스키(Zemaljski) 박물관 → 보스니아 헤르체고비나: 국가·대학도서관
제본업자 92~94, 198
    헌책 재사용 92~93, 198
    히브리 필사본 사용 198
제임스(James) I세, 잉글랜드 왕 120
제임스, 토머스(Thomas James), 보들리 사서 117, 125, 271, 344
제퍼슨, 토머스(Thomas Jefferson) 27, 131, 138, 140~144
제프리, 먼머스의(Geoffrey of Monmouth) 85~86
    《멀린의 생애》 86
젠킨슨, 힐러리(Hilary Jenkinson) 274
조지워싱턴대학, 워싱턴 시 303
존라일랜즈(John Rylands) 도서관, 맨체스터 180, 283
존머리(John Murray) 출판사 157, 161
존스, 모니카(Monica Jones) 225, 227, 230~232
존스, 엠리스(Emrys Jones) 186
종교개혁 79, 81, 89~96, 100~102, 111, 115, 123, 198, 246, 272, 340, 344
종이 16, 19, 60~61, 71
    바그다드 제지 공장 71
    빌나 종이 공장의 서적 재생 209, 212
    취약성 16

(다음도 참조: 파피루스; 양피지)
'종이부대', 빌나 게토 191, 204, 209~215, 221
　　서적 밀반출 207~208
　　지하 벙커 208
　　(다음도 참조: YIVO)
주보프, 쇼샤나(Shoshana Zuboff) 334
주요, 발레리얀(Valerijan Žujo) 246
지도: 수집품 21
지드, 앙드레(André Gide) 193
지스카르 데스탱, 발레리(Valéry Giscard d'Estaing) 281
지식 보존 → 지식: 보존; 사서
짐바브웨 국가기록관: 로디지아군 기록물 상실 282

ㅊ

차이콥스키, 표트르(Pyotr Tchaikovsky) 22
찰만, 엘리야 벤솔로몬(Elijah ben Solomon Zalman), '빌나의 가온' 201, 216
찰스(Charles) 1세, 잉글랜드 왕 340
'찾아보다(look it up)' 20
채핀, 래리(Larry Chapin) 326
챗윈, 브루스(Bruce Chatwin) 153
처칠, 윈스턴(Winston Churchill) 123, 268
《천일야화(千一夜話)》 35
쳇체스, 요안네스(Ioánnēs Tzétzēs) 53

ㅋ

카게베(KGB, 국가보안위원회) 213
카네기국제평화재단(CEIP) 185
카라지치, 라도반(Radovan Karadžić) 257~258
카사노바, 자코모(Giacomo Casanova) 225
카시우스 디오(Lucius Cassius Dio):《로마의 역사》 55
카이로 게니자(Cairo genizah) 192
카이사르, 율리우스(Julius Caesar) 55, 58
카체르긴스키, 슈메르케(Schmerke Kaczerginski) 211, 213
카탈리나 데아라곤(Catalina de Aragón) 81
카툴루스(Catullus) 240
카프카, 프란츠(Franz Kafka) 162~169, 239
　《아메리카》 167
　《성(城)》 167
　《시골 의사》 162, 165
　《변신》 165, 169
　《심판》 162, 165, 167, 169
카피툴라르(Capitular) 도서관, 베로나 67, 75
칸토로비치, 알프레트(Alfred Kantorowicz) 193
칼, 브루스터(Brewster Kahle) 318
칼리마치, 룩미니(Rukmini Callimachi) 303~304
칼마노비치, 젤리그(Zelig Kalmanovitch) 204~205, 207, 209
캇시오도루스(Cassiodorus Senator):《시편 해설》 70
캐닝, 스탠퍼드(Stratford Canning) 35
캐드월러더, 캐롤(Carole Cadwalladr) 331
캔터베리(Canterbury) 대수도원 → 성아우구스티누스 대수도원
캠든, 윌리엄(William Camden) 114
캡그레이브, 존(John Capgrave):《출애굽기 주석》 111
컬럼버스, 크리스토퍼(Christopher Columbus) 110
컬럼비아대학, 뉴욕 181, 344
케냐: 식민지 기록물 278
　-와 마우마우 반란 278
케임브리지 애널리티카(Cambridge Analytica) 330~331
케임브리지대학 도서관 143, 283
켈러, 헬렌(Helen Keller) 193
켈름스콧(Kelmscott) 인쇄소 114
《켈스 사본(Book of Kells)》 73, 96

찾아보기　435

코르착, 루즈카(Ruzhka Korczak) 211
코르쿠트, 데르비시(Derviš Korkut) 260
코브네르, 압바(Abba Kovner) 212
코크, 에드워드(Edward Coke) 131
코튼, 로버트(Robert Cotton) 114
코펜하건, 야코프(Jacob Coppenhagen) 220
코펜하건, 이삭(Isaac Coppenhagen) 220
코펜하건, 하임(Haim Coppenhagen) 220
코프, 월터(Walter Cope) 114
콕번, 조지(George Cockburn) 129, 137
콘웨이, 켈리앤(Kellyanne Conway) 11
콜레트, 시도니가브리엘(Sidonie-Gabrielle Colette) 22
콜렛, 존(John Colet) 80
콜로라도대학, 볼더 293, 300
　이라크 기록물 293, 300
콜리지, 새뮤얼 테일러(Samuel Taylor Coleridge) 158
콩퀘스트, 로버트(Robert Conquest) 231
쿠르디스탄민주당(KDP) 291, 293
쿰란(Qumran) 동굴, 요르단강 서안 65~66
《쿼털리 리뷰(Quarterly Review)》 159
크라이스트처치(Christ Church) 100~101, 355
크라쿠프(Kraków) → 야기에워대학 도서관
크라테스, 말로스의(Krátēs ho Mallótēs) 63
크롬웰, 토머스(Thomas Cromwell) 80~82, 89, 99, 119~120, 149~151, 168
크룩, 헤르만(Herman Kruk) 204~207, 220
크세노폰(Xenophon) 31~33
　《페르시아 원정》 31
클라우디우스(Claudius), 토리노의 98
클레어먼트, 클레어(Claire Clairmont) 155
키네어드, 더글러스(Douglas Kinnaird) 158~159
키케로(Cicero) 109

키퍼, 이시도르(Isidor Kiefer) 218
킹, 앵거스(Angus King) 326

E
《타임스》 185
'타임스 문학 증보판(Times Literary Supplement)' 23
《탈무드(Talmud)》: ~ 소각 197~198
테니슨, 앨프레드(Alfred Tennyson) 156
테워드로스(Tewodros) 2세, 에티오피아 황제 282
텍사스대학(오스틴) 225, 356
토라(Torah) 두루마리 191~192
토인비, 아널드(Arnold Toynbee) 177
톨스토이, 레프(Lev Tolstoy) 208
톨킨, J. R. R.(John Ronald Reuel Tolkien) 152
트럼프, 도널드(Donald Trump), 대통령 11, 320~323
트럼프오거나이제이션(Trump Organization) 322
트럼프트위터아카이브(Trump Twitter Archive) 323
트롤로프, 조애나(Joanna Trollope) 153
트리니티칼리지(Trinity College, 더블린) 도서관 96, 142
트위터 314, 320, 331~332
티토, 요십 브로즈(Josip Broz Tito) 247~248

ㅍ
파루(Faro): 마스카레냐스 주교 장서 약탈 267~268, 271, 273
파울루스, 루키우스 아이밀리우스(Lucius Aemilius Paullus) 60
《파이낸셜 타임스》 13
파피루스 16, 59~61, 66, 68~69
　부식 61~62
　'파피루스 저택', 헤르쿨라네움 61

취약성 16
 (다음도 참조: 종이; 양피지)
팔츠 선제후국(Pfalz-選諸侯國) 도서관
 272~273
팡쿠크, 샤를조제프(Charles-Joseph
 Panckoucke) 131
패슬리, 맬컴(Malcolm Pasley) 239
팩트베이스(Factbase) 320, 322~324
팽크허스트, 실비아(Sylvia Pankhurst)
 23~24
페르가몬(Pergamon) 도서관 62~63
페이스북 312, 314, 329~333, 347
페트로니우스(Gaius Petronius) 68
페퍼코른, 요하네스(Johannes Pfefferkorn)
 198
(폰)하르낙, 아돌프(Adolf von Harnack)
 179
폴, 요하네스(Johannes Pohl) 196, 204
폴로, 마르코(Marco Polo):《대칸에 관한 책》
 113
풀겐티우스(Fulgentius) 68
풉코크린스키, 라첼(Rachel Pupko-Krinsky)
 205
퓨(Pew) 연구소 334
프랑스 국가도서관 194
프랑크푸르트 도서전 118
프랭클린, 벤저민(Benjamin Franklin) 23
프로스트(J. T. Frost) 135~136
프로이센 왕립도서관 → 베를린 국가도서관
프린스턴(Princeton)대학 344
프링고딕도(Pringgodigdo) 기록물: 인도네
 시아로의 반환 279
프톨레마이오스(Ptolemaîos) 72
플라톤(Plátōn) 69, 72, 74, 109, 240
 '대화편' 74
플랑댕, 외젠(Eugène Flandin):《니네베의
 유적》 34
플랑크, 막스(Max Planck) 178
플랑탱(Plantin) 성서 94

플래스, 실비아(Sylvia Plath) 233~241
《에리얼》 235
 노트 파기 234, 236
《실비아 플래스의 일기》 235
 편지 출판 237~238
플래스, 오릴리아(Aurelia Plath) 234,
 237~238
플렁켓, 리처드(Richard Plunket), 대수도원
 장 96
플루타르코스(Ploútarchos) 55, 109
플리니우스(Plinius Caecilius, 조카):《서간
 집》 111
플리커 11, 313
피타고라스(Pythagóras) 72
피터버러(Peterborough) 수도원 74
필로데모스(Philodēmos) 61
필리프(Philippe) 2세, 프랑스 '존엄왕' 15
필사실 45, 67, 70, 73
핌, 바버러(Barbara Pym) 231
핍스, 새뮤얼(Samuel Pepys) 121

ㅎ

하디, 토머스(Thomas Hardy) 22, 232
하버, 프리츠(Fritz Haber) 178
하버드대학 도서관 255
 이라크연구문서화프로젝트(IRDP) 294
《하버드 법학리뷰(Harvard Law Review)》
 317
하웁트만, 게르하르트(Gerhart Hauptmann)
 179
하워드, 윌리엄(William Howard) 103
하워드, 토머스(Thomas Howard), 제2대 노
 퍽 공작 80
《하원 의사록》 16, 134
하이드리히, 라인하르트(Reinhard
 Heydrich) 195
 '오늘 밤의 유대인에 대한 조치' 195
하크스, 가브랜드(Garbrand Harkes) 96
하틀립, 새뮤얼(Samuel Hartlib) 122

해리슨, 존(John Harrison) 82
해밀턴, 알렉산더(Alexander Hamilton) 131
해외국가기록관(ANOM), 프랑스 엑상프로방스 280
핼리, 에드먼드(Edmond Halley) 355
햄프셔, 에드워드(Edward Hampshire) 277~278
헉슬리, 올더스(Aldous Huxley) 168
헐(Hull)대학 도서관 → 브린머존스 도서관
'험프리(Humfrey) 공작 도서' → 보들리 도서관
험프리, 글로스터 공작 109
헤르만, 볼프강(Wolfgang Herrmann) 194~195
헤르츨, 테오도르(Theodor Herzl) 208
헤르쿨라네움(Herculaneum): 파피루스 저택 61
헤세, 헤르만(Hermann Hesse) 22
헤이그 국제형사재판소(ICC) 257
헤이그조약 177
헥섬(Hexham) 수도원 도서관 75
헨리(Henry) 8세, 잉글랜드 왕 79~82, 85~88, 99~100, 103, 119, 123, 149~150
호그, 제임스(James Hogg) 158
호메로스(Hómēros) 60, 63, 240
호퍼드, 필립(Philip Hawford), 대수도원장 95

홀로코스트(Holocaust) 188, 191, 195, 217, 246~247, 305
기념 박물관 211
(다음도 참조: 유대 기록물; 나치스 정권; 빌나)
홀바인, 한스(Hans Holbein) 150
홉하우스, 존 캠(John Cam Hobhouse) 159~161
후버연구소, 스탠퍼드대학 290, 300, 305
쿠웨이트 자료철 290
후버, 허버트(Herbert Hoover), 대통령 183~184
후세인, 삿담(Saddam Hussein) 289~290, 292, 300, 304
휴스, 니컬러스(Nicholas Hughes) 234
휴스, 에드워드(테드)(Edward Hughes) 233~238, 240
에모리대학 아카이브 237
휴스, 캐럴(Carol Hughes) 237
휴스, 프리다(Frieda Hughes) 234
흄, 데이빗(David Hume) 132
흠정판(欽定版) 성서 125
히르슈펠트, 마그누스(Magnus Hirschfeld) 9
히틀러, 아돌프(Adolf Hitler) 9, 195, 203, 219
힐 박물관·필사본도서관(HMML) 263
힐터만, 요스트(Joost Hiltermann) 293
힙포크라테스(Hippokrátēs) 72

책을 불태우다
고대 알렉산드리아부터 디지털 아카이브까지, 지식 보존과 파괴의 역사

1판 1쇄 2022년 1월 5일

지은이 | 리처드 오벤든
옮긴이 | 이재황

펴낸이 | 류종필
편집 | 이정우, 이은진
마케팅 | 이건호
경영지원 | 김유리
표지 디자인 | 석운디자인
본문 디자인 | 이미연
교정교열 | 김현대

펴낸곳 | (주) 도서출판 책과함께
　　　　주소 (04022) 서울시 마포구 동교로 70 소와소빌딩 2층
　　　　전화 (02) 335-1982
　　　　팩스 (02) 335-1316
　　　　전자우편 prpub@hanmail.net
　　　　블로그 blog.naver.com/prpub
　　　　등록 2003년 4월 3일 제2003-000392호

ISBN 979-11-91432-33-6 03900